Margit S. Schiwarth-Lochau

Herausforderung schulische Inklusion

zwischen Anspruch und Realität

Erweiterte Neuauflage von
Schule ist doof
Inklusion in der Praxis

Margit S. Schiwarth-Lochau
- Herausforderung schulische Inklusion -
zwischen Anspruch und Realität

2. Auflage (21. April 2024)
ISBN 978-3-96692-114-5
©2024
Verlag & Gestaltung:
Stockwärter Verlag, Halle (Saale), Bernd Stockmann
Druck & Herstellung:
BoD - Books on Demand GmbH, Norderstedt

Grundschule

Große Erwartungen hast du bei der Einschulung.

Rechnen, Schreiben und Lesen möchtest du lernen.

Unruhe und Streitigkeiten stören dich.

Neid und Missgunst brauchst du nicht.

Denken und Knobeln wirst du oft.

Singen und Malen entspannen dich.

Clown Hoppla gehört nicht ins Klassenzimmer.

Helle Freude sollst du beim Lernen haben.

Unendlich viele Möglichkeiten liegen vor dir.

Lass dich nicht entmutigen!

Erfolg wünsche ich dir.

Schiwarth-Lochau

Prolog

Persönliche Hintergründe

Schon im Kleinkindalter begegnete ich behinderten Menschen:
Ein Nachbar, er war Familienvater, sowie eine Jugendliche aus
dem Wohngebiet litten an den Folgen einer Polio-Erkrankung[1]
(Kinderlähmung). Diese körperlich eingeschränkten Menschen
wurden häufig als Krüppel verachtet, zusätzlich unterstellten
manche ihnen eine geistige Behinderung. Selbst Erwachsene
stifteten Kinder an, die „Behinderten" auszulachen, ihren Gang
und Bewegungen nachzuäffen. Womöglich hatten diese Leute in
den 1950er Jahren das verachtende Menschenbild aus der Zeit
des Nationalsozialismus nicht abgelegt und übertrugen es gleich
auf die gesamte Familie der Betroffenen.

Meine um drei Jahre ältere Schwester Angelika,
wir nannten sie Gela, erlitt kurz vor Vollendung des
vierten Lebensjahres bei Verwandten einen Unfall. Da sie
körperlich unversehrt blieb, wurde dieser meinen Eltern, die ihr
drittes Kind erwarteten, verschwiegen. Viele Jahre später
erfuhren wir, dass Gela - mit einer Wäscheleine um den Bauch
gebunden, damit sie nicht weglaufen konnte - aus einem Fenster
stürzte. Das Mädchen hing in großer Höhe pendelnd, voller Angst
abzustürzen, einige Zeit unentdeckt herab. Statt beruhigt und
getröstet zu werden, wurde das Kind beschimpft und bestraft,
weil es auf das Fensterbrett geklettert war und das Fenster
geöffnet hatte.
Nach diesem traumatischen, mit Todesangst verbundenen
Ereignis, war meine Schwester nicht mehr das fröhliche,
wissbegierige und unternehmungslustige Mädchen von einst. Gela
verhielt sich komisch, konnte sich sprachlich nicht mehr
zusammenhängend äußern, wirkte verstört. Eltern und

Verwandte vermochten nicht sich die Wesensveränderung zu erklären.

Das Krankheitsbild einer einfachen und komplexen „Posttraumatischen Belastungsstörung" (PTBS)[2], bei Frühtraumatisierung verbunden mit einer komplexen Entwicklungsstörung sowie „Posttraumatische Belastungsreaktionen" waren bis in die späten 1980er Jahre weitestgehend unbekannt. Nach 1980 begann, von den USA ausgehend, die Erforschung des Bereichs PTBS auch bei Kindern. 1990 wurde das Krankheitsbild der PTBS, jedoch noch nicht das der „Komplexen Posttraumatischen Belastungsstörung", erstmalig in das internationale Klassifikationssystem für Krankheiten ICD aufgenommen.

Meine Schwester wurde im Alter von sieben Jahren wegen der Verdachtsdiagnose „Kindliche Schizophrenie" in eine Klinik für Kinderpsychiatrie eingewiesen und sechsmal mit Elektroschocks bei vollem Bewusstsein sowie im Stil der „Schwarzen Pädagogik" „behandelt". Diese Ereignisse bedeuteten weitere schwere Traumatisierungen und führten zur Verschlimmerung ihres Zustandes. Sie galt nunmehr als schulbildungsunfähig und wurde als „Idiot" eingestuft.

Zu DDR-Zeiten gab es keine Schulen für geistig Behinderte (in der BRD wurden diese Anfang der 1970er Jahre eingerichtet). Betroffene Kinder kamen in ein Vollheim oder mussten, wie meine Schwester, zu Hause betreut werden. Den Eltern glaubte man nicht, dass das Mädchen trotz seiner Sprachlosigkeit ein gutes Sprachverständnis besaß und lernfähig war.

Bei einem psychisch und geistig behinderten Kind in der Familie stellten einige Leute, auch seitens zuständiger Behörden und Ämter, automatisch die Intelligenz der beiden jüngeren Schwestern infrage, als ob die „Idiotie"[3] ansteckend sein könnte.

Meiner Mutter wurden schwere Vorwürfe gemacht, dass sie mich vorzeitig (ich wurde im Juni geboren, Stichtag war damals der 31. Mai) für den Schulbesuch angemeldet hatte. Mein erster Schultag war am 3. September 1959. Gleich in den ersten Deutsch-Stunden erlebte ich als (ursprüngliche) Linkshänderin Abwertung und musste „umerzogen" werden. Abfällige Bemerkungen über meine kranke Schwester kratzten zusätzlich am Selbstwertgefühl.

So erlebte ich schon als Vorschul- und junges Schulkind, dass man Menschen mit Behinderungen eher mit Ablehnung und Verachtung begegnete, anstatt mit Mitgefühl und Verständnis, dass sie keine besondere Förderung oder Fürsorge erhielten.

Persönliche Erlebnisse und Erfahrungen prägten die eigene sowie berufliche Entwicklung. Nach dem Studium an der Pädagogischen Hochschule in Halle, von 1971 bis 1975, unterrichtete ich zehn Jahre lang an einer POS (Polytechnische Oberschule in der DDR) in den Fächern Physik, Mathematik, später noch in Astronomie und war als engagierte Klassenlehrerin tätig.

Nach dem Erziehungsjahr für mein drittes Kind wechselte ich auf eigenen Wunsch an eine „Hilfsschule", die später zur Förderschule für Lernbehinderte weiterentwickelt wurde. In einem postgradualen Studium erwarb ich für diese Schulform die Qualifikation als Förderschullehrerin. Zusätzliche, mir wichtig und notwendig erscheinende Ausbildungen, wie die in Gesprächstherapie und Systemischer Beratung, absolvierte ich auf Eigeninitiative und eigene Kosten.

Eine Ausbildung zur Mediatorin für die Anleitung von Schüler-Streitschlichtern sowie Erkenntnisse aus vielseitigen Fortbildungsveranstaltungen der jährlich stattfindenden „Erfurter Psychotherapie-Woche" erwiesen sich als sehr hilfreich für die Arbeit mit lernschwachen und verhaltensauffälligen Kindern und Jugendlichen in den unterschiedlichen Schulformen sowie für die Beratung der Eltern.

Ab 2002 wurde ich neben meiner Tätigkeit als Klassen- und Fachlehrerin an der Sonderschule zunehmend als Beratungs- und Förderschullehrerin in verschiedenen Regelschulen (Grund-, Real-

und Gesamtschulen) eingesetzt. Dort betreute ich einzelne Schülerinnen und Schüler mit dem sonderpädagogischen Schwerpunkt „Lernen" (Lernbehinderung) im „Gemeinsamen Unterricht" (GU), förderte Kinder präventiv in der sogenannten Förderstufe (Klassen fünf und sechs). Dadurch war ich im Schuljahr 2009/2010 wöchentlich an fünf verschiedenen Schulen stundenweise im Einsatz. Für die Förderstunden standen weder angemessene Räume noch Arbeitsmaterial zur Verfügung. Zeit, um sich mit den Klassenleitern und Klassenlehrerinnen auszutauschen, stand oft nicht zur Verfügung, da ich zur nächsten Schule weiterziehen musste.

---

[1] Polio Begriffserklärungen im Teil IV.
[2] PTBS Begriffserklärungen im Teil IV.
[3] Idiotie, geistige Behinderung, Begriffserklärung Teil IV.

Der Weg zum Buch

Mit dem Schuljahr 2010/11 sollte alles anders werden. Ich erhielt eine Abordnung an eine feste Grundschule. Um der seit 2009 geltenden UN-Behindertenrechtskonvention gerecht zu werden, wurden erstmals alle schulpflichtig gewordenen Kinder in der Grundschule ihres entsprechenden Einzugsbereichs aufgenommen, auch die Jungen und Mädchen, welche deutliche Entwicklungsrückstände im Vergleich zu Gleichaltrigen aufwiesen, und war von nun an für Kinder mit den verschiedensten Förder- und Unterstützungsbedarfen zuständig.

An den Schulen bestand allseits Verunsicherung oder Ratlosigkeit, welche Rolle eine Förderschullehrkraft im Kollegium einer Grundschule spielen soll und was die sogenannte Inklusion in der Praxis zu bedeuten hat. Bisher gab es nur vereinzelte Kinder, die im GU lernten und stundenweise durch eine Förderlehrkraft betreut wurden.

Es war schnell zu erkennen, welche Schüler und Schülerinnen von Anfang an eine präventive Förderung benötigten, da sie beim Erlernen von Lesen, Schreiben und Rechnen zurückblieben, in ihrer Sprachentwicklung oder im Sozialverhalten auffällig waren. Die Kolleginnen und Kollegen erwarteten von mir eine rasche Diagnostik des sonderpädagogischen Förderbedarfs (wie es bisher üblich war), damit die betroffenen Kinder in eine entsprechende Förderschule überwiesen werden oder dass sie wenigstens zusätzliche Betreuungsstunden bekommen könnten.

Mein Auftrag war jedoch, durch gezielte präventive Förderung in der Schuleingangsphase (SEP) das Entstehen eines sonderpädagogischen Förderbedarfs möglichst zu verhindern. Auf eine Diagnostik in den ersten zwei oder drei Schuljahren sollte verzichtet werden. Kinder mit den Unterstützungsbedarfen in den Bereichen Lernen, Sprachliche Entwicklung und Emotional-soziale Entwicklung sollten möglichst im Gemeinsamen Unterricht (GU) individuell gefördert werden. Es zeigte sich, dass sowohl bei Eltern und Schülern als auch bei den Kolleginnen und Kollegen ein großer Beratungsbedarf bestand.

Es keimte der Gedanke auf, Erlebnisse und Erfahrungen schriftlich festzuhalten, um sie für den kollegialen Erfahrungsaustausch und Weiterbildungsangebote oder gar für ein Buch zu nutzen.

Im Unterricht einer ersten Klasse brachte mich die Lehrerin mit der Katze Mimi auf eine Idee. Nein, nein, Mimi ist keine lebende Schulkatze, sondern eine Figur zur Fibel von „Volk und Wissen", dem Erstlesebuch. Diese Handpuppe war bei den Kindern sehr beliebt. Die Erstklässler durften abwechselnd Mimi übers Wochenende mit nach Hause nehmen. Ich stellte mir vor, was das Kätzchen dabei so alles erlebte.

Daraus entstanden erste Schulgeschichten, in denen zwei erdachte Figuren die Rolle der Mimi übernahmen. Der Puppe Nina und Karlchen, dem Bären, schrieb ich eine besondere Gabe zu: Sie können alles um sich herum wahrnehmen und zur Geisterstunde zwischen null und ein Uhr lebendig werden. In dieser kurzen Zeit tauschen sich die Puppe und der Plüschbär über ihre Gedanken sowie Erlebnisse in den Familien und Beobachtungen im Unterricht aus. Der „Einsatz" der Puppen ist ein Kunstgriff: Mit ihrer Hilfe kann ich auf Kritikpunkte besser aufmerksam machen, diese können schärfer und direkter benannt werden.
Meine eigenen Erfahrungen und Erkenntnisse als Förderschullehrerin in den ersten drei Jahren an einer Grundschule lieferten den Stoff für ein Sachbuch. 2014 erschien im Projekte-Verlag Halle „Schule ist doof - Inklusion in der Praxis".

Reichlich zehn Jahre sind seit dem Inkrafttreten der UN-Behindertenrechtskonvention (BRK) vergangen. Die Herangehensweisen und Erfahrungen in den einzelnen

Bundesländern bei der Entwicklung eines Inklusiven Schulsystems, in dem Kinder mit und ohne Behinderungen gemeinsam lernen, sind unterschiedlich. Es sollte der Frage nachgegangen werden, ob Inklusion als Chance, gar als Ressource oder Überforderung im Schulsystem gesehen werden kann.

In der erweiterten Neuauflage meines Buches widme ich mich den Erfordernissen, Hürden, neuen Erkenntnissen und unterschiedlichen Sichtweisen bei der Umsetzung schulischer Inklusion im föderalen Schulsystem der Bundesrepublik Deutschland.

Aufbau und Anliegen

Dieses Buch kann als Fachratgeber gesehen werden und wendet sich gleichermaßen an Eltern, Lehrkräfte, pädagogisch Tätige, angehende Lehrerinnen und Lehrer sowie pädagogisch-psychologisch interessierte Leserinnen und Leser. Es dient der Aufklärung zu Fragen des gemeinsamen Lernens von Kindern mit und ohne Beeinträchtigungen und hinterfragt kritisch bildungspolitische Entscheidungen.

Meine ausgedachten, teilweise ernsten, vergnüglichen sowie phantasievollen Geschichten geben Einblick in den ganz normalen, anspruchsvollen Schulalltag an einer integrativ/ inklusiv arbeitenden Grundschule.

Mit den Schulgeschichten möchte ich im Teil I des Buches auf die Herausforderungen im Zusammenhang mit der Entwicklung eines Inklusiven Schulsystems aufmerksam machen und die Probleme aus der Sicht von Kindern, Eltern und Pädagogen darstellen. Ein Teil der Schulgeschichten kann auch Kindern vorgelesen werden und somit als Grundlage für Gespräche mit ihnen über eigene Erlebnisse und Sorgen dienen. Das interaktive Vorlesen im Allgemeinen und über Erlebtes sprechen bieten darüber hinaus eine wichtige Grundlage für die sprachliche Entwicklung, das Interesse am Lesenlernen sowie die Förderung des Textverständnisses bei jungen Schulkindern.

Inzwischen habe ich, parallel zu den Schulgeschichten, für Kinder in der Reihe „Schule ist cool" sechs Bände, bzw. den Sammelband „Schule ist cool und manchmal doof" (mit vielen eigenen Illustrationen), über den Stockwärter Verlag Halle veröffentlicht.

Auch wenn in meine Ausführungen Erlebnisse und Erkenntnisse aus dem Schulalltag als Lehrerin, aus Fortbildungen und dem Literaturstudium sowie als Mutter, Pflege-, und Großmutter einfließen, sind Ähnlichkeiten und Parallelen zu realen Personen,

Familien, bestehenden Schulsituationen möglich und dennoch zufällig entstanden, also nicht konkret einzelnen Schulen, Personen oder Familien zuzuordnen.

Gleichzeitig dienen die Geschichten als anschauliche Fallbeispiele für verschiedene Förderbedarfslagen, die im Teil IV näher erklärt werden. Im Teil II widme ich mich einigen Fragen zur Kommunikation und Zusammenarbeit zwischen Elternhaus und Schule sowie der Möglichkeit, Probleme mittels Mediation zu erhellen und lösen zu helfen.

In einigen Schulen, nicht nur in sogenannten „Brennpunktschulen", fühlen sich manche Kinder nicht wohl, sie bleiben beim Lernen zurück, andere sind unruhig, stören den Unterricht, reagieren oft aggressiv, ihre Eltern sind überfordert, Lehrerinnen und Lehrer reiben sich auf in ihrem Bemühen, die Kinder individuell zu fördern. Was steckt hinter den Problemlagen? Wenn Eltern die an sie gestellten Erwartungen der Schule nicht kennen (z. B. Zuwanderer, Geflüchtete), nicht erfüllen können (z. B. wegen psychischer Erkrankung, Analphabetismus) und Klassenlehrkräfte die sozialen und materiellen sowie soziokulturellen Bedingungen im Haushalt und Umfeld ihrer Schüler nicht kennen, kann es leicht zu Missverständnissen und Schuldzuweisungen kommen. Die Aufgabe der Lehrer und Lehrerinnen ist in erster Linie die Wissensvermittlung und die Sorge für ein förderliches Lernumfeld in der Schule. Sich um die sozialen Probleme zu kümmern, wird ihnen oft zusätzlich aufgedrückt, wenn es an der Schule keine Schulsozialarbeiterin, keinen -sozialarbeiter gibt.

Eine wichtige Rolle für das gegenseitige Verständnis spielen neue Erkenntnisse zu den Folgen traumatischer Erfahrungen in früher Kindheit oder akuter Belastungssituationen und den damit verbundenen Auswirkungen in der kognitiven (geistigen) und emotional-sozialen Entwicklung von Kindern und Jugendlichen.

14

Im Teil III des Buches geht es um Schulpolitik, Erfordernisse, Strategien und Ergebnisse in der Entwicklung eines Inklusiven Schulsystems aus der Sicht verschiedener Fachleute und Autoren. Gute Bildungsmöglichkeiten für alle Kinder und Jugendlichen zu schaffen, unabhängig vom Wohnort, dem Bundesland oder von den materiellen Bedingungen in den Familien, ist aus meiner Sicht eine gesamtgesellschaftliche Aufgabe.

Im Teil IV werden Fachbegriffe im Zusammenhang mit dem sonderpädagogischen Förderbedarf und medizinische Begriffe näher erklärt.

Auf dem Weg zu mehr Bildungsgerechtigkeit

Mit Interesse verfolge ich die Entwicklungen im Bildungssystem der Bundesrepublik, insbesondere aber im Bundesland Sachsen-Anhalt. Seit Jahren gibt es die verschiedensten Reformbestrebungen in Deutschland, wo Bildungspolitik Ländersache ist und die Kultusministerkonferenz (KMK) Empfehlungen erarbeitet. Mit der Föderalismusreform I von 2006 wurde bekanntlich ein Kooperationsverbot in der Bildungspolitik zwischen Bund und Ländern vereinbart. Laut Einschätzung des (im Jahr 2012) Vorsitzenden der Bildungsgewerkschaft GEW[4], Ulrich Thöne, ist der „Wettbewerbsföderalismus gescheitert - ein Kooperationsgebot notwendig". Er bezeichnete die Bildungslandschaft in Deutschland als „bildungspolitischen Flickenteppich" mit der Folge, dass die Bildungsgerechtigkeit weiter abnimmt. „7,5 Millionen Menschen, die nicht richtig lesen und schreiben können, sind kein Problem einzelner Bundesländer, sondern ein gesellschaftlicher Skandal, der alle betrifft." (E&W 04/2012, S. 29)

Eine vom Bundesbildungsministerium geförderte Studie „LEO 2018 - Leben mit geringer Literalität" stellte den Rückgang dieser Zahl (Stand 2011) als Erfolg dar. Dennoch sind das 6,2 Millionen Erwachsene, die nicht richtig Deutsch lesen und schreiben können. 52,6 Prozent von ihnen haben Deutsch als Muttersprache. Die Mitteldeutsche Zeitung[5] berichtet weiter: „Auch bei jenen Erwachsenen, die zwar zusammenhängende Texte verstehen, aber dennoch nicht gut lesen und nur sehr fehlerhaft schreiben können, gab es einen Fortschritt. Hier verringerte sich die Anzahl von 13,4 Millionen im Jahr 2011 auf nun 10,6 Millionen Menschen." (MZ, 8. Mai 2019, S. 23)

Was kann, bzw. muss, gegen das Zurückbleiben in der Schule von so vielen jungen Menschen getan werden?

16

Wer ist verantwortlich? Ist das nur Sache der Politik? Können es die Lehrerinnen und Lehrer in einer „Schule für alle" richten? Viele von ihnen machen sich Gedanken. So z. B. die bayerische Grundschullehrerin Sabine Czerny in ihrem Buch[6] „Was wir unseren Kindern in der Schule antun ... und wie wir das ändern können". Gleich auf der Umschlaginnenseite ist zu lesen: „Wer ist schuld an der aktuellen Schulmisere? Es sind nicht die ehrgeizigen Eltern, die im Grunde nur das Beste für ihre Kinder wollen. Auch nicht die Lehrer, die sich zwischen Bildungs- und Sortierauftrag komplett aufreiben. Doch am allerwenigsten sind es die Schüler, die heutzutage - vorschnell - als lernfaul und unmotiviert abgestempelt werden. Schuld ist **ein Schulsystem, das sich unerbittlich und bürokratisch über das Wohl der Kinder stellt - und damit über die Möglichkeiten und Fähigkeiten jedes einzelnen Schülers."**

Jörg Dräger (ehemals Bildungspolitiker in Hamburg) veröffentlichte das Buch[7] „Dichter, Denker, Schulversager - Gute Schulen sind machbar - Wege aus der Bildungskrise" mit einer „Politischen Gebrauchsanweisung" von Klaus von Dohnanyi. Dräger schreibt in seiner Einleitung[8]: „Bildungskrise in der Bildungspolitik: Abgesehen von dem Rückstand der Bundesrepublik in internationalem Vergleich ergibt sich ein wahrhaft erschütternder Unterschied zwischen den verschiedenen Bundesländern. Dieser Unterschied hängt weder von der Sozialstruktur noch von den Finanzen der verschiedenen Bundesländer ab, sondern ergibt sich lediglich aus dem unterschiedlichen Ausbau des Schulwesens."

Des Weiteren verweist er auf den Pädagogen und Philosophen Georg Picht, der schon 1964 in seinem Buch „Die deutsche Bildungskatastrophe" den „Lehrermangel und die Bildungs-Kleinstaaterei der Bundesländer ebenso wie die mangelnde Chancengerechtigkeit des deutschen Bildungswesens" kritisierte.

Diese Probleme bewegen uns auch heute noch, sogar in zunehmender Weise. Die Mitteldeutsche Zeitung[9] machte unter dem Titel „Lehrer verzweifelt gesucht" darauf aufmerksam, dass in Sachsen-Anhalt 2000 Pädagogen per Abordnung an andere Schulen versetzt werden mussten, um den Schulbetrieb im Schuljahr 2012/13 mit großer Mühe absichern zu können. Der damalige Landesvorsitzende der Bildungsgewerkschaft GEW, Thomas Lippmann, warnte davor, dass das System „in zwei bis drei Jahren kollabieren" wird, wenn nicht Sofortmaßnahmen ergriffen werden. Statt der geplanten 200 Neueinstellungen pro Jahr müssten 600 junge Lehrerinnen und Lehrer eingestellt werden. „Die anderen Bundesländer haben das längst begriffen und stellen ein, nur wir sind die Blöden", so Lippmann. „Häufig müssen Absolventen aus Sachsen-Anhalt weiterziehen, da sie hier keine Anstellung finden - andere Bundesländer freut es", zitiert die MZ (v. 14.08. 2012, S. 1) weiter.

Bis 2016 wurde in Sachsen-Anhalt sogar Personal abgebaut. In einer Richtlinie (RL-Rente 2011) zur vorzeitigen Inanspruchnahme einer Altersrente hieß es in der Fassung vom 30. Mai 2013: „Für die Realisierung des von der Landesregierung jährlich fortzuschreibenden Personalentwicklungskonzepts ist es zwingend erforderlich den Personalbestand abzusenken."

Die Warnungen wurden nicht ernst genommen. Zehn Jahre später heißt es in der Mitteldeutschen Zeitung[10]: „Lehrermangel ist so schlimm wie nie zuvor. Viel Stundenausfall im neuen Schuljahr. ... Rechnerisch reicht die Zahl der eingestellten Pädagogen nur noch für eine Abdeckung von 92 Prozent der eigentlich vorgeschriebenen Unterrichtsstunden. Landesweit jede dritte Schule (34 Prozent) hat bereits eine Unterrichtsversorgung von weniger als 90 Prozent. Vor allem Sekundarschulen, Gemeinschaftsschulen und Förderschulen leiden unter dem Mangel." (MZ v. 24.08.2022, S. 1)

Inzwischen stellt der Lehrkräftemangel in allen Bundesländern Deutschlands ein ernstzunehmendes

Problem dar. Durch unterschiedliches parteipolitisches Verständnis (und auch Gezänk) gibt es bundesweit nach Landtagswahlen immer wieder Schulstrukturreformen und Änderungen in den Schulgesetzen, was bei Lehrern, Eltern und Schülern häufig zu Verunsicherungen führt. Einige Beispiele dazu: „Um die Jahrtausendwende hatte Sachsen-Anhalt das integrativste Schulsystem Deutschlands", sagte der GEW Landeschef Lippmann.

Nach der Grundschule erfolgte nicht die Trennung der Schüler einer Klasse in verschiedene weiterführende Schulformen, also nicht der Übergang an ein Gymnasium oder an eine Realschule, sondern es wurde eine gemeinsame Förderstufe in den Klassen fünf und sechs geschaffen. Kinder mit einem sonderpädagogischen Förderbedarf konnten auf Wunsch der Eltern im Gemeinsamen Unterricht gefördert werden. Der Hauptschulbildungsgang an Sekundarschulen wurde abgeschafft, die Schulpflicht auf zehn Jahre erhöht. Lippmann stellte fest:

„Zwischen 1998 und 2003 waren die Weichen für ein längeres gemeinsames Lernen in Sachsen-Anhalt schon gestellt. Doch in der Öffentlichkeit war der daraus resultierende Bruch mit der Tradition des Abiturs nach zwölf Schuljahren nicht zu vermitteln. CDU und FDP hatten leichtes Spiel und kippten die gesamte Reform." Mit dem „Bruch der Tradition" ist gemeint, dass Sachsen-Anhalt mit Einführung der Förderstufe nicht mehr den traditionellen Weg gehen wollte, nach welchem leistungsstarke Schüler und Schülerinnen im Anschluss an die vierjährige Grundschulzeit acht Jahre lang am Gymnasium bis zum Abitur lernen. Nachzulesen ist der Bericht in der E&W 11/2012, S. 21. Seitdem sind die Fronten im Parlament und in verschiedenen gesellschaftlichen Gruppen verhärtet, Reformbestrebungen werden argwöhnisch betrachtet.

Kernstück der Schulreform 2005 an Berliner Grundschulen war laut E&W 01/2013, S. 28: „... alle Kinder in dem Jahr einzuschulen, in dem sie sechs Jahre alt werden." Für manche

Eltern stellt sich damit die Frage, ob mit dieser Regelung die Schulreife des Kindes (durch schulärztliche Untersuchungen festgestellt) noch berücksichtigt wird. In den ersten beiden Schuljahren lernen die Schüler der Klassenstufen 1 und 2 gemeinsam im sogenannten „Jahrgangsübergreifenden Lernen", der Übertritt in die dritte Klasse erfolgt dann flexibel nach zwei oder drei Jahren. „Die Berliner GEW hat die Altersmischung zwar von Anfang an begrüßt, kritisiert jedoch, dass die Ausstattung vieler Schulen zu schlecht für das gemeinsame Lernen sei. Es fehle an Lehrkräften, Räumen und Fortbildungsmöglichkeiten für Pädagogen."

Die damit verbundenen Probleme an verschiedenen Berliner Grundschulen (Klassen 1 bis 6) stellt Philipp Möller in seinem Buch „iSCH GEH SCHULHOF"[11] sehr kritisch und anschaulich dar.

Möller wagte den Quereinstieg als Aushilfslehrer an einer Berliner Grundschule, in der er zuvor ein halbes Jahr als Assistent der Schulleitung gearbeitet hatte. Er bejaht die Frage, ob er vor seiner ersten Unterrichtsstunde aufgeregt sei: „Kein Wunder, denn in ungefähr zwei Stunden werde ich als Mathelehrer vor einer vierten Klasse stehen - ohne auch nur eine Minute Unterrichtserfahrung zu haben!" Er schreibt, dass er wusste, was ihn erwartet: „Kinder aus deprimierenden Familienverhältnissen, die sich kaum konzentrieren können und deren Schimpfwörter selbst mir als abgehärteten Berliner die Schamesröte ins Gesicht steigen lassen."[12]

In seinem Nachwort äußert Möller 2012, dass er „tief bestürzt über das dramatische Ausmaß unserer Bildungskatastrophe" ist. „Wenn wir der Bildung nicht schnellstens eine höhere Priorität einräumen, werden wir vermutlich bald alle unter den Folgen der steigenden Bildungsarmut leiden."[13]

Über Nordrhein-Westfalen berichtete E&W 10/2012, S. 20/21, dass die ideologischen Grabenkämpfe zwischen SPD und CDU

1978 ihren Höhepunkt erreichten, als die SPD für die Einführung der Kooperativen Gesamtschule eintrat. Inzwischen heißt es dazu: „Das Land hat die ideologischen Grabenkämpfe beendet. Sinkende Schülerzahlen zwingen die Politik und Schulen zu Pragmatismus." 2012 wurde im katholischen Kleve am Niederrhein die erste Gesamtschule in NRW eröffnet, welche als erste Sekundarschule die Haupt- und Realschule ersetzen sollte. Inzwischen erlebt das Land einen Gründungsboom bei den Gesamtschulen.

Otto Speck (Prof., Dr., emeritierter Ordinarius für Sonderpädagogik an der Ludwig-Maximilians-Universität München) setzt sich in seinem Buch „Schulische Inklusion aus heilpädagogischer Sicht"[14] mit „Rhetorik und Realität" bei der Umwandlung der allgemeinen Schule in ein „Inklusives Schulsystem" auseinander. Auch er verweist auf verschiedene Ansätze in den Bundesländern. „Die längsten Erfahrungen mit dem **FLEX-Modell** (Flexible Schuleingangsstufe seit 2001) hat das Land Brandenburg. Die dortigen FLEX-Lerngruppen oder -Klassen sind hier doppelt mit Lehrern besetzt und werden mit fünf Wochenstunden auch durch Sonderpädagogen unterstützt. Dem in Brandenburg wissenschaftlich ausgewerteten FLEX-Modell wird eine zukunftsweisende Qualität zugesprochen."[15]

Der Umbau des mehrgliedrigen zu einem inklusiven Schulsystem in Brandenburg ist nicht zuletzt durch den Druck des massiven Bevölkerungsrückgangs beschleunigt worden. Allerdings ist damit auch der Trend zur sozialen Segregation (Ausgrenzung) durch Neugründung von Schulen in freier Trägerschaft verstärkt worden, laut Erziehung und Wissenschaft (E&W 04/2013, S.12) verfünffachte sich die Zahl privater Schulen zwischen 1994/95 und 2011/12 auf 165). Dieser Trend setzt sich fort.

In Bayern gibt es bereits seit dem Schuljahr 1984/85 sogenannte „Sonderpädagogische Diagnose- und Förderklassen"[16]. „Sie sind aber im Gegensatz zu der eben genannten flexiblen Eingangsstufe den Förderschulen zugeordnet und insofern ein Unikum in den Bundesländern. Sie sehen ebenfalls eine Verlängerung der Verweildauer um ein Jahr vor und stützen sich im Besonderen auf eine differenzierte Förder- und Entwicklungsdiagnostik. "

Auf kritische Entwicklungen im deutschen Bildungswesen machte auch das internationale PISA-Konsortium aufmerksam, indem es auf das „Problem mangelnder Bildungsgerechtigkeit" in Deutschland verwies E&W 12/2011, S. 17. Unter der Überschrift „Zehn Jahre PISA-Trauma" heißt es dort: „Eltern, Schüler und Lehrkräfte wissen gar nicht, was sie von den ganzen Maßnahmen nach PISA halten sollen. Vor allem Pädagoginnen und Pädagogen stehen seit Jahren unter wachsendem Reform- und Erwartungsdruck, ohne die notwendige finanzielle und personelle Unterstützung zu erhalten. ... Bis zur Verabschiedung einer KMK-Förderstrategie für leistungsschwächere Schülerinnen und Schüler hat es hingegen bis zum März 2010 gedauert." (KMK bedeutet Kultusministerkonferenz.)

Seit März 2009 ist die UN-Konvention über die Rechte von Menschen mit Behinderungen als internationales Vertragswerk auch in der Bundesrepublik Deutschland gültig. Demnach besteht ein Rechtsanspruch behinderter Menschen zur gleichberechtigten Teilhabe am selbstbestimmten Leben in der Gemeinschaft und am gemeinsamen Lernen in einem „Inklusiven Bildungssystem". Bremen hat als erstes Bundesland 2009 den Inklusionsauftrag der UN-Behindertenrechtskonvention in sein Schulgesetz übernommen. Bei der Beschulung behinderter Kinder gilt dort grundsätzlich die freie Wahl zwischen einem Förderzentrum (Sonderschule) oder der Regelschule.

Vor allen Ländern der Bundesrepublik steht die Aufgabe, das allgemeine Bildungssystem so zu gestalten, dass Kinder und Jugendliche mit Beeinträchtigungen in der Regelschule eine bedarfsorientierte, individuelle

Förderung sowie notwendige Unterstützungsbedingungen erhalten.

In Sachsen-Anhalt wurde das Angebot der schulischen Integration in Form des Gemeinsamen Unterrichts (GU) seit 2001 im Schulgesetz verankert[17]. Der Schwerpunkt der sonderpädagogischen Förderung richtet sich zunehmend auf inklusive Bildungsangebote mit einem hochgesteckten Ziel: Es soll gelingen niemanden mehr auszuschließen und alle Schüler in eine gemeinsame Schule aufzunehmen. **Dabei wird es, unabhängig vom aktuellen Entwicklungsstand und von den Lebensumständen, im Gemeinsamen Unterricht pädagogische Angebote und individuelle Förderung geben, die ein erfolgreiches Lernen für jedes Kind ermöglichen.** Die Überweisung von Schülern und Schülerinnen mit einem sonderpädagogischem Förderbedarf in den Bereichen Lernen, sprachliche oder emotional-soziale Entwicklung in eine Förderschule soll nur noch auf Elternwunsch geschehen, bzw. wenn eine integrative Förderung nicht im Gemeinsamen Unterricht der Regelschule realisiert werden kann. Das hat zur Folge, dass langfristig die Zahl der Förderschulen sinken wird und **Förderschullehrkräfte verstärkt an Grund- und Sekundarschulen** eingesetzt werden, um die notwendige sonderpädagogische und präventive Förderung der Schüler sowie die Beratung der Eltern, Kolleginnen und Kollegen abzusichern. Somit muss verstärkt das Augenmerk auf heterogene Lerngruppen (unterschiedliche Lernausgangslagen der Schüler) gelenkt werden.

Allerdings besteht an den Förderschulen die Gefahr, dass durch Abordnungen der ausgebildeten Sonderschullehrer dort ein Fachlehrermangel erzeugt wird.

Ausgehend von meinen langjährigen Erfahrungen aus der Beratungslehrertätigkeit in verschiedenen Schulformen (Grundschulen, Realschulen, Gesamtschulen) muss ich feststellen, dass es große Unterschiede bei den Lernvoraussetzungen der

Schüler innerhalb einer Klasse geben kann. Zukünftig könnten häufiger (wie so ähnlich schon erlebt) Konstellationen in der Zusammensetzung einer Klasse entstehen, wie es dieses Beispiel zeigt: Von 25 Schülern haben sieben einen Migrationshintergrund (mindestens ein Elternteil stammt nicht aus Deutschland), zwei einen sonderpädagogischen Förderbedarf mit Schwerpunkt Lernen (Lernbehinderung) und einer den Förderschwerpunkt Sprachliche Entwicklung. Bei weiteren drei bis vier Kindern bestehen Teilleistungsschwächen wie Lese-Rechtschreib-Schwäche[18] (LRS) und Rechenschwäche[19] (Dyskalkulie). Außerdem lernen in der Klasse zwei verhaltensauffällige Jungen mit einem Aufmerksamkeits-Defizit-Syndrom[20] mit Hyperaktivität (ADHS), ein hochbegabtes sowie ein chronisch krankes Kind (z. B. erkrankt an Diabetes, mit einem Herzleiden oder einer psychischen Erkrankung). Für Schüler mit einem diagnostizierten sonderpädagogischen Förderbedarf - aber nicht für Kinder mit Teilleistungsschwächen - wurden in Sachsen-Anhalt anfangs zwei Lehrerwochenstunden zur Förderung im GU zugeteilt, was, auf mein Beispiel bezogen, sechs Unterrichtsstunden wöchentlich im Gemeinsamen Unterricht mit zwei Pädagogen ermöglichen würde. Für die Beibehaltung dieser Stundenzuweisungen fehlt es allerdings an Personal. **Bis heute gibt es keine klaren Regelungen, wie viele Kinder mit Förderbedarf in einer Regelklasse lernen dürfen, um adäquat gefördert werden zu können.**

In Sachsen-Anhalt und anderen Bundesländern werden Kinder in den ersten beiden Schuljahren nicht diagnostiziert, auch wenn sie deutliche Entwicklungsrückstände aufweisen.

Manche Kinder, oftmals Jungen, wirken regelrecht ungeschickt, tollpatschig, unselbstständig, der Umgang mit Schere und Bleistift gelingt nur schwer, das Schreiben ist für sie eine Qual. Dass hinter der Tollpatschigkeit eine Behinderung stecken könnte, ist allgemein wenig bekannt. Diese Dyspraxie[21] wird selten vom Kinderarzt diagnostiziert, tritt aber häufig auf;

die Probleme werden eher im Zusammenhang mit einer Lern- oder geistigen Behinderung erklärt.

Die Hauptverantwortung für die individuelle Förderung jedes Kindes wurde und wird weiterhin den Klassenleiterinnen und Klassenleitern übertragen. Jedoch sind die Lehrkräfte an den Regelschulen (bundesweit) nicht in erforderlichem Maße auf die neuen Herausforderungen des gemeinsamen Lernens durch entsprechende Weiterbildungsangebote vorbereitet worden; sie sollten jedoch die neuen Verordnungen unverzüglich erfolgreich umsetzen. Außerdem sind an vielen Schulen die personellen, räumlichen und sächlichen Bedingungen nicht ausreichend vorhanden, was nach mehr als zehn Jahren Inklusion noch immer bemängelt wird. „Leuchtturmschulen", die als Inklusionsschulen anerkannt sind, werden personell etwas besser ausgestattet; das reicht aber nicht für alle. **Aufgrund des sich verschärfenden Personalmangels können Förderschullehrkräfte nicht mehr kontinuierlich an den Regelschulen in einem multiprofessionellen Team mitarbeiten, müssen stattdessen nach Anforderung in mehreren Schulen beratend tätig werden.**

Es besteht die Gefahr, dass unter dem wachsenden ökonomischen Druck im Bildungsbereich weiter gespart wird und über Leistungsgrenzen von Lehrkräften, Pädagogischen Mitarbeiterinnen und Mitarbeitern sowie von Schülerinnen und Schülern hinweggegangen wird. Passt das föderale Bildungssystem in Deutschland zu den immer höher werdenden und komplexen Ansprüchen im Berufsleben, die künftige Facharbeiter in einer globalen Wirtschaft zu bewältigen haben? Schon heute können offene Stellen nicht besetzt werden, weil qualifizierte Arbeitskräfte fehlen und ein großer Teil der Arbeitslosen über keine Berufsausbildung verfügt. **Was geschieht mit den Jugendlichen, die ohne einen anerkannten Schulabschluss die Bildungseinrichtungen verlassen, welche Chancen zur gesellschaftlichen Teilhabe**

bekommen sie? Zum Beispiel in Sachsen und Sachsen-Anhalt beträgt der Anteil von Schulabgängern ohne Abschluss (dazu zählen Schüler und Schülerinnen aus den Förderschulen) etwa 10 Prozent.

Seit Inkrafttreten der UN-BRK besteht der Auftrag, ein Inklusives Bildungssystem auch in der Bundesrepublik Deutschland zu gestalten. Wie das funktionieren soll, konnten sich viele zunächst nicht vorstellen, auch nicht, welche Kosten für die Schaffung entsprechender Bedingungen und Probleme damit für Kinder, Eltern und Lehrkräfte verbunden sind. Etliche Schüler und Schülerinnen mit Lern- und Verhaltens-beeinträchtigungen, bzw. mit einem sonder-pädagogischen Förderbedarf, lernten schon vor 2009 an den Regelschulen und hatten einen Anspruch auf den Gemeinsamen Unterricht, wenn es ihre Eltern wünschten.

Dieser Anspruch ist nunmehr seit über zehn Jahren bundesweit gesetzlich verankert. **Wird den Eltern mit der Inklusion oftmals zu viel versprochen oder werden zu viele Hoffnungen geweckt, dass ihre im Lernen oder anderweitig behinderten Kinder zu einem höheren, sozial und gesellschaftlich anerkannten Abschluss gelangen können, gar höhere Chancen auf dem Arbeitsmarkt bekämen?**

Wie steht es aktuell um das Bildungssystem in Deutschland? Da der Bildungsbereich in der Verantwortung der einzelnen Bundesländer liegt, werden, meines Erachtens, die Probleme nicht gesamtgesellschaftlich gesehen. Immer mehr Bildungs-verlierer fühlen sich ausgegrenzt, was sich zum Kipppunkt im sozialen Zusammenhalt der Gesellschaft entwickeln könnte.

[4] Erziehung und Wissenschaft, E&W, Zeitschrift der
Bildungsgewerkschaft GEW.
[5] MZ, Mitteldeutsche Zeitung Halle/Saalekreis.
[6] Sabine Czerny - Was wir unseren Kindern in der Schule antun ... und
wie wir das ändern können, Südwest-Verlag, München 2010.
[7] Jörg Dräger, mit einer politischen Gebrauchsanleitung von Klaus von
Dohnanyi - Dichter, Denker, Schulversager, Gute Schulen sind machbar
- Wege aus der Bildungskrise, Deutsche Verlags-Anstalt, München 2011.
[8] Ebenda, S. 13, 14.
[9] MZ, Mitteldeutsche Zeitung Halle/Saalekreis.
[10] Ebenda.
[11] Philipp Möller - iSCH GEH SCHULHOF, Unerhörtes aus dem Alltag
eines Grundschullehrers, Bastei Lübbe GmbH & Co. KG, Köln, 2012.
[12] Ebenda, S. 17.
[13] Ebenda, S. 354.
[14] Otto Speck - Schulische Inklusion aus heilpädagogischer Sicht,
Rhetorik und Realität, 2. Auflage, Ernst Reinhardt, GmbH & Co. KG,
Verlag München, 2011.
[15] Otto Speck - Schulische Inklusion aus heilpädagogischer Sicht,
Rhetorik und Realität, 2. Auflage, Ernst Reinhardt, GmbH & Co. KG,
Verlag München, 2011, S. 119.
[16] Ebenda.
[17] Handreichung zur sonderpädagogischen Förderung in Sachsen-Anhalt,
Richtlinien - Grundsätze - Anregungen, Kultusministerium Sachsen-
Anhalt.
[18] Lese-Rechtschreib-Schwäche, Erklärungen Teil IV.
[19] Rechenschwäche, Erklärungen Teil IV.
[20] Aufmerksamkeits-Defizit-Syndrom, Erklärungen Teil IV.
[21] Dyspraxie, Erklärung im Teil IV.

Teil I

Schulgeschichten - Gemeinsamer Unterricht in der Grundschule

Elternsorgen - Überlegungen zum Schulbeginn

Oft sind die Sorgen und Befürchtungen der Eltern vor der Einschulung größer als die der Kinder. Nicht allen Elternteilen gelingt es, eigene, negativ erlebte Erfahrungen in Bezug auf Schule zurückzudrängen. Was mag mancher Mutter, manchem Vater oder den Großeltern so kurz vor der Einschulung ihres Kindes/Enkelkindes durch den Kopf gehen?

Mögliche Gedanken könnten sein:
- Wird sich mein Kind ordentlich benehmen und sich mit den anderen Kindern vertragen?
- Wird die Lehrerin ihm helfen, wenn es unsicher ist, nicht richtig mitkommt?
- Hoffentlich wird mein Kind nicht von anderen gemobbt oder geschlagen. Ob es sich bei Streitigkeiten überhaupt durchsetzen kann?
- Was ist mit den älteren Schülern aus den 3. und 4. Klassen - lassen sie die Kleinen in Ruhe?
- Wird mein Kind mir auch seine Sorgen erzählen, wenn es in der Schule nicht so gut lief?
- Haben wir alle Arbeitsmaterialien besorgt? Hoffentlich schimpft die Lehrerin nicht so sehr, wenn doch mal was vergessen wurde. Ach und die vielen roten Einträge im Hausaufgabenheft! Schon bei dem Großen / der Großen haben die mich immer in Schrecken versetzt. Meistens waren

es bloß Mitteilungen. Könnten die nicht mit einem grünen Stift geschrieben werden?

- Hoffentlich kommt sie/er mit den Hausaufgaben zurecht. Manchmal denke ich, dass die Kinder im Unterricht zu wenig verstehen, nicht ausreichend Zeit haben und wir Eltern müssen zu Hause alles nachholen, erklären und helfen.
- Ob mein Kind überfordert ist mit all dem Stress und dem Lärm? Einige Schüler sollen ja richtig frech und aggressiv sein, sodass der Unterricht dauernd gestört wird.
- Ich habe gehört, dass auch Behinderte und mehrere Ausländerkinder in die Klasse eingeschult werden. Alle sollen im „Gemeinsamen Unterricht" lernen und gefördert werden. Kann das denn gutgehen? Müssen die schlauen Kinder etwa immer abwarten und sich langweilen, weil sich die Lehrerin mit den Schwachen abmühen muss? Zu meiner Zeit herrschten klare Regelungen. Die Schüler mit Behinderungen und Lernstörungen bekamen ein Gutachten und gingen in das entsprechende Förderzentrum bzw. in die Sonderschule, wo man ihnen wirklich helfen konnte. Früher herrschten in den Klassen nicht so gravierende Leistungsunterschiede - es gab eine Spitzengruppe, ein breites Mittelfeld und nur wenige lernschwache Schüler.
- Die sogenannte Inklusion ist ein hochgestecktes Ziel, ich kann mir einfach nicht vorstellen, dass eine einzige Lehrerin die Schwachen genug unterstützen kann, ohne dass die anderen Kinder beim Lernen gebremst werden.
- Hätten wir uns nicht doch für eine private Schule in freier Trägerschaft, vielleicht eine Waldorf- oder Montessori-Schule, entscheiden sollen?
- Hoffentlich verliert mein Kind nicht die Lust am Lernen. Es soll doch möglichst nach der Grundschulzeit an ein Gymnasium wechseln. Ach, man hört durch die Medien so viele schlechte Dinge über die Haupt- und Realschulen. Überhaupt kennt sich keiner mehr so richtig aus mit den

vielen Schulbezeichnungen: Sekundarschule, Gesamtschule, Mittelschule, Gemeinschaftsschule und, und, und.

- Hoffentlich müssen wir mal nicht wegen der Arbeit in ein anderes Bundesland umziehen. Die Umstellung soll ja so schwierig sein - andere Schulbücher, andere Lehrpläne, Frust für Kinder und Eltern.

- Ich wünsche mir, dass die Lehrer und Lehrerinnen gerecht und nett sind, ein Kind mit Schwierigkeiten nicht vor der Klasse bloßstellen und uns als Eltern nicht von oben herab behandeln und belehren wollen.

Überlegungen aus Lehrerinnen- und Lehrersicht

Bevor die Grundschul-Lehrerinnen und Lehrer die Zeugnisse für ihre 4. Klasse schreiben und mit den Eltern den letzten Schultag planen, läuft die Vorbereitung auf das neue Schuljahr mit ihren künftigen ersten Klassen schon auf Hochtouren. Über das Jahr verteilt haben die Lehrkräfte in den verschiedenen Kindergärten hospitiert. Zweimal waren die Kleinen von ihren Eltern zu einer Schnupperstunde in die Schule begleitet worden. Der erste Elternabend für die künftigen Schulanfänger fand auch schon statt. Nur die Klassenaufteilung steht noch nicht fest. Aus den vorliegenden Unterlagen zur Schulanmeldung, den Entwicklungsberichten über Kinder, die schon in integrativen Tagesstätten gefördert wurden, sowie ärztlichen Befunden aus den Vorschuluntersuchungen kann geschlussfolgert werden, welche zukünftigen Schülerinnen und Schüler wahrscheinlich einen erhöhten Förderbedarf haben - vor allem im sprachlichen Bereich. Eine frühzeitige Diagnostik, ob ein sonderpädagogischer Förderbedarf vorliegt, erfolgt nicht mehr.

Alle Kinder werden altersentsprechend eingeschult und lernen gemeinsam. In Zusammenarbeit der Grundschullehrkräfte mit einer Förderschullehrkraft, die leider nur stundenweise an die Grundschule abgeordnet ist, soll mittels präventiver Förderung ein Zurückbleiben von Schülerinnen und Schülern möglichst verhindert werden. Außerdem kann ja die flexible Schuleingangsphase (drei Jahre SEP in Sachsen-Anhalt, auch in Berlin und Brandenburg) genutzt werden. Das ist alles neu und ungewohnt.

Die Lehrerinnen und Lehrer machen sich darum Gedanken:
- Werde ich alle Schüler für das Lernen begeistern können? Kann ich sie ausreichend motivieren, wenn es mal Probleme und Misserfolge gibt?

- Gelingt es mir, allen Kindern - bei den unterschiedlichsten Lernausgangslagen - Lernerfolge zu ermöglichen?
- Hoffentlich gibt es nicht mehrere Kinder in der Klasse mit gravierenden Verhaltensproblemen. Wenn doch, ist es dann überhaupt möglich, sich auf die Vermittlung von Lerninhalten und auf die Festigung der Kenntnisse zu konzentrieren?
- Gibt es ausreichende Lehr- und Lernmittel für eine Differenzierung der Anforderungen oder sind die Haushaltsmittel weiterhin begrenzt und ich muss mir alles selbst zusammenstellen, kaufen und basteln?
- Ob ich gut mit den Eltern im Sinne einer Erziehungspartnerschaft zusammenarbeiten kann oder wird es konfliktreiche Situationen geben?
- Können alle Kinder ausreichende Unterstützung im Elternhaus erhalten und an außerschulischen Veranstaltungen oder Klassenfahrten teilnehmen?
- Warum gab es vor der verbindlichen Einführung der Inklusion, des Gemeinsamen Unterrichts von Kindern mit und ohne Behinderungen, keine klaren Bestimmungen und Weiterbildungen? Wie soll eine Lehrkraft überwiegend allein im Unterricht die neuen Herausforderungen bewältigen?
- Schaffe ich es, die Lehrplaninhalte in der vorgesehenen Zeit zu vermitteln? Wird es mir als Versagen angelastet, wenn Kinder stören und ein konzentriertes Arbeiten unmöglich machen?
- Kann die Teamarbeit mit den Kolleginnen und Kollegen den großen Arbeitsaufwand für die GU-Kinder, für Freiarbeit und jahrgangsübergreifenden Unterricht reduzieren helfen?
- Hoffentlich gibt es im Kollegium keine Langzeiterkrankungen oder Abordnungen an andere Schulen, sodass eine Klasse aufgeteilt werden muss.

Bei allen Fragen - ich freue mich auf meine neue Klasse und bin gespannt, wie die Kinder und ich den Schulalltag gemeinsam meistern werden.

Einschulung

Welch ein aufregender Tag für die Kinder, Eltern und Großeltern, aber auch für die Lehrerinnen der 1. Klassen! In der Aula der Grundschule wird ein lustiges Programm von den Zweitklässlern und dem Schulchor gestaltet. Danach dürfen die Kleinen erstmals mit ihrer Lehrerin den Klassenraum betreten. Mama, Papa und Gäste müssen draußen bleiben und holen derweil die Zuckertüten herbei.

Neugierig schauen sich die schmuck herausgeputzten Kinder um, einige ängstlich, unsicher, andere forsch und aufgeweckt. Auf den Schülertischen stehen mit großen Buchstaben beschriftete Namenskärtchen. Die Schulanfänger setzen sich an ihren künftigen Arbeitstisch. Der Raum ist geräumig und hell. In Regalen an der Wand befinden sich noch leere Ablagen, viele Arbeitsmaterialien und Lernspiele. Es gibt in der Leseecke sogar einen Spielteppich.

Frau Liebig, die Klassenlehrerin der 1a, macht ihre neuen Schülerinnen und Schüler mit den Begleitern des ersten Schuljahres bekannt: das sind die Pädagogische Mitarbeiterin Frau Sommer, die Förderschullehrerin Frau Nette sowie die Katze Mimi - eine Figur aus der Fibel. Geheimnisvoll befördert die Klassenlehrerin zwei weitere putzige Handpuppen aus ihrer Tasche hervor und erklärt: „Das sind Karlchen und Nina. Meine kleine Tochter und ich haben die beiden noch rechtzeitig vor der Müllabfuhr gerettet. Die Puppe und der Teddy waren ‚verletzt‘, also nicht mehr heil und sahen traurig aus. Das konnte meine Tochter Anni nicht ertragen. So nahmen wir sie mit nach Hause und haben uns um sie gekümmert. Anni hatte die Idee, euch die Handpuppen zu schenken." Frau Liebig lässt mit verstellter Stimme ihre Schützlinge zu den Kindern sprechen, was Freude und Zustimmung bei den Erstklässlern auslöst. „Jeder von euch wird sie wenigstens einmal im Verlauf des Schuljahres über ein

Wochenende mit nach Hause nehmen dürfen", verspricht Frau
Liebig den Kindern.

Nach dem ersten Kennenlernen nehmen die Eltern ihre Kleinen
wieder in Empfang, die Zuckertüten werden übergeben und
Erinnerungsfotos geschossen. Die Familien begeben sich nach
Hause, um das Ereignis gebührend zu feiern.

Erster Schultag

Endlich, der lang ersehnte 1. Schultag beginnt. Welch ein Gewimmel im Klassenraum! Mamas und Papas haben ihre Kinder bis an deren Schultische begleitet und wollen unbedingt noch etwas mit der Lehrerin besprechen. Ein kleines Mädchen weint, ihr ist die Hektik unheimlich. Freundlich, aber auch entschieden, bittet Frau Liebig die Eltern, sich nun zu verabschieden und den Klassenraum zu verlassen.

Endlich geht es los. Frau Liebig und Frau Sommer begrüßen die Erstklässler. Dabei haben sie die Bärenhandpuppe Karlchen und das Püppchen Nina auf einer Hand, kaspern mit ihnen herum und lassen sie zu den Kindern sprechen. Das finden diese sehr lustig. Danach setzen sich alle in einem Stuhlkreis zusammen, um sich erst einmal kennenzulernen. Jedes der 20 Kinder nennt seinen Namen. Manche muss Frau Liebig wiederholen, da sie so ungewöhnlich klingen. Wer hat schon mal als Mädchennamen „Mekdelawit" gehört? Die Kleine und ihre Eltern sind aus Afrika zu uns gekommen. Zur Klasse gehören noch mehr Jungen und Mädchen, deren Eltern oder ein Elternteil aus anderen Ländern stammen.

Und schon ist die erste Unterrichtsstunde wie im Fluge vergangen. Nach dem gemeinsamen Frühstück lernen die Kinder das Schulhaus kennen und schauen sich ihre Arbeitshefte und Bücher an, räumen sie in die dafür vorgesehenen Ablagen.

Die erste richtige Schulaufgabe lautet: Schreibe oder male einen Brief! Dazu verteilt die Pädagogische Mitarbeiterin ein vorbereitetes Arbeitsblatt, welches die Kleinen fantasievoll gestalten können. Sie finden Anregungen im liebevoll geschmückten Klassenraum. Dort befinden sich an der Wand Poster mit Buchstaben und Zahlen, gemalte und gebastelte Schultüten und Blumen. Eifrig machen sich die Erstklässler ans Werk. Einige können schon ihren Namen oder Wörter wie Mama und Papa schreiben. Andere versuchen Buchstaben vom Plakat abzumalen, schreiben dabei in Spiegelschrift. Einzelne Kinder haben Mühe den Stift richtig zu führen.

Ganz egal, welche Voraussetzungen die Mädchen und Jungen mitbringen - einen Förderbedarf für Entwicklungs- und Reifungsprozesse haben alle Kinder. Ob hochbegabt oder mit Entwicklungsrückstand - jedes Kind soll individuelle Förderung erfahren. Das ist ein hochgestecktes Ziel und dennoch sollte dies selbstverständlich sein. Um es zu erreichen, müssen die materiellen und personellen Ressourcen an den Schulen verbessert werden.

Tony

Während der großen Pause tauschen sich die Pädagoginnen über ihre ersten Eindrücke in der Klasse aus. Ihnen ist von Anfang an ein Junge aufgefallen. „Schon während des Kennenlernspiels im Stuhlkreis hat er ständig dazwischengeredet. Als ich ihn freundlich aufforderte doch bitte abzuwarten, bis er an der Reihe ist, reagierte Tony sehr eigenwillig", erzählt Frau Liebig. „Ja, er legte sich einfach auf den Fußboden und meinte, dass er müde und alles langweilig sei", ergänzt Frau Sommer.

Schnell ist die Pause vorüber und die Kinder gehen vom Hof in den Klassenraum zurück. Tony rennt ungestüm über den Flur, stolpert und fällt der Länge nach hin. Schnell rappelt er sich auf und haut einem hinter ihm laufenden Jungen ins Gesicht. Frau Nette hat den Vorfall zufällig genau beobachten können und will mit Tony sprechen. „Der hat mir ein Bein gestellt, der Idiot", verteidigt er sich, rennt weg, wirft sich im Flur auf den Fußboden und schreit. Erschrocken und verwundert beobachten einige Kinder die Szene. Frau Nette bemüht sich weiter um den Jungen und spricht beruhigend auf ihn ein. Wenig später steht Tony wie verwandelt auf, marschiert in den Klassenraum, geht spontan auf Moritz zu und entschuldigt sich.

In der letzten Stunde sind mathematische Vorübungen an der Reihe. Die Lehrerin zählt mit den Kindern, heftet Punktbilder, die ihnen vom Spiele-Würfel bekannt sind, an die Tafel, lässt Mengen bestimmen. Danach folgt eine erste Partnerübung. Je zwei Kinder erhalten Grundkärtchen mit 5 Kreisen darauf und dazu bunte Glassteine, die Muggel-Steine genannt werden. Nun soll immer ein Kind die geforderte Anzahl auf die Punkte legen, das andere muss herausfinden, wie viele Steine noch bis zur 5 fehlen. Die Ergebnisse werden verglichen. Einige rufen gleich dazwischen. Die Schulanfänger müssen es noch lernen sich zu melden und abzuwarten. Tony meldet sich auch, kommt aber nicht sofort dran. Völlig verärgert wirft er die

Muggel-Steine auf den Boden und kramt seine JU-GI-OH-Karten aus der Hosentasche hervor. Frau Liebig geht ruhig auf den Jungen zu, sagt zu ihm: „Tony, ich bin ganz erschrocken und traurig, dass du die Arbeitsmittel so herumwirfst". „Das ist mir doch egal, du dumme Kuh! Schule ist doof!", schreit Tony sie an, wirft auch noch die Karten in den Raum, rutscht vom Stuhl herunter, legt sich unter den Tisch und schiebt einen Daumen in den Mund. Nur gut, dass eine zweite Lehrerin mit im Unterricht ist. Frau Nette kann Tony bewegen mit auf den Flur zu gehen. „Wenn du weiter so laut weinst, kann ich dich gar nicht verstehen", sagt sie zu ihm und reicht dem Jungen ein Papiertaschentuch. Es dauert eine ganze Weile, bis sich das Kind beruhigt hat. Vor lauter Aufregung stottert[22] Tony stark. Kurz vor dem Klingelzeichen kommt seine Mama die Treppe herauf und muss sogleich erfahren, dass es mehrere Vorfälle gegeben hat. Frau Liebig und Frau Nette verabreden sich mit der Mutti zu einem Gespräch am nächsten Tag, da sie verstehen möchten, warum das Kind so heftig reagiert und wie Eltern und Pädagoginnen am besten zum Wohle des Jungen zusammenarbeiten können.

Die Klassenlehrerin fragt ihre Kollegin: „Wie haben Sie das nur geschafft, dass der Tony sich wieder eingekriegt hat? Was haben Sie zu Ihm gesagt?" „Da Tony fest davon überzeugt war, dass ihm Moritz ein Bein gestellt hat, bin ich erst mal auf sein Kränkungsgefühl eingegangen, habe ihm dann erzählt, wie ich den Vorfall gesehen habe. Danach sollte Tony versuchen, sich in die Lage von Moritz zu versetzen, wie der sich wohl gefühlt hat, als er unschuldig gehauen wurde", beantwortet Frau Nette die Fragen.

---

[22] Stottern, Erklärung im Teil IV.

Die Förderschullehrerin

Frau Nette ist genauso wie die Erstklässler neu an der Grundschule. Vorher hat sie als Lehrerin an einer Förderschule für Lernbehinderte und als Beratungslehrerin an verschiedenen Regelschulen gearbeitet. In Zukunft sollen Förderschullehrkräfte an den Grund- und Realschulen mitarbeiten, um den Schülern mit Förderbedarf und Lernschwierigkeiten zu helfen, weil alle Kinder aus dem Einzugsgebiet der Schule gemeinsam lernen sollen. Man nennt das Chancengleichheit in einem „Inklusiven Schulsystem". Doch was bedeutet das? Vorher war es üblich, dass die meisten Jungen und Mädchen mit Behinderungen von Anfang an eine spezielle Förderschule besuchten. Heutzutage ist es so, dass in den Klassen 1 bis 4 der Grundschulen (und später an der Haupt-, Mittel- oder Realschule sowie Gesamtschule - das sind Namen für weiterführende Schulen ab Klasse 5 oder auch am Gymnasium) mehrere Schülerinnen und Schüler mit einem sonderpädagogischen Förderbedarf im sogenannten Gemeinsamen Unterricht lernen (GU), wenn ihre Eltern das wünschen und die Kinder das auch möchten. Diese Schülerinnen und Schüler können zum Beispiel Lern- und Sprachstörungen haben, große Verhaltens- und Konzentrationsprobleme oder auch leichte Behinderungen beim Sehen, Hören sowie im Bewegungsbereich. Frau Nette und die anderen Förderschullehrkräfte haben eine spezielle Ausbildung und betreuen diese Schüler im Unterricht oder in Einzelförderstunden. In den einzelnen Bundesländern Deutschlands gibt es dafür unterschiedlich viele Stundenzuweisungen pro Woche für ein Kind mit einem sonderpädagogischen Förderbedarf. Eine weitere Aufgabe der Förderschullehrer und -lehrerinnen ist die präventive Förderung. Was bedeutet denn das schon wieder? Präventiv heißt vorbeugend. Wenn also Schüler beim Lernen zurückbleiben und mehr Zeit und Hilfe brauchen, beraten Klassenleiter und Förderschullehrkräfte darüber, welche Fördermaßnahmen nötig sind. Es kann vorkommen, dass Kinder am Ende der 1. oder 2. Klasse noch nicht richtig Lesen, Schreiben und Rechnen gelernt haben. Diese können in der Schuleingangsphase ein Jahr länger verbleiben und bekommen Zeit ihre Lernrückstände aufzuholen. Wenn die Lernprobleme langanhaltend sind, müssen Förderschullehrkräfte wie Frau Nette Tests und Überprüfungen durchführen und in Zusammenarbeit mit den Klassenlehrerinnen ein Gutachten schreiben. Die Förderkinder bleiben in ihren Klassen und lernen im Gemeinsamen Unterricht weiter, erhalten aber einfachere Aufgaben, mehr Arbeitszeit und werden anders bewertet. Für die Lehrerinnen und Lehrer ist es gar nicht so einfach, wenn in ihrem Unterricht ein zweiter Pädagoge mitarbeiten soll. Jeder hat seine eigene Art den Unterricht zu gestalten.

Nina und Karlchen

Die putzigen, kuscheligen Handpuppen sitzen im Klassenraum auf dem Fensterbrett gleich neben dem Lehrertisch. Nicht einmal Frau Liebig kann es wissen oder ahnen, dass die beiden etwas Besonderes sind. Dabei hat sie die Figuren doch selbst liebevoll für ihre 1a zurechtgemacht. Ja, vielleicht ist es gerade das, was den Zauber bewirkt. Stellt euch vor, um Mitternacht, zur Geisterstunde, wenn es im alten Schulhaus ganz still ist, beginnen sich die beiden zu regen. Sie können plötzlich laufen, klettern und sprechen! In dieser einen Stunde werden sie regelrecht zu Quasselstrippen, weil sie sich unbedingt über ihre Beobachtungen austauschen wollen.

Über den Tony sind beide richtig erschrocken. Karlchen und Nina haben auch das Gespräch zwischen Tonys Mama, Frau Liebig und Frau Nette belauscht. Was, das macht man nicht? Doch die Puppen können nicht anders, sie nehmen alles auf, was um sie herum geschieht. „Weißt du, was eine Störung im Sozialverhalten ist?", fragt Karlchen seine Gefährtin. „Also ich habe das so verstanden, dass Tony als Kleinkind schwerkrank gewesen ist, er hatte Gehirnhautentzündung[23] oder so ähnlich - und seitdem hat der Junge dauernd Wutanfälle." „Dann hat er noch Schläge von seinem Papa bekommen! Kein Wunder, dass Tony stottert und glaubt, dass alle gegen ihn sind." „Jetzt sind Tonys Eltern getrennt", fügt Nina noch hinzu. „Obwohl der kleine Kerl so böse ausgerastet ist, tut er mir wegen seiner schlimmen Erfahrungen richtig leid." „Aber wie sollen die Kinder mit solch einem aggressiven Mitschüler klarkommen?", überlegt Karlchen. Die beiden finden keine Antwort, die Geisterstunde geht viel zu schnell vorbei. Punkt 1 Uhr erstarrten die Puppen wieder.

Wenige Wochen später bekam der Schüler einen Platz in einer Klinik für Kinderpsychiatrie und erhielt dort Sprach- und Verhaltenstherapie. Frau Liebig erklärte für die Kinder verständlich den Grund für Tonys Krankenhausaufenthalt. Seine

Klassenkameraden malten ihm Bilder und schickten Grüße. Die Klassenlehrerin und Tonys Mutter blieben über die Zeit der stationären Behandlung des Jungen in Kontakt. Frau Liebig besuchte ihn sogar, nachdem sie ein Gespräch mit der Psychologin geführt hatte.

---

[23] Hirnorganische Schädigungsursachen für aggressives Verhalten, siehe Teil IV.

Moritz

Für Moritz war der erste Schultag frustrierend. Dass ihm ein Mitschüler grundlos ins Gesicht schlägt, damit konnte er nun wirklich nicht rechnen. Seitdem kann er Tony nicht ausstehen. Da half auch keine nachträgliche Entschuldigung.

Den Schulanfang erlebte Moritz sowieso mit gemischten Gefühlen. Sein großer Bruder hatte ihm vorausgesagt, dass Schule ziemlich doof sein kann - er würde schon sehen, wie das läuft. Andererseits war Moritz stolz, endlich ein Schulkind zu sein. Sport und Mathe machen ihm schon Spaß, doch Lesen, Schreiben und Malen mag er nicht. Der Junge strengt sich ungern an. Viel lieber spielt Moritz mit LEGO® oder puzzelt und bastelt.

Montags fällt ihm das Aufstehen besonders schwer. Er hat keine Lust zur Schule zu gehen. Die Eltern und sein Bruder sitzen schon am Frühstückstisch. Moritz trödelt beim Anziehen. Sein Papa ruft nach ihm. Weil Moritz schnell fertig werden will, behält er seinen Schlafanzug einfach an, zieht Jeans und Pullover darüber. Beim Frühstück fängt der Junge an zu diskutieren: „Warum muss ich denn noch zur Schule gehen? Ich kenne jetzt alle Buchstaben, da kommen keine neuen mehr dazu. Bis 100 kann ich auch zählen." Sein Papa antwortet: „Das reicht noch lange nicht aus, mein Sohn. Sieh es doch mal so: Mama und ich gehen arbeiten, für euch ist die Schule der Job! Da muss jeder sein Bestes geben." Der ältere Bruder bemerkt sogleich: „Ach so siehst du das! Wieso kriegen die Lehrer und ihr für eure Jobs Geld und wir nicht?"

Karlchen hat das Wochenende bei Moritz verbracht und erzählt seiner Freundin Nina von dem Gespräch am Frühstückstisch. Sie grübelt und fragt: „Wieso kann ein Junge in der ersten Klasse schon so lustlos sein?" Das Bärchen sinnt nach: „Mir ist aufgefallen, dass Moritz bei Schwierigkeiten schnell aufgibt. Das ist in der Schule genauso wie zu Hause. Dann fängt er an zu spielen." „Das habe ich auch schon bemerkt", meldet sich das Püppchen zu Wort. „Bei der Wochenplan-Arbeit holt er sich für Mathe die Steckwürfel, obwohl er locker ohne Hilfsmittel rechnen kann. Dann baut Moritz alles Mögliche daraus." „Stimmt", setzt Karlchen das Gespräch fort, „manchmal zerlegt er auch den Füller in seine Einzelteile. Mit diesen Beschäftigungen vertrödelt er viel Zeit. Ich glaube, Moritz versucht sich vor den Deutschaufgaben zu drücken. Vielleicht möchte er nicht zugeben, dass er etwas nicht so gut kann." „Das mag schon sein", meint Nina, „aber es schimpft doch keiner, wenn ihm etwas schwerfällt. Außerdem macht ihm Frau Liebig immer wieder Mut und lobt ihn für seine Fortschritte." „Na ja, dass stimmt schon", erwidert Karlchen, „aber zu Hause amüsiert sich der große Bruder über die Krakelschrift und die Tintenkleckse im Heft. Die Mutti verlangte, dass Moritz alles noch mal sauber abschreiben sollte. Und das an einem Wochenende! Viel lieber geht er mit seinem Papa in den Werkstattkeller. Dahin hat er mich sogar mitgenommen. Ich habe gestaunt, wie geschickt Moritz schon mit Werkzeug umgehen kann. Vater und Sohn verstehen sich fast ohne Worte." „Aha", grinst das Püppchen, „Reden und Zuhören sind nicht gerade Männersache. Habe ich ein Glück mit dir, mein Lieber, dass du so schön erzählen kannst." Gong! Vorbei ist die Geisterstunde. Karlchen und Nina verwandeln sich wieder in leblose Handpuppen.

Jonas

Freitag früh 9.45 Uhr, die Hofpause ist gerade vorüber. Noch zwei Stunden Unterricht, dann fängt das Wochenende an. „Mama holt mich heute von der Schule ab, ich muss nicht in den Hort gehen", denkt sich Jonas. Er rutscht unruhig auf seinem Stuhl hin und her. Wieder einmal rollt der Bleistift vom Tisch. Bei dem Versuch, diesen im letzten Moment noch zu fangen, reißt er das Hausaufgabenheft und die gesamte Federmappe herunter. Einige Buntstifte und der Radiergummi kullern unter die Schulbank vor ihm. Zwei Kinder springen auf, um zu helfen. Frau Liebig, die Klassenlehrerin der 1a, zieht genervt die rechte Augenbraue hoch. Streng tadelt sie den Jungen: „Jonas, das ist heute schon das dritte Mal, dass dir etwas runterfällt. Kannst du nicht einfach mal stillsitzen und aufpassen?" Diesen Spruch hat er schon öfter gehört. Die anderen Kinder gucken ihn schon so komisch an. Das ist peinlich.

Jonas versucht aufmerksam zu sein. Vor ihm liegt ein Leseblatt. Er schaut sich die Bilder an, derweil Julia mühevoll versucht, den Satz zu erschließen. „Ni-na ruft A-m-on." Jonas langweilt sich. „Oh, das kann ich doch schon auswendig", denkt er sich, kippelt mit dem Stuhl, schaut aus dem Fenster und beobachtet dabei die im Wind tanzenden bunten Herbstblätter. „Jonas, lies den nächsten Satz!" Er zuckt erschrocken zusammen, weiß nicht, an welcher Stelle es weitergeht. Seine Banknachbarin zeigt sie ihm. Der Junge beginnt stockend zu lesen, halb errät er die Wörter: „Oma ..." „Nein, lies genau!" „Omi und Mia ist im Sandkasten" (als Bild dargestellt, denn Sandkasten können sie noch nicht lesen). Das war wieder nicht richtig.

Jetzt folgt die Arbeit mit dem „Laptop", einem flachen Metallkasten, in dem die Buchstabenplättchen mit Magneten befestigt sind. Alle Schüler legen für die vorgegebenen Laute entsprechende Buchstaben, bilden Silben und kleine Wörter. Erwischt! Jonas schiebt die Plättchen wahllos hin und her. Er kommt nicht zurecht, verliert die Lust, was seiner Lehrerin nicht verborgen bleibt.

In der Pause kommt die Förderschullehrerin, welche in den ersten und zweiten Klassen Förderstunden erteilt, in die 1a. Die beiden Lehrerinnen besprechen sich. „Jonas, nimm deine Fibel und den Laptop mit! Frau Nette übt heute mal nur mit dir alleine." Etwas verunsichert schnappt sich der Junge sein Arbeitsmaterial und tapst in den Nebenraum. Der kleine pfiffige Kerl mit den blonden Locken schaut die Förderlehrerin fragend an. Sie erklärt ihm: „Frau Liebig ist aufgefallen, dass du die Wörter noch nicht sicher lesen und legen kannst. Es wäre doch gelacht, wenn wir beide das nicht zusammen schaffen würden." Zuerst prüft Frau Nette die Buchstabenkenntnisse: „Lege ein A, M, P, O usw., dazu die kleinen Buchstaben!" Das klappt gut. Jetzt liegen nur die bekannten Buchstaben vor ihm. Er muss sie für Silben und Wörter nicht mehr aus der verwirrenden Menge aller Plättchen heraussuchen. Das Legen bekannter Wörter gelingt nicht zufriedenstellend. Hört der Junge die Laute richtig, kann er Silben zusammenziehen? Der kleine Kerl scheint schon recht mutlos zu sein. Damit sich Lernschwierigkeiten nicht verfestigen und dadurch Schulunlust entsteht, muss unbedingt individuelle Förderung rechtzeitig ermöglicht werden. Das Lernen soll doch Spaß machen. Deshalb hat sich Frau Nette etwas ausgedacht und versucht bei dem Jungen die Neugier zu wecken: „Weißt du was, Jonas, ich zeige dir mal, wie wir mit den Silben spielen können. Du kennst doch Zaubersprüche wie ABRA - KADABRA, dreimal schwarzer Kater?" „Hex, Hex", spinnt Jonas weiter und unterstreicht dies mit beschwörenden Handbewegungen. „Genau so!" Die Lehrerin legt ihm kleine Silbenkärtchen hin, die er lesen soll. Enttäuscht müht sich der Junge, versucht bekannte Wörter zu erraten, aber die Silben ergeben keinen Sinn. „mi-mo-ma." Wie blöd! Dann schiebt sie die Silben zusammen und Jonas soll ein Zauberwort bilden. „Pass auf, wir wollen doch neue Wörter erfinden. Vielleicht sollten wir die Silben erst mal singen?"

Gesagt getan. Das gefällt ihm schon besser. Nach dem „Mi-ma-mo" folgen weitere. Beliebig werden die Silbenkärtchen zusammengelegt. Jonas liest: „Pi-na-mo", dabei klatscht er die Silben mit oder malt Silbenbögen in die Luft. Durch unterschiedliche Betonungen entstehen nun die Unsinn-Wörter, an denen das Kind Gefallen findet. Mit Begeisterung erfindet es neue Zaubersprüche: „Mimamo, mimamo, momima!" Am Stundenende schenkt Frau Nette ihm die Übungskarten. Weil Jonas sich so toll angestrengt hat, darf er auch noch Karlchen über das Wochenende mit nach Hause nehmen.

Karlchen sitzt während der Förderstunde auf dem Fensterbrett und schaut dem Treiben interessiert zu. Die kuschelige Bärenhandpuppe verbringt jedes Wochenende bei einem anderen Kind der Klasse. Karlchen ist schon richtig gespannt, wie es bei Jonas zu Hause ist. Ob der Junge ihn überhaupt beachten wird? Und dann ist es immer wieder interessant, wenn er sich montags, lange nach Schulschluss, mit seiner Freundin Nina über ihre Erlebnisse bei den Kindern austauschen kann.

Montag früh 7.35 Uhr läutet die Schulglocke zum Einlass. Die Erstklässler verabschieden sich auf dem Schulhof von ihren Mamas oder Papas, die am liebsten auch noch nach den Herbstferien ihre Kleinen bis in den Klassenraum begleitet hätten. Jonas stürmt die Treppe hinauf. Fröhlich begrüßt er Frau Liebig und fragt begierig: „Lesen wir heute? Ich möchte unbedingt in der Fibel lesen!" „Nanu", stutzt die Lehrerin, „was ist denn mit Jonas los?" Im Morgenkreis erzählt der Junge, dass er am Wochenende Zauberwörter geübt und dann noch was Tolles geträumt hat. Im Traum war er ein großer Zauberer und konnte sich in die Erwachsenenwelt versetzen. Die Leute jubelten ihm zu. Im Publikum war auch Frau Liebig, die ihm einen Blumenstrauß zuwarf. Jonas endet mit der Bemerkung: „Und was Frau Liebig mir sagen wollte, konnte ich nicht verstehen, denn da klingelte mein Wecker." Alle lachen. Nach dem Erzählkreis über Wochenenderlebnisse sind tatsächlich wieder Leseübungen dran. Endlich ist Jonas an der Reihe. Mit dem rechten Zeigefinger zeichnet er sich unsichtbare Silbenbögen unter die Wörter und schafft es tatsächlich, den nicht bekannten Satz fehlerlos vorzulesen. „Super!", wird er gelobt. Die Freude ist groß. „Stellen Sie sich vor, Frau Nette, Jonas kann endlich lesen! Anfangs fiel es mir gar nicht auf, dass der Junge nicht wirklich liest. Er konnte die kleinen Sätze auswendig aufsagen und erkannte geübte Wortbilder. Aber heute hat er echt gut gelesen. Was so eine intensive Förderstunde und das Üben am Wochenende bei einem aufgeweckten Kind doch bewirken können!", strahlt die Klassenlehrerin. „Da freue ich mich aber, dass Jonas Erfolg hatte. Nun muss er dran bleiben und fleißig weiterüben." „Wissen Sie", erzählt Frau Liebig, „dass ich zuerst gedacht habe, was das bringen soll, wenn ab dem neuen Schuljahr eine Förderschullehrerin in der Grundschule mitarbeitet. Ich war skeptisch, ob ein Zwei-Lehrer-Prinzip überhaupt funktioniert." „Die Chemie muss stimmen", lacht Frau Nette, „man muss sich riechen können." „Prima, dass das bei uns so ist. Jetzt bin ich froh, wenn Sie mit im Unterricht dabei sind", antwortet Frau Liebig.

Im Schulhaus ist es still. Der Mond beleuchtet schwach das Fensterbrett, auf dem Nina und Karlchen neben der Katze Mimi (das ist die Handpuppe zur Fibel) sitzen. Mitternacht - Geisterstunde. Die Handpuppen beginnen sich zu regen (was Katze Mimi allerdings nicht kann), strecken ihre Glieder, rutschen vom Fensterbrett und machen es sich in der Spielecke des Klassenzimmers bequem. Endlich können sie ihre Erlebnisse vom Wochenende austauschen. Der kleine plüschige Bär zeigt stolz auf seinen neuen roten Schal. „Den hat Jonas Oma extra für mich gehäkelt, stell dir das vor!" Aufgeregt fuchtelt er mit den Tatzen umher und berichtet dann: „Als Jonas am Freitag nach Hause kam, brachte er den Schulranzen in sein Zimmer, setzte mich auf den Schreibtisch und begann mit mir zu schnattern, das heißt, er redete mit mir ohne zu wissen, dass ich alles verstehen kann. Nein, er fing nicht an zu spielen, sondern holte seine Silbenkärtchen hervor und erfand Zauberwörter. Wenig später klingelte es. Tante Renate kam mit ihrer Tochter zu Besuch. Jonas freute sich und rief ungeduldig nach ihr. Stolz zeigte er der Tante, wie man mit den Silben spielen kann. Bald beschrieben sie weitere Kärtchen. Die Zauberwörter wurden ganz schön lang. Mithilfe seiner Anlauttabelle konnte Jonas sich noch ungeübte Laute erschließen. Der Junge steckte mit seiner Begeisterung für die neugewonnenen Fähigkeiten die ganze Familie an. Am Nachmittag spielten Jonas, seine kleinere Schwester und die Cousine Zirkus. Sie waren Artisten und Clowns und Jonas natürlich ein Zauberer. Ich war mitten drin. Mann, das war richtig lustig!"

Nun ist Nina, das hübsche Püppchen, an der Reihe zu berichten. „Ach weißt du", wendet sie sich an Karlchen, „ich fand es bei Julia zu Hause nicht gerade lustig." „Wieso denn, erzähle es!"

Julia

„Ich finde, dass das Mädchen immer ein bisschen traurig und ängstlich wirkt", beginnt Nina ihren Bericht. „Ist dir das in der Schule auch schon aufgefallen?" Ihr Gefährte nickt bestätigend: „Sie traut sich kaum vor den anderen Kindern zu sprechen. Ich könnte wetten, dass sie die Antworten weiß!" „Auch denke ich, Jule hat kein Zutrauen zu ihrem Wissen, obwohl sie die 1. Klasse wiederholt und Vorkenntnisse hat." „Was, Julia ist sitzen geblieben?", wundert sich Karlchen. „Das ist doch kein Sitzenbleiben", erklärt Nina, „sie verbleibt eben ein Jahr länger in der Schuleingangsphase, weil sie Startschwierigkeiten hatte und mehr Zeit zum Erlernen von Lesen, Schreiben und Rechnen braucht." „Frau Liebig macht ihr immer wieder Mut und Julia strengt sich ganz toll an. Inzwischen kommt sie schon viel besser zurecht", meint das Bärchen. „Ja, weil das Mädchen so fleißig ist, durfte es mich über das Wochenende auch mitnehmen." „Was hat ihre Mama dazu gesagt?", will Karlchen wissen. „Sie sagte: ‚Siehst du, Julia, wenn du von Anfang an so fleißig gewesen wärst, dann hättest du die Klasse nicht wiederholen müssen. Nimm dir ein Beispiel an deiner großen Schwester!'" Und Nina beschreibt die Situation weiter: „Die Mutti strich ihrer Großen stolz und liebevoll über das lange kastanienbraune Haar und meinte noch, dass es Anja sogar zum Gymnasium geschafft hat. Die so gelobte Anja schmiegte sich an ihre Mutter und streckte der kleinen Schwester heimlich die Zunge heraus". „Das finde ich gemein!", ruft Karlchen aufgebracht. „Ich auch", bestätigt Nina und erzählt weiter: „Julia hat den Kopf gesenkt und war ganz rot im Gesicht. Ihre Freude über das Lob von Frau Liebig war bestimmt schlagartig weg. Sie schlich in ihre Zimmerecke, denn beide Mädchen teilen sich das Kinderzimmer. Julia spielte ein bisschen mit mir und ihrer Lieblingspuppe und schüttete dabei ihr Herz aus." „Was hat sie denn gesagt?" „Oh, das hörte sich für mich richtig gruselig an. Julia sagte: ‚Ich hasse mich! Immer wenn ich in der Schule angesprochen werde, kriege ich einen roten Kopf. Dann lachen die anderen, tuscheln und rufen Rotkopf, Rotkopf! Im Unterricht ist es auch schlimm: obwohl ich die Antwort weiß, kriege ich kein Wort heraus. Mein Herz wummert und die Hände sind nassgeschwitzt. Ich werde wohl niemals so gut sein wie meine Schwester! Mama wird nie stolz auf mich sein!' Dann weinte sie still vor sich hin." Karlchens große, runde Augen sind dunkel geworden, so sehr nimmt ihn der Bericht mit. Nina streichelt ihm über eine Pfote und sagt: „Mir war auch zum Heulen zumute." Das Bärchen fragt: „Nina, würdest du mich noch gern haben, wenn ich ein rotes Fell hätte?" „Wie kannst du daran zweifeln? Als ob es um die Fellfarbe ginge - was drunter steckt, darauf kommt es an. Und du hast ein gutes, mitfühlendes Herz, mein Lieber."

Das Püppchen erzählt weiter: „Als der Papa von der Arbeit kam, hat sich die Familie zum Abendessen an dem großen Tisch versammelt. Julia hatte mich auf ihrem Schoß sitzen. Die Mutti meinte, dass eine Puppe nicht an den Abendbrottisch gehört. Doch der große, starke Papa, dessen Haare übrigens genauso kupferrot wie Julias sind, wollte wissen, was es mit dem Püppchen auf sich hat. Schnell berichtete Julia von der Schule und dem Lob." „Was hat der Papa dazu gesagt?" „Ich weiß, dass du viel mehr kannst, als du selber glaubst. Nur Mut, meine Kleine, du schaffst das!" „Schön, dass der Vati für Julia Verständnis hat. Die Mutti ist bestimmt ein bisschen strenger und möchte Julia anstacheln sich mehr anzustrengen", überlegt Karlchen laut. „Richtig", ergänzt Nina, „und dabei scheint sie gar nicht zu merken, wie verletzt sich ihr Kind fühlt. So wie manche Lehrerinnen sagt die Mutti ihr: ‚Du musst auf die anderen zugehen, sprich laut und deutlich, schau dein Gegenüber an!' Diese und noch andere ähnliche Sprüche muss sich Julia anhören." „Aber das hilft ihr gar nicht", meint das Bärchen, „mir scheint, dass solche Sprüche das Mädchen noch mehr niederdrücken."

Nun berichtet Nina weiter von einer Begebenheit am Sonntag: „Während die Eltern das Mittagessen vorbereiteten, sollte Anja ihrer Schwester bei den Hausaufgaben und beim Üben helfen. Das ging aber nicht gut. Ich glaube, Julia fühlte sich sehr unwohl dabei und konnte keinen klaren Gedanken fassen. Die Große gähnte gelangweilt, verdrehte die Augen und hat dann die Jüngere beleidigt, sie sei blöd. Julia weinte wieder, was Anja dann doch leidtat. Viel lieber hätte sie mit der Schwester gespielt." Nina macht eine nachdenkliche Pause. Karlchen sinniert darüber, ob man einem Geschwisterkind so viel Verantwortung übertragen sollte, denn bei Julias geringem Selbstvertrauen und ihren Ängsten[24] sind doch eher die Eltern gefragt ihr zu helfen.

„Als der Vater ins Kinderzimmer schaute", setzt Nina ihren Bericht fort, „fand er seine Mädchen regelrecht verzweifelt vor. Er erkundigte sich, was vorgefallen ist. Dabei hat sich der Papa mit ihnen auf ein Bett gesetzt und beide in den Arm genommen. Sein Vorschlag war, erst mal ein gemeinsames Spiel zu machen. Nach dem Essen übte er mit Julia und danach ging die Familie noch in den Zoo. Da hatten beide Mädchen ihren Spaß, besonders bei den süßen Totenkopfäffchen. So einer würde noch gut zu uns passen, ha, ha!", lacht Nina.

Plötzlich ruft Karlchen überrascht: „Nina, schnell, wir müssen uns sputen und zurück auf das Fensterbrett, es sind nur noch zwei Minuten bis 1 Uhr!" Sie haben es noch rechtzeitig geschafft. Mit dem Glockenschlag vom nahen Kirchturm erstarren sie wieder und sind nur noch die allseits beliebten Handpuppen der Klasse 1a.

---

[24] Angst, Soziale Phobie, Erklärungen im Teil IV.

Jahrgangsübergreifender Unterricht

Es ist Mitte Oktober, die ersten Ferien stehen bevor. Die Kinder der ersten Klassen erfahren, dass sich nach den Herbstferien der Stundenplan verändert. Jeden Freitag wird es in den ersten drei Stunden jahrgangsübergreifenden Unterricht geben. Aber was bedeutet denn das? An diesem Tag werden die Klassen in Lerngruppen aufgeteilt und gemischt - je zur Hälfte mit Schülern aus den ersten und zweiten Klassen. In manchen Schulen gibt es ein oder zwei Angebotsstunden pro Woche, in denen Kinder aus verschiedenen Jahrgängen gemeinsam lernen, in anderen erfolgt täglich Unterricht in der Jahrgangsmischung. Angst brauchen die Erstklässler nicht zu haben. Sie kennen die Größeren aus der zweiten bereits vom Sportunterricht, aus einer Arbeitsgemeinschaft oder dem Hort.

Zunächst freuen sich alle auf die Ferien. Hoffentlich wird das Wetter schön. Einige Kinder fahren mit ihren Eltern weg, andere verbringen die Ferien bei Oma und Opa oder gehen in den Hort. Karlchen und Nina aber halten in der Schule die Stellung. Sie freuen sich darauf die Zweitklässler kennenzulernen, denn Nina wird freitags immer in der Lerngruppe 1 mit Frau Liebig und Frau Sommer dabei sein und Karlchen geht mit in die Gruppe 2 zu Frau Gutezeit, der Klassenlehrerin der 2a und der pädagogischen Mitarbeiterin Frau Winter. Frau Nette betreut die Förderkinder und unterstützt die Lerngruppen.

Der Unterricht in einer Jahrgangsmischung muss ganz anders organisiert werden. Dabei spielen selbstständiges Lernen und Freiarbeit eine große Rolle. Das Thema einer gemeinsamen Lernwerkstatt könnte zum Beispiel lauten: „Die Tiere im Herbst." Dazu erhält jeder Schüler einen Arbeitsplan mit Aufgaben, die auf sein Leistungsvermögen abgestimmt sind. Alle wählen die Reihenfolge der Aufträge selbst aus. Es gibt Pflicht- und Wahlaufgaben für Deutsch, Mathematik und Sachkunde, zusätzlich auch Lernspiele und Zusatzaufgaben zum Knobeln oder Entspannen. Die Kinder können sich gegenseitig helfen, mit Partnern oder in einer Gruppe zusammenarbeiten. Sie haben die Möglichkeit ihre Ergebnisse selbst zu kontrollieren. Das ist besonders toll, weil man schnell erfahren kann, ob alles richtig ist oder ob man noch Hilfe und Unterstützung durch die Pädagoginnen benötigt. Das Gute dabei ist, dass die Schüler nicht nur durch ihre Lehrerin, sondern zusätzlich durch eine Pädagogische Mitarbeiterin unterstützt werden. Dort, wo offene Unterrichtsformen noch nicht so bekannt sind, fragen sich Eltern, wie es gelingen kann, dass jedes Kind dabei etwas lernt. Eine Sorge könnte zum Beispiel sein, dass es im Klassenzimmer zu laut wird oder dass Schwächere die Guten hemmen, nur von ihnen abschreiben. Natürlich müssen für die Freiarbeit Regeln klar abgesprochen werden. Die Leistungsstärkeren können zeitweilig Lernpaten sein und profitieren selbst davon. Lesen diese einem anderen Kind den Arbeitsauftrag oder einen kleinen Text vor, trainieren sie die eigene Lesefähigkeit und erklärt einer die Aufgabenstellung, so schult er sein Ausdrucksvermögen und festigt eigene Kenntnisse. Während der Freiarbeit können die Pädagogen auch individuelle Lernkontrollen oder im Nebenraum Erklärungen für eine Lerngruppe vornehmen. Bleibt ein Kind zurück, unterstützt die Förderschullehrkraft und es wird mit den Eltern über Fördermaßnahmen beraten. Ebenso können besonders begabte Kinder gefördert und gefordert werden, indem ihnen anspruchsvollere Zusatzaufgaben angeboten werden.

Mathilde

Nach den Herbstferien haben sich die Kinder wieder schnell an den Schulalltag gewöhnt und freuen sich über jede neu erlernte Fähigkeit. Erste Freundschaften sind entstanden, niemand wird ausgegrenzt, auch wenn es mal Konflikte gegeben hat. Wenn Probleme oder Streit auftreten, wird vernünftig darüber gesprochen, denn Hauen ist doof. Die Kinder haben mit der Hilfe ihrer Lehrerin Klassenregeln aufgestellt. Selbst unser Tony, der am Anfang so sehr auffiel und störte, schafft es jetzt meistens an seinem Platz zu bleiben und geduldiger zu sein. Er hat Freude am Lernen gefunden. Wenn ihm etwas nicht gleich gelingt, dann wird er noch immer wütend und trotzt, aber er rennt nicht mehr weg. Seine Banknachbarin Mathilde hat viel Geduld mit ihm. Wenn Tony sich aufregt, stottert er besonders stark und hat Mühe, ruhig und verständlich zu sprechen. Dann legt sie ihm eine Hand auf die Schulter. Das wirkt Wunder.

„Mathilde ist wie eine kleine Mutti", erzählt Karlchen, der das Wochenende bei dem Mädchen zu Hause verbrachte. „Sie hat noch zwei jüngere Brüder. Friedrich ist fünf und Carl vier Jahre alt. Mathilde liebt ihre Brüder sehr und die beiden lieben ihre große Schwester. Als sie am Freitag aus dem Hort nach Hause kam, stürmten die Jungen freudig auf sie zu. Mathilde breitete die Arme aus, fing den ersten auf und drehte sich mit ihm im Kreis, dann war der zweite dran." „Toll", fiel Nina Karlchen ins Wort, „ich bin auch gern in Familien, in denen es Geschwisterkinder gibt. Aber berichte erst mal weiter und entschuldige, dass ich dich unterbrochen habe." Karlchen setzt fort: „Ganz geheimnisvoll erzählte Mathilde, dass sie eine Überraschung mitgebracht hat. Neugierig bestürmten die Brüder sie und riefen: ,Was ist es denn? Zeig her!' Das Mädchen zauberte etwas aus ihrem Schulranzen." Nina, selbst neugierig geworden, fordert gespannt: „Na sag schon, was war es denn?!" Karlchen grinst sie an und macht extra eine Redepause. „Na, kannst du dir das nicht denken?", fragt er belustigt zurück. „Keine Ahnung, woher sollte ich das denn wissen? Ach bitte, bitte, verrate es mir!" Der plüschige Bär hält sich vor Lachen seinen kleinen Kullerbauch und gluckst: „Na, sie zauberte mich hervor!" Nina muss nun auch lachen und meint: „Darauf hätte ich wirklich selbst kommen können. Und was haben die Kleinen gesagt?" „Wie aus einem Mund riefen sie: ‚Oh ist der süß! Wo hast du den denn her?' Und Mathilde erklärte ihnen stolz: ‚Von meiner Lehrerin Frau Liebig, denn wer bei uns in der 1a fleißig lernt, der darf das Püppchen Nina oder den Bären Karl über ein Wochenende mit nach Hause nehmen.' Und der kleine Bruder jubelte: ‚Der heißt ja wie ich!'" „Na so ein Zufall", bemerkte Nina. „Wie ging es weiter?" „Dann unterhielten sich die Kinder." Karlchen erzählt und verstellt für jede Person die Stimme, was Nina lustig findet.

„Mathilde sagte: ‚Was meint ihr, wollen wir dem Bären unsere Zimmer zeigen und dann mit ihm spielen?' Darauf meinte Friedrich: ‚Wir gehen lieber in dein Zimmer, da ist es gemütlicher. Bei uns im Jungenzimmer liegen die ganzen Legosteine und die Tierfiguren auf dem Fußboden.' ‚Und was habt ihr gebaut?' ‚Einen Zirkus und viele Tiergehege', hat Carl gerufen. Das fand Mathilde toll und fragte: ‚Darf ich mitspielen? Das Bärchen kann ja zugucken.' Die Mama kam dazu und meinte: ‚Das finde ich auch toll. So, ihr beiden, lasst Mathilde erst mal ihre Schulsachen wegräumen. Ihr könnt mir derweil beim Tischdecken helfen. Papa kommt gleich, dann können wir Kaffee und Kakao trinken und über alles reden. Der Zoo kann noch etwas warten.'" Karlchen macht eine kleine Pause und sprudelt weiter: „Wie auf Kommando klingelte es dreimal. Das war das Zeichen. Die Jungen rannten zur Tür und ließen ihren Papa hinein. Als dann alle am Tisch saßen, fragten die Eltern ihre Kinder, was sie im Kindergarten und in der Schule erlebt haben." „Und was hat Mathilde erzählt", fragt Nina wissbegierig. Ihr Gefährte erzählt weiter: „Mathilde hat ganz begeistert vom

Schultag berichtet: ‚Heute war es besonders schön. Wir haben wieder an Stationen zum Thema Geld gearbeitet. Jedes Kind hatte ein Portmonee oder einen Umschlag mit Spielgeld mit und einige Mädchen sogar ihre Kasse vom Kaufladen. Jede Arbeitsgruppe hat sich auf dem Schultisch einen Verkaufsstand aufgebaut. Und wir haben so getan, als ob wir Spielzeug und Schulsachen verkaufen. Die Preise haben wir uns ausgedacht. Aber mehr als 10 Euro durfte nichts kosten. Und wer kein Geld mehr hatte, konnte sich was bei der Bank borgen.'" „Bei der Bank borgen, wie denn das?", will Nina wissen. Karlchen erinnert sie daran: „Frau Liebig brachte doch einen großen Kasten mit Geldscheinen und Klimpergeld mit. Das war dann die Bank." „Ach so, ich dachte erst an eine Bank zum Daraufsetzen", erwidert Nina. „Ja, dann wollten die Eltern wissen, wie es dazu kam, dass Mathilde mich mitgebracht hat. Das Mädchen erzählte fröhlich weiter: ‚Frau Liebig hat sich heute sehr über mich gefreut, weil ich so fleißig war. Wir sollten als Hausaufgabe zwar nur drei Sätze aus der Fibel abschreiben, aber wer wollte, durfte auch mehr machen. Ich habe gleich die ganze Seite abgeschrieben und es war kein Fehler dabei. Es hat mir einfach so viel Spaß gemacht. Und auch das Vorlesen ist mir perfekt gelungen. Ich durfte mir aussuchen, ob ich die Puppe Nina oder das Bärchen Karl mitnehmen möchte. Für Karlchen habe ich mich entschieden, weil ich an unseren Carl gedacht habe.'"

„Wie war sonst das Wochenende in der Familie?", erkundigt sich Nina. „Aber mach's bitte kurz, denn ich möchte auch noch meine Erlebnisse erzählen." „Am Sonnabend waren alle bei Oma Hanna eingeladen. Sie sagte zu den Eltern: ‚Mathilde kommt mir manchmal richtig erwachsen vor.[25] Sie sollte nicht nur an die Schule und an andere denken. Sie ist ein Kind und muss ausgelassen spielen, auch mit Freundinnen.'" „Das hat sogar schon Frau Liebig gesagt", fällt Nina ein. „Am Sonntag wollten die Kinder unbedingt in den Zoo. Ich war natürlich mit dabei. Das war ein tolles Wochenende in einer tollen Familie", beendet Karlchen seinen Bericht.

---

[25] Emotionale Frühreife, emotionale Entwicklung, Erklärungen im Teil IV.

Max

„Bei mir war es auch ganz toll", fängt Nina an zu erzählen. „Ich war diesmal bei einem Jungen zu Hause, was ja logisch ist. Max wollte seiner Schwester Klara eine Freude machen, weil sie sehr gern mit Puppen spielt. Er selbst hatte am Wochenende nicht viel Zeit für sie und wollte Klara etwas trösten, denn sie sind sonst ein Herz und eine Seele." „Was hatte denn Max ohne seine Schwester vor?", unterbricht Karlchen seine Freundin: „Warte doch ab, das wollte ich gerade erzählen. Du weißt doch, dass der Junge am Mittwoch Geburtstag hatte." „Oh ja", plappert Karlchen schon wieder dazwischen, „da hatte er eine richtige Geburtstagtorte und Süßigkeiten für seine Klassenkameraden mitgebracht." „Richtig, aber nun lass mich endlich ausreden! Am Sonnabend wurde Kindergeburtstag gefeiert. Max hatte fünf Jungen eingeladen. Zum Kaffeetrinken waren noch Erwachsene dabei, doch danach war Kinderbowling angesagt. Zwei Stunden lang wetteiferten die Buben um das beste Ergebnis. Max wollte als Gastgeber unbedingt gewinnen. Aber er fing gleich mit 2 Ratten an." „Hä, Ratten? Was soll das denn heißen?", wundert sich Karlchen. „Das heißt, dass der eine Bowlingball links und der andere rechts in die Rinne rollte. Max war richtig enttäuscht. Aber den anderen erging es nicht besser. Zum Glück wurden danach die Seitengitter an der Bahn aufgestellt. Nun purzelten die Pins und es wurde ein spannender Wettkampf. Max schaffte sogar einen Strike." „Was ist das denn?" „Wenn alle 10 Pins auf einmal umfallen, dann nennt man das einen Strike", beantwortet Nina die Frage. „Die kleine Klara konnte mit den Jungen natürlich nicht mithalten und langweilte sich etwas. Aber zum Glück hatte ihr Bruder in weiser Voraussicht mich, das schönste Püppchen von der ganzen Welt, mitgenommen!" Nina dreht sich mit ausgebreiteten Armen im Kreis. „Na, na, nicht so eingebildet", brummt das Bärchen. „War doch nur ein Spaß", rechtfertigt sich Nina. „Nach dem Bowling haben alle noch in der

Gaststätte des Bowling-Centers zu Abend gegessen und dann wurden die Jungen von ihren Eltern wieder abgeholt." „Das hätte mir auch gefallen", brummt Karlchen, „und wie war der Sonntag?"

„Na ja, es ging so. Nach dem Frühstück musste Max erst noch Hausaufgaben machen und üben. Darüber war er nicht begeistert. Vor dem Üben für Deutsch hätte er sich gern gedrückt, doch es fiel ihm keine Ausrede ein, das hätte seine Mama gar nicht erst zugelassen. Die Mathematikaufgaben waren ruck, zuck erledigt. Aber das Lesen und Schreiben fällt ihm unheimlich schwer." „Das ist mir in der Schule auch schon aufgefallen", teilt das Bärchen seiner Freundin mit. „Und beim Schreiben drückt er ganz stark auf, bleibt nicht in den Zeilen und macht viele Fehler." „Ja, so ist das", bestätigt das Püppchen. „Max' Eltern sind richtig streng und schimpfen mit ihm. Er müsste fleißiger sein und sich anstrengen." Plötzlich ruft Karlchen: „Nina, schau auf die Wanduhr, es ist schon fünf vor eins!"

Die beiden Handpuppen verlassen die gemütliche Spielecke, klettern wieder auf das Fensterbrett und setzen sich neben Katze Mimi. Diese verfügt leider nicht über die Eigenschaft, zur Geisterstunde lebendig zu werden. Aber wer weiß, vielleicht versteht sie doch etwas? Hatte sich nicht ihr Fell gesträubt, als Nina erzählte, dass die Eltern von Max ihn stundenlang üben lassen? Es kann aber auch Einbildung gewesen sein.

Montags ist nach dem Unterricht immer Team-Besprechung der Lehrerinnen, die in der Schuleingangsphase, SEP genannt, unterrichten. Da wird der jahrgangsübergreifende Unterricht geplant und über die Lernprobleme einzelner Kinder gesprochen. Frau Nette, die Förderlehrerin, meint: „Mir ist während der Einzelförderung aufgefallen, dass Max im Zahlenraum bis 20 sicher rechnen und sich sprachlich recht gut ausdrücken kann. Aber einige Laute spricht er nicht deutlich aus. Er hat ein gutes

Allgemeinwissen und kennt auch alle Buchstaben, sagt sogar das ABC auf. Doch wenn Max beim Lesen und Schreiben die Laute zu Silben zusammenziehen soll, bereitet das ihm große Schwierigkeiten. Und erst mehrere Silben zu einem Wort zusammenzufügen, ist fast ein Unding. Ob er vielleicht eine Lese-Rechtschreib-Schwäche[26] hat? Ich habe auch den Eindruck, dass er die Anlaute nicht richtig heraushört und ähnlich klingende Laute verwechselt." „Das könnte ja bedeuten, dass seine Hörwahrnehmung[27] nicht in Ordnung ist. Darüber muss ich unbedingt mit den Eltern sprechen, dass sie mit dem Jungen zu einem Hörtest gehen und sich vom Facharzt beraten lassen", überlegt die Klassenleiterin. „Wir könnten für die Freiarbeit auch Übungsaufgaben zur Konzentration und Wahrnehmung bereithalten", schlägt die Kollegin Gutezeit vor. So wird es beschlossen. Es ist spät geworden. Die Lehrerinnen haben aber noch nicht Feierabend. Sie müssen noch die Freiarbeitsmappen kontrollieren und individuelle Übungsaufgaben zusammenstellen.

---

[26] Lese-Rechtschreib-Schwäche, Erklärungen im Teil IV.
[27] Auditive Wahrnehmungsstörung, Erklärungen im Teil IV.

Alina

Die Förderschullehrerin betreut in der 2a (im 1. Schulhalbjahr) auch ein Mädchen mit dem Förderschwerpunkt Sprache[28]. Alina ist in ihrer sprachlichen Entwicklung gegenüber Gleichaltrigen deutlich zurück. Sie kann noch nicht alle Laute richtig bilden. Bei Alina klingen die S- und Zisch-Laute komisch und statt Katze sagt sie Tatze. Deshalb geht sie zur Logopädie und übt viel. Aber Alina hat Angst, dass andere Kinder sie auslachen könnten. Deshalb spricht sie sehr leise und antwortet nur mit Einzelworten oder in unvollständigen Sätzen. Ihre Sprache hört sich kleinkindhaft an.

Im jahrgangsübergreifenden Unterricht fühlt sie sich aber ganz wohl. Sie ist froh und ein bisschen stolz, dass sie den Erstklässlern bei den Rechenspielen und Knobelaufgaben helfen kann. Zur Erfüllung ihres Arbeitsplans für die Lernwerkstatt benötigt sie jedoch Hilfe beim Lesen der Aufgaben und Fragen, deshalb sind ihre Deutschaufgaben nicht so umfangreich und etwas einfacher. Weil Alina ähnlich klingende Laute nicht sicher unterscheiden und sich die Fachbegriffe nicht merken kann, hat sie Schwierigkeiten schriftliche Aufgabenstellungen zu lesen und zu verstehen. Mit Unterstützung durch Frau Nette hat sie sich eine Lernkartei angelegt, die sie auch im Unterricht nutzen darf. Darauf stehen schon erlernte Fachbegriffe, ihre Bedeutung und Beispiele in zweifarbiger Silben-Schreibweise.

Das Mädchen ist in praktischen Dingen sehr umsichtig, hilft nach dem Unterricht beim Aufräumen und Tafelwischen. Diesmal darf es übers Wochenende das Püppchen Nina mit nach Hause nehmen, obwohl sie nicht in der Klasse von Frau Liebig ist.

Alina wird von ihrer großen Schwester vom Hort abgeholt. Freudig springt sie dieser entgegen, hat dabei das Püppchen auf der linken Hand und spricht für sie mit verstellter Stimme: „Hallo, hallo, is bin Nina. Wer bis du denn?" Die große

Schwester geht auf das Spiel ein und unterhält sich mit der Puppe. Dabei wundert sie sich, dass Alina so viel und in ganzen Sätzen spricht.

Nach dem Wochenende, zur Geisterstunde vom Montag zum Dienstag, ist Nina ganz begierig, ihrem plüschigen Freund von Alina zu berichten: „Weißt du, worüber ich mich gewundert habe? Die Eltern und die Schwester von Alina haben so gar keine Ähnlichkeit mit dem Mädchen. Und weißt du warum?" „Nein", sagt der Bär, „aber das wirst du mir bestimmt gleich erzählen." „Alina lebt bei Pflegeeltern!" „Und woher willst du das wissen?" „Ich habe gelauscht. Das war aber reiner Zufall, ehrlich. Eigentlich lag ich schon bei Alina im Bett, als es klingelte. Es kamen ehemalige Studienkollegen der Eltern zu Besuch. Und weil Alina Angst vor der Dunkelheit und vor dem Alleinsein hat, war im Flur das Licht an und die Kinderzimmertür nur angelehnt. So habe ich einiges von der Unterhaltung mitbekommen. Die Leute kannten Alina noch nicht, deshalb haben die Eltern über ihren Familienzuwachs erzählt." „Und was hast du erfahren?", möchte Karlchen interessiert wissen. „Stell dir vor, Alina ist ein Pflegekind und erst seit acht Monaten in der Familie. Am Anfang hat sie fast gar nicht gesprochen. Sie war total verängstigt und hat sogar nachts ins Bett gepinkelt[29]." „Das ist ja furchtbar", stöhnt das Bärchen, „hat sie denn keine eigenen Eltern mehr?" Nina erzählt mitfühlend weiter: „Doch, sie hat eine Mama, ihren Vater kennt sie aber nicht, nur die Freunde von der Mutter. Aber diese konnten das Mädchen nicht leiden, haben es auch gehauen und immer gedroht, wenn Alina nicht gehorcht, kommt sie ins Kinderheim. Der Mama durfte sie nichts verraten. Und die hat gar nicht mitbekommen, wie es der Kleinen ging. Nachts war die Mutti oft zum Feiern bei Freunden und ließ ihre Tochter allein zu Hause.

Einmal war das Mädchen zwei Tage mit den fünf Katzen in der Wohnung eingeschlossen, da ging Alina noch nicht zur Schule. Nachbarn hörten das Kind weinen und riefen beim Jugendamt und der Polizei an. So kam das verängstigte, vernachlässigte Mädchen erst mal ins Kinderheim." „Aber das muss doch furchtbar für die Kleine gewesen sein. Das hatten die Erwachsenen doch immer angedroht", bemerkt Karlchen. Nina nickt bestätigend und fährt fort: „Nach kurzer Zeit kam Alina in eine Pflegefamilie. Aber die Leute waren mit dem Mädchen überfordert. Jetzt ist sie bei der Familie Meister. Und sie fühlt sich dort zu Hause. Die Tochter der Pflegeeltern ist ganz lieb zu ihr und kümmert sich viel um die Kleine." „Hoffentlich kann Alina in ihrem neuen, schönen Zuhause bleiben!", seufzt Karlchen. Und Nina fügt hinzu: „Ja, das wünsche ich dem Mädchen auch und dass es in ihrer Klasse bleiben kann, denn sie musste schon einmal die Schule wechseln."

Doch die Lernprobleme in Deutsch und allgemein beim Aufgabenverständnis waren nicht mit zwei Stunden Förderung pro Woche zu beheben. Deshalb wurde zum Ende des Schulhalbjahres, nach Absprache mit den Pflegeeltern, in der Klassenkonferenz der 2a beschlossen, dass für Alina die Schuleingangsphase verlängert wird und sie nach den Ferien in die 1a zu Frau Liebig wechseln soll.

---

[28] Sonderpädagogischer Förderschwerpunkt Sprachliche Entwicklung, Erklärungen im Teil IV.
[29] Enuresis nocturna, Erklärungen im Teil IV.

Pierre und Michelle

In der Klasse 1a lernen auch die Zwillinge Pierre und Michelle. Die beiden sind manchmal wie Hund und Katze zueinander, dauernd müssen sie sich streiten. Hat aber einer von ihnen Ärger, so helfen sie sich gegenseitig. Der Junge ist sehr unzufrieden damit, dass er kleiner als seine Schwester ist. Was er überhaupt nicht leiden kann ist, dass immer Michelle von den Erwachsenen gelobt wird, weil sie so sauber schreibt, sehr gut malen und basteln kann. Merkt denn keiner, dass er sich viel mehr anstrengen muss und es doch nicht so gut hinbekommt? Immer heißt es in der Schule oder bei den Hausaufgaben im Hort: „Pierre, gib dir doch endlich mal mehr Mühe! Musst du denn immer so schmieren und klecksen? Schau mal, wie schön das deine Schwester macht!" Peng, das wirkt wie ein Schlag gegen den Hinterkopf! Dann denkt und murmelt Pierre: „Ich hasse Mädchen!" Niemand scheint ihn zu verstehen und keiner kann sich denken, wie blöd er sich dabei vorkommt. Schule ist meistens doch doof! Nur die großen Pausen auf dem Hof sind cool. Da kann er mit seinen Kumpels aus der zweiten Klasse Fußball spielen.

Pierre ist heute bei Frau Nette zum Fördern gewesen und denkt sich: ‚Die hat wenigstens Geduld mit mir und hat gefragt, was mich bedrückt. Da habe ich ihr von den Schwierigkeiten mit dem Schreiben erzählt und dass ich mich ärgere, wenn Michelle immer mein Vorbild sein soll. Sie hat mich auch getröstet, dass es bei Schulanfängern normal ist, dass Mädchen in der - wie heißt das Wort[30]? - na jedenfalls sind sie bei der Arbeit mit der Hand geschickter als Jungen und die haben mehr Kraft und sind sportlicher. Toll, sie hat mir Karlchen übers Wochenende mitgegeben.' Den Bären an sich gedrückt, rennt Pierre zu seiner Schwester und sagt zu ihr: „Frage doch mal Frau Liebig, ob du Nina bekommen kannst. Da hätten wir beide übers Wochenende unseren Spaß!" Welch Zufall, die Klassenlehrerin hatte sowieso vor, das Püppchen Michelle mitzugeben!

Die Zwillinge sind froh, dass sie Karlchen und Nina mitnehmen dürfen. Auf dem Nachhauseweg albern und kaspern sie mit den Puppen herum, freuen sich auf das Wochenende und sind bester Laune. Diese wird allerdings gedämpft, als auf ihr Klingeln hin die Mutti öffnet und ärgerlich fragt: „Wieso kommt ihr jetzt erst? Habe ich es nicht schon 100 Mal gesagt, dass ihr unterwegs nicht trödeln sollt?! Ab jetzt, in euer Zimmer, aufräumen müsst ihr auch noch!" Michelle und Pierre hängen ihre Jacken an die Garderobe. Die Schuhe haben sie schon vor der Wohnungstür ausgezogen. Aus dem Zimmer der beiden großen Schwestern (14 und 15 Jahre alt) dringt laute Musik. Das Reich der Zwillinge grenzt an die Küche. In dieser sitzen die Eltern gemütlich mit ihrem 18-jährigen Sohn, trinken Kaffee und rauchen. „Hallo Papa, hallo Maik!", grüßen die Kleinen und verziehen sich in ihr Kinderzimmer, schließen die Tür leise hinter sich. Schwupps, ist der Fernseher an. Da das Aufräumen so langweilig ist, bringt ein Trickfilm Abwechslung. Die Mutter kommt herein und schimpft schon wieder. Eigentlich wollten die Kinder ihr freudig Karlchen und Nina vorstellen. Das verkneifen sie sich, weil sie merken, dass diese im Moment keinen Nerv für sie hat. Jetzt ist es wirklich besser aufzuräumen.

Bald ist es Zeit für das Abendessen. Die ganze Familie sitzt am großen Tisch in der Wohnküche, wo es laut und lustig zugeht. Lustig ist es vor allem für die großen Geschwister, da sie die Zwillinge necken und wegen ihrer Zahnlücken und der besonderen Abbeißtechnik aufziehen. Michelle geht nach dem Essen mit ins Zimmer ihrer Schwestern. Nina und Karlchen müssen natürlich mit. Die beiden älteren Mädchen interessieren sich dafür, wie es in der Schule war und wieso sie die Puppe und den Bären mitgebracht haben. Sie spielen auch ein Weilchen gemeinsam mit ihnen. Pierre jedoch geht mit dem großen Bruder mit. Die beiden wollen noch etwas zocken, das heißt,

Computerspiele machen. Punkt 20 Uhr müssen die Zwillinge in ihrem Doppelstockbett liegen. Sie bekommen von Mama und Papa noch einen Gutenachtkuss, dann wird das Licht ausgemacht. Die beiden schlafen schnell ein und die Eltern können es sich im Wohnzimmer vor dem Fernseher gemütlich machen.

Zur Geisterstunde regen sich Karlchen und Nina, befreien sich vorsichtig aus den Armen der Kinder, rutschen vom Bett auf den Fußboden und tappen in die Küche. Die beiden waren ja noch nie gemeinsam in einer Familie und möchten das nutzen, um miteinander zu reden. Sie klettern jeweils an einem Stuhlbein hoch. Plötzlich sehen sie zwei unheimlich leuchtende, grüne Punkte und hören ein Fauchen. Der Stuhl ist schon besetzt - ein großer, dicker, gefährlich wirkender Kater hat es sich dort bereits bequem gemacht. Nach dem ersten Schreck schleichen Karlchen und Nina zurück ins Kinderzimmer und finden im Puppenwagen genug Platz.

„In einer so großen Familie war ich noch nie", beginnt Nina. „Aber weißt du, was ich komisch finde ist, dass die Eltern sich gar keine Zeit für die Zwillinge genommen haben und nicht mal fragten, wie es ihnen in der Schule ergangen ist." „Hm", brummt der Bär, „das finde ich auch nicht schön. Dabei sind die Zwillinge so lieb." Nina sinniert weiter: „Michelle findet wenigstens bei den großen Schwestern Aufmerksamkeit und Zuwendung. Sie spielen mit ihr Schule, malen und basteln zusammen." „Aber Pierre scheint entweder Fernsehen zu gucken oder vor der Spielkonsole zu hocken. Kein Wunder, dass ihm die Geschicklichkeit beim Malen, Schreiben und Basteln fehlt", meint Karlchen „Und wenn er wenig Gelegenheit bekommt sich draußen auszutoben, ist er in der Schule unausgeglichen und zappelig", fügt er noch hinzu. Die beiden Puppen reden noch über dies und das. Da keine Uhr im Zimmer ist, wissen sie nicht, wie viel Zeit schon vergangen ist. „Los, kriechen wir wieder unter die Bettdecken", flüstert Nina. „Die Zwillinge würden sich aber wundern, wenn sie uns im

Puppenwagen finden würden", schmunzelt Karlchen. Nina hat es sich neben Michelle schon gemütlich gemacht. Doch als Karlchen noch mühsam die Leiter des Doppelstockbettes erklimmt, ist es 1 Uhr geworden. Er erstarrt und fällt auf den Fußboden.

Das Wochenende brachte keine besonderen Höhepunkte. Nachmittags bekamen die großen Mädchen den Auftrag, mit den Zwillingen zum nahegelegenen Spielplatz zu gehen. Ansonsten blieben sie zu Hause. Pierre baute begeistert mit LEGO®, Michelle spielte mit den Handpuppen Schule. Über viele Stunden sahen sie sich das Fernsehprogramm des Kinderkanals an. Einmal spielten Michelle und Pierre in der Küche mit den Eltern Karten und Mensch ärgere dich nicht®.

Montag früh wurden Karlchen und Nina in den Schulranzen verstaut. Pierres Schultasche stand seit Freitagnachmittag unberührt an seinem Platz. Die neue Schulwoche konnte beginnen.

---

[30] Motorische Entwicklung, Erklärung im Teil IV.

Bei den Lehrerinnen

Die Kinder der 1a strömen fröhlich schwatzend in den Klassenraum. Unaufgefordert packen sie ihre Arbeitsmittel aus und stellen einen Stuhlkreis zusammen. Wie immer wird am Montagmorgen zuerst über die Wochenenderlebnisse gesprochen und der neue Arbeitsplan vorgestellt. Einige Kinder zeigen den Klassenkameraden, was sie zu Hause geübt, gemalt oder gebastelt haben. Pierre und Michelle halten Nina und Karlchen auf ihrem Schoß. Am liebsten würden sie die beiden gar nicht wieder hergeben. Die Zwillinge kichern. Wie sehen denn Karlchen und Nina aus? Das Bärchen hat ein Kleid an und eine Schleife am Ohr. Die Puppe trägt Latzhose und Weste. Einige Kinder lachen über den Kleidertausch, was Pierre erfreut, denn diesen Spaß hat er sich ausgedacht. Aber Frau Liebig geht nicht weiter darauf ein; wie üblich setzt sie Karlchen und Nina wieder an ihren Platz aufs Fensterbrett. Die Lehrerin rümpft leicht die Nase. Die Handpuppen sehen etwas strapaziert aus und riechen nach Zigarettenqualm. Nach Unterrichtsschluss nimmt Frau Nette Karlchen und Frau Liebig Nina mit nach Hause, um sie wieder frisch zu machen und ordentlich anzuziehen.

Am nächsten Morgen sitzt Nina fein herausgeputzt in einem neuen Kleidchen wieder an ihrem Stammplatz. Den Kindern fällt die Veränderung gleich auf. „Wo ist Karlchen?", fragt Pierre. „Den hat gestern Frau Nette mitgenommen, um auch ihn frisch anzuziehen. Sie bringt euren Bären nachher mit. Ihr wisst doch, dass sie dienstags später zu uns kommt, da sie noch in der Förderschule unterrichtet", erklärt die Klassenlehrerin.

Diesmal können Nina und Karlchen die Geisterstunde kaum erwarten, weil sie ihre Erlebnisse und Eindrücke bei den Lehrerinnen austauschen möchten. Nachdem sie sich bequem in die Leseecke gesetzt haben, sprudelt Nina schon los: „Das war ja ein starkes Stück, was sich die Zwillinge mit uns erlaubt haben.

Deine Sachen waren mir viel zu weit." „Und in deinem Kleid fühlte ich mich eingezwängt und lächerlich", antwortet Karlchen, „und am schlimmsten war die Schleife am Ohr." „Aber lass uns lieber über unsere Erlebnisse bei den Lehrerinnen erzählen", meint Nina und legt gleich los: „Ich dachte ja immer, dass Lehrerinnen nach ihrer Arbeit in der Schule viel Freizeit haben und sich ausruhen können. Aber so einfach ist das doch nicht. Zuerst hat Frau Liebig ihre Tochter aus dem Kindergarten abgeholt und ging mit ihr noch zum Spielplatz, während ich neugierig aus der Tasche herausgucken konnte. Nach dem Abendbrot kam ich an die Reihe und wurde im Waschbecken im herrlich duftenden Schaumbad gereinigt, in ein Handtuch gewickelt und dann zum Trocknen auf einen Heizkörper gelegt. Anni, Frau Liebigs Tochter, saß derweil in der Badewanne. Herr Liebig brachte das Mädchen ins Bett, hat eine Gutenacht-geschichte vorgelesen und alberte noch eine Weile mit ihm herum. Frau Liebig ging derweil in ihr Arbeitszimmer und hat den Unterricht für den nächsten Schultag vorbereitet. Vom Heizkörper aus konnte ich alles genau sehen. Aus ihrer schweren Schultasche holte sie einen Stapel Deutschhefte hervor und kontrollierte die Arbeitsergebnisse der Kinder. Für gute Leistungen gab es einen Stempel. In einige Hefte schrieb sie Buchstaben oder Wörter zum Üben. Zwischendurch hat die Lehrerin Bemerkungen in einige Förderpläne eingetragen. Damit war es noch nicht genug, sie musste noch etwas für den Gestalten-Unterricht in anderen Klassen vorbereiten." „Mann, da hatte sie ja wirklich viel zu tun", meinte Karlchen. „Bei mir" - weiter kommt er nicht. Nina fällt ihm ins Wort: „Warte, das ist noch nicht alles! Frau Liebig hat auch noch Wörter am Computer geschrieben, passende Bilder ausgesucht, laminiert und ausgeschnitten. Das hat alles ganz schön lange gedauert. Danach streckte sie sich und ging hinüber ins Wohnzimmer. Ich hörte noch leise und undeutlich, dass sie sich mit ihrem Mann unterhielt. So, jetzt bist du an der Reihe, Karlchen!"

„Ich habe das ähnlich erlebt. Bei Frau Nette lief abends auch kein Fernseher. Ihr Mann war gar nicht zu Hause, er hatte Nachtschicht. Der Sohn musste für sein Studium lernen. Auch ich lag auf einem Heizkörper, damit mein Pelz trocknen konnte. Hier, fühle mal, wie flauschig ich jetzt wieder bin!", forderte er seine Freundin auf. Diese streichelte ihm über den runden Bauch, sagte: „Hm, toll, aber weiter, wir haben nicht mehr viel Zeit!" „Du weißt ja", setzt Karlchen seinen Bericht sogleich fort, „dass Frau Nette nicht nur bei uns in der Grundschule in verschiedenen Klassen zu tun hat, sondern auch in der Förderschule lernbehinderte Kinder unterrichtet. Am Abend hat sie den Unterricht vorbereitet und sich in den Heftern für ihre Förderkinder Notizen gemacht. Danach bastelte auch Frau Nette Arbeitsmaterial. Damit sich lernschwache Schüler die Malfolgen besser einprägen können, schrieb sie auf kleine Karteikärtchen die Mal- und Geteilt-Aufgaben und hinten das Ergebnis auf. Schau, hier liegen ja die Kärtchen, ich zeige dir, wie das Lernspiel geht!" Karlchen lässt Nina eine Karte ziehen. „7 mal 5", murmelt das Püppchen und beginnt sich die Fünferreihe aufzusagen. „Stopp!", ruft das Bärchen, „nicht die Reihe aufsagen, das dauert zu lange! Schau auf die Rückseite und merke dir 5 mal 7 ist 35! Du kannst später noch mal überprüfen, ob du die Aufgabe dir merken konntest!" „Aha", meinte Nina, „wollen wir weiter Mathe-Spiele machen?" „Komm lieber zurück auf das Fensterbrett! Ich befürchte, dass wir uns sonst verquatschen. Von da aus kann ich ja weiter erzählen." „Okay, das machen wir so", antwortet Nina. Karlchen erzählt weiter: „Aber das Tollste kommt noch! Stell dir vor, ich war sogar mit in der Förderschule!" „Wie sind die Schüler dort?", möchte Nina wissen. „Oh, die waren sehr nett und aufgeschlossen. Ein Mädchen aus einer 5. Klasse hatte mich durch die offene Tür zum Vorbereitungsraum auf dem Tisch entdeckt und neugierig gefragt, ob sie den Bären mal angucken dürfte. Frau Nette lächelte sie an und holte mich in den Unterrichtsraum. Dann hat sie den Kindern von uns beiden erzählt. Natürlich nicht, dass wir lebendig werden können, denn das weiß sie ja nicht. Die Lehrerin setzte mich dabei auf eine Hand und kasperte mit mir. Und weißt du, Nina, was mir gefallen hat? Der Klassenraum war schön geräumig und hell. Viele Blumentöpfe standen auf den Fensterbrettern, es gab einen großen Tisch, an dem die Kinder gemeinsam frühstückten. Stell dir vor, in der Klasse sind nur 12 Schüler! Da hat die Lehrerin mehr Zeit sich um einzelne zu kümmern. Einige arbeiten sehr langsam und brauchen beim Rechnen viel Hilfe und zusätzliches Anschauungsmaterial, weil sie nicht so gut denken können und vieles schnell vergessen.[31] Sie werden nicht gedrängelt schneller zu arbeiten." Nina nickt und wirft ein: „Das finde ich sehr gut. Bei uns in der Klasse sind 20 Kinder, bei den größeren lernen sogar 25 zusammen, obwohl dort auch Mädchen und Jungen mit Lernschwierigkeiten gefördert werden müssen. Ab der dritten Klasse gibt es keine Unterstützung durch Pädagogische Mitarbeiterinnen mehr und ..." Die Geisterstunde ist vorüber.

---

[31] Debilität, Lernbehinderung, Begriffserklärung im Teil IV.

Paul

Bitte nicht stören, Test! Anna Bär steht vor der Tür des Beratungsraumes und wartet auf ihren Sohn. Sorgenvolle Gedanken gehen ihr durch den Kopf. „Was soll nur werden?" Paul ist schon neun Jahre alt und noch in der 2. Klasse. Schuleingangsphase hin oder her, er ist überaltert und wird das Ziel der 2. Klasse nach seinen jetzigen Noten nicht schaffen. Bei den Hausaufgaben heult er meistens, verweigert sich und schreit manchmal: „Schule ist doof!" Die Mutter fühlt sich verunsichert und weiß nicht, was auf sie zukommen wird.

Anfang November bat Pauls Klassenlehrerin um ein ausführliches Gespräch. Sie erklärte: „Der Junge kommt im Lernen nur schwer voran. Für ihn ist die Stoffvermittlung zu umfangreich und geht zu schnell vonstatten. Er kommt nicht über das zählende Rechnen hinaus. Immer öfter verweigert er das Schreiben, trägt Hausaufgaben nicht ein und spielt den Klassenclown." Frau Gutezeit, die Klassenlehrerin, hatte vorgeschlagen, für Paul wegen der Lernprobleme den Antrag zur Feststellung eines sonderpädagogischen Förderbedarfs[32] zu stellen. Ja und darum geht es bei den Tests. Frau Bär fühlte sich nach dem Gespräch wie vor den Kopf gestoßen und so alleingelassen. Ihr Mann war wie immer nicht da - Montagearbeit. Als sie ihm am Wochenende von ihren Sorgen erzählte, brauste er sogar richtig auf: „Unser Paul ist doch nicht lernbehindert! Wie das schon klingt - BEHINDERT! Soll er etwa in so eine ‚Dummenschule' gehen?", wetterte Alexander Bär. „Um eine Förderschule geht es doch gar nicht", sagte sie darauf, „auch wenn ein Förderbedarf festgestellt wird, kann er an der Grundschule bleiben." „Papperlapapp", unterbrach er das Gespräch, „Paul ist ein Spätzünder - war ja auch ein Frühchen - und außerdem ist er verzärtelt, verspielt und viel zu faul zum Lernen. Dem werde ich seine Flausen noch austreiben. Du bist viel zu nachsichtig! Er könnte sich ruhig ein Beispiel an seiner kleinen Schwester nehmen. Karla ist auch in der 2. Klasse, aber viel weiter." Anna Bär versuchte ihn zu beschwichtigen, denn sie wollte keinen Streit und meinte deshalb: „Warten wir doch erst mal die Überprüfungsergebnisse durch die Förderlehrerin Frau Nette ab. Sie wird uns alles genau erklären."

Endlich öffnet sich die Tür und Paul läuft seiner Mutter strahlend entgegen. „Mama, Mama, stell dir vor, ich hatte heute für mich ganz allein eine Lehrerin!", sprudelt er los. „Das war cool! Die ist richtig nett und hat nicht geschimpft, wenn ich etwas nicht konnte. Wie Frau Nette mir das Rechnen erklärt hat, war es ganz einfach. Da gibt es nämlich einen Trick mit den Partnerzahlen (1/9, 2/8 usw., Summe ist immer 10)." Die Förderschullehrerin steht lächelnd daneben. Sie scheint wirklich einen guten Draht zu Paul zu haben. Anna Bär fragt angespannt: „Was haben Sie denn für Tests durchgeführt und können Sie mir schon etwas über die Ergebnisse sagen?" „Wir haben einen sprachfreien Grundintelligenztest[33] und einen Aufmerksamkeits-Belastungs-Test durchgeführt, bei dem es um die Konzentrationsfähigkeit geht. Diese Tests muss ich aber noch auswerten. Paul hat toll mitgearbeitet und ist ein höflicher, gut erzogener Junge", lobt Frau Nette. „Am Freitag kommender Woche möchten Frau Gutezeit und ich Ihnen und Ihrem Mann den Klassenleiterbericht und die Überprüfungsergebnisse vorstellen. Hier ist die Einladung dafür."

Am Freitag geht Paul mit einem komischen Gefühl im Magen nach dem Unterricht in den Hort. Zwar hatte ihm Frau Nette schon viel erklärt, zum Beispiel, dass er beim Lernen Hilfe benötigt und dass er sich keine Sorgen machen muss. „Wie wird Papa reagieren?", denkt Paul. „Er schimpft zwar nicht mehr oft über schlechte Zensuren, doch sein Blick sagt alles. Warum kann ich nicht so klug sein wie Karla? Dann würde Papa auch auf mich stolz sein. Mama will mich immer beschützen und behandelt mich dann wie ein Baby." Traurig denkt er auch: „Ich habe immer Schuld, wenn Karla und ich uns streiten. Und dann streiten sich die Eltern."

Das Gespräch findet im Klassenraum an einer dafür zusammengestellten Tischgruppe statt. Gleich würde die Tortur beginnen, das Aufzählen der Mängel und Untaten. Kalter Schweiß steht Mutter Bär auf der Stirn, Vater Bär sieht missmutig vor sich hin und wirkt ebenfalls angespannt.

Beide Lehrerinnen begrüßen die Eltern freundlich. Sie erklären ihnen, dass der Antrag zur Feststellung des sonderpädagogischen Förderbedarfs mit dem Klassenleiterbericht, den Untersuchungsergebnissen, Arbeitsproben des Kindes und einer Einschätzung der Förderschullehrerin an den MSDD - den „Mobilen Sonderpädagogischen Diagnostischen Dienst"[34] - geschickt wird. „Eine Mitarbeiterin des MSDD wird im Januar mit Ihnen die Entscheidung und den Abschlussbericht besprechen, welchen beide Elternteile unterschreiben werden." Frau Nette erklärt weiter: „Bis dahin müssen wir aber nicht untätig sein. Wir werden einen individuellen Förderplan für Paul aufstellen, um ihn nicht weiter zu überfordern. Erst wenn der sonderpädagogische Förderbedarf bestätigt ist, müssen Sie als Sorgeberechtigte entscheiden, ob die künftige Förderung des Jungen an der Grundschule im Gemeinsamen Unterricht (GU) oder an einer Förderschule stattfinden soll. Die Schulämter wollen erreichen, dass künftig möglichst viele Kinder mit Beeinträchtigungen, wie zum Beispiel Sprach- und Lernstörungen, in den Regelschulen integrativ unterrichtet werden." „Und wie schätzen Sie unsern Sohn ein, ist er lernbehindert?", fragt Herr Bär, „und was haben Sie denn alles überprüft?" „Für die Feststellung des Förderbedarfs müssen Aussagen über Kenntnisse, Fähigkeiten und Fertigkeiten des Schülers in Mathematik, Deutsch und Sachkunde getroffen werden, ob das Kind in der Lage ist, die Vorgaben des Lehrplans zu erfüllen. Des Weiteren müssen das Lern- und Sozialverhalten, die Denk- und Merkfähigkeit, Konzentration und Wahrnehmung sowie die motorische und sprachliche Entwicklung eingeschätzt werden", setzt Frau Gutezeit das Gespräch fort. Die Förderschullehrerin erklärt den Eltern alle Ergebnisse, beantwortet Fragen zu den Fachbegriffen und stellt fest: „Unsere Vermutung, dass ein Förderbedarf im Bereich Lernen besteht, hat sich bestätigt." Vater Bär räuspert sich: „Habe ich unserem Jungen Unrecht getan, dass ich ihn immer wieder getriezt und beschuldigt habe, er sei nur zu faul?" „Also war das Klagen über Kopf- und Bauchschmerzen womöglich doch keine Strategie, um sich vor schwierigen Aufgaben zu drücken?", denkt Frau Bär laut nach. Am Ende des Gespräches sind alle froh, dass nun Klarheit besteht.

Karlchen lag noch auf dem Lehrertisch, Paul hatte ihn bei aller Aufregung vergessen. Da im jahrgangsübergreifenden Unterricht die 1a und 2a eng zusammenarbeiten, dürfen auch Kinder der Zweiten eine Handpuppe übers Wochenende mitnehmen. Zum Glück hatte das Frau Nette bemerkt und gab seinen Eltern den Bären mit.

So konnte dieser in der Nacht vom Montag zum Dienstag seiner Freundin nicht nur über das interessante Gespräch, sondern auch über die Familie berichten: „Du hättest sehen sollen, wie Paul gestrahlt hat, als seine Eltern ihn und Karla aus dem Hort abholten und mich mitbrachten! Die ganze Familie fuhr noch in die Innenstadt zum Eisessen. Kinder und Eltern haben an dem Wochenende viel gemeinsam unternommen, aber ich war nicht überall mit. Jedenfalls wirkten alle zufrieden und locker." „Stimmt das wirklich, dass Paul manchmal drei Stunden an seinen Hausaufgaben sitzen musste und Karla nur eine halbe Stunde?", will Nina wissen. „Ja, das hat Frau Bär in dem Gespräch erzählt. Die Lehrerinnen haben auch gesagt, dass Kinder durch Überforderung Ängste, Kopf- und Bauchschmerzen bekommen können. Es muss natürlich nachgeschaut werden, ob das Kind wirklich organisch krank ist oder ob das - wie haben sie das genannt? - püchomatische (?) Krankheitszeichen[35] sind."

Karlchen macht Nina auf seine Beobachtungen vom Vormittag im Unterricht aufmerksam: „Ist dir auch aufgefallen, dass Paul heute viel ruhiger war, nicht den Klassenkasper gespielt hat? Alle Lehrerinnen und Lehrer waren besonders aufmerksam und haben ihm geholfen." „Ja, das stimmt. Wahrscheinlich wissen jetzt alle, dass Paul eine Lernbehinderung hat und versuchen, ihn nicht zu sehr zu überfordern. Er bekommt weniger und leichtere Aufgaben, dazu noch mehr Zeit zum Arbeiten", ergänzt Nina. Karlchen seufzt: „Ach hätte man die Überprüfung nicht schon ein Jahr früher machen können? Aber nein, zuerst soll die Schuleingangsphase verlängert werden, als ob damit eine Lernbehinderung überwunden werden könnte!" „Da stimme ich dir zu. Es wäre Paul und seiner Familie viel Kummer erspart geblieben."

„Aber jetzt sollst du über dein Wochenende berichten, liebe Nina!" „Oh, diesmal kann ich nicht viel erzählen."

---

[32] Lernbehinderung, Erklärungen im Teil IV.
[33] Intelligenztest, Erklärungen im Teil IV.
[34] MSDD, Erklärungen im Teil IV.
[35] Psychosomatische Symptome, Erklärungen im Teil IV.

Fatima

„Du weißt ja, dass ich bei Fatima zu Hause war." „Das ist doch das stille, schüchterne Mädchen mit den langen schwarzen Haaren, dessen Eltern kaum Deutsch verstehen", vergewissert sich Karlchen. „Genau. Fatima kann aber gut deutsch sprechen, doch sie redet nicht gern vor den anderen. Heute saß sie im Morgenkreis wieder stumm und ganz zusammengesunken auf ihrem Stuhl", bestätigt das Püppchen. „Fatima war am Freitag auch ganz unsicher, ob sie mich überhaupt mitnehmen sollte. Ihre Eltern und großen Schwestern haben ihr eingeschärft, dass sie von Fremden nichts annehmen soll. Frau Liebig hat ihr Mut zugesprochen und meinte, dass Fatima wie alle anderen Kinder die Handpuppe über ein Wochenende mitnehmen darf. Jedenfalls spielte sie im Hort gemeinsam mit ihren drei Schwestern ganz vergnügt mit mir. Verstanden habe ich kein Wort, denn sie redeten in einer fremden Sprache." „Wie haben die Eltern von Fatima reagiert?", fragt Karlchen neugierig. „Zu Hause wurde auf das Kind heftig eingeredet. Mich setzte die Mama auf die Flurgarderobe, das wars dann." „Da hast du aber Pech gehabt", meinte Karlchen, „aber irgendwas musst du doch beobachtet haben." „Na ja, es war alles fremd und ungewohnt. Ich habe durch die geöffnete Tür mitbekommen, dass die vier Mädchen ein gemeinsames Kinderzimmer haben, das mit zwei Doppelstockbetten, einem Schreibtisch mit Stuhl und einem Schrank eingerichtet ist. Dort spielte auch der kleine Bruder, der die Mädchen oft geärgert hat.

Als eine befreundete Familie zu Besuch kam, hielten sich die Frauen in der Küche auf, die Männer im Wohnzimmer und alle Kinder waren im Kinderzimmer oder auch mal draußen auf dem Spielplatz. Die ältesten Mädchen mussten aufpassen." Karlchen fragt: „Woher weißt du das alles, wenn du auf der Flurgarderobe bleiben musstest?" Seine Freundin erklärt: „Das konnte ich hören und teilweise sehen, außerdem haben sich neulich Mathilde und

Fatima über ihre Familien unterhalten, da habe ich einiges mitbekommen." Nina gähnt, ihre Zeit zum Reden ist fast um. Die gerade noch so lebhaften Puppen klettern nachdenklich wieder auf das Fensterbrett und schlafen ein.

„Fatima bleibt im Vergleich zu ihren Klassenkameraden im Lernen zurück. Ich frage mich: Liegt das an den fehlenden Sprachkenntnissen und der Schüchternheit oder gibt es noch andere Probleme?", erklärt Frau Liebig in einer Besprechung. „Mir ist aufgefallen, dass sich Fatima auch in der Fördergruppe kaum äußert. Sobald sie eine Aufgabe nicht versteht oder erfüllen kann, beginnt sie zu weinen. Ich könnte Fatima in dieser und der nächsten Woche beobachten und einzeln fördern", schlägt Frau Nette vor. „Das wird das Beste sein. Und wenn wir uns über die nötigen Fördermaßnahmen einig sind, werden wir die Eltern zum Gespräch einladen, am besten mit einem Dolmetscher."

In der Einzelförderung überprüft Frau Nette anhand von Bildmaterial Fatimas Begriffsverständnis. Die Kleine kann Gegenstände und Tätigkeiten benennen, sie versteht mündliche Aufträge problemlos. Das Lesen gelingt ihr gar nicht. „Mal sehen, ob ich mit den Zauberwörtern bei ihr punkten kann", denkt sich die Förderlehrerin. „Weißt du, was zaubern bedeutet?", fragt sie. Fatima sieht Frau Nette verständnislos an. Sie betrachten in der Fibel die Seite vom Zirkus. Da ist auch ein Zauberer zu sehen. Die Zaubersprüche liest die Lehrerin vor. Fatimas Gesichtszüge erhellen sich, sie murmelt etwas vor sich hin - wahrscheinlich einen Kinderreim in ihrer Sprache. „Fatima, hast du Lust selbst zu zaubern? Pass mal auf!" Einer Eingebung folgend, nimmt Frau Nette ihr Brillenetui, schüttelt das Putzläppchen aus und zeigt damit, dass nichts darin verborgen ist. Das Tuch legt sie, von Fatima unbemerkt, auf einen kurzen Bleistift, greift diesen und breitet das Brillenputztuch über dem Etui aus, wobei sie den Bleistift hineingleiten lässt. „Nun tu es dem Zauberer gleich, sprich deinen Zauberspruch!" Das Kind sagt mit beschwörenden Gesten seinen Spruch auf und wartet ab. „Los, zieh das Tuch beiseite!" Fatima starrt mit aufgerissenen Augen in das Brillenetui. „Ich habe gezaubert", stammelt sie ungläubig erstaunt. Beide lachen herzlich, nachdem Frau Nette den Trick erklärt hat.

Nun legt die Lehrerin Silben-Kärtchen aus. Zuerst setzt sie zwei, später drei und mehr Kärtchen, die entweder rot oder blau beschrieben sind, beliebig zusammen. Aus den Silben entstehen „Zauberwörter". Das ist lustig. Dabei merkt Frau Nette, dass Fatima die Silben nicht selbstständig erfassen kann, obwohl sie die Buchstaben richtig benennt. Genau darin liegt das Problem: Fatimas Schwestern haben ihr das ABC beigebracht. Die Kleine benennt den Buchstabennamen „De" und spricht nicht den Laut D wie Domino. Also gelingt ihr nicht die Zuordnung Buchstabe - Laut. Wie soll man zum Beispiel das Wort dem lesen? Etwa de-e-em?

Da die Förderschullehrerin auch die ältere Schwester aus der dritten Klasse im Gemeinsamen Unterricht betreut, kann sie dieser Tipps und einfaches Lernmaterial zum Üben für Fatima mitgeben. Traditionsgemäß ist in dieser Familie die Mutter für die Kinderbetreuung zuständig, da sie aber selbst kaum Deutsch spricht und vorwiegend mit der Hausarbeit beschäftigt ist, müssen sich die Kinder gegenseitig unterstützen. In der Einzel- und Kleingruppen-Förderung hat Fatima gelernt, mithilfe ihrer Anlauttabelle (Buchstaben und Bilder zum entsprechenden Anlaut, z. B. „B" wie Bär) den Buchstaben die richtigen Laute zuzuordnen. So hört die Kleine nun immer sicherer Laute heraus und lernt, einfache Wörter lautgetreu zu schreiben. Wenn der Text zweifarbig gedruckt ist, gelingt Fatima sogar das Lesen immer besser. Mit zunehmendem Lernerfolg wächst auch das Selbstvertrauen des Mädchens.

Lukas

Montags in der ersten Stunde geht die Förderlehrerin zuerst in die Klasse 1a. Frau Liebig und Frau Nette arbeiten gern im Team zusammen. Alle sitzen im Morgenkreis beieinander und erzählen von den Wochenenderlebnissen. Lukas hat Karlchen auf dem Schoß, wippt mit den Beinen oder rutscht unruhig auf dem Stuhl hin und her. Zwischendurch ruft er dazwischen. Dann zupft er gedankenverloren an Karlchens Ohren herum. Seine Lehrerin fordert ihn auf, den Bären zu Nina auf das Fensterbrett zu setzen (manchmal hilft schon eine Minibewegungspause gegen die Ruhelosigkeit). Danach darf Lukas von seinem Wochenende berichten. Er erzählt: „Ich war bei meinem Papa. Wir waren im Kino und Oma und Opa haben uns besucht. Am Abend haben wir uns auf das Sofa gekuschelt und Fußball geguckt. Das war schön." Nach den Erlebnisberichten erklärt Frau Liebig die Aufgaben des Wochenplans und verteilt die Arbeitsmappen.

Lukas ist immer noch sehr unruhig. Er kann sich einfach nicht auf die Arbeit konzentrieren und spielt mit den gut angespitzten Buntstiften. Die beiden Lehrerinnen werfen sich einen Blick zu, der wohl sagen soll: So ist Lukas aller 14 Tage nach dem „Papa-Wochenende". Frau Nette setzt sich neben den Jungen und legt ihm kurz die Hand auf den Arm und sagt leise zu ihm: „Lukas, schau mich an! Weißt du, wie du die Aufgaben mit den Rechenmauern lösen kannst?" Er schüttelt den Kopf. „Wenn du die Zahlen der beiden Bausteine zusammenrechnest, erhältst du die Zahl, die auf dem Stein darüber stehen muss." Die Lehrerin demonstriert das mit drei Kunststoffbausteinen. Lukas nickt, er hat verstanden, beginnt endlich mit der Arbeit und wird ruhiger. Wenig später meldet er sich wild und ruft eindringlich nach Frau Nette. Lukas muss sich gedulden, denn sie und Frau Liebig helfen gerade anderen Kindern. Missmutig wirft der kleine Kerl seinen Bleistift hin und beginnt zu kippeln. Endlich, nach einer gefühlten Ewigkeit, kommt sie wieder an

seinen Platz. „Warum kannst du nicht einfach bei mir bleiben?",
fragt Lukas. „Ich weiß nicht, wie ich rechnen muss, wenn die
Zahl auf dem Stein hier unten fehlt", mault er. „Denke nach! Du
weißt doch, dass immer drei Zahlen zusammengehören. Probiere
es mal mit der Umkehraufgabe!", regt Frau Nette an und zeigt
den Zusammenhang wieder mit den Bausteinen. „Ach soo, das ist
ja einfach!"
Karlchen und Nina konnten vom Fensterbrett aus alles verfolgen.
Sie freuen sich schon auf die Geisterstunde, weil sie neugierig
auf den Bericht des Anderen sind. Vom Kirchturm her hören sie
zwölfmal den Glockenschlag. Endlich!

Die Puppe findet, dass ihr Gefährte heute irgendwie
anders ist. Sie spricht den Bären an: „Karlchen, du bist heute so
zappelig, was ist denn los mit dir?" „Ich weiß auch nicht, was los
ist. Mir juckt das Fell, bitte kratze mich doch mal auf dem
Rücken! - Ah, das tut gut!" „Ist es nun besser?", fragt Nina.
„Jetzt erzähle schon, wie es bei Lukas war!" „Also, Lukas' Papa
wohnt in einer anderen Stadt. Wir mussten fast eine Stunde mit
dem Auto fahren. Bei seinem Vater hat der Junge auch ein
Kinderzimmer mit Spielen, viel LEGO® und einem Fernseher.
Wenn der Papa nicht mit im Kinderzimmer auf dem Fußboden
hockte und mit Lukas gemeinsam an der LEGO®-Stadt baute -
weil er ja auch mal was zum Essen kochen musste - fand der
Knabe es zu langweilig und stellte den Fernseher an. Meiner
Meinung nach hat Lukas viel zu viel Fernsehen geguckt und zu
wenig draußen gespielt. Er war nur mit Erwachsenen zusammen.
Bei seinen Großeltern hat er sowieso Narrenfreiheit. Das
Kinderzimmer hat zum Schluss die Oma aufgeräumt, als die
Männer Fußball guckten." Nina sagt dazu: „Ich habe mal bei
einem Elterngespräch gehört, dass langes Fernsehen für junge
Kinder gar nicht gut ist. Ihr Gehirn kann das gar nicht alles
aufnehmen und verarbeiten, wenn in schneller Folge schrille,
bunte Bilder über den Bildschirm flackern und dann ständig die
Geräuschkulisse dazu. Kinder, die zu viel fernsehen, werden

zappelig." „Meinst du etwa, dass das bei mir auch so gewirkt hat? Ich habe ja meistens bei Lukas auf dem Schoß gesessen. Von dem starken Flimmern wurde es mir schon ganz komisch. Ich hatte einen richtigen Brummbärenschädel", erzählt der Bär. „Das könnte sein", meint Nina und erkundigt sich weiter: „Du warst doch auch einige Zeit mit bei Lukas' Mama zu Hause. Wie war es dort?" „Oh, da gab es Sonntagabend Stress! Erstens kamen Lukas und sein Papa eine halbe Stunde zu spät. Den Blick der Mama vergesse ich so schnell nicht. Zweitens machte Lukas Theater, als er sich verabschieden sollte. Er klammerte sich an den Beinen seines Papas fest und wollte ihn nicht gehen lassen. Und drittens war für die folgende Woche der Stundenplan im Hausaufgabenheft noch nicht eingetragen, die Berichtigung in Deutsch nicht erledigt und die Stifte waren nicht gespitzt. Es dauerte, ehe der Junge im Bett war und zur Ruhe kam."

Dann fordert Karlchen seine Freundin auf, über ihre Wochenenderlebnisse zu berichten. Nina seufzt: „Ach, Miriam und ihr Bruder tun mir leid. Aber bevor ich loslege, sollten wir wieder aufs Fensterbrett klettern, denn es kann sein, dass ich nicht bis zum Ende erzählen kann. Du weißt ja, dass unsere Zeit viel zu schnell vergeht."

Miriam

Miriam ist ein aufgewecktes Mädchen aus der 1a. Sie hat einen afrikanischen Papa und eine deutsche Mama. Die Kleine tanzt und singt gern und hat ein tolles Rhythmusgefühl. An manchen Tagen aber wirkt sie still und bedrückt. Wenn sie gefragt wird, was mit ihr los ist, sagt sie immer, dass sie schlecht geschlafen hätte und einfach müde sei. Meistens wirft sie dann ihre Lockenpracht nach hinten und scheint wieder fröhlich zu sein, als ob sie nur einen Schalter von traurig auf froh umlegen musste.

Nina war am Wochenende bei Miriam zu Hause und lernte dort den Papa, ihren Bruder Benny und den Cousin David kennen. Bei einem Gespräch zwischen Miriams Vater und dessen Freund hat Nina herausgehört, dass die Mutter der Kinder schon lange in einer speziellen Klinik zur Entgiftung sein soll. Bloß was das bedeutet, konnte sie sich nicht zusammenreimen. Jedenfalls kümmert sich der Papa allein um die Geschwister. Die beiden haben ein gemeinsames Zimmer, das sehr ordentlich aussieht.

Die Kinder spielten mit ihrem Cousin, als der Vater hereinkam und die beiden Jungen aufforderte, noch Milch und Brot einzukaufen. Miriam blieb derweil zu Hause und spielte mit Nina. Leise flüsterte sie der Puppe ins Ohr: „Ach, beste Nina, wenn du mich doch hören könntest und eine richtige Freundin wärst! Nie darf ich raus und mit anderen spielen. Wenn ich Papa frage, wird er wütend."

Der Vater wurde langsam unruhig und murmelte vor sich hin: „Wo die Jungen bloß bleiben? Der Einkaufsmarkt (ein Spätverkauf, der auch sonntags geöffnet hat) ist doch nicht weit entfernt. Ich will in einer viertel Stunde los." Endlich kamen die beiden, stellten Brot und Milchpakete auf den Tisch, legten das Wechselgeld hin. „Das wird ja Zeit! Ich muss nochmal los. Beeilt euch beim Essen, dann Zähneputzen und ab ins Bett! Miriam ist schon bettfertig."

Nina erzählt: „Nachdem der Vater das Haus verlassen und die Wohnungstür abgeschlossen hatte, lauschten die Kinder noch, ob alles ruhig blieb. Dann lärmten und tobten die Jungen, so dass Miriam nicht schlafen konnte. Sie hatte mich fest im Arm und sich unter der Bettdecke verkrochen. Lange währte der Spuk nicht. Benny hielt plötzlich inne und forderte David auf, schnell mit aufzuräumen. Denn wenn der Vater etwas mitbekäme, würde es gewaltigen Ärger geben." „Ist denn der Vater so streng?", fragt Karlchen nach. „Na und ob. Den hättest du am Morgen erleben sollen! Drohend fragte er: ‚Wo ist der Kassenzettel vom Einkauf? Das Restgeld kann nicht stimmen!' Benny duckte sich und stotterte was von Zettel verloren. Der Vater zog seinen Gürtel aus dem Hosenbund und schrie: ‚Wenn du mich belogen hast, setzt es was heute Nachmittag, wenn du aus der Schule kommst!'" „Oh, oh, das klingt ja gar nicht gut", stöhnt das Bärchen.

Mehr kann Nina zunächst nicht erzählen. Aber Karlchen versteht plötzlich, was das Gespräch am Vormittag, das er zufällig mitbekam, zu bedeuten hatte. Er will es sogleich seiner Freundin mitteilen, doch mit dem Glockenschlag ist es vorbei mit der Schnatterstunde. Aber hören, sehen und denken können die Puppen noch. Karlchen ruft sich das Gespräch in Erinnerung. In der nächsten Nacht will er mit Nina darüber reden.

Benny und David

Die Jungen sind fast gleichaltrig und gehen jeweils in eine dritte Klasse. Davids Vater stammt ebenfalls aus einem afrikanischen Land und ist mit Bennys Papa befreundet. Manchmal bleibt David mehrere Tage bei seinem Onkel und schläft mit im Kinderzimmer von Miriam und Benny. So war es auch am vergangenen Wochenende.

Bennys Klassenlehrerin kommt in den Förderraum und fragt Frau Nette: „Kannst du heute in der Förderstunde mal Benny nehmen? Er hat zwar keine Probleme in Mathe, verlangt aber nach dir. Was ihm auf der Seele brennt, weiß ich nicht, ich glaube, es gab Ärger mit seinem Vater und er hat Angst nach Hause zu gehen." „Das geht in Ordnung. Schicke ihn nachher in der vierten Stunde zu mir", antwortet die Förderlehrerin.

„Guten Tag, Benny, was hast du denn auf dem Herzen?", begrüßt ihn Frau Nette. Der Junge beginnt seine Geschichte zu erzählen, die Karlchen mithören kann, da er noch auf dem Lehrertisch liegt. Benny erzählt vom Einkauf. „David, mein Cousin, hat von mir verlangt, dass ich für ihn noch eine Tafel Schokolade in den Einkaufskorb packen sollte. Und er hat gesagt, dass er meinem Vater sonst verraten würde, dass ich meine Schwester Miriam geärgert habe. Ich wollte aber auch Schokolade essen. Also haben wir uns jeder eine Tafel mitgenommen." Frau Nette hört aufmerksam zu und sagt: „Hm, was ist dann passiert?" „Nach dem Bezahlen habe ich plötzlich Angst gekriegt. Ich wusste, dass mein Vater noch weg wollte und habe gehofft, dass er das Geld nicht gleich nachzählt. Deshalb haben wir unterwegs noch gebummelt." „Und nun?" „Ich habe Angst, dass mich mein Vater verprügelt. Dem David wird er nichts tun, der schiebt sowieso die Schuld immer auf mich." Frau Nette überlegt kurz: „Das ist ja wirklich eine verzwickte Situation. Ich kann gut verstehen, dass du jetzt Angst hast und nicht weiter weißt. Ich glaube, hier hilft nur noch Ehrlichkeit." „Ich will mich ja bei meinem Papa entschuldigen. Aber dass ich immer alles abbekomme, ist wirklich ungerecht! David hat doch mitgemacht!", schluchzt jetzt Benny und ist völlig ratlos. „Ich habe einen Vorschlag", sagt Frau Nette, „wir fordern David auf, an einer Streitschlichtung zwischen euch beiden teilzunehmen. Wenn du auch dazu bereit bist, könnt ihr gemeinsam nach einer Lösung suchen. Ich helfe euch dabei."

Bei der Streitschlichtung in der nächsten Pause einigen sich die Jungen, dass sie beide mit Bennys Vater sprechen wollen und ehrlich den Hergang erzählen. Die Schokolade würden sie von ihrem Taschengeld bezahlen. Die Missstimmung zwischen den Jungen kann im Gespräch abgebaut werden. Ein ausgehandelter Vertrag wird schriftlich festgehalten und von beiden unterschrieben. Sie reichen sich die Hände. Benny ist erleichtert und David wirkt nachdenklich.

Philipp

Nicht nur im jahrgangsübergreifenden Unterricht der Klassen 1b/2b, sondern auch in den Pausen ist Philipp der Förderschullehrerin aufgefallen. Der kleine Kerl aus der 2b wirkt völlig ruhelos. Stets rennt er die Treppen hinauf oder herab, stolpert manchmal und fällt hin. Während der Hofpausen eckt er durch seinen ungestümen Bewegungsdrang andere Kinder an, gerät häufig in Konflikte, kommt dadurch verspätet in den Klassenraum, reißt unachtsam einem Mitschüler die Arbeitsmaterialien vom Tisch. Dann gibt es wieder Geschrei, Streit und Schimpfe. Der Junge ist einfach nervig. Im offenen Unterricht schafft er nie den Arbeitsplan. Wenn er sich von der Lerntheke ein Arbeitsblatt oder ein Lernspiel holen soll, vergisst er den Auftrag, schaut stattdessen anderen Kindern zu oder lauscht auf das Geräusch eines fernen Flugzeugs, läuft zum Fenster und schaut hinaus. Zigmal wird Philipp ermahnt und erinnert. Es gibt kaum ein Kind, das noch mit ihm in Partner- oder Gruppenarbeit zusammen lernen möchte.

Am besten kommt Philipp noch in Mathematik zurecht. Herr Hammer arbeitet mit den Schülern überwiegend im Frontalunterricht - klare Ansage und Ruhe bei der Arbeit. Nur wenn bei der täglichen Übung die Aufgaben diktiert und mündlich die Ergebnisse verglichen werden, kommt Philipp einfach nicht mit. Seine Aufmerksamkeit und Konzentration unterliegen großen Schwankungen. Jedes Geräusch, jede Bewegung im Raum kann zur Ablenkung führen. Und wenn der Lehrer auch noch zu ihm sagt: „Na, Zappel-Philipp, willst du nicht endlich mal loslegen?", könnte er ausrasten und alles in eine Ecke schmeißen. Beim Kopfrechnen jedoch ist der Junge schnell und wurde schon mehrfach beim Wettstreit Rechenmeister. Wenn nur das Schreiben im Heft nicht wäre! Schulbücher und Hefte weisen Eselsohren und Schmierereien auf. Deswegen hat Herr Hammer ihn neulich vor der Klasse getadelt und den ganzen Schlamassel hochgehalten. Das Gejohle der Mitschüler hat bei ihm Übelkeit erzeugt, sodass Philipp aus dem Klassenraum rennen musste.

Im Werkunterricht bei Herrn Hammer, für den sich Philipp eigentlich interessiert, gibt es auch oft Ärger. „Leg das Werkzeug aus der Hand, halte die Beine still! Philipp, du musst besser aufpassen!", bekommt er immer wieder zu hören. Ihm gelingt es nicht, genau zu messen, auf einer Linie zu schneiden und, und, und. Philipp denkt inzwischen schlecht über sich selbst: „Ich bin ein Versager. Selten macht etwas Spaß in der Schule. Meistens ist Schule doof!"

Die Lage hat sich stark zugespitzt. Philipps alleinerziehende Mutter kam wieder nicht zum Elterngespräch - das Baby sei krank gewesen. Im Team beraten die Lehrerinnen und der Lehrer, welche Maßnahmen ergriffen werden müssten. „Ich würde das Jugendamt und den ASD (Allgemeiner Sozialer Dienst) einschalten. Der Junge wird eindeutig vernachlässigt. Die Mutter ist mit ihm überfordert", erklärt Herr Hammer. „Vielleicht kommt sie eher in die Schule, wenn die Schuldirektorin sie herbestellt", meint eine Lehrerin. Die Klassenleiterin schaut Frau Nette Unterstützung suchend an und schlägt vor: „Ich könnte an Philipps Mutti einen Brief schreiben und vorschlagen eine Beratung zu organisieren, an der auch Frau Nette und zeitweilig Philipp teilnehmen sollten. Es geht schließlich darum, für den Jungen, die Klasse, uns selber und für die Zeit im Elternhaus Entlastungsmöglichkeiten zu finden." „Ich werde in der Einzelförderung mit Philipp besprechen, wie er die Schule erlebt, welche Fähigkeiten er erlernen müsste, um besser zurechtzukommen und wer ihm am besten dabei helfen könnte", verspricht Frau Nette. Weiter überlegt sie: „Sicher werden wir um professionelle Hilfe nicht herumkommen. Ich vermute, dass Philipp an ADHS[36] (Aufmerksamkeits-Defizit-Syndrom mit Hyperaktivität) leidet. Er benötigt wahrscheinlich eine spezielle Therapie und wir in der Schule eine gemeinsame Linie bei der Arbeit mit dem Kind." Herr Hammer äußert sich etwas abfällig:

„Ihr mit eurem psychologischen Halbwissen, werdet damit nichts erreichen! Der Mutter muss klar gemacht werden, was ihre verdammte Pflicht ist und Philipp braucht eine straffe Hand! So einfach ist das!"

Nach dem Gespräch mit Frau Nette stellt Philipp erleichtert fest, dass die Lehrerin seine Probleme erkannt und dass noch nie jemand mit ihm darüber gesprochen hat. Meistens gibt es Belehrungen - du musst ..., du darfst nicht, ..., wenn ..., dann ... - das ist nicht zum Aushalten. Er ist einverstanden, an dem Gespräch mit der Mama und den Lehrerinnen teilzunehmen. Schließlich geht es um ihn.

Da die Förderstunde im Raum der 1a stattgefunden hat, haben Karlchen und Nina viel von dem Gespräch mitbekommen. Zur Geisterstunde beschließen die beiden, diesmal auf dem Fensterbrett zu bleiben, weil der gelbe runde Vollmond den Klassenraum in ein geheimnisvolles Licht taucht und sie den klaren Himmel beobachten wollen. Dabei unterhalten sie sich leise. Nina fragt: „Hast du mitbekommen, was Frau Nette mit Philipp besprochen hat?" „Ja, ich fand das sogar richtig spannend. Sie sagte zu ihm: ‚Du bist der Chef bei der Lösung deiner Schulprobleme. Wir können dich beraten und Hilfe anbieten. Was hältst du davon ein Arbeitsbuch[37] anzulegen, in das wir deine Vorhaben und Erfolge eintragen?'" „Frau Nette erklärte ihm die Sache genauer und Philipp strahlte: ‚Keine roten Einträge mehr ins Hausaufgabenheft - abgemacht!'" Nina meint nachdenklich: „Eigentlich haben alle Kinder zuerst Freude am Lernen, sind neugierig und begeistert, wenn sie Erfolg haben. Was wird daraus, wenn sie in der Schule Probleme kriegen, beschuldigt werden faul und frech zu sein? Wie kann es nur dazu kommen?" „Das weiß ich auch nicht", sagt Karlchen, „das müssen die Menschen herausfinden!"

[36] ADHS, Erklärungen im Teil IV.

[37] „Ich schaff's"-Programm, Erklärungen im Teil IV.

Schuljahresende

Das erste Schuljahr ist geschafft. Es soll ein schöner Abschlusstag werden mit Lernspielen, Sportwettbewerben und dem Besuch einer gemeinsamen Aufführung der Tanz- und Theatergruppe in der Aula. Auch aus der 1a haben zwei Mädchen und ein Junge in der Tanz-Arbeitsgemeinschaft dafür trainiert.

In freudiger Erwartung auf die Zeugnisse schauen sich die Kinder in ihrem Klassenraum um, dessen Wände und Regale schon recht kahl wirken. Die Schülerinnen und Schüler haben ihre Ablagen ausgeräumt, Mal- und Bastelsachen sowie Topfpflanzen schon mit nach Hause genommen. Nach dem gemeinsamen gesunden Frühstück, das zwei Muttis vom Elternrat der Klasse organisiert haben, ist nun die Zeugnisausgabe an der Reihe. Da es am Ende der ersten Klasse noch keine Zensuren gibt und ein Beurteilungstext für die Kinder nicht unbedingt verständlich oder gar langweilig ist, hat sich Frau Liebig etwas Ungewöhnliches ausgedacht. Sie bastelte „Medaillen", die für besondere Leistungen, Fähigkeiten und Fortschritte vergeben werden sollen.

Fatima erhält eine Silbermedaille für große Fortschritte beim Lesenlernen. Mathilde bekommt die Goldmedaille für den Rechen- und Lesemeistertitel, Felix eine silberne für Höflichkeit und Hilfsbereitschaft. Auch die Zwillinge freuen sich über die Ehrung. Sie schafften jeweils eine goldene - Michelle für ihre Meisterschaft in Gestalten und Pierre für den Sportmeister. So wird für alle Schüler erkennbar, dass jeder Stärken hat, auch wenn das Lernen oder das Einhalten von Regeln ihnen nicht immer leichtfallen. Die wenigen ausgegebenen Silbermedaillen zeigen aber auch, dass eine Steigerung noch möglich ist. Außerdem bekommt jeder zum Zeugnis noch ein Foto zur Erinnerung an schöne gemeinsame Erlebnisse - wie Fasching, Wandertag oder Weihnachtsfeier - überreicht. Einige Kinder sind dennoch etwas traurig, dass sie ihre Klassenkameraden lange sechs Wochen nicht sehen werden. Doch die Freude auf die Sommerferien überwiegt. Sie verabschieden sich von den Lehrerinnen Frau Liebig und Frau Nette sowie von der Pädagogischen Mitarbeiterin Frau Sommer. Nina und Karlchen werden nicht vergessen. Auch den beiden wird die Hand, bzw. die Pfote geschüttelt.

Während die Schüler und Schülerinnen ihre ersten Ferientage genießen, haben die Lehrerinnen, Lehrer sowie Pädagogischen Mitarbeiterinnen und der Hausmeister in der Schule noch viel Arbeit zu bewältigen. Da die untere Etage des Schulhauses den ersten Klassen vorbehalten ist, müssen die Lehrerinnen mit den künftigen zweiten Klassen in die zweite Etage umziehen. An den Aufräumarbeiten sind alle beteiligt.

Zur Auswertung des Schuljahrs trifft sich das Kollegium im Lehrerzimmer. Die Schulleiterin spricht für die geleistete Arbeit ihren Dank aus, gibt einen Ausblick auf das neue Schuljahr und lädt zu Kaffee und belegten Brötchen ein. Frau Nette ist jetzt ein Jahr an der Grundschule und fühlt sich dort wohl. Nach anfänglicher Skepsis werden ihre Arbeit und Einsatzbereitschaft von allen geschätzt. Im kommenden Schuljahr wird sie mit voller Stundenzahl ausschließlich an der Grundschule arbeiten, weil die Zahl der Schüler, die im Gemeinsamen Unterricht gefördert werden, zunimmt.

Die betroffenen Eltern sind froh, wenn ihre Kinder im vertrauten Wohnumfeld zur Schule gehen können. Mit dem Recht auf eine inklusive Beschulung vertrauen sie darauf, dass ihre Kinder eine zielgerichtete, individuelle Förderung erhalten und später einen anerkannten Schulabschluss erreichen können.

Ausblick

So wie die ersten und zweiten Klassen zusammengesetzt waren, werden sie nicht bestehen bleiben. Im Rahmen der flexiblen Schuleingangsphase bekommen Schüler und Schülerinnen, die im Lernen zurückbleiben, die Möglichkeit in der SEP 1 zu verbleiben, andere in der SEP 2, damit sie Lernrückstände aufholen können. Alina zum Beispiel wechselte nach dem ersten Halbjahr des vergangenen Schuljahres in die Klasse von Frau Liebig. Hochbegabte Schüler und Schülerinnen, wie Mathilde, dürfen schon nach einem Jahr in die Klasse 3 aufsteigen, wenn dies die Eltern wünschen und die Klassenkonferenz zustimmt.

Außerdem wollen Kultusministerium und Schulamt den Ausbau des Gemeinsamen Unterrichts voranbringen. Immer mehr Schüler und Schülerinnen mit einem sonderpädagogischen Unterstützungsbedarf lernen gemeinsam mit den Kindern ohne Förderbedarf an der Regelschule. Ist es unbegrenzt möglich, dass in jeder Grundschule und in jeder Klasse Förderkinder lernen?

Ob bei einigen künftigen Erstklässlern ein Förderbedarf besteht, ist nicht bekannt. Brauchen auffällige Kinder in der Schule gleich eine Diagnose? Sollten sie doch besser, sofern sie in einer möglichst homogenen Klasse stören oder weit zurückbleiben, aussortiert und in eine extra für „solche Kinder" errichtete Förderschule überwiesen werden? Haben die Sonderschulen nicht doch bessere Bedingungen und vor allem speziell ausgebildete Pädagogen? So denken manche Eltern, Lehrerinnen und Lehrer über die derzeitigen Veränderungen nach. Durch den Einsatz von Förderschullehrkräften an den Grundschulen sollen lernschwache Schüler präventive Förderung bekommen. Werden die zugewiesenen Stunden für die präventive Grundversorgung ausreichen? Besonders für die Klassenlehrerinnen und Klassenlehrer wird das nicht einfach werden. Zu vieles ist ungewiss. Es gibt noch keine klaren Regelungen zur Klassengröße, zum Finanzbedarf, zu räumlichen Standards, zum

Einsatz von Pädagogischen Mitarbeiterinnen (PM) oder Schulsozialarbeitern. Klar ist nur: Es wird kurzfristig nicht mehr Geld zur Verfügung stehen und die Anforderungen wachsen so lange, bis sie uns über den Kopf wachsen. Oder?

Der Kultusminister Sachsen-Anhalts (2013 Vorsitzender der Kultusministerkonferenz), betonte in einem Interview für die Mitteldeutsche Zeitung (MZ v. 18.02.2013 / S. 1), „dass man sich weder in Sachsen-Anhalt noch bundesweit ein zeitliches Ziel setzen werde, wann Inklusion vollständig gelungen sein müsse." Wörtlich wird der Minister zitiert: „Wir haben uns ganz bewusst keine Vorgaben gesetzt, um Lehrer und Eltern nicht zu überfordern." Der Kultusminister fordert von den Lehrern „mehr Engagement beim Gemeinsamen Unterricht behinderter und nicht behinderter Schüler". Er glaubt auch, dass es „etlichen Lehrern aber noch an der Bereitschaft, sich auf die neuen Herausforderungen einzustellen, die der Gemeinsame Unterricht mit sich bringe", fehle.

Für die „Hermann-Mustermann-Schule", an der Frau Nette als Förderschullehrerin das Lehrerteam unterstützt, trifft das gewiss nicht zu. Sie hat an den Grundschulen, an denen sie als Beratungslehrerin schon tätig war, stets positive Erfahrungen gemacht und erlebt, wie schwierig die Umsetzung der Forderungen oftmals ist.

In einigen Jahren wird es sich zeigen, ob die räumlichen, materiellen und personellen Bedingungen an den Schulen, so wie es notwendig ist, vorgehalten werden, damit alle Kinder in einer inklusiv/integrativ arbeitenden Schule gemeinsam lernen können. Im föderalen Schulsystem der Bundesrepublik sind die Ausstattung der Schulen und das Tempo der Umsetzung der Forderungen der UN-Behindertenrechtskonvention sehr unterschiedlich.

Ein neues Schuljahr beginnt

Aufgeregt schwatzend versammeln sich die Zweitklässler in ihrem Klassenzimmer. Sie haben sich viel zu erzählen und freuen sich über das Wiedersehen. Zum Stundenbeginn setzen sich alle in einem Stuhlkreis zusammen. Frau Liebig begrüßt ihre Klasse und hat auch Nina und Karlchen dabei, die strahlend frisch aussehen. Die Lehrerin fragt: „Wer fehlt denn noch?" Alle schauen sich um. „Wo steckt nur Mathilde?", wundert sich Maria. Frau Liebig erklärt: „Ihr wisst sicher noch, dass Mathilde im letzten Halbjahr oft schon die Aufgaben der 2. Klasse gelöst hat. Sie ist jetzt probeweise in der 3a." Darüber ist besonders Maria traurig, denn Mathilde ist ihre beste Freundin. Na ja, sie können sich zur Hofpause, im Hort oder nachmittags zu Hause treffen. Bloß wer wird dann neben ihr am Arbeitsplatz sitzen?

Mit Nina auf einer Hand geht Frau Liebig auf ein neues Mädchen zu und lässt die Puppe zu ihr sprechen: „Hallo Carmen! Willkommen in der Klasse 2a!" Wieder allen Kindern zugewandt, erklärt die Lehrerin: „Das ist Carmen. Ihre Familie lebt erst seit zwei Monaten in Deutschland und spricht spanisch. Ihr helft sicher alle mit, dass eure neue Mitschülerin sich schnell bei uns wohlfühlt und dass sie gut Deutsch lernt", wendet sich Frau Liebig an die Kinder. Maria lächelt Carmen an, nickt ihr zu und bietet ihre Unterstützung an. Jetzt weiß sie, wer ihre neue Banknachbarin sein wird.

Es gibt zwei weitere neue Mitschüler. Nico kennen die Kinder schon vom jahrgangsübergreifenden Unterricht her. Susanne ist eine neue Schülerin und wird ebenfalls herzlich begrüßt. Beide verbleiben ein Jahr länger in der SEP 2.

Zu Paul Friedrich (Friedrich ist der zweite Vorname) erklärt die Lehrerin: „Ich freue mich, dass Paul bei uns bleiben kann. Ihr wisst ja, dass er Lernförderung braucht und einfachere Aufgaben bekommen muss. Frau Nette wird uns in diesem Schuljahr in vier Unterrichtsstunden pro Woche begleiten."

Darüber freuen sich alle. „Und kommt Frau Sommer auch noch zu uns?", fragt Tony. „Leider nein", antwortet Frau Liebig, „sie ist jetzt in den neuen ersten Klassen eingesetzt. Aber in der Jahrgangsmischung nach den Herbstferien ist sie wieder mit dabei."

Die Kinder erzählen über ihre Ferienerlebnisse. Viele waren mit den Eltern im Urlaub verreist, einige verbrachten ihre Ferien im Hort oder bei Oma und Opa.

Carmen

In der Pause versammeln sich mehrere Schüler am Platz von Carmen. Sie versuchen sich mit ihr zu verständigen. Das geht mit Händen, Füßen und Gelächter. Die Neue hat viel Temperament und versucht alles nachzusprechen.

Carmen ging in Spanien schon in die 2. Klasse und kann in ihrer Sprache recht gut lesen und schreiben. Ihr Vater hat in Deutschland studiert und hier Arbeit gefunden. Dadurch ist er in der Lage, sich mit den Lehrerinnen zu unterhalten und dem Mädchen zu helfen.

Da die ersten Klassen erst am Montag der kommenden Woche mit dem Unterricht beginnen, hat die Förderschullehrerin Zeit für Carmen. Frau Nette geht mit der neuen Schülerin in den Förderraum und nimmt auch Karlchen und Nina mit. Wie soll sie nur beginnen? Mit der Förderung ausländischer Kinder hat sie bisher, so wie die meisten ihrer Kolleginnen auch, noch keine Erfahrung. Die Lehrerin nimmt die Handpuppen und spricht für sie: „Ich heiße Nina und ich bin Karlchen. Wer bist du?" Carmen versteht und nennt ihren Namen. Zum Glück hat die Schule Fördermaterial „Deutsch für Ausländer" angeschafft. Frau Nette wählt Bilder und Gegenstände aus, die zum Schulalltag gehören. Außerdem legt sie für Carmen einen Hefter an, teilt ein Blatt in zwei Hälften und schreibt die deutschen Bergriffe auf die linke Seite. Das Mädchen ist zum Glück dazu in der Lage, daneben die Bedeutung in Spanisch aufzuschreiben. Mit dem Lernmaterial „Logico" und „Lück" kann es seine Kenntnisse selbst überprüfen. Kleine Zeichnungen unterstützen die Verständigung. Carmen lernt schnell. In Mathematik ist sie Spitze. Nach ein paar Tagen versteht sie die wichtigsten Aufforderungen, kennt die Zahlwörter. Im Musikunterricht singt sie den Kindern ein spanisches Lied vor und zeigt ihnen auch einen Tanz. Am meisten lernt Carmen von ihren Mitschülern, die sehr hilfsbereit sind.

Für die Jungen und Mädchen ist es nichts Besonderes, in der Schule und im Hort mit Kindern aus verschiedenen Nationen gemeinsam zu spielen und zu lernen. Es ist selbstverständlich, dass ein Mädchen aus Afrika mit einem anderen aus Vietnam Hand in Hand über den Schulhof spaziert und beide sich eifrig unterhalten oder dass ein Junge mit blonder Haarmähne und einer mit einem schwarzen Lockenkopf und dunkler Haut zusammen Fußball spielen. Gegenseitige Sympathie und Freundschaft hängen nicht vom Herkunftsland ab.

Friedrich

Frau Nette ist nicht in allen Klassen der Schule mit Förderstunden eingesetzt, doch wenn es Beratungsbedarf gibt, wird sie um Hilfe gebeten.

In der 3b gibt es einen neuen Schüler. Seine Eltern haben einige Zeit im Ausland gearbeitet. Friedrich wurde bereits mit fünf Jahren eingeschult und feiert bald seinen siebenten Geburtstag. Er soll hochbegabt sein. Seine Mitschüler haben ihn freundlich aufgenommen, doch einige nennen ihn heimlich Baby, weil er recht klein, niedlich und etwas unbeholfen ist.

Nach den ersten vier Unterrichtswochen sprechen Frau Tänzer - die Klassenleiterin - und Herr Hammer über den Jungen. Die Lehrerin fragt: „Wie schätzen Sie unseren neuen Schüler ein?" „Na ja, als hochbegabt würde ich den nicht bezeichnen. Da sind andere viel besser. Schnell rechnen kann er, das muss man Friedrich lassen. Das ist gut antrainiert. Doch bei Textaufgaben hat er schon seine Schwierigkeiten, er liest stockend und erfasst den Inhalt nicht genau. Er hält die geforderten Rechenwege nicht ein und ist nicht bereit Fehler zu korrigieren." „Das sehe ich auch so. Sein Vater hat darauf bestanden, dass Friedrich in die 3. Klasse gehen soll, da ein Psychologe den Eltern erklärte, dass ihr Junge mit einem IQ von über 130 zu den Hochbegabten zählt und dass er sich schnell langweilt, wenn er unterfordert ist", sagt Frau Tänzer. „Die angebliche hohe Intelligenz[38] müsste sich doch in den Noten widerspiegeln", wirft Herr Hammer ein, „mal abgesehen von der chaotischen Heftführung." „Ich frage mich, ob Friedrich die neue Schulsituation noch nicht verkraftet hat. Er ist den anderen Kindern gegenüber körperlich unterlegen und wirkt auch sonst eher zurückgezogen. Oft scheint er mit seinen Gedanken weit weg zu sein. Wir sollten seine Eltern möglichst bald zum Gespräch einladen", schlägt die Klassenleiterin vor und meint: „Der Vater scheint mir ziemlich arrogant zu sein. Ich würde Frau

Nette gern bei dem Gespräch dabeihaben. Sie hat Friedrich ja auch im Vertretungs-Unterricht erlebt." „Aber vorher sollte sie sich den Jungen mal genauer ansehen", erwidert Herr Hammer.

Zwei Tage später - Friedrich freut sich, dass er zu Frau Nette gehen kann. Ab und zu fördert und fordert sie auch mal die leistungsstarken Kinder. Da die Förderlehrerin zuvor mit Paul gearbeitet hat, liegt die Bärenhandpuppe, welche der Junge so liebt, noch auf dem Lehrertisch. Weil Karlchen auf seiner Nase liegenbleiben muss, kann er zwar nichts beobachten, aber er hört interessiert zu.

Über das belauschte Gespräch zwischen Frau Nette und Friedrich berichtet Karlchen zur Geisterstunde seiner treuen Freundin: „Stell dir vor, Nina, in der 3b gibt es einen Jungen, der noch nicht sieben Jahre alt ist!" „Wie ist das möglich?", möchte das Püppchen wissen. „Er kam mit fünf in die erste und wechselte zum Halbjahr schon in die zweite Klasse. Friedrich hat sich in der Schule oft gelangweilt. Spaß hat er am Rechnen, Knobeln und an Strategiespielen. Aber er kann noch nicht so flüssig vorlesen und schreibt langsam. Dafür schämt er sich, vor allem, wenn er vor den anderen Kindern dafür kritisiert wird." „Aber hat das nicht etwas mit seinem Alter zu tun? Viele Jungen sind in ihrer Fingerfertigkeit noch nicht so weit wie die meisten Mädchen", wirft Nina ein. „Na klar. Und weil Friedrich beim Schreiben und Basteln noch nicht geschickt genug ist, geht er jede Woche zur Ergotherapie. Zu Hause muss er Zusatzaufgaben lösen, Lesen und Klavierspielen üben. Friedrich hat der Frau Nette verraten, dass er bei den Sudokus manchmal schummelt und im Lösungsteil nachsieht, damit er schneller fertig ist und mehr Zeit zum Spielen hat", erzählt Karlchen weiter. „Frau Nette fragte den Jungen, was er gern macht, was er gut kann und was er besser können möchte." „Und was hat Friedrich geantwortet?" „Er möchte aufmerksamer sein können, besser schreiben und weniger träumen und er möchte Freunde haben!" „Und was hat Frau Nette dazu gesagt?", möchte Nina wissen. „Sie hat vorgeschlagen, erst mal eine Sache anzugehen und beim nächsten Gespräch mit ihm zu überlegen, welche Fähigkeit er zuerst erlernen möchte und wer ihm dabei helfen könnte." „Ah, sie will mit dem Jungen sicher über das ‚Ich schaff's!-Programm' sprechen", vermutet das Püppchen. „Das denke ich auch", meint Karlchen. „Die Lehrerin hat ihm auch erklärt, dass sie mit seinen Eltern, Herrn Hammer und Frau Tänzer sprechen wird. Zum Schluss sagte Friedrich noch: ‚Du bist wirklich nett. Bei dir habe ich keine Angst zu reden. Tschüss, Frau Nette!'"

---

[38] Hochbegabung und Underachievement, „Ich schaff's!-Programm", Erklärung im Teil IV.

Erstklässler mit Förderbedarf

Im neuen Schuljahr gibt es vier erste Klassen mit jeweils sechzehn Schülern. Die beiden Pädagogischen Mitarbeiterinnen und die Förderschullehrerin können stundenweise im Unterricht die Kleinen unterstützen. Es stellt sich schnell heraus, dass in jeder Klasse mehrere Kinder mit einem hohen Förderbedarf eingeschult wurden. Besonders auffällig sind Entwicklungsrückstände in der Sprache. Johnny zum Beispiel erzählt in der Gesprächsrunde: „Is mit Lea in Tintatatn danen. Papa hat mis Sule bracht." Für diesen Jungen war vor der Einschulung ein Antrag zur Feststellung des sonderpädagogischen Förderbedarfs seitens der KITA gestellt worden. Durch den zuständigen MSDD (Mobiler Sonderpädagogischer Diagnostischer Dienst) wurde entschieden, dass eine präventive Förderung in der Schule und die dreijährige Schuleingangsphase sowie eine logopädische Behandlung, die der Kinderarzt verordnen soll, ausreichend seien und erst nach Ausschöpfung dieser Mittel eine Überprüfung des Förderbedarfs erfolgen sollte.

Seitens der Bildungspolitik besteht die Vorstellung, dass Sprachheilschulen langfristig überflüssig werden könnten, schließlich soll kein Kind ausgegrenzt werden. Die betroffenen Schülerinnen und Schüler werden künftig präventiv oder im Gemeinsamen Unterricht gefördert, die ausgebildeten Förderschullehrkräfte könnten dann an den Grundschulen arbeiten. Wenn ihr Einsatz bedarfsgerecht erfolgt, ist das vielleicht Erfolg versprechend. Doch wie ist die Realität? An sogenannte Schwerpunktschulen (vor allem in größeren Städten), die einen relativ hohen Anteil von Kindern mit Lernförderbedarf, Entwicklungsstörungen oder einen Migrationshintergrund haben, wird lediglich eine Förderschullehrkraft, z. B. mit der Ausbildung für Lernbehinderte (oder für geistig Behinderte), mit voller Stundenzahl oder tageweise abgeordnet. Diese ist zuständig für den Gemeinsamen Unterricht der Schüler mit verschiedenen sonderpädagogischen Förderschwerpunkten wie Lernen, Sprache, Hören, soziale-emotionale Entwicklung (Verhaltensstörungen) und für die präventive Förderung, um möglichst bei Kindern mit Entwicklungsrückständen die Entstehung eines sonderpädagogischen Förderbedarfs zu verhindern. Weiterhin hat sie die Aufgabe, Klassen- und Fachlehrkräfte bei der Förderplanung, Langzeitdiagnostik und Elterngesprächen zu unterstützen. Eine Vorbereitung auf die anspruchsvollen zusätzlichen Aufgaben der Grundschul- und Förderschullehrerinnen und Lehrer erfolgte nicht, sie wurden verordnet. Das Engagement aller Kolleginnen und Kollegen, die sich den neuen Herausforderungen stellen, kann nicht hoch genug geschätzt werden!

Viele gehen an ihre Belastungsgrenze und müssen sich manchmal Befürchtungen von Eltern anhören, die meinen, dass die begabten Kinder auf der Strecke bleiben könnten, weil die Lehrerin sich um zu viele schwache und verhaltensauffällige im Unterricht kümmern muss. Diese Vorbehalte sollten ernst genommen werden; Eltern werden nicht gefragt, ob ihre Kinder in der Lage sind, mit verhaltensauffälligen, störenden oder gar aggressiven Mitschülern zurechtzukommen.

Doch was geschieht mit den Kleinen, die nicht ausreichend unterstützt werden können, weil nicht genügend Personal mit speziellen Kompetenzen und förderspezifisches Arbeitsmaterial zur Verfügung stehen? Die Folge könnte unter Umständen eine unbeabsichtigte Ausgrenzung im „Inklusiven Schulsystem" sein! Es gibt Kinder, die das so empfinden und spätestens nach der Grundschule, nach fünf Schuljahren, mit wenig Selbstwertgefühl und Schulfrust doch noch in eine Förderschule überwiesen werden. Aber haben nicht auch diese Kinder in der Grundschule das Recht auf Freude und Erfolgserlebnisse, auf Anerkennung und Zugehörigkeit, auf eine möglichst unbeschwerte Kindheit?

Lea

Zwischen zwei Klassenräumen liegt ein kleiner Vorbereitungsraum, der auch zum Fördern genutzt werden kann oder einer
Arbeitsgruppe im jahrgangsübergreifenden Unterricht zusätzlich
Platz bietet. Frau Nette arbeitet gerade mit Paul und Julia aus
der 2a, als die Lehrerin der 1a mit einem kleinen Mädchen an
der Hand in den Förderraum kommt. „Entschuldige die Störung,
aber ich kann Lea nicht beruhigen und die anderen Kinder
können nicht lernen. Kannst du mir helfen?" Natürlich hilft die
Kollegin. Die Förderkinder gehen wieder in ihre Klasse zurück.
Sie wissen, wie sie die Aufgaben lösen müssen, denn das hatten
sie gerade besprochen, außerdem helfen ihnen leistungsstarke
Mitschülerinnen oder Mitschüler bei Bedarf weiter.

Leas Gesichtchen ist tränenverschmiert, die Nase wischt
sie sich wiederholt am schon glitzernden Ärmel ab. Beruhigend
spricht die Lehrerin mit der Kleinen, gibt ihr ein Papierhandtuch
zum Abwischen. Die Hose ist nass[39]. Da das Lea öfter passiert,
sind Wechselsachen vorhanden. Die Kleine wimmert: „Ich will zu
meiner Mama, ich will zu Mama! Schule ist doof!" Wie kam es zu
dem Ausbruch? Nachdem Lea wieder frisch ist, holt Frau Nette
das Püppchen Nina. Sie schafft es, das Mädchen wieder
aufzumuntern, sodass es bereit ist, mit einer Schülerin der
zweiten Klasse auf den Pausenhof zu gehen. In der Pause
besprechen sich die Lehrerinnen, wollen mit Leas Mutter einen
Termin für ein Beratungsgespräch ausmachen.

Am nächsten Tag: „Guten Tag, Frau Hase, schön, dass sie
sich so schnell Zeit für unser Gespräch nehmen konnten",
begrüßt Leas Klassenleiterin die Mutter. „Ich bin Frau Nette, die
Förderlehrerin", stellt diese sich vor. „Bitte erzählen Sie uns, wie
Lea aus Ihrer Sicht den Schulalltag meistert." Reichlich eine
Stunde dauert das Gespräch. Am Ende wirken die drei Frauen
etwas erschöpft, aber sie konnten sich auf eine gemeinsame

Strategie einigen. Nina lag währenddessen auf dem Lehrertisch und verfolgte gespannt die Unterhaltung.

Mitternacht will sie sofort zu Karlchen eilen und ihm berichten. Aber oh weh, die Tür zwischen Klassenzimmer und Förderraum ist zu. Sie ruft nach ihrem Gefährten. „Karli!" „Nina, wo bist du?", ruft er zurück. „Nebenan im Förderraum. Kannst du die Türklinke runterdrücken? Ich komme nicht ran." Karlchen klettert mühsam am Bücherregal hoch, setzt zum Sprung auf die Türklinke an. Mist, der erste Versuch geht daneben. Nochmal das gleiche Spiel. Diesmal klappt es. Nina zieht von der anderen Seite mit aller Kraft an der Tür, während Karlchen schiebt und siehe da, gemeinsam haben sie es geschafft sie zu öffnen. Beide marschieren in die Leseecke. „Du kennst doch auch die Lea aus der 1a, nicht wahr?" „Nicht so richtig, ich kenne sie weniger vom Sehen, eher vom Hören. Vor allem vom Hören, weil sie manchmal wie eine Sirene heult." „Ja, weißt du auch warum?" „Hat sie vielleicht Angst vor der Schule oder vor Lehrern und Kindern?", überlegt das Bärchen. „Ich weiß es nicht so genau. Jedenfalls habe ich einmal miterlebt, dass Lea sich fürchterlich geärgert hat, weil sie das M immer noch nicht richtig schreiben kann. Mehr als Kritzelei hat sie nicht hinbekommen. Wütend schmiss sie den Füller auf den Boden und setzte sich einfach unter den Tisch. Frau Birke hat erzählt, dass sich Lea jedes Mal, wenn ihr etwas nicht gelingt und die Lehrerin nicht sofort helfen kann, auf den Boden wirft und zu weinen beginnt. Frühmorgens muss die Mama mit in den Klassenraum kommen. Die Kleine klammert sich an sie und klagt über Kopf- und Bauchschmerzen[40]. Lea macht nachts sogar noch ins Bett und schläft schlecht."

„Das ist ja eine sehr traurige Geschichte, die du mir heute erzählst", meint Karlchen. „Leas Mama hat auch noch gesagt, dass sie ihr Kind eigentlich in die Förderschule geben wollte. Doch die Frau vom MSD[41] - oder wie das heißt - hat ihr gesagt, dass Lea in die Grundschule soll und dort im GU gefördert wird.

Jetzt will Frau Hase beim Schulamt vorsprechen, ob die Kleine nach den Halbjahresferien doch in die Förderschule gehen kann, denn Leas Entwicklungsstand ist nicht altersentsprechend, sie ist total überfordert und leidet."

Viel zu schnell vergeht ihre Zeit. Karlchen und Nina drücken die Tür zum Nebenraum so weit es geht heran und klettern auf das Fensterbrett. „Oh Nina, du warst doch vorher nebenan auf dem Lehrertisch. Wenn das jemand auffällt, wird er sich wundern, dass du nun hier sitzt", flüstert Karlchen noch, bevor beide erstarren.

---

[39] Enuresis diurna et nocturna, Erklärungen im Teil IV.
[40] Psychosomatische Symptome, Erklärungen im Teil IV.
[41] MSDD, Erklärungen im Teil IV.

Andreas

Schon nach den ersten Schulwochen wird deutlich, dass nicht nur Lea einen Förderbedarf im Bereich Lernen hat. Auch Andreas wurde vom Kindergarten aus vorsorglich zur Überprüfung des sonderpädagogischen Förderbedarfs angemeldet. Der MSDD lehnte diesen mit der schon bekannten Begründung ab, dass erst alle Möglichkeiten der präventiven Förderung und die SEP (Schuleingangsphase) genutzt werden sollten. Andreas' alleinerziehender Vater, der schon verwitwet ist, freute sich zunächst, dass wenigstens sein Jüngster in die Normalschule gehen kann. Als ihm das im Gespräch eröffnet wurde, hob er die Siegerfaust. Die beiden älteren Kinder lernen an einer Förderschule.

Andreas hat sich so auf die Schule gefreut. Aber schon die ersten Schreibversuche machten ihn mutlos. Die Hand tat vom krampfhaften Halten des Füllers und dem starken Aufdrücken weh. Unglücklicherweise ging das Schreibgerät auch gleich kaputt. Nun sollte er mit einem Bleistift weiterarbeiten. Doch bei dem brach die Spitze ab. Er konnte die Form von dem verflixten M einfach nicht in eine Zeile schreiben. Seine Brille saß schief auf der Nase, sie störte ihn. Andreas wurde immer unruhiger. Er nahm die Brille ab, doch dann erkannte er die Zeilen nicht mehr. Auch das Ausmalen eines Bildes machte keinen Spaß. Mit düsteren Farben malte er über die Ränder.

Während die anderen Kinder schon viele Wörter in Schreibschrift aufschreiben können, bemüht sich Andreas noch, die Druckschriftformen zu erfassen und nachzuschreiben. Auch das Lesen gelingt ihm nicht. In Mathematik kommt er etwas besser zurecht. Mengen kann er erfassen, auch das Zählen bis 10 vorwärts klappt. Dann aber wieder das ungeliebte Schreiben. Erstens passen die Zahlen nicht in die Kästchen und zweitens sind sie immer wieder seitenverkehrt. Inzwischen ist das Kind völlig mutlos und kaum noch zu motivieren. Wie auch, wenn die Erfolgserlebnisse ausbleiben?

Nicht mal der Sportunterricht macht Andreas Freude. Er kann nicht so schnell wie andere rennen, stolpert über seine eigenen Füße, verheddert sich beim Umziehen in seinen Sachen, greift beim Fangen daneben.

Das ist ein Fall für Frau Nette, denkt sich die Klassenlehrerin Frau Birke. Irgendwie sieht man dem Jungen an, dass etwas nicht stimmt. Bloß was ist mit dem Kleinen?[42]

Wenn Frau Nette während des Gemeinsamen Unterrichts in der Klasse 1a ist, hat sie die Möglichkeit, Lea und Andreas bei zu großer Überforderung in den Förderraum mitzunehmen, um spielerisch mit ihnen zu arbeiten. Dort haben sie die Möglichkeit, an der Tafel oder in einem Sandkasten die Buchstabenformen und Zahlen zu üben oder sie in einem Stoffsäckchen zu ertasten. Doch wenn weder Frau Nette, noch Frau Sommer im Unterricht mitarbeiten können, wird es für alle sehr schwierig. So wie Lea setzt sich auch Andreas häufig unter den Tisch. Dort brabbelt er vor sich hin, hat ständig die Finger im Mund und verschmiert seinen Speichel. Einmal rieb er sich zwischen den Beinen und sagte, dass sein Kleiner jetzt Hunger hätte. Das ist doch nicht normal und durch Inklusion zu beheben!

Andreas Vater merkte bald, dass die Grundschule nicht ausreichend Möglichkeiten hat, seinen Sohn individuell zu fördern. Nach der anfänglichen Begeisterung kam die Ernüchterung! Der Vater erkannte, dass die gutgemeinte Inklusion seinem Jüngsten eher schadet. Er beantragte erneut die Feststellung des sonderpädagogischen Förderbedarfs und eine möglichst schnelle Umschulung in die Förderschule. Die angedachte „Ehrenrunde" in der Schuleingangsphase wollte er dem Jungen ersparen.

Der Antrag und die Umschulung wurden durch die zuständige Dezernentin im Schulamt genehmigt. Vor den Halbjahresferien verabschiedete sich Andreas von Frau Nette, umarmte sie und sagte: „Is feue mis auf die neue Sule, aber du wirst mir fehln."

---

[42] Alkoholembryopathie, Dyspraxie, Erklärung im Teil IV.

Elias

Elias ist ein stiller, blasser und oftmals übermüdet wirkender Junge aus der Klasse 3c. Heute hat er wieder einmal sein Schwimmzeug vergessen. Seine Klassenlehrerin schimpft trotzdem nicht mit ihm, sondern streicht über sein blondes Strubbelhaar und seufzt. Was hat das wohl zu bedeuten? Ahnt sie etwas? Frau Zweigel nimmt Elias an die Hand und geht mit ihm zum Förderraum. „Guten Morgen, Kollegin Nette", sagt sie, „Elias hat heute keine Schwimmsachen mit. Darf er sich bei dir mit in den Raum setzen, bis seine Klasse zurück ist? Er hat auch genügend Arbeitsaufträge, die er selbstständig erfüllen kann." Die beiden Frauen nicken dem Jungen freundlich zu und sehen sich mit einem bedeutsamen Blick an. „Das geht schon in Ordnung", antwortet die Förderlehrerin, „ich weiß ja, dass er die anderen Kinder nicht stören wird." Und an den Schüler gewandt sagt sie: „Wenn du Fragen hast oder eine Aufgabe nicht verstehst, darfst du natürlich nachfragen. Setz dich schon mal an den größeren Arbeitstisch! Ich hole nur meine Förderkinder ab und bin gleich wieder da."

Elias beugt sich über seine Arbeitsblätter. Er kann sich nur kurze Zeit darauf konzentrieren. Immer wieder unterbricht er das Arbeiten und scheint mit seinen Gedanken weit weg zu sein. Sorgenvoll runzelt er die Stirn. Er wirkt traurig und bedrückt. Als Frau Nette sich nun Karlchen auf die linke Hand setzt und für ihn zu den Kleinen aus der ersten Klasse spricht, legt Elias seinen Füller beiseite und verfolgt gebannt das Spiel. Ein Lächeln huscht über sein Gesicht. Dann starrt er wieder gedankenverloren vor sich hin. Was belastet den Jungen so?

Zur großen Pause sind die Schüler der 3c wieder vom Schwimmen zurück. Es hat frisch geschneit. In einer Ecke des Schulhofs dürfen die Kinder Schneeballzielwerfen machen. Teilnahmslos und frierend steht Elias da, die Hände tief in den Taschen seiner viel zu dünnen Jacke vergraben. Sein Freund

wirft mit einem Schneeball nach ihm und ruft: „Los, mach mit!"
Elias schüttelt den Kopf und sagt matt: „Lass mich in Ruhe!"
Anton meint enttäuscht: „Du bist doof, Alter. Doof wie deine
Assi-Eltern!" Das hat gesessen! „Was hast du da gerade gesagt?"
Elias steht empört vor Anton und schlägt unerwartet zu. Es
kommt zu einer Prügelei. Herr Hammer ist schnell zur Stelle,
trennt die Kampfhähne und stellt die beiden zur Rede: „Wieso
prügelt ihr euch? Gibt es keine Worte zur Klärung von Streit?"
Elias sagt: „Der hat meine Familie beleidigt!" „Und der hat mit
Schlagen angefangen. Ich habe mich nur gewehrt!", rechtfertigt
sich der andere. „Wenn ihr euch beruhigt habt, redet ihr
vernünftig miteinander und vertragt euch wieder!", verlangt der
Lehrer und schickt Elias in den Waschraum. Dessen Lippe blutet
und er zittert nicht nur vor Kälte.

Nach dem Unterricht wischt Elias noch die Tafel ab.
Seine Klassenlehrerin fragt: „Was ist los mit dir? Du bist doch
sonst nicht so aggressiv. Hast du Sorgen? Möchtest du darüber
sprechen?" Der Junge beißt sich auf die Unterlippe, die wieder
aufplatzt. Beinahe hätte er von seinen Sorgen erzählt. Das darf
er nicht. Das wäre Verrat an seinen Eltern, die er doch beide
liebt. So erzählt Elias nur, dass er erkältet sei und schlecht
geschlafen hätte.
Am Freitag geht Elias zu Frau Nette zum Fördern. Auch sie fragt
ihn, ob er Sorgen habe. Obwohl er Vertrauen zu ihr hat und sie
sehr mag, kann er nicht offen reden. Nein, er muss schweigen.
Der Junge seufzt und sagt: „Ich komme in Mathe nicht mehr mit.
Das Rechnen mit den großen Zahlen ist so schwer." Die Lehrerin
merkt, dass dem Kind das Gespräch unangenehm ist. Deshalb
übt sie mit ihm das Rechnen, doch Elias ist nicht bei der Sache.
Zum Schluss fragt Frau Nette: „Möchtest du den Bären mal
übers Wochenende mitnehmen? Vielleicht kann er dich ein wenig
aufmuntern." Er nickt mit einem Kloß im Hals und will nur noch
schnell raus.

Elias findet seine Mutti teilnahmslos auf dem Sofa vor. Sie starrt an die Decke und reagiert nicht auf ihren Sohn. „Mama, geht es dir immer noch nicht besser? Soll ich dir was zu trinken holen?" Sie winkt müde ab. Als sein Vater nach Hause kommt und sich mit einer Flasche Bier vor den Fernseher setzt, schleicht Elias in sein Zimmer. Seine Eltern haben im Moment keinen Nerv für ihn. Er will nicht stören, denn er hat Angst, dass sein Vater sonst ausrasten könnte. Elias spielt eine Weile mit den LEGO®-Steinen. Er hat Hunger und geht ins Wohnzimmer. „Wann gibt es Abendbrot?", fragt er. Der Vater blafft ihn an: „Nimm dir selber was! Deine Mutter hat mal wieder Rückenprobleme." In der Küche findet Elias nur noch einen Kanten Brot und etwas Leberwurst. Zum Trinken gibt es Leitungswasser. Nachdem er gegessen hat, erledigt der Junge den Abwasch. Wenn die Mama mit dem Rücken hat, dann muss er besonders lieb sein und helfen.

Elias legt sich zeitig ins Bett. In seinem kleinen Zimmer ist es feuchtkalt, der Heizkörper ist nur lauwarm. Er kann vor lauter Grübeln nicht einschlafen. Leise weint er vor sich hin. Den Bären eng an sich gedrückt, schluchzt er: „Ach Karlchen, was soll ich nur machen? Ich habe Angst, dass Mama wieder so krank wird, dass sie tagelang nicht aufstehen kann. Papa hält es dann nicht zu Hause aus und geht zum Nachbarn seinen Kummer betrinken. Hoffentlich muss Mama nicht wieder ins Krankenhaus. Keiner kann mir erklären, was mit ihr los ist.[43] Jetzt habe ich in der Schule auch noch Mist gebaut. Mein einziger Freund schaut mich nicht mehr an. Und Frau Zweigel will mit den Eltern sprechen. Was soll ich bloß machen?" Erschöpft schläft Elias endlich ein.

Zur Geisterstunde regt sich Karlchen. Er befreit sich vorsichtig aus Elias Armen und schleicht zur Tür. Im Schlafzimmer nebenan ist es sehr laut. Der Vater brüllt: „Was ist das für ein beschissenes Leben hier? Keine Arbeit, kein Geld und du liegst nur noch im Bett rum und lässt den Haushalt vergammeln." „Schrei nicht so, ich halte das nicht mehr aus. Es ist alles so sinnlos. Und du vertrinkst noch deinen Verstand! Wir haben so schon nicht genug Geld und Elias braucht dringend Winterschuhe und eine warme Jacke." Der Mann dreht sich wortlos um, knallt die Tür zu und setzt sich wieder vor den Fernseher, trinkt weiter. Karlchen ist darüber erschüttert, was er unfreiwillig hören musste. Zum Glück hat Elias nichts mitbekommen.

In der Nacht vom Montag zum Dienstag sitzt Karlchen mit hängenden Ohren zusammengekauert auf seinem Fensterplatz im Klassenzimmer der 2a. Nina wundert sich: „Was ist denn los, mein Freund? Du siehst echt geschafft aus. War dein Wochenende so anstrengend?" „Ich bin untröstlich! Elias tut mir so leid! Ach wenn ich doch mit Frau Zweigel und Frau Nette sprechen könnte! Was ich bei Elias zu Hause erlebt habe, ist einfach unglaublich! Das kann sich keiner vorstellen!" „Na, na, na", beschwichtigend streichelt Nina über Karlchens Kopf, „wenigstens mit mir kannst du über deinen Kummer reden." Der Bär erzählt von dem belauschten Gespräch und dass der Junge nachts oft nicht zur Ruhe kommt, weil die Eltern sich laut streiten oder der Nachbar zum Feiern da ist. „Montag früh hat die ganze Familie verschlafen. In der Wohnung roch es nach kalter Zigarettenasche und Alkoholdunst. Niemand hat sich um Elias gekümmert. Der weinte, packte mich in seine Schultasche und lief ohne Frühstück zur Schule." Nina bekommt von dem Erzählten große feuchte Augen und wirkt auch ganz bekümmert. Sie fragt: „Karlchen, weißt du, was psychisch krank bedeutet? Frau Zweigel hat so was zu Frau Nette über Elias Mutter gesagt." „Das weiß ich leider nicht. Aber es muss schlimm für ein Kind sein." Nina überlegt: „Ob Elias Mitschüler wissen, wie schwer es der Junge hat?" „Das kann ich mir nicht vorstellen", meint Karlchen, „denn sonst würde doch wohl keiner so herzlos sein und ihn beleidigen, bloß weil er nicht so tolle Sachen zum Anziehen hat oder manchmal nicht mitspielen möchte."

Diesmal kommt Nina gar nicht mehr dazu, über ihre Wochenenderlebnisse zu berichten. Sie hatte jedenfalls ein schönes Wochenende in einer liebevollen Familie. Aber die Geisterstunde ist schon wieder vergangen.

---

[43] Psychisch kranke Eltern, Erklärung im Teil VI.

Roberto

Roberto ist ein Junge aus der 2b. Er gehört zu den Förderschülern, die durch Frau Nette regelmäßig betreut werden. Roberto bleibt von Anfang an im Lernen zurück. Seine Aufmerksamkeitsspanne muss als äußerst gering eingeschätzt werden. Zwar wirkt er im Vergleich zu seinen Mitschülern besonders groß und kräftig, er ist jedoch in der sprachlichen, geistigen und motorischen Entwicklung deutlich zurück. Seine Merkfähigkeit ist auffallend gering. Er kann sich auch bei größter Mühe weder ein Gedicht noch die Grundaufgaben im Zahlenraum bis 10 einprägen. Am Ende des ersten Schuljahres erkannte Roberto gerade mal die Großbuchstaben A, M, O und P, konnte aber keine Silben bilden, nicht lesen und kein Wort schreiben.

Auch bei diesem Schüler musste der sonderpädagogische Förderbedarf im Bereich Lernen schon im ersten Schuljahr bestätigt werden, da die Lern- und Verhaltensstörungen schwerwiegend sind. In der Klassenkonferenz ist darüber beraten worden, ob Roberto im Rahmen der Schuleingangsphase in der SEP 1 verbleiben sollte oder ob für ihn die vertraute Lerngruppe günstiger sei. Außerdem ist seine Klassenlehrerin, Frau Lärche, offen für den Gemeinsamen Unterricht und stellt für die Wochenplan-Arbeit individuelle Aufgaben und Lernhilfsmittel zur Verfügung.

Die Eltern sind froh, dass ihr Kind im gewohnten Umfeld bleiben kann, zumal die ältere Schwester die gleiche Schule besucht. Roberto war im Säuglings- und Kleinkindalter sehr lange krank und ist nie in einen Kindergarten gegangen. Ist er vielleicht ein Spätentwickler?

Da in der 2b ein weiteres Förderkind lernt, kann Frau Nette vier Stunden pro Woche die Klasse als Zweitlehrerin unterstützen und die beiden Jungen auch mal aus dem Klassenunterricht herausnehmen, um sie individuell zu fördern. Roberto und Sandro benötigen unter anderem eine Sprachförderung. Um ihre Sprechbereitschaft anzuregen, hat sich die Förderlehrerin Karlchen ausgeborgt. Sie gibt Roberto den Bären auf die Hand und Sandro bekommt die Katze Mimi. Den Handpuppen wird jeweils ein ausgedientes Handy zwischen die Pfötchen geklemmt. Nun sollen die Jungen für Karlchen und Mimi sprechen und so tun, als ob sie sich für den Nachmittag zum Spielen verabreden wollen.

Beim nächtlichen Treffen mit seiner lieben Freundin, in der kurzen Zeit von 0.00 Uhr bis 1.00 Uhr, berichtet Karlchen: „Stell dir vor, Nina, ich habe heute Roberto und Sandro aus der 2b kennengelernt. Sie haben mit Frau Nette Telefonieren gespielt. Was meinst du, wie die beiden Jungen gekichert haben. Doch der Roberto wusste nichts zu erzählen. Er sagte bloß immerzu: Hallo, hallo, ja, okay oder weiß nicht. Schnell hatte er keine Lust mehr." „Komisch", meint Nina, „die meisten Kinder sind begeistert und voller Ideen, wenn sie die Handys zum Spielen benutzen dürfen." „Ach weißt du, Roberto verliert schnell das Interesse an einer Sache. Oft versucht er auszuweichen und muss dann dringend zur Toilette gehen", erklärt Karlchen und fährt fort: „Nach dem Telefonspiel waren Matheaufgaben dran. Die Jungen haben abwechselnd gewürfelt und sollten die Punkte der beiden Würfel zusammenrechnen." „Du meinst, die Augenzahlen sollten addiert werden, stimmt's?", unterbricht Nina den Bericht. „Du bist aber schlau!", erwidert Karlchen, „aber lass mich zu Ende erzählen! Also - Sandro erkannte immer sofort die gewürfelte Zahl. Doch Roberto hat stets alle Punkte abgezählt. Er erfasste nicht, dass er eine 6 gewürfelt hat. Stell dir vor, beim Zählen kam er auf 7!" „Was, der Junge erkennt die Augenzahl nicht und kann nicht bis 10 rechnen?", staunt Nina. „In der 2. Klasse rechnen sie doch schon bis 100!" „Er kann die Zahlen auch nicht richtig schreiben. Sie sind fast immer seitenverkehrt und zu groß für die Kästchen im Heft." „Und was hat Frau Nette dazu gesagt?", will Nina wissen. Karlchen antwortet: „Die war wie immer sehr geduldig, hat alles nochmal erklärt und ihm zum

Abgucken einen Zahlenstrahl hingelegt." „Ging es dann besser voran?" „Eigentlich nicht, Roberto hatte keine Lust mehr und die Stunde war sowieso schon um. Zum Schluss sah Frau Nette etwas genervt aus." „Das kann ich mir gut vorstellen", meint Nina.

„In der Pause haben sich die Lehrerinnen über ihre Beobachtungen und Einschätzungen ausgetauscht. Frau Lärche klagte ihr Leid: Sie weiß nicht mehr weiter. Für Roberto sind selbst die Bücher und Arbeitshefte der Förderschule Klasse 2 nicht geeignet, sie sind noch zu anspruchsvoll", berichtet das Bärchen weiter. „Wie ist das bei Sandro?", fragt Nina nach. „Der kommt mit den Arbeitsmitteln gut zurecht." „Entschuldige, mein Lieber, ich habe dich schon wieder unterbrochen. Bitte erzähle weiter, denn das ist ja richtig spannend." „Also gut. Wo war ich stehengeblieben? - Ach ja, Frau Lärche sagte noch, dass der Junge nicht mal zweisilbige Wörter, die er schon oft geübt hat, lesen und schreiben kann. Obwohl er doch nur die Buchstaben in Druckschrift abschreiben müsste, ist kein Wort lesbar. Er reiht buchstabenähnliche Zeichen sinnlos aneinander. Mit der Planarbeit ist der Junge total überfordert. Nur wenn ein Erwachsener neben ihm sitzt und jeden Arbeitsschritt vormacht, ist er für 10 Minuten anstrengungsbereit. Von Mitschülern lässt sich Roberto nicht helfen." Nina bleibt vor Verwunderung der Mund offen stehen. „Das kann ich mir gar nicht vorstellen", meint sie. „Will Roberto nicht lernen, ist er ungezogen oder kann er es wirklich nicht?" „Die Fragen haben auch schon andere Lehrerinnen gestellt. Frau Nette hat gesagt, dass sie mit Roberto ebenfalls nicht weiterkommt. Sie muss mit ihm von vorn anfangen, nachdem er wieder drei Wochen krank war." „Was sagen denn die Klassenkameraden dazu? Hat Roberto Freunde?" „Keine Ahnung, ich war ja nicht mit in der Klasse, sondern nur im Förderraum. Komm, es wird Zeit. Gehen wir zurück auf das Fensterbrett!"

Nach dem Gespräch mit der Klassenlehrerin ist Frau Nette sehr nachdenklich. Wie kann man dem Kind bloß helfen? Mittlerweile leidet die gesamte Klasse, ihre Lehrerinnen eingeschlossen. In den ersten beiden Stunden verhält sich Roberto noch verhältnismäßig ruhig. Aber nach der Bewegungspause auf dem Schulhof ist der Junge meistens so aufgedreht, dass er im Unterricht nur noch hin und her schaukelt[44] oder kippelt, Geräusche macht, aufsteht, durch die Klasse läuft und dabei die anderen Kinder stört. Überwiegend sind die Kolleginnen allein in der Klasse. Wenn sie dem lernschwachen Förderschüler eine Aufgabe stellen und ihn zum Arbeiten auffordern, neigt er mitunter zur aggressiven Verweigerung. Dauernd ist dieses Kind in Konflikte verwickelt, die es durch ungeschickte Kontaktversuche und Einmischen in ein Spiel häufig selbst provoziert. Ein Unrechtsbewusstsein kann nicht vorausgesetzt werden, da Roberto die Situationen nicht einschätzen kann. Er wollte doch nur mitspielen oder helfen.

Selbst in der Einzelförderung ist die Lernerfolgstendenz gering. Manchmal ist der Schüler gut motiviert, dann denkt man: Jetzt hat er's begriffen. Ein Tag später ist alles vergessen. Die Lehrerin zeigt ihm eine Bildkarte und fragt nach dem Anfangslaut. Sie erwartet die Antwort L wie Löwe. Doch der Junge verwechselt wieder die Bilder auf der Anlauttabelle - den Löwen mit dem Tiger und antwortet T wie Tiger. Bei dem Buchstabenkärtchen mit dem O wie Otter nennt er als Anlaut W wie Waschbär. Frau Nette befürchtet, dass Roberto für seine geistige Entwicklung viel mehr Förderung benötigt, was niemand ohne ausreichende personelle Unterstützung im Gemeinsamen Unterricht an der Grundschule schaffen kann. Sie weiß, dass bei besonderen Förderbedarfen, wie zum Beispiel bei Autismus[45] und geistiger Behinderung[46], den Schülern auf Antrag und mit stichhaltiger Begründung ein eigener Betreuer (Integrationshelfer) zur Seite gestellt werden kann. Die Lehrerin will sich von Fachleuten der Förderschule für geistig Behinderte dazu beraten lassen. Auf jeden Fall ist der Junge im GU überfordert und leidet darunter. Das zeigt sich auch daran, dass er intensiv an seinen Fingernägeln knabbert und dass er schon oft aufgebracht schrie: „Schule ist doof! Ihr seid alle doof, lasst mich in Ruhe!"

Nach entsprechender Überprüfung konnte die Vermutung, dass der sonderpädagogische Förderschwerpunkt die geistige Entwicklung betrifft, zur Erleichterung der Mutti nicht eindeutig bestätigt werden. Robertos Eltern entschieden sich aber schweren Herzens, ihr Kind nach Beendigung der 2. Klasse in die Förderschule umzuschulen. Roberto durfte dort, obwohl das nicht üblich ist, vorab am Probeunterricht teilnehmen. Nach diesem Unterrichtstag schien Roberto verändert. Seine Mutti passte am nächsten Morgen die Förderlehrerin ab und sprach aufgeregt: „Ach Frau Nette, schön, dass ich sie treffe. Wir waren doch gestern in der Förderschule. Als ich meinen Jungen wieder abgeholt hatte, kam er mir völlig anders vor - kein Fluchen, keine Ablehnung. Er war richtig still und hat nichts erzählt. Wissen Sie, wenn Roberto so ruhig ist, brütet er meistens wieder eine Krankheit aus. Ich bin mit ihm gleich zur Kinderärztin gegangen. Sie konnte nichts feststellen. Aber dann sprudelte es aus ihm raus und er hat von der Schule erzählt. Es machte ihm dort wohl doch Spaß. Aber ich habe trotzdem starke Bedenken. Das tut mir so weh." Als die besorgte Mutter Luft holte, kam auch Frau Nette zu Wort: „Ich freue mich, dass Roberto gesund ist und dass es ihm an seiner künftigen Schule gefallen hat. Ich denke, er war nach dem Unterricht einfach zufrieden und ausgeglichen, da er mit den anderen Kindern mithalten konnte."

---

[44] Jaktationen, Erklärungen im Teil IV.
[45] Autismus, Erklärungen im Teil IV.
[46] Förderschwerpunkt geistige Entwicklung, Erklärungen im Teil IV.

Gemeinsamer Unterricht

Frau Lärche hat den CD-Player eingeschaltet, die Kinder entspannen sich. Leise verteilt sie derweil die Arbeitspläne, welche auf die Leistungsfähigkeit der Schüler abgestimmt sind, also auf drei Niveaustufen beruhen. Roberto und Sandro können sich nicht auf die Entspannungsphase einlassen. Sie blinzeln sich an und müssen lachen, es kommt Unruhe auf.

Nachdem alle Fragen geklärt sind, beginnt jedes Kind in seinem eigenen Tempo und in der selbst gewählten Reihenfolge mit dem Arbeiten - außer Roberto. Dieser kippelt, baut mit den Würfeln der Rechentreppe einen Turm, der polternd zusammenstürzt. Nur ruhig bleiben, denkt sich Frau Lärche. Sie unternimmt einen Motivationsversuch und gibt Hinweise zum Arbeiten. Kurzzeitig bemüht sich der Junge, ist still. An den Subtraktionsaufgaben scheitert er wieder, da er sie nicht verstanden hat. Wieder kippelt er, klopft mit einem Bleistift auf dem Tisch herum, ruft Sandro, macht ihm gegenüber Zeichen, kichert. Da Frau Lärche mit anderen Kindern beschäftigt ist und keine Zeit hat, sich neben Roberto zu setzen, sieht der Junge keinen Anlass sich anzustrengen. Seine Banknachbarin will ihm helfen, doch Roberto lehnt ab. Die kleine Lena ist verzweifelt. Sie geht zur Lehrerin und sagt, dass es ihr zu laut ist. Dabei weint sie und klagt über Kopfschmerzen. Frau Lärche legt ihr verständnisvoll den Arm um die Schulter und sagt: „Mach mal eine Pause und trinke etwas! In der nächsten Stunde darfst du im Nebenraum weiterarbeiten. Dann ist auch Frau Nette da und kümmert sich um Sandro und Roberto."

Als die Förderlehrerin in der Pause in die 2b kommt, seufzt Frau Lärche: „Gut, dass du jetzt da bist, Roberto ist völlig hinüber, ich übrigens auch. Es ist zum Verzweifeln, wenn man einem Kind nicht helfen kann." Frau Nette setzt sich zu Roberto. Sie zeigt ihm nochmals, wie er die Rechentreppe nutzen kann. Er soll versuchen, die nächsten Aufgaben selbst zu lösen. Die

Lehrerin wendet sich derweil Sandro und seiner Tischgruppe zu. Sie bleibt in der Klasse, damit Frau Lärche die Möglichkeit hat, im Nebenraum die Lesekontrollen vorzunehmen. Roberto rutscht unruhig auf dem Stuhl hin und her. „Darf ich mal zur Toilette?", fragt er. Nach fünf Minuten ist der Junge noch nicht wieder an seinem Platz. „Soll ich mal nach ihm sehen?", bietet sich Sandro an. „Das fehlte noch und könnte den beiden so passen", denkt sich Frau Nette und schaut nach, ob Roberto im Nebenraum ist. Kollegin Lärche geht zurück in den Klassenraum, während Frau Nette Roberto im Treppenhaus aufspürt, um anschließend nebenan mit ihm zu arbeiten. Lena und Mia arbeiten dort und haben eine Frage. Während Frau Nette ihnen hilft, kramt Roberto im Regal mit den Unterrichtsmitteln und pfeift vor sich hin. Die beiden Mädchen schimpfen genervt: „Du störst uns, setze dich hin und arbeite leise!"

In der letzten Stunde steht Sport auf dem Plan und zuvor ist noch die Hofpause. Frische Luft und Bewegung wird allen guttun.

Am nächsten Morgen steht Lenas Mutter vor dem Klassenraum. Sie beschwert sich bei Frau Lärche, dass ihre Tochter unter dem Verhalten von Roberto leidet und nicht richtig lernen kann. Sie fragt, ob Lena nicht an einem anderen Arbeitstisch sitzen könnte.

Vertretungsstunde

Drei Kolleginnen sind erkrankt, wodurch die Absicherung des Unterrichts schwierig wird. In der 5. Stunde übernimmt Frau Nette in der 3b die Vertretung für Ethik. Allerdings muss dafür die präventive Förderung wegfallen.

Da es in der Hofpause zuvor einen heftigen Zusammenstoß zwischen einem Jungen dieser Klasse und Roberto aus der 2b gegeben hat, nutzt die Lehrerin die Gelegenheit und lässt sich den Hergang schildern. Marius endet mit der Bemerkung: „Der Roberto hat doch eine Macke, der ist nicht ganz dicht. Immer rennt der wie ein Idiot über den Schulhof und rempelt einen an!" Viele Kinder nicken oder murmeln bestätigend. Frau Nette fragt: „Wisst ihr eigentlich, dass Roberto zu den Förderkindern gehört und dass er einen besonderen Förderbedarf im Lernen und Verhalten hat?" Marius und andere schütteln den Kopf. Ein Mädchen meldet sich: „Seiner Schwester ist das Verhalten von Roberto oft peinlich. Sie hat mir mal erzählt, dass ihr Bruder ein Frühchen war und lange Zeit schwerkrank in einer Klinik behandelt werden musste. Deswegen ist er jetzt lernbehindert und fällt dumm auf. Eigentlich will Roberto doch nur mitspielen."

„Was versteht ihr unter Behinderung?", möchte Frau Nette nun wissen. Sie regt viele Kinder zum Nachdenken an, die sich daraufhin interessiert am Gespräch beteiligen, Beispiele für Handicaps und Behinderungen von Menschen aus ihrem Umfeld nennen oder über Fernsehberichte erzählen. Ein Junge befürchtet, dass dieses Thema Jenny sehr traurig machen könnte, weil sie ja jetzt auch die Bestätigung für eine Lernbehinderung hat. Die Lehrerin fordert ihn auf: „Frage sie doch, wie es ihr jetzt geht!" Jan fragt: „Jenny, macht dich das Thema traurig?" Sie antwortet: „Nein, das geht schon in Ordnung." Weiter erzählt Jan: „Ich war nämlich auch sprachbehindert. Vor meiner Einschulung habe ich doll gestottert. Wenn andere Kinder über mich gelacht oder mir nachgeäfft haben, war ich immer sehr traurig und wütend. Ich kam dann in einen integrativen Kindergarten und hatte dort Sprachförderung. Das hat mir geholfen."

Frau Nette erklärt, dass Betroffene ihr Anderssein nicht immer als Behinderung auffassen und erzählt von einem Erlebnis: „Zu einem Tag der offenen Tür an einer evangelischen Grundschule waren auch junge Erwachsene aus dem Betreuten Wohnen als Gäste anwesend und beschäftigten sich gemeinsam mit den Kindern an der Mal- und Bastelstraße. Eine Mutter forderte ihr Kind leise auf, die Behinderten nicht so auffällig anzuschauen. Diese armen Menschen seien nämlich krank. Nach einer Weile fragte das kleine Mädchen mitfühlend den jungen Mann am Tisch: ‚Du bist doch auch krank, nicht wahr?' Der Angesprochene antwortete erstaunt: ‚Wieso? Bin ganz gesund. Habe nicht Husten und Schnupfen.' Fragend schaute das Kind seine Mutter an."

Die Lehrerin ist neugierig, wie die Drittklässler über eine inklusive Schule denken. Sie erklärt ihnen, dass auch Deutschland sich verpflichtet hat, eine Vereinbarung der Vereinten Nationen, mit dem schweren Namen UN-Behindertenrechtskonvention, zu erfüllen, damit Kinder mit und ohne Behinderungen gemeinsam lernen können. „Könnt ihr euch vorstellen, was Behinderte im Zusammenleben mit anderen Menschen brauchen?", möchte Frau Nette wissen. „Oder auf die Schule bezogen: Was brauchen Kinder mit Handicap in einer Schule für alle?" Etliche Arme schnellen nach oben. Die Schülerinnen und Schüler haben genaue Vorstellungen. Sie zählen viele Faktoren auf, z. B. Verständnis, Hilfe, Freunde, vielleicht spezielle Hilfsmittel und Helfer im Unterricht. Ihnen ist das Anliegen schon bekannt, deshalb können sie sich vorstellen, auch Klassenkameraden mit körperlichen Beeinträchtigungen zu haben. Weiter fragt Frau Nette: „Was würde euch in einem Gemeinsamen Unterricht stören?" Darauf folgen klare Antworten. Zum Beispiel: Wenn das Verhalten des Förderkindes schlecht ist, wenn es andere Kinder bedroht, beschimpft oder haut, wenn es frech zu den Lehrern ist und wenn keine Ruhe im Unterricht ist, wenn es dauernd stören würde.

Die Förderschullehrerin staunt, wie ernsthaft fast alle Kinder über diese Probleme nachdenken und wie offen sie diskutieren. Sie möchten, dass ihre Fragen und Sorgen ernst genommen werden und sind ansonsten sehr offen. Machen sich die Erwachsenen etwa zu viele Gedanken, dass ein Gemeinsamer Unterricht für einige Schüler oder die gesamte Klasse nachteilig sein könnte? Andererseits sind ihre Bedenken berechtigt, denn eine Lehrerin oder ein Lehrer allein im Unterricht, kann nicht allen gerecht werden.

Für das Gelingen der schulischen Inklusion müssen vorher die entsprechenden Bedingungen geschaffen werden - kleine Klassenstärke, ausreichend Räumlichkeiten und mehr Personal (nicht nur mehr sonderpädagogisch geschulte Lehrkräfte sondern auch Schulbegleiterinnen und -begleiter, Sozialarbeiterinnen und -arbeiter). Eine gute Zusammenarbeit und Kommunikation zwischen den Elternhäusern und der Schule ist ebenfalls wichtig.

Dienstberatung

Das Kollegium der „Hermann-Mustermann-Schule" sitzt im Konferenzzimmer zusammen. Auf der Tagesordnung der Dienstberatung stehen unter anderem der Leistungsbewertungserlass und Vorgaben zur Anmeldung von Schülern zur Feststellung des sonderpädagogischen Förderbedarfs. Nur in Ausnahmefällen und wenn es Eltern verlangen, soll bei Schülern in der SEP die Diagnostik erfolgen, auch nicht bei künftigen Schulanfängern. Diese Maßnahme gehört zur Schaffung des „Inklusiven Schulsystems". Eine Kollegin meldet sich zu Wort: „Aber wozu laden wir dann die Vorschulkinder mit ihren Eltern eineinhalb Jahre vor der Einschulung zur Schulanmeldung und Eingangsdiagnostik ein, begleiten ihre Entwicklung weiterhin durch Hospitation und Beratung in den Kitas, wenn unsere Erkenntnisse zum Entwicklungsstand und Förderbedarf ignoriert werden?" Ein beifälliges Murmeln geht durch den Raum. Eine andere Kollegin gibt zu bedenken: „Das ist glattweg verschenkte Zeit, die wir lieber zum Fördern nutzen könnten. Wir und unsere Förderschullehrerin müssen uns inzwischen schon um dreißig Schüler mit besonderem Unterstützungsbedarf der Klassen 1 bis 4 kümmern. Dabei habe ich die Kinder mit Migrationshintergrund und Lese-Rechtschreib-Schwäche noch nicht mal mitgezählt." Beifälliges Nicken. Die Schulleiterin bestätigt: „Genau diese Probleme haben die Kolleginnen und Kollegen bei der Schulleiter-Dienstberatung auch aufgeführt. Deshalb wurden wir gebeten, alle Schwierigkeiten, die mit der Einführung der Inklusion einhergehen, schriftlich festzuhalten und an das Schulamt weiterzureichen. Ich bitte Sie um Zuarbeiten bis zum Freitag nächster Woche. Nun möchte ich aber auf schulinterne Probleme zu sprechen kommen. Zum wiederholten Male wurde im Jungen-WC eine Toilette mit noch verpackten Frühstücksbroten verstopft. Schlimmer noch bei den Mädchen. In der vergangenen Woche und heute wieder wurde Kot auf dem

Fußboden und an den Wänden verschmiert." Erneut geht ein Raunen durch den Raum. Die Förderschullehrerin gibt zu bedenken, dass Kotschmieren auf eine schwere psychische Störung oder geistige Behinderung bei einem Kind hindeuten könnte. Die Schulleiterin bittet um erhöhte Aufmerksamkeit.

„Und warum haben wir als sogenannte Schwerpunktschule mit fünfzig Prozent der Schüler, bei denen ein Migrationshintergrund besteht, immer noch keinen Schulsozialarbeiter?", möchte Kollege Hammer wissen. „Weil die Finanzierung der Stelle nicht abgeklärt werden konnte. Dafür sind die Kommunen zuständig, nicht die Schulämter, leider. Ich weiß, dass das alles schwer für uns ist. Doch ehe klare gesetzliche Regelungen zur personellen und finanziellen Ausstattung der Schulen bei der Umsetzung der Inklusion vorhanden sind, wird leider noch Zeit vergehen. Aber die Kinder mit dem erhöhten individuellen Förderbedarf sind jetzt schon da", erwidert die Schulleiterin. „Solange diese meistens lernschwachen Kinder in der Lage sind, ihre differenzierten Aufgaben auch mit Hilfe von Mitschülern (z. B. bei Partner- und Gruppenarbeit) zu erfüllen, Lernfortschritte erzielen und durch den Schulalltag physisch und psychisch nicht überfordert sind, gelingt der Gemeinsame Unterricht ganz gut. Doch die hilfsbereiten Mitschüler können kein pädagogisches Personal ersetzen. Sie stecken selbst noch in der Entwicklung und brauchen Entfaltungsmöglichkeiten. Viel schwieriger wird es, wenn Schüler mit gravierenden sozial-emotionalen Störungen[47] einen noch so gut geplanten Unterricht durch ihr Verhalten zunichtemachen, wie zum Beispiel Kevin aus meiner Klasse", gibt die Klassenlehrerin der 4c noch zu bedenken.

Kevin

In der Klasse 4c lernt Kevin mehr schlecht als recht. Er wird zielgleich im Gemeinsamen Unterricht gefördert, das heißt, dass der Schüler die normalen Anforderungen des Lehrplans erfüllen kann. Frau Nette stehen zwei Förderstunden pro Woche für ihn und in seiner Klasse zur Verfügung, denn der Schüler zeigt erhebliche Probleme in seiner sozialen und emotionalen Entwicklung oder anders gesagt, in seinem Sozialverhalten. Im Unterricht bei seiner Klassenleiterin Frau Stein, treten selten gravierende Störungen auf. Kevin erledigt die gestellten Aufgaben zwar ziemlich oberflächlich und unordentlich, aber er verweigert sich wenigstens nicht, bzw. nur sehr selten.

Ganz anders sieht das im Fachunterricht bei anderen Kolleginnen aus, vor allem, wenn dazu ein Raumwechsel nötig ist. Vom Sachkundeunterricht, der einmal wöchentlich im nahegelegenen Schulgarten stattfindet, musste Kevin zeitweise ausgeschlossen werden, da er immer wieder durch sein unüberlegtes, impulsives Verhalten sich und andere gefährdet.

Erneut ist er mit Elias (auch ein verhaltensauffälliger Junge) aneinandergeraten, weil dieser ihm eine Pflanzschaufel vor der Nase weggeschnappt hat. Kevin will sich auf ihn stürzen, wird aber festgehalten. Er reißt sich los und zertrampelt voller Wut das vorbereitete Beet. Dann rennt er ohne nach links und rechts zu blicken über die Straße zum Schulhaus. Dort fängt ihn eine Pädagogische Mitarbeiterin ab und versucht den Jungen zu beruhigen. Sie bringt ihn zu Frau Nette in den Förderraum. Diese unterrichtet gerade sechs Kinder aus einer Mathe-Fördergruppe. Und wieder ist die Lehrerin hin- und hergerissen; für solche akuten Ereignisse fehlt der Handlungsspielraum. Einerseits gehört Kevin zu ihren Förderkindern, andererseits handelt es sich um eine Konfliktsituation, in der zwei Schüler aneinander geraten sind, die mit Hilfe der Streitschlichtung geklärt werden könnte, was normalerweise in den Zuständigkeitsbereich von Schulsozialarbeit fallen würde. Trotz Bedarfs steht der Schule noch kein Sozialpädagoge zur Verfügung. Deshalb wird erwartet, dass die Förderschullehrkraft oder die Klassenlehrerin diesen Aufgabenbereich mit abdeckt.

Frau Nette gibt ihren Förderschülern Übungsaufgaben, um zur Krisenintervention für Kevin ein paar Minuten erübrigen zu können und sagt zu ihm: „Erzähle! Was ist vorgefallen?" Die Lehrerin hört zu, auch die anderen Kinder spitzen die Ohren, haben das Rechnen vergessen. „Gut, Kevin, ich habe nach dieser Stunde Hofpausen-Aufsicht. Dann gehen wir gemeinsam zu Elias und klären den Vorfall in einer Streitschlichtung. Bis dahin versuche dich zu beruhigen. Hier hast du ein Mandala mit Rechenaufgaben (Aufgabenblatt, auf dem Lösungsfelder farbig ausgemalt werden)", sagt Frau Nette und wendet sich wieder den Förderkindern zu. Kevin scheint sich tatsächlich zu entspannen.

Mit dem Klingelzeichen stürmt dieser aus dem Raum und rennt die Treppen hinunter. Als Frau Nette auf dem Schulhof ankommt, sieht sie, wie sich Kevin voller Wut auf Elias stürzt, ihn zu Boden wirft, auf ihn einprügelt und tritt. Eine Mauer aus Schaulustigen hat sich um die Kämpfenden gebildet. Den beiden Aufsicht führenden Lehrerinnen gelingt es nicht, Kevin Einhalt zu gebieten. Der Zehnjährige entwickelt enorme Kräfte, schlägt um sich und tritt sogar nach ihnen. Frau Nette versucht zu dem Tobenden durchzukommen. „Stopp, Kevin, stopp!" Er ist nicht zu beeinflussen. Nur Herr Hammer, der dem Jungen körperlich überlegen ist, kann ihn festhalten. Die Schulleiterin ruft Kevins Vater an, der den Jungen abholen muss.

Der Kommentar des Kollegen Hammer lautet: „Mit dem wird es noch ein böses Ende nehmen. So einer gehört nicht in eine normale Schule. Ihr werdet schon sehen, was ihr von euren nutzlosen Gesprächen habt! Da hilft nur eine straffe Hand und die Eltern müsste man belangen!" Der erboste Lehrer reibt sich sein Schienbein, da er einen Tritt abbekommen hat.

Mit dem Jungen (ein von Migration betroffenes Kind, dessen Lebensumstände kaum bekannt waren) gab es immer wieder Schwierigkeiten. Einmal war er so ausgerastet, dass sogar der Rettungsdienst gerufen werden musste. Der Arzt hatte eine Einweisung in die Psychiatrie empfohlen, doch die Eltern lehnten das ab. Ein andermal lief Kevin während eines Unterrichtsganges zur Stadtbibliothek einfach von der Klasse weg, da ein Mädchen ihn beleidigt hätte.

Krisenintervention ist in vielen Fällen eine Aufgabe von Therapeuten und Psychologen. In für das betreffende Kind und andere involvierte Kinder gefährlichen Situationen muss manchmal ein Notarzt gerufen werden. Für Lehr- und Betreuungskräfte ist es schwierig einzuschätzen, ob diese Maßnahme gerechtfertigt ist.

Seitens des Schulamtes wird erwartet, dass auch dieser schwierige Schüler in der Regelschule integrativ unterrichtet und gefördert wird. Der zur Beratung und fachlichen Einschätzung herangezogene Kollege aus der Förderschule mit Ausgleichsklassen hat Kevin so nicht erlebt. Er meinte, dass der Schüler durchaus ein Unrechtsbewusstsein habe, man mit ihm reden könne und dass Kevin für die Sonderschule nicht „schlimm" genug sei. Außerdem wollten die Eltern im letzten Grundschuljahr keinen Schulwechsel. Frau Stein, die Klassenleiterin, konnte es nicht fassen.

Wie soll eine Lehrerin oder ein Lehrer allein die Aufsichtspflicht gewährleisten, wenn ein Schüler unerlaubt wegläuft? Selbst wenn zwei Klassen gemeinsam unterwegs sind - soll in einem solchen Falle ein Lehrer fünfzig Kinder betreuen, damit der andere sich um das verhaltensgestörte Kind kümmern kann? Die Begleitung durch ein Elternteil wäre ebenfalls eine unbefriedigende Lösung und ist auch nicht immer realisierbar. Letztendlich muss der Junge ausgeschlossen werden und während der außerschulischen Maßnahme in eine andere Klasse gehen. Mitschüler reagieren oft ebenfalls mit Aggressivität und Ablehnung, da sie in solchen Situationen überfordert sind.

Die Lehrerinnen und Lehrer sind sich in ihrer Meinung einig, dass die Inklusion oder Integration schwer belasteter Kinder mit Aggressionspotenzial ohne Unterstützung durch geschultes zusätzliches Personal wie Förderschullehrkräfte, Pädagogische Mitarbeiterinnen und -arbeiter, Sozialarbeiterinnen oder -arbeiter sowie Schulpsychologinnen und -psychologen nicht gelingen kann. Oftmals stehen sich Absicht und Wirkung konträr gegenüber. Wenn uns Chancengerechtigkeit und individuelle Förderung für jedes Kind am Herzen liegen, können wir bestehende Probleme nicht verleugnen und ein „Weiter - so", bzw. „Siehst - du - geht - doch" oder „Nehmt euch ein Beispiel an der Mustermann-Schule" nicht akzeptieren.

Weder Gesundheit noch Bildung können ausschließlich unter marktwirtschaftlichen Aspekten verwaltet und gestaltet werden. Die Schulen und andere Bildungseinrichtungen sind in der Öffentlichkeit einem immer stärker werdenden Leistungserwartungsdruck ausgesetzt. Allerdings gibt es bisher keine gesetzlich festgeschriebenen Regelungen für die notwendigen personellen und sächlichen Aufwendungen, um ein „Inklusives Schulsystem" erfolgreich ausbauen zu können.

Sina und Michaela

Sina und Michaela lernen in der vierten Klasse und werden das zweite Jahr durch Frau Nette im Gemeinsamen Unterricht betreut. Daher kennt die Lehrerin auch die Mitschüler gut. Alle Kinder freuen sich, wenn sie durch Frau Nette ebenfalls Unterstützung und Bestätigung bekommen. Einige betteln sogar, auch mal in einer Kleingruppe außerhalb der Klasse lernen zu dürfen. Die Klassenleiterin, Frau Pilz, fragte kürzlich: „Na, wer möchte heute mit zum Förderunterricht?" Fast alle meldeten sich, einige riefen: „Ich, ich!" Wenn beide Lehrerinnen den Unterricht gemeinsam gestalten können, hat auch Frau Pilz die Möglichkeit, eine Schülergruppe besonders zu fördern, sich um die stillen, unauffälligen Kinder zu kümmern oder um die leistungsstärksten der Klasse. Doch immer wieder fallen die wenigen Stunden mit Doppelbesetzung der Lehrerinnen weg, weil die Förderschullehrkräfte zur Vertretung eingesetzt werden. In den meisten Stunden sind Lehrerinnen und Lehrer allein auf ihr pädagogisches Geschick angewiesen.

Neben den beiden Förderschülerinnen gibt es weitere Schüler mit Lernproblemen, besonders in Mathematik. Deshalb hat Frau Nette eine Fördergruppe mit sechs Kindern aus den drei vierten Klassen gebildet. Dabei muss sie die Anforderungen differenzieren, das heißt, der Schwierigkeitsgrad der Aufgaben ist unterschiedlich. Eine Gemeinsamkeit besteht bei den sechs Schülerinnen und Schülern - ihnen fehlen grundlegende Fertigkeiten im Rechnen - sie erkennen Rechenvorteile und Zusammenhänge zwischen den Rechenoperationen nicht selbstständig, können die Grundaufgaben nicht auf den erweiterten Zahlenraum übertragen, rechnen oft noch zählend und finden bei Sachaufgaben keinen Lösungsweg. Außerdem bereitet das Verstehen der Fachbegriffe noch Schwierigkeiten. Indem die Lehrerin ihnen die Anwendung der Grundaufgaben und das Zerlegen der Zahlen immer wieder durch Veranschaulichung und praktisches Handeln bewusst macht, kommt es zum Gewinn von Erkenntnissen und zu Lernfortschritten. Für Sina und Michaela gestaltet sich das schwieriger. Sie können einen trainierten Lösungsweg bei formalen Aufgaben anwenden, solange sich nicht die Rechenoperation ändert. Beide sind im Denken nicht flexibel genug und benötigen Anregung. Beim halbschriftlichen Addieren und Subtrahieren zum Beispiel fällt ihnen das Zerlegen dreistelliger Zahlen (sie arbeiten im Zahlenraum bis 1000, während die anderen Viertklässler auch mit vier- und fünfstelligen Zahlen operieren) äußerst schwer. Gewohnheitsmäßig versuchen sie zählend zum Ziel zu kommen. Wenn sie schriftlich rechnen, vergessen die beiden oft den Zehnerübergang oder vertauschen Zahlen. Für die Multiplikation und Division müssten sie unbedingt die Grundaufgaben beherrschen. Sie behelfen sich mit Multiplikationstabellen.

Fachtexte, schriftliche Aufträge und Sachaufgaben erfassen die beiden Schülerinnen inhaltlich nur unvollständig, daher benötigen sie auch in den anderen Fächern individuelle Hilfe. Für die Lehrerinnen und Lehrer ist es bei dem allgemeinen Erwartungs- und Leistungsdruck, den Vergleichsarbeiten und Schullaufbahnempfehlungen mit sich bringen, nicht einfach als Alleinkämpfer im Unterricht die Bedürfnisse aller Kinder zu beachten. Sina leidet still, wenn sie sich überfordert fühlt oder auf Hilfe warten muss. Michaela dagegen weint manchmal, trotzt und verweigert sich. Sie schwört regelrecht die sich selbst erfüllende Prophezeiung herauf: „Ich kann das sowieso nicht, ich bin ja so doof!" Und damit handelt sie unbewusst so, dass ihre Befürchtungen eintreten.

Benjamin

Nicht jeder freut sich, wenn er zu einer Förderstunde gehen darf oder soll, zumal diese nach dem Unterricht in der sechsten Stunde liegt. Das will Benjamin nicht akzeptieren, obwohl viele Kinder in dieser Zeit unterschiedliche Förderung erhalten. Der Junge leidet an ADHS[48] und hat dadurch Probleme in der Wahrnehmung, Konzentration und im Sozialverhalten.

Neulich war Benjamin hochgradig verärgert. Weil er sich weigerte und tobte, bekam er von der Klassenleiterin einen Eintrag ins Hausaufgabenheft und wurde zum Förderraum gebracht. Frau Nette nahm ihn in Empfang. Der Junge warf seinen Ranzen in hohem Bogen in den Raum. Seine Jacke und das Hausaufgabenheft flogen hinterher. Auf übelste Weise schimpfte er: „So eine Sch... hier! Blöde Schule! Alles Kacke, alles Sch...!" Benjamin lief wie ein Tiger in Gefangenschaft durch den Klassenraum, trat gegen seinen Ranzen, gegen Stühle. Die Lehrerin versuchte den Jungen zu beruhigen: „Komm Benjamin, setz dich doch erst mal hin und erzähle mir, was los ist. Dann kann ich vielleicht verstehen, warum du so wütend bist." Er setzte sich tatsächlich, sprang aber heulend und gestikulierend wieder auf: „So eine Sch....-Förderstunde! Ich kriege Ärger, wenn ich zu spät nach Hause komme!" Beruhigend sprach Frau Nette zu ihm. Sie hatte das Heft aufgehoben und sagte: „Schau mal, in deinem Hausaufgabenheft steht doch, dass du Fördern hast. Deine Mutti weiß Bescheid!" „Trotzdem, ich will nicht zum Fördern, das ist meine Freizeit!", erboste sich Benjamin wieder. Frau Nette versuchte ein Angebot zu unterbreiten: „Schau mal, wir könnten doch gemeinsam ein Spiel machen. Ich habe hier Buchstabenwürfel und ..." Benjamin fiel ihr ins Wort: „Ich kenne die Kack-Würfel, die will ich nicht!" „Ach, woher kennst du die? Du kackst wohl Würfel, also Würfel-Kacke?" Mit dieser Reaktion hatte der Schüler nicht gerechnet. Er musste plötzlich lachen. Das Eis war gebrochen. „Na gut, wir können es ja mal versuchen." Viel Zeit blieb nicht mehr für das Spiel. Frau Nette hatte intuitiv die Gefühle des Jungen erkannt und diese ihm nicht ausgeredet, sondern sprach mit dem Kind darüber.

Nina konnte, an eine Wasserflasche gelehnt, vom Lehrertisch aus das Geschehen verfolgen. Nur gut, dass die Förderlehrerin sie wieder in den Klassenraum der 2a gebracht hatte, sonst hätte sie sich nicht mit Karlchen treffen können. Brühwarm erzählt sie nun zur Geisterstunde alles ihrem Freund. Der staunt nicht schlecht und meint: „Da hat sich Benjamin aber starke Frechheiten erlaubt." „Benny soll ADHS haben", erklärt Nina. „Weißt du, was das bedeutet?" „Klar doch", antwortet der Bär mit stolz geschwellter Brust. Umständlich erklärt er: „Also, das sind welche, äh, ich meine, die mit ADHS sind Kinder, die nie still sitzen können, sie zappeln immer. Und wenn sie draußen ein Auto vorbeifahren hören, gehen sie zum Fenster und gucken raus. Darüber vergessen sie ihre Aufgaben und kriegen nicht mal mit, dass die Lehrerin sie anspricht." „Ach so, das ist ja wie bei Philipp, der hat auch ADHS", überlegt Nina und fragt ihren Gefährten erstaunt: „Aber sag mal, woher weißt du so was?" „Ach, weißt du, heutzutage kann man alles durch Googeln herauskriegen." „Wie war das möglich?", wundert sich das Püppchen. „Na ja, am Wochenende war es soo langweilig ohne dich. Elias hat mich in der Schule vergessen und du warst ja mal wieder bei Alina zu Hause. Um Mitternacht hat es mich nicht mehr auf dem Fensterbrett gehalten. Da habe ich mich heimlich zum Laptop geschlichen und habe gegoogelt. So einfach ist das." „So einfach ist das", echot Nina. Bewundernd stupst sie ihm auf die Nase und sagt: „Du bist ein richtiger Naseweis! Wollen wir nicht mal gemeinsam ins Internet gehen? Das würde mich auch interessieren." „Geht nicht! Der Stecker ist gezogen. Und mit der Kindersicherung in der Steckdose komme ich nicht klar", erklärt das Bärchen. „Vielleicht wird der Stecker irgendwann wieder vergessen. Dann versuchen wir es nochmal, ja Karli?" „Okay, jetzt aber zurück auf unseren Platz. Dann kannst du mir noch von Alina erzählen."

„Alina fühlt sich wohl in ihrer neuen Familie. Sie geht zweimal in der Woche zur Sprachtherapie. Die Fortschritte sehen wir ja in der Schule. Sie erzählt schon viel mehr im Unterricht und mit anderen Kindern." „Das ist mir auch aufgefallen", bestätigt Karlchen, „doch weißt du, was ich schade finde?" „Was denn, mein Lieber?" „Na, dass wir immer bloß eine Stunde lebendig sein dürfen." Nina überlegt: „Wer uns diese Eigenschaft wohl verliehen hat? Den würde ich fragen, ob wir nicht mehr Zeit bekommen könnten."

Weiter lässt sich das Thema nicht ausloten, denn die Kirchturmglocke schlägt ein Mal.

---

[48] Aufmerksamkeits-Defizit-Syndrom mit Hyperaktivität, Erklärung im Teil IV.

Johannes

Johannes lernt in der 4b und ist ein leistungsmäßig guter Schüler, der seine Aufgaben ordentlich und mit Ausdauer erledigt. Allerdings ist er beim Schreiben zu langsam, dafür aber sehr korrekt, sodass er oft nicht in der vorgegebenen Zeit die Arbeit beenden kann. Wenn Tests oder Lernkontrollen geschrieben werden, wirkt der Junge stets aufgeregt. So auch bei der Rückgabe und Besprechung der letzten Lernstandkontrolle in Deutsch. Enttäuscht sieht er sich das Ergebnis an - wieder bloß eine Drei. Oh, das wird zu Hause wieder Ärger geben! Dabei hat er so gepaukt, konnte alles, als die Mutter ihn abfragte. Und ausgerechnet wenn es darauf ankommt, verwechselt er doch die Verbformen. Eine Aufgabe hat er wieder nicht geschafft. Am liebsten würde Johannes die Arbeit verstecken. Doch am Nachmittag gehen Mama und Papa zur Elternsprechstunde in die Schule. Da würden sie sowieso alles erfahren.

Frau Nette ist bei dem Gespräch dabei, denn das Verhältnis zwischen Johannes' Mutter und der Klassenlehrerin ist angespannt. Damit es nicht wieder zu Schuldzuweisungen kommt, übernimmt im Einverständnis aller Frau Nette die Gesprächsführung. Nach der Begrüßung bittet sie die Eltern, erst einmal von ihren Eindrücken zu erzählen, wie Johannes mit den schulischen Anforderungen zurechtkommt. „Ja, da will ich doch mal gleich auf die Deutsch-Lernkontrolle zu sprechen kommen. Ich bin mit dem Ergebnis gar nicht einverstanden. Nur ein Punkt fehlt an der Zwei. Wissen Sie, wie lange wir gebüffelt haben? Zu Hause konnte er alles perfekt. Schauen Sie mal hier und hier", die Mutter zeigt auf eine Tabelle, „da merkt man doch, dass er die Spalte nur verwechselt hat. Könnte er dafür wenigstens jeweils einen halben Punkt bekommen?", sprudelt die Frau hervor. Innerlich schon leicht aufgebracht doch nach außen hin ruhig erklärt die Lehrerin die Anforderungen und den Bewertungsmaßstab. Trotzdem zeigt sich die Mutter uneinsichtig.

Frau Nette fragt: „Welche Bedeutung hat die Zensur für Sie?"
„Ja, wenn der Johannes in Deutsch nicht die Zwei schafft, dann
kann er nicht die Empfehlung fürs Gymnasium bekommen!"
„Nun bleib doch mal ruhig!", schaltet sich der Vater ein, „er hat
den Punkt nicht und außerdem fehlt die letzte Aufgabe gänzlich."
Zu den Lehrerinnen gewandt fragt er: „Wie ist denn sein
aktueller Leistungsstand in den wichtigsten Fächern?" Frau Block
erklärt: „Im Unterrichtsgespräch arbeitet Johannes immer rege
mit und zeigt, dass er ein breites Wissen hat. Allerdings ist
er in Anforderungssituationen, egal ob bei mündlichen oder
schriftlichen Lernkontrollen, stets sehr aufgeregt, ich meine
sogar, dass er ängstlich wirkt. Die schriftlichen Arbeiten sind
meistens nur befriedigend, sodass die Zwei in Mathematik auch
nicht sicher ist." Enttäuscht und verbittert sagt die Mutter zu
ihrem Mann: „Unser einziger Sohn ist eben doch ein Versager.
Und dabei geben wir so viel Geld für Nachhilfe aus."

Im weiteren Gespräch stellt sich heraus, dass Johannes
zweimal pro Woche zwei Stunden Nachhilfe erhält und an
weiteren zwei Tagen zum Schwimmtraining geht. Am Wochenende unternimmt die Familie viel gemeinsam, fährt oft weg. „Bei
den vielen Terminen hat ja Ihr Sohn kaum noch Zeit sich mit
Freunden zu treffen oder zu spielen", gibt Frau Nette zu
bedenken. Sofort rechtfertigt sich die Mutter: „Nicht dass Sie
denken, dass unser Junge keinen Kontakt zu anderen Kindern
hätte. Er ist schließlich im Sportverein und kann oft mit seinem
Cousin spielen." „Ich male mir gerade aus, wie das ständige
Fördern, Üben und Fordern auf den Jungen wirken muss",
schaltet sich Frau Nette wieder ein: „Johannes könnte denken:
Ich bin nicht in Ordnung, tauge zu nichts. Selten sind meine
Eltern zufrieden mit mir, ich bin ein Versager." Erstaunt blicken
die Eltern auf: „So habe ich das noch gar nicht gesehen", meint
der Vater. „Wir wollen doch nur das Beste für ihn und kennen
doch sein Potenzial." Die Klassenlehrerin erklärt: „Der
Leistungsdruck ist zu groß für Johannes. Er hat Angst vor dem

Versagen und dass er Sie enttäuschen könnte." „Aber wir schimpfen doch nicht mit ihm", meldet sich die Mutti zu Wort. „Kinder erfassen im Bruchteil einer Sekunde an unserem Gesichtsausdruck, ob wir zufrieden oder eher enttäuscht sind", überlegt der Vater, „doch was können wir jetzt tun?" Frau Nette antwortet: „Wir müssen den Druck abbauen, den Jungen ermutigen, an ihn glauben, dass er seine Fähigkeiten ausbauen kann." „Aber das Gymnasium ...", weiter kommt die Mutter nicht, da ihr Mann sie unterbricht: „Das ist doch im Moment nicht das Wichtigste. Johannes braucht mehr Selbstvertrauen. Er muss auch mehr Zeit für seine Interessen und zum Spielen mit Freunden haben. Die Nachbarskinder klingeln schon gar nicht mehr, weil sie wissen, dass Johannes nachmittags unterwegs ist." Die Lehrerinnen nicken bestätigend. Sie besprechen mit den Eltern mögliche Maßnahmen, vor allem sehen sie es als dringend nötig an, die Versagensängste abzubauen. Außerdem ist ihnen aufgefallen, dass Johannes leichte Orientierungsprobleme hat, verzögert mit der Aufgabenbearbeitung beginnt und sehr langsam schreibt. Es käme vielleicht eine psychologische Beratung in Frage oder auch die Arbeit mit dem „Ich schaff's!"-Programm[49]. Der Vater überlegt auch, ob ein freiwilliges Wiederholen der 4. Klasse sinnvoll wäre. Die Lehrerinnen bitten darum, dass sich die Eltern miteinander besprechen und in Ruhe überlegen sollten, was für ihr Kind am besten ist. Wichtig sei auch eine vertrauensvolle Zusammenarbeit.

Eine Woche später trifft Frau Nette in der Stadt zufällig Johannes' Mutti, die freundlich grüßt und zu ihr sagt: „Danke, dass sie uns die Augen geöffnet haben. Vor lauter Ehrgeiz habe ich gar nicht gemerkt, dass mein Kind leidet."

---

[49] Ich schaff's! Das 15-Schritte-Programm für Eltern, Erzieher und Therapeuten, Erklärung im Teil IV.

Kolleginnen im Gespräch

Im Mai sind die drei vierten Klassen mit ihren Lehrerinnen und Frau Nette für vier Tage zur Klassenfahrt. Sie haben Glück mit dem Wetter. Die Kinder können ausgiebig im weiträumigen Gelände der Jugendherberge spielen und toben. Auch das Programm ist vielseitig. Sie waren schon gemeinsam im Erlebnisbad, haben eine Tropfsteinhöhle besichtigt, waren wandern, haben gemalt, gebastelt und Sport getrieben. Es gibt keine Unterscheidung hinsichtlich meiner Klasse - deiner Klasse, jede Lehrerin fühlt sich für alle Kinder zuständig. Die Atmosphäre ist entspannt. Im Objekt sind keine weiteren Schüler aus anderen Orten. Streitigkeiten werden schnell geklärt, meistens müssen die Erwachsenen nicht mal eingreifen. Nur die Nächte sind kurz, da einige Kinder so sehr aufgedreht sind und es genießen, auch abends mit Freunden zusammen sein zu können.

Die vier Lehrerinnen sitzen draußen gemütlich auf der Terrasse mit Blick zum Spiel- und Sportplatz, trinken Kaffee und unterhalten sich. Die eine Kollegin, Frau Stein von der 4c, wendet sich an Frau Nette: „Ich finde es toll, dass du uns begleiten konntest. Du passt zu uns." „Danke" erwidert diese, „ich fühle mich mit euch und im Kollegium sehr wohl. Wir sind wirklich ein gutes Team." Frau Block sagt: „Weißt du, dass ich es am Anfang unangenehm fand, dass du als Förderschullehrerin zeitweise mit im Unterricht sein musstest? Wir alten Lehrer haben unseren eigenen Stil und sind mit den neuen Methoden, ich meine den offenen Unterricht, nicht so vertraut. Aber du warst immer einfühlsam und hast dich eingebracht, ohne dass man sich gestört oder belehrt fühlen musste." „Danke. Ich kann euch auch nur danken und muss euch ein Kompliment machen: Wie ihr euch, ohne fachliche Vorbereitung erhalten zu haben, den neuen Herausforderungen des Gemeinsamen Unterrichts gestellt habt, ist beachtlich. Ihr habt mir damit meine Arbeit wesentlich erleichtert. Außerdem konnte ich so viel von euch aus der Grundschulpädagogik lernen. Ich habe ja vorher überwiegend die Großen bis Klasse 9/10 unterrichtet. Aber von Förderschullehrkräften erwartet man heutzutage, dass sie alles beherrschen und beim Fördern Fließbandarbeit leisten können. Schließlich haben die Sonderpädagogik studiert. Doch das meiste lernt man in der Praxis, verbunden mit Weiterbildungen", gibt Frau Nette zur Antwort. „Von uns Grundschullehrerinnen erwartet man das doch auch", ergänzt Frau Pilz, die Jüngste (mit Anfang 40) im Bunde. Weiter gibt sie zu bedenken: „Gerade bei dem Anspruch, alle Kinder unbesehen einzuschulen, jedes beim gemeinsamen Lernen individuell zu fördern und zu fordern, wäre eine gezielte, vorbereitende Weiterbildung aller Lehr- und Betreuungskräfte notwendig gewesen. Ganz zu schweigen von der Bereitstellung entsprechender Unterrichtsmaterialien und Einsatz von zusätzlichen Pädagogischen Mitarbeiterinnen zur Unterstützung im Unterricht. Aber nein, uns wird alles übergestülpt und dann werden wir von manchen Politikern als faul, ausgebrannt und unflexibel hingestellt, dass wir immer noch von homogenen Klassen träumen würden. Das ärgert mich am meisten!"

„Homogene Klassen - ha, ha - die haben wir doch schon lange nicht mehr, beziehungsweise nie gehabt!", erwidert Frau Stein und holt tief Luft. „Schaut euch doch mal in den Grundschulen um! So wie bei uns sind die meisten Kolleginnen über 50 Jahre alt. Frau Nette und ich gehen schon auf die 60 zu. Teilzeit ist vielen nicht genehmigt worden, weil Lehrer fehlen. Von uns wird die Leistungsfähigkeit einer 25-jährigen erwartet!", ereifert sich die Kollegin, „und die Probleme in den Klassen nehmen zu, vor allem mit verhaltensgestörten Schülern, wie zum Beispiel Kevin."

„Es ist ja nicht der Unterricht allein", ergänzt Frau Block, „wir haben immer mehr zusätzliche sozial-pädagogische Aufgaben zu erfüllen. Kaum jemand sieht unsere 2. Schicht - das Korrigieren und das Vorbereiten des Unterrichts - am Nachmittag oder Abend zu Hause, außer jeweils den eigenen Familien. Mein Mann sagt manchmal schon zu mir: ‚Übertreibst du es nicht mit der Arbeit? Du musst doch mal zur Ruhe kommen.'" Die anderen Frauen nicken bestätigend.

Frau Nette nimmt das Gespräch wieder auf: „Im Grunde genommen finde ich die Inklusion als langfristiges Ziel nicht schlecht, wenn jedes Kind, das dazu in der Lage ist, in seinem Heimatort oder im Einzugsgebiet zur Schule gehen kann. Solange es den behinderten Kindern, wie denen mit Sinnes- oder Lernbeeinträchtigungen, gutgeht, sie sich zugehörig und nicht überfordert fühlen und die anderen Schüler das akzeptieren und nicht in ihrem Lernen beeinträchtigt werden. Totale Inklusion halte ich für eine Utopie. Außerdem müssen die Bedingungen dafür erst geschaffen werden. Seitens der Bildungspolitik kann nicht erwartet werden, dass man für das Ziel Integration/Inklusion mit der Abschaffung der Förderschulen und dem Einsatz der Sonderpädagogen an allgemeinen Schulen dem schon Genüge getan hat, dazu noch als Sparmodell." Die jüngere Kollegin seufzt: „So richtig kann ich mich diesmal nicht auf meine neue 1. Klasse freuen. In jeder unserer zukünftigen ersten Klassen werden mindestens fünf Kinder mit erhöhtem Förderbedarf dabei sein. Wie soll man jedes Kind dort abholen, wo es gerade steht? Wenn wir wenigstens täglich eine PM mit zur Unterstützung im Unterricht hätten! Unsere Frau Nette kann sich schließlich nicht zerteilen." „Ich glaube, wir können die Probleme nur im Team anpacken, müssen im Gespräch bleiben, uns gegenseitig unterstützen, vielleicht auch engagierte Eltern mit ins Boot holen, Freiwilligendienste nutzen. Wir brauchen ein außerschulisches Netzwerk, zu dem auch therapeutische und soziale Einrichtungen gehören", meint die Förderschullehrerin. An diese gewandt spricht Frau Block weiter: „Ich staune immer, wie du mit schwierigen Kindern und Eltern reden kannst. Ich denke da zum Beispiel an unser Gespräch mit Johannes' Eltern. Lernt man das in der Ausbildung als Sonderschullehrkraft?" „Leider nicht", antwortet sie, „ich hatte am Anfang der 1990er

Jahre die Möglichkeit - eine befreundete Psychotherapeutin hat mich darauf gebracht - eine Ausbildung zum Systemischen Berater mitzumachen. Wenn ich die Zeit und das Geld dazu gehabt hätte, wäre der nächste Schritt die Qualifizierung zur Familientherapeutin gewesen. Diese und weitere Ausbildungen haben mir sehr viel für meine Arbeit gebracht und die innere Einstellung beeinflusst."

Jäh wird die Unterhaltung unterbrochen. Ein Junge ist beim Fußballspielen hingefallen und hat sich das Knie aufgeschlagen. Die umsichtige Sina kümmert sich sofort und bringt den Verletzten zu den Lehrerinnen. Es ist zum Glück nichts Schlimmes passiert. Ein Schnellverband reicht aus.

„Wer möchte mit uns noch einen Spaziergang zum Bach machen?", ruft Frau Stein. Etliche Kinder melden sich. Frau Nette begleitet die Gruppe, während die beiden anderen Kolleginnen die Aufsicht über die Schüler im Objekt übernehmen. Einige wollen noch Fußball oder Federball spielen. Mehrere Mädchen fragen, ob sie sich schon duschen und für die Disco schönmachen dürfen.

Nach dem Abendessen findet die Abschlussdisco mit Spiel und Action statt. Ein DJ heizt die Stimmung an. Auch die Lehrerinnen machen den Spaß mit und staunen über so manches Kind. Zum Beispiel über die sonst so stille, verschlossene Sina. So ausgelassen und temperamentvoll haben sie das Mädchen noch nie erlebt. Und die Jungen mit der größten Klappe zieren sich, wenn sie mittanzen sollen.

Am letzten Abend kommen die Viertklässler erst spät zur Ruhe. Michaela weint und klagt über Kopfschmerzen. Frau Nette nimmt sie in den Arm und geht mit ihr im Flur ein paar Schritte auf und ab. „Was ist los mit dir?", fragt sie, „war es zu laut für dich?" Michaela nickt und schluchzt: „Ich darf gar nicht daran denken, das war unsere letzte Klassenfahrt. Bald ist das Schuljahr um. Ich habe Angst vor der 5. Klasse. Bist du dann auch noch für mich da?" Die Lehrerin erklärt ihr: „In der

Sekundarschule kümmert sich dann ein netter Kollege von mir um die Förderkinder. Du bist dort doch nicht allein. Einige Kinder aus deiner Klasse und den Parallelklassen wechseln an dieselbe Schule." Michaela beruhigt sich wieder. Die Extrazuwendung hat ihr gutgetan.

Endlich können auch die Lehrerinnen schlafen gehen, es ist mittlerweile Mitternacht. Frau Nette liegt noch lange wach in ihrem Bett. Viele Gedanken gehen ihr durch den Kopf: Wie werden wohl die Förderkinder im GU an der Sekundarschule klarkommen? Dort sind die Klassen noch stärker, bis zu 29 Mädchen und Jungen. Und selbst hat sie das Gefühl, viel zu wenig für die Förderschüler tun zu können. Im Selbststudium versucht sie ihre Kenntnisse über die verschiedenen Förderschwerpunkte zu erweitern. Es gibt zu wenige Möglichkeiten sich mit anderen Sonderschullehrkräften im GU auszutauschen. Sie denkt: „Um ehrlich zu sein, mir fehlt für so eine Initiative mittlerweile auch die Kraft. Manchmal fühle ich mich richtig ausgelaugt. Hardy, mein lieber Mann, unterstützt mich, wo er kann. Und er macht sich Sorgen um meine Gesundheit. Im nächsten Jahr werde ich schon 60. Da hätte ich eigentlich einen Anspruch auf Altersteilzeit. ...." Endlich ist sie eingeschlafen.

146

Kreativität im Deutsch-Unterricht

Es ist eine der letzten Deutschstunden in der 4b. Frau Pilz und Frau Nette gestalten den Unterricht gemeinsam. Die Kinder sind gedanklich mit der nun zu Ende gehenden Grundschulzeit beschäftigt und sie sind jetzt schon etwas wehmütig. Ihre Lehrerin erteilt den Auftrag einmal zu überlegen, wann Schule für sie cool ist, wann sie Schule doof finden und was sie sich für das nächste Schuljahr wünschen. Die Antworten werden auf farbige Kärtchen geschrieben und verdeckt auf dem Fußboden in der Mitte des Stuhlkreises abgelegt. Anschließend nehmen sich die Schüler von jeder Farbe Karten auf, die dann vorgelesen werden. Es gibt Übereinstimmungen und unterschiedliche Ansichten. Alle sind der Meinung, dass Freunde wichtig sind und dass sie hoffen, auch in der neuen Schule Freunde und nette Lehrer zu haben.

Eine weitere Aufgabe wird erteilt: „Schreibt ein Gedicht! Ihr könnt entweder einzeln, mit einem Partner oder in einer kleinen Gruppe zu den Stichworten Schule, Freunde, Lehrer das kleine Gedicht schreiben, z. B. ein Akrostichon oder ein Elfchen". Die letztere Gedichtform kennen die Schüler seit der 2. Klasse.

Sina, Michaela und Ali sind sprachlich nicht so gewandt. Sie brauchen Hilfe. Die Förderlehrerin bespricht in der Gruppe - zu der auch die leistungsstarke Anna zählt - wie ein Elfchen aufgebaut ist. Nachdem sie einige Beispiele gelesen haben, erinnern sich die Schüler wieder: 1. Zeile ein Wort, 2. Zeile zwei Wörter, 3. Zeile drei Wörter, 4. Zeile vier Wörter und 5. Zeile? „Fünf Wörter", meint Sina. Alle müssen lachen, denn es dürfen insgesamt nur elf sein.

Bei einem Akrostichon wird das Wort untereinander geschrieben und zu jedem Anfangsbuchstaben ein passender Begriff, eine Wortgruppe oder ein Satz. Die vier Kinder überlegen sich, was zum Thema „Freunde" passen könnte und Anna schreibt es auf.

FREUNDE

Freizeit gestalten

Reden können

Essen gehen

Unterhaltung haben

Neuigkeiten austauschen

Danke sagen

Erlebnisse besprechen

Solche kreativen Deutschstunden mag nicht nur Frau Nette, auch die Kinder haben Freude an Sprachspielen. Zum Schluss werden die Arbeitsergebnisse den andern Gruppen vorgestellt.

Abschied

Für die Viertklässler ist es endgültig der letzte Tag an der Grundschule. Die Kinder der drei Abschlussklassen haben mit ihren Klassenleiterinnen jeweils ein kleines Programm mit Liedern, Gedichten, Sketchen, Instrumentalstücken und Akrobatik vorbereitet, welches sie in der Aula vor Elternvertretern und den Mitschülern vorführen. Danach wird es ernst - feierliche Zeugnisübergabe und der so gefürchtete Abschied. In der Klasse von Sina und Michaela haben alle die gleichen T-Shirts an. Die Mädchen und Jungen gehen von Raum zu Raum und bitten die Lehrerinnen und Lehrer, darauf ihren Namen zu schreiben.

Frau Nette ist sehr gerührt, als sich ihre Förderkinder mit einem Blumenstrauß und einer Umarmung von ihr verabschieden. Auf dem Schulhof warten schon viele Eltern, um ihre Kinder abzuholen. Obwohl eigentlich niemand weinen wollte, fließen die Tränen. Was wird das nächste Schuljahr in der weiterführenden Schule bringen?

Auch die Jüngeren verabschieden Mitschüler, weil sie in eine andere Klasse wechseln. Für einige ist eine Dehnung der Schuleingangsphase (Verbleib in der SEP 1 oder 2) notwendig. Aus den ehemals vier ersten Klassen werden drei zweite gebildet. Zum Glück können alle Lehrkräfte an der Schule bleiben, auch die nette Förderschullehrerin. Die Klasse von Frau Liebig hat die ersten zwei Schuljahre erfolgreich absolviert. Ihre beiden Handpuppen, Nina und Karlchen, sind nach wie vor bei den Kindern beliebt. Selbst die beiden starten in die Ferien und freuen sich auf viele Erlebnisse. Sie stecken schon in der Schultasche ihrer „Mama" Frau Liebig. Bei ihr können sie neue Kraft schöpfen, was vielleicht auch für ihre Fähigkeit, zur Geisterstunde lebendig zu werden, nötig ist. Schöne Ferien allen und einen guten Start für das neue Schuljahr!

Im neuen Schuljahr

Im dritten Jahr an der „Hermann-Mustermann-Grundschule" hat die Förderschullehrerin besonders viele Schülerinnen und Schüler mit einem Unterstützungsbedarf zu betreuen. Im Gemeinsamen Unterricht lernen in den Klassenstufen zwei bis vier insgesamt 15 Kinder mit einem bestätigten sonderpädagogischen Förderbedarf. Dabei sind ihre Förderschwerpunkte unterschiedlich: Lernen, Emotional-soziale Entwicklung (Verhalten), Auditive Wahrnehmung (Hören) und Sprachliche Entwicklung.
Weiterhin benötigen mehrere Kinder mit Teilleistungsschwächen, wie Legasthenie (Lese-Rechtschreib-Schwäche) und Dyskalkulie (Rechenschwäche), sowie Erstklässler mit deutlichen Entwicklungsrückständen präventive Förderung.

Die Grundschullehrkräfte, die beiden Pädagogischen Mitarbeiterinnen und die Förderschullehrerin, die nunmehr mit voller Stundenzahl an die Grundschule abgeordnet ist, bilden ein eng zusammenarbeitendes Team, das sich gemeinsam der großen Herausforderung stellt, möglichst jedes Kind individuell zu fördern. Sie tauschen Erfahrungen aus, erarbeiten Förderpläne, nehmen an individuellen und schulinternen Fortbildungen teil.

Doch ihre Arbeit wird erschwert, da die materiellen Bedingungen, wie zur Verfügung stehendes spezifisches Lehr- und Lernmaterial, zusätzliche Räumlichkeiten für Kleingruppenarbeit mit Förderkindern, unterstützendes Personal für die Doppelbesetzung im Unterricht, nicht ausreichend vorhanden sind, um dem Inklusionsanspruch gerecht werden zu können. Die Stundenzuweisungen für den Gemeinsamen Unterricht und die präventive Förderung in der Schuleingangsphase (erste und zweite Klassen) sind knapp bemessen; es stehen nicht mehr zwei Stunden pro Woche je Förderkind zur Verfügung, sondern rechnerisch zwei Förderstunden wöchentlich pro Klasse.

Zunehmend wirkt sich der Personalmangel aus. Wenn Lehrerinnen oder Lehrer durch Krankheit ausfallen, ist es notwendig, dass die Förderschullehrerin sowie die beiden Pädagogischen Mitarbeiterinnen zur Vertretung und Betreuung von Klassen eingesetzt werden. Förderstunden und Arbeitsgemeinschaften fallen dann ersatzlos aus.

Da es an der Schule noch immer keine(n) Sozialarbeiterin oder Sozialarbeiter gibt, ist es erforderlich, dass entweder die Schulleiterin oder die Förderlehrerin einspringen, wenn ein Kind mit Verhaltensstörungen ausrastet und individuell betreut werden muss. Im normalen Schulalltag gilt die sogenannte „Binnendifferenzierung" im Unterricht, was bedeutet, dass die Schülerinnen und Schüler einer Klasse an Aufgaben auf unterschiedlichen Niveaustufen arbeiten. Im offenen Unterricht - bei der Werkstattarbeit, dem Lernen an Stationen sowie bei Partner- und Gruppenarbeit - können leistungsstarke Kinder zusätzliche, sie fordernde Aufgaben bearbeiten oder Schwächeren bei ihrer Aufgabenbewältigung behilflich sein. Beim Lernen und Arbeiten in einer Gruppe werden Lösungswege besprochen und die Ergebnisse gemeinsam präsentiert. Dabei erleben lernschwache Kinder Unterstützung und Mitverantwortung, leistungsstärkere gewinnen an Selbstvertrauen, Selbstwirksamkeit und Sozialkompetenz. Ideal wäre es, wenn in Freiarbeitsstunden und im offenen Unterricht eine Doppelbesetzung mit zwei Pädagogen oder Pädagoginnen stattfinden könnte, denn für lernbehinderte Kinder reicht es nicht aus, ihnen Arbeitsblätter mit leichteren Aufgaben vorzulegen, sie brauchen konkrete Hilfe. Ihre Probleme sind vielschichtig: die Sinnerfassung beim Lesen sowie das Aufgabenverständnis sind eingeschränkt, Lösungsstrategien fehlen, ihnen fällt es schwer bereits erlerntes Wissen auf neue Sachverhalte zu übertragen, ihre Konzentrationsfähigkeit und Anstrengungsbereitschaft lassen rasch nach.

Daher benötigen sie in jedem Fach Unterstützung. Doch meistens muss eine Lehrperson allein mit den vielfältigen pädagogischen Anforderungen im Unterricht zurechtkommen. Solange die Kinder geduldig warten können, bis sie direkte Hilfe bekommen, werden der Unterricht sowie das Lernen der anderen nicht gestört. Die Praxis sieht jedoch anders aus, wenn Schüler oder Schülerinnen durch ihr Verhalten die Schulstunde sprengen.

Ein weiteres Problemfeld findet im Zusammenhang mit Inklusion kaum Beachtung: es ist die Nachmittags- und Hausaufgabenbetreuung im Hort. Nicht alle Kinder einer Schule besuchen nach dem Unterricht die gleiche Einrichtung in freier Trägerschaft. Horte sind nicht den Schulen zugeordnet, eine Zusammenarbeit von Lehrkräften und Erzieherinnen oder Erziehern kann nicht kontinuierlich stattfinden. Oft fehlen den Betreuenden die speziellen Kenntnisse oder wenigstens die Informationen zu den sonderpädagogischen Förderbedarfen einiger Kinder, um auf ihre besonderen Bedürfnisse eingehen zu können.

Vertretungsstunde

Bei Frau Liebig in der Klasse 3a sind die Lernvoraussetzungen der Kinder sehr unterschiedlich. Paul und Alina benötigen intensive Lernförderung, hingegen können Maria, Michelle, Susanne und Tom sehr selbstständig arbeiten.

Maria ist sogar hochbegabt. Wenn sie nicht genügend „geistiges Futter" bekommt, langweilt sie sich schnell. Sie ist jedoch sehr hilfsbereit und verfügt über eine hohe Sozialkompetenz. Das Mädchen unterstützt gern schwächere Mitschüler beim Lernen und übernimmt dabei Aufgaben, die einem Zweitpädagogen zustehen würden. Es besteht die Gefahr der Überforderung, wenn sie sich zu sehr in die Not der leistungsschwachen Kinder einfühlt und ihre Hilfe zur Gewohnheit wird.

Fatima und Carmen haben noch Schwierigkeiten im Sprachverständnis, da Deutsch nicht ihre Muttersprache ist. Auch sie benötigen besondere Aufmerksamkeit und Sprachförderung, wofür es jedoch keine gesonderten Förderstunden gibt.

Sofie, die mitten im zweiten Schuljahr in die Klasse kam, Tony und Pierre haben Konzentrationsprobleme, sind unruhig, schnell frustriert, ablenkbar, stören zeitweise im Unterricht durch ihre Impulsivität. Gerade für diese Kinder spielen Beständigkeit, feste Rituale und klare Regeln eine Halt gebende Rolle. Änderungen im Tagesablauf und Vertretungsunterricht führen daher mitunter zu Verunsicherung und innerer Unruhe.

Frau Liebig muss unerwartet ihre Tochter aus dem Kindergarten abholen, da diese krank geworden ist. Der Kollege Hammer, der Klasse als Werken-Lehrer bekannt, ist zur Vertretung eingesetzt. Er bevorzugt einen streng strukturierten Unterricht, hat für die Wochenplanarbeit nicht so viel übrig. Doch die Kinder haben den Auftrag, weiter an den Aufgaben ihrer individuellen Pläne zu arbeiten.

Herr Hammer setzt sich an den Lehrertisch und erklärt den Kindern, dass sie, wenn sie Fragen haben oder Hilfe benötigen, nach Aufforderung zu ihm kommen können. Nebenbei beginnt er mit Korrekturen einer Lernkontrolle in Mathematik seiner vierten Klasse.

Pierre wählt ein Arbeitsblatt mit Matheaufgaben. Lesen und Schreiben mag er nicht, diese Aufträge schiebt er so lange wie möglich vor sich her. In der Klasse herrscht wie gewöhnlich bei der Freiarbeit eine gewisse produktive Unruhe, die ihn nicht sonderlich beeinträchtigt.

Plötzlich fliegt ihm ein Papierkügelchen an den Kopf. Pierre wendet sich nach hinten um und sieht Alex hämisch grinsen. Ärger steigt auf, er zeigt dem Mitschüler eine eindeutige Geste und schnauzt ihn an: „Blödmann!" „Ruhe!" Drohend stellt sich der Lehrer neben Pierres Tisch. Alle Kinderaugen sind auf den Jungen gerichtet, was ihm sehr unangenehm ist.

„Weiterarbeiten!", fordert Herr Hammer. Die Kinder wenden sich wieder ihren Aufgaben zu. Doch Pierre kann sich nicht mehr konzentrieren. Plötzlich stört ihn das halblaute Reden zweier Mädchen, die sich gegenseitig Kopfrechenaufgaben abfragen. Paul, der Förderschüler, malt ein Bild aus. Um Pünktchen zu erzeugen, pocht er wieder und wieder mit der Buntstiftspitze auf das Blatt. „Lass das!", faucht Pierre ihn an. Der Junge wird immer nervöser, rutscht auf dem Stuhl hin und her. Bei der Selbstkontrolle seiner Mathematikaufgaben malt er die falschen Lösungsfelder aus. Frustriert knüllt er das Blatt zusammen und wirft es Richtung Papierkorb. Dann kippelt er, macht Geräusche. „Du störst!", ermahnt ihn ein Mädchen. „Fick dich!", ist seine Antwort. „Pierre, das reicht! Hausaufgabenheft her und raus mit dir!", fordert der Lehrer. Der Junge setzt sich auf den Fußboden im Flur, gleich neben die Tür. Am liebsten würde er wegrennen, doch das traut er sich nicht, weil Herr Hammer unerbittlich ist und die Eltern in die Schule bestellen würde.

Es gibt mehrere Kinder, die sich nach den Störungen nicht wieder konzentriert ihren Aufgaben zuwenden können. Die Ablenkungs- und Reizdichte ist zu groß geworden, ebenso sinkt die Motivation. Ganz besonders leidet Susanne unter der angespannten Stimmung in der Vertretungsstunde. Sie kaut auf ihrem Füller herum und hat den Blick gedankenversunken in eine Zimmerecke, ins Leere gerichtet. „Susanne, du träumst schon wieder! In der Ecke steht die Lösung nicht. Du musst schon selber nachdenken! Nun mach schon!"

Kann das schüchterne Mädchen durch diese ungeduldige Aufforderung jetzt motivierter, konzentrierter und schneller arbeiten? Eher nicht.

Das Versinken in die eigenen Gedanken sollte einem Kind mit einer gestörten Aufmerksamkeit[50] zugestanden werden, denn dies hilft dem Gehirn, die Konzentrationsleistung wieder zu verbessern.

Als es zur großen Pause klingelt, sind alle erleichtert. Die nächste Vertretungsstunde in der 3a übernimmt Frau Nette. Während der Pause im Lehrerzimmer beschwert sich der Kollege Hammer über Pierre.

---

[50] Aufmerksamkeitsstörung, Konzentration, Erklärungen im Teil IV.

Neue Herausforderungen

Die Zahl der Schülerinnen und Schüler mit einem Migrationshintergrund ist angestiegen, da Kinder aus Flüchtlingsfamilien in die Mustermann-Schule aufgenommen werden müssen, die altersentsprechend den Regelklassen zugeordnet und irgendwie integriert werden sollen.

Die Vorstellung davon, was manche Familien auf der Flucht erlebt haben und welche traumatischen Ereignisse Kinder zu verarbeiten haben, ist noch unklar. Die Jungen und Mädchen kommen in ein fremdes Land, sind entwurzelt, haben keine Sprachkenntnisse, wissen nicht, was sie in der Schule erwartet.

Frau Nette muss mal wieder „Feuerwehr" spielen. Sie erhält den Auftrag, einen gerade erst angekommenen Jungen aus Syrien am Vormittag zu betreuen. Alle Förderstunden müssen an diesem Tag entfallen. Es gibt noch kein Arbeitsmaterial für die Neuankömmlinge, sodass die Lehrerin sich spontan etwas einfallen lassen muss. Die Arbeit mit Bildern und Gegenständen, zum Beispiel aus den Bereichen Schule und Wohnung, Zeichnungen, Pantomime, Mimik und Gestik dienen der Verständigung. Gemeinsam sehen sie sich Bilder an. Frau Nette nennt das deutsche Wort, der Junge versucht es nachzusprechen. Abbildungen und das Nachahmen von Tieren wecken das Interesse des Jungen, er lächelt verträumt. Was ihm dabei wohl durch den Kopf geht? Sie sehen sich weitere Bilder an. Plötzlich erstarrt das Kind, weist mit dem rechten Zeigefinger auf ein Foto, das vom Erdbeben zerstörte Häuser zeigt. Es flüstert entsetzt mit weit aufgerissenen Augen ein Wort: „Aleppo"... Der Junge muss seine Heimatstadt in einem ähnlich zerstörten Zustand gesehen haben. Hat er auch Bombenabwürfe miterlebt? Die Lehrerin ist sehr betroffen, fühlt sich hilflos.

Die „Sprache" der Ziffern und Zahlen sowie die Grundrechenoperationen sind dem etwa acht- bis neunjährigem syrischen Jungen bekannt. So kann die Lehrerin herausfinden, welche Vorkenntnisse er mitbringt. Er löst alle Aufgaben der Addition und Subtraktion fehlerfrei; sein hübsches Gesicht hellt sich durch das Erfolgserlebnis auf.

Am nächsten Tag schon sitzt der Junge in seiner neuen Klasse, da muss er durch. Zwei Mitschüler nehmen sich seiner an, zeigen ihm alles, beziehen ihn in ihr Spiel ein.

Einige Wochen später kommt eine junge „DAZ-Lehrerin" als Verstärkung ins Team der Mustermann-Schule. Sie hat die Aufgabe, den Kindern, die aus unterschiedlichen Ländern kommen, Deutsch als Zielsprache zu vermitteln. Diese zusätzliche Lehrkraft hat zwar einen Hochschulabschluss, jedoch keine Lehramtsausbildung absolviert. Die Herausforderungen sind nur in Zusammenarbeit aller Kolleginnen und Kollegen zu bewältigen. Kenntnisse über Traumafolgestörungen bei Kindern sind zu dieser Zeit noch weitestgehend unbekannt, auch dass die betroffenen, auffälligen neuen Schüler (meistens Jungen, Mädchen verhalten sich überwiegend angepasster) nicht unbedingt lernfaul, ungezogen und unwillig sind, sondern aufgrund ihrer Belastungen nicht aufmerksam sein können.

Belastungen für Kinder und Lehrkräfte

Im neuen Schuljahr gibt es an der Grundschule deutlich weniger Schülerinnen und Schüler mit einem sonderpädagogischen Förderbedarf, die im Gemeinsamen Unterricht lernen, da die ehemaligen Viertklässler nun die weiterführenden Schulen besuchen. Kinder in der Schuleingangsphase (in den ersten zwei oder drei Schuljahren) erhalten keine Diagnostik, sollen präventiv im Unterricht gefördert werden, also sinkt die Stundenzuweisung für den GU. Diese Praxis verschafft den Förderschulen etwas Luft, da dort aufgrund der Abordnungen von ausgebildeten Lehrkräften an die Regelschulen inzwischen ein Lehrermangel entstanden ist.

Auch Frau Nette unterrichtet wieder an zwei Tagen in der Woche als Fachlehrerin an ihrer Stammschule in den Klassenstufen fünf bis neun. An drei Wochentagen ist sie weiterhin an die Grundschule abgeordnet, um Kolleginnen und Kollegen sowie Eltern zu beraten und ihre Förderkinder zu betreuen. Die Stundenzuweisung ist sehr knapp bemessen, da mehrere Kinder in der SEP (Schuleingangsphase) einen hohen Unterstützungsbedarf haben. Diese Schülerinnen und Schüler erhalten in ihren Klassen zwar differenzierte, vereinfachte Aufgaben, bleiben jedoch im Lernen deutlich zurück, was nicht immer durch die Verlängerung der SEP aufgeholt werden kann.

Sobald mehrere Lehrkräfte wegen Erkrankung oder Fortbildung fehlen, werden die Förderlehrerin, die Pädagogischen Mitarbeiterinnen sowie die DAZ-Lehrerin (sie unterrichtet ausländische Kinder in Deutsch als Zielsprache) zur Vertretung oder Betreuung eingesetzt, damit weniger Unterricht ausfällt und Klassen nicht zusammengelegt werden müssen. Solche Situationen wirken sich sowohl für die Lehrkräfte als auch für die Kinder belastend aus. Eine regelmäßige, individuelle Förderung und die Verhinderung von Lernversagen kann unter diesen Umständen nicht gewährleistet werden.

Für manche enttäuschte Eltern stellt sich deshalb die Frage, ob der Schulbesuch ihrer lernschwachen Kinder in einer Förderschule dem Gemeinsamen Unterricht der Regelschule vorgezogen werden sollte.

Hat sich die Inklusion etabliert?

Vier Jahre lang hat die Förderschullehrerin, Frau Nette, die Klasse von Frau Liebig begleitet. Die anfänglichen Seelentröster, Puppe Nina und Bär Karlchen, haben an Bedeutung verloren. Sie fungieren bei besonderen Ereignissen nur noch als Maskottchen der Klasse 4a. Ob sie aufgrund der nachlassenden Zuwendung ihre besonderen Fähigkeiten verloren oder ob sie diese je besessen haben, lässt sich nicht überprüfen.

Das Team der „Hermann-Mustermann-Schule" hat sich den Ansprüchen an eine inklusiv arbeitende Grundschule gestellt. Die Förderschullehrerin kann bestätigen, dass die meisten Kinder, die im Gemeinsamen Unterricht (GU) individuell und erfolgreich gefördert wurden, ein höheres Leistungsniveau sowie eine bessere Sozialkompetenz erworben haben im Vergleich zu Schülerinnen und Schülern, die nach mehreren Jahren erlebter Misserfolge und Nichtachtung ihres Unterstützungsbedarfes letztendlich doch noch an eine Förderschule überwiesen wurden.

Die angestrebten positiven Effekte des gemeinsamen Lernens von Kindern mit und ohne Beeinträchtigungen sind jedoch keine Selbstläufer, weil die „Inklusion" in den Regelschulen eingeführt wurde und die Regelschullehrer nun wissen müssten, wie das Arbeiten in heterogenen Klasse mit den differenzierten Anforderungen erfolgen kann.

Ob förderungsbedürftige Kinder in Regelklassen vom Gemeinsamen Unterricht profitieren, kann nicht pauschal mit Ja oder Nein beantwortet werden. Eine gelingende Inklusion hängt von vielen Faktoren ab. Dazu zählen das soziale Umfeld, die Zusammenarbeit von Schule und Elternhaus, die personellen und sächlichen Bedingungen an der Schule, ein entsprechendes Schulkonzept und die Akzeptanz im Kollegium, Vermeidung von Überforderung der Lehrerinnen und Lehrer aufgrund

160

verordneter Inklusion von Kindern ohne Unterstützung durch eine Förderschullehrkraft und Nichtanerkennung der Problemlage. Vertrauensvolle Lehrer-Schüler-Beziehungen, das Klassenklima, ob alle anderen Kinder genug Beachtung und Förderung von Anfang an erfahren, sind ebenso wichtig.

Wir können allerdings nicht davon ausgehen, dass grundsätzlich durch den Gemeinsamen Unterricht, auch wenn er unter besten Bedingungen professionell gestaltet wird, Lernbehinderung verschwindet, dass Kinder mit Sprech- und Sprachstörungen in der Grundschule davon geheilt werden können, alle verhaltensauffälligen Schüler und Schülerinnen sozial erwünschtes Verhalten erlernen, dass womöglich alle - auch die Förderschüler und -schülerinnen - die weiterführende Schule mit mindestens dem Hauptschulabschluss beenden werden, dass Förderschulen überflüssig werden.

Unter den realen Bedingungen des zunehmenden Lehrermangels und steigender Schülerzahlen (nicht nur durch Migration bedingt), wachsen die Belastungen der Lehrkräfte an den Regelschulen. Die Unterstützungssysteme und Fortbildungsmöglichkeiten, Zeit für die Einarbeitung und Qualifizierung von Seiteneinsteigenden, bleiben bundesweit hinter den Erfordernissen zurück. So ist die Finanzierung der Schulsozialarbeit nicht überall gesichert, es gibt zu wenige Schulpsychologen, Schulleitungsstellen können nicht besetzt werden. **Von einem multiprofessionellen Team, mit einer Förderschullehrkraft im Kollegium, kann inzwischen nur geträumt werden. Da hilft kein noch so gutes Schulkonzept für die Umsetzung der Inklusion, wenn zu wenig Personal, Platzmangel, eine zu geringe oder veraltete materielle Ausstattung an den Schulen die Arbeit erschweren.**

Teil II

Kommunikation und Zusammenarbeit zwischen Elternhaus und Schule

Unterschiedliche Sichtweisen

Häufige Klagen von Kindern, Eltern und Lehrenden betreffen die Störungen im Unterricht: Respektlosigkeit, aggressives Verhalten einiger Schülerinnen und Schüler gegenüber Kindern und Pädagogen.

Zu Elternabenden und Sprechtagen werden meistens die Mütter und Väter vermisst, deren Kinder in der Schule Schwierigkeiten haben oder Probleme bereiten. Was sind die Gründe dafür? Sicher hat das u. a. etwas damit zu tun, dass jeder seine Erfahrungen und Meinungen aus der eigenen Schulzeit mitbringt und daher glaubt, entsprechend mitreden und urteilen zu können. Die Ansichten sind generationenabhängig. Viele Großeltern meinen rückblickend: „Die Schulzeit war für mich mit die schönste Zeit im Leben. Schließlich betraf sie die Kinder- und Jugendzeit, in der Geborgenheit des Elternhauses. Die Lehrer waren für uns noch Respektspersonen."

Manche Erwachsene urteilen aktuell vielleicht so: „Zu meiner Zeit war Schule, bei allen Höhen und Tiefen, noch überschaubar und klar geregelt. Die Lehrer konnten sich meistens durchsetzen. Heute kennt sich doch keiner mehr aus bei den ständigen Änderungen durch Schulreformen. Aber wenn es sein muss, klage ich mein Recht zum Wohle des Kindes ein."

„Schule ist doof! Habe kein' Bock auf Schule", könnte die Sichtweise eines Kindes sein, das mit Problemen im Schulalltag und vielleicht, auch dadurch bedingt, im häuslichen Umfeld zu kämpfen hat.

Den Lehrerinnen und Lehrern, die in sehr schwierigen Klassen unterrichten, wird seitens mancher Eltern und sogar von Kolleginnen oder Kollegen unterstellt, dass sie sich nicht durchsetzen können. **Eltern von verhaltensauffälligen Kindern wird mitunter mangelnde Erziehungskompetenz, Gleichgültigkeit, Vernachlässigung oder im Gegensatz dazu Überbehütung und Verwöhnung vorgehalten.**

Schuldzuweisungen erschweren die Kommunikation zwischen Elternhaus und Schule, schaffen Misstrauen und Abwehr. Die daraus entstehenden Konflikte können auf unterschiedlichen Beziehungserfahrungen mit den eigenen Eltern und dem sozialen Umfeld basieren. Daraus entstehen Erwartungshaltungen, Einstellungen, eigene Ansprüche, die unbewusst das Verhalten und Handeln bestimmen. **Missverständnisse können zwischen Lehrkräften und Eltern mit einem Migrations- oder Fluchthintergrund entstehen. Viele dieser Eltern wissen nicht, was Lehrer und Lehrerinnen in Deutschland von ihnen erwarten, wie das deutsche Schulsystem funktioniert.** Was für uns selbstverständlich ist, wie die Zusammenarbeit zwischen Schule und Elternhaus und dass es gemeinsame Interessen und Aufgaben gibt, ist ihnen fremd. In manchen Herkunftsländern kennt man keine gemeinsamen Zuständigkeiten, im Gegenteil: In die Institution Schule haben Eltern sich nicht einzumischen. Das interkulturelle Verständnis muss gefördert werden.

Nicht jeder Pädagoge hat eine Vorstellung davon, dass manche Eltern, die in prekären Verhältnissen leben oder einen Migrationshintergrund haben, aufgrund eigener geringer Bildung und Kommunikationsfähigkeit nicht nachvollziehen können, welche Ansprüche sie erfüllen sollen, was von ihnen gefordert wird. Manche wagen es aus Scham nicht einzugestehen, dass sie ihren Kindern nicht helfen, dass sie den an sie gestellten Anforderungen nicht gerecht werden können.

Die geringe Bereitschaft einiger Eltern überhaupt noch mit Lehrern und Lehrerinnen zu kommunizieren, beinhaltet eine wichtige Information: Wer sich nicht kooperativ zeigt, hat gute Gründe. Haben die Eltern die Befürchtung angeklagt zu werden? Denn so erleben sie subjektiv oft Gespräche mit Lehrern: Sie sollen dafür sorgen, dass ihr Jugendlicher (oder Kind) sich in der Schule sozial verhält, die Bildungseinrichtung pflichtgemäß besucht und seine Hausaufgaben erledigt, dass alle notwendigen Arbeitsmittel bereitgestellt werden. Werden diese Ansprüche nicht erfüllt, kommt es zu gegenseitigen Schuldzuweisungen: „Sie sind die Eltern, und deshalb müssen Sie dafür sorgen, dass ..." „Sie als Pädagoge haben das Erziehen doch gelernt, wenn Sie das nicht einmal schaffen, dann ...!"[51]

Dabei muss beachtet werden, dass „unkooperative" Eltern sich oft selbst überfordert fühlen und sie die Problemschilderungen, Androhungen von Maßnahmen und Ratschläge nicht mehr ertragen wollen, da diese als entwertend aufgefasst werden. Außerdem verhält sich das Kind doch nur in der Schule so störend. Demzufolge müssen die Ursachen auch in der Schule liegen, also beim Lehrer oder bei den Klassenkameraden.

Treten die ersten Schwierigkeiten bei der Arbeit mit dem Kind im Schulalltag auf, erfolgt die Kommunikation meistens zuerst über das Hausaufgabenheft. Mit der „Lehrerfarbe Rot" werden nicht nur Termine und Informationen, sondern ebenso Klagen über fehlende Arbeitsmittel, nicht erledigte Hausaufgaben, Kritik am Verhalten des Kindes oder an seiner Lerneinstellung eingeschrieben. Einzelne Einträge akzeptieren Eltern als notwendig und selbstverständlich. Aber wie wirkt es auf sie, wenn fast täglich eine mit Rot geschriebene Mitteilung oder Klage zu finden ist? Wahrscheinlich wird ein Elternteil zunächst unterschreiben und das Kind zur Rede stellen. Spannungen können in der Familie entstehen. Vielleicht versucht das Kind bald, unangenehme Situationen zu vermeiden und „vergisst" das

Hausaufgabenheft in der Schule. Ob Erwachsene im Grunde (unbewusst) ähnlich reagieren und gar nicht erst die Einsicht in dieses Heft einfordern? Diese Vermutung bestätigte ein Vater bei einem Beratungsgespräch zum Förderbedarf seines Kindes. Er erzählte, dass eine Lehrerin wiederholt Einträge ins Hausaufgabenheft einschrieb wie: „Ihr Sohn störte heute den Unterricht!" Der Vater schrieb verärgert als Antwort: „Mein Sohn weigerte sich heute den Abwasch zu machen." Sowohl bei den Eltern als auch bei den Lehrern und Lehrerinnen treten nun Fragen auf:

- Wie soll ich mich verhalten?
- Wie könnte ein Gespräch über die Schulprobleme ablaufen?
- Wird es gegenseitige Vorwürfe, Schuldzuweisungen oder gar Anfeindungen geben?
- Kann ich meine Meinung offen äußern?
- Muss ich mit rechtlichen Konsequenzen rechnen?

Ein Lösungsprozesses setzt ein, wenn es gelingt, dass Eltern und Lehrende gleichrangig und wertschätzend miteinander in Beziehung treten und kommunizieren. Beide Seiten können sich auf konfliktträchtige Gesprächsinhalte gezielt vorbereiten. Wertvolle Tipps fand ich bei Dr. K. Bischof und J. Baier im „Kursbuch Eltern: Elternratgeber Schule"[52] und im „Eltern-Kursbuch - Grundschule"[53], bei J. Walker - „Mediation in der Schule"[54] sowie M. Götzinger, D. Kirsch - „Grundschulkinder werden Streitschlichter"[55].

Außerdem kann ich auf einen reichen Erfahrungsschatz als Klassenleiterin, Förderschul- und Beratungslehrerin und nicht zuletzt als Mutter von drei erwachsenen Kindern und ehemaligen Pflegekindern zurückgreifen.

[51] Christa Hubrig, Peter Herrmann - Lösungen in der Schule - Systemisches Denken in Unterricht, Beratung und Schulentwicklung. Carl-Auer-Systeme Verlag Heidelberg, 3. Auflage 2010, S. 161.

[52] Dr. K. Bischof / J. Baier - Kursbuch Eltern: Elternratgeber Schule - Der richtige Umgang mit Schule, Verwaltung und Lehrern, Originalausgabe 1994, Wilhelm Heyne Verlag GmbH& Co. KG, München.

[53] Eltern-Kursbuch-Grundschule - Kinder fördern, fordern und erziehen, Cornelsen Verlag Scriptor GmbH & Co. KG, Berlin 2007.

[54] Jamie Walker (Hrsg.) - Mediation in der Schule - Konflikte lösen in der Sekundarstufe I, Cornelsen Verlag Scriptor, Berlin 2001.

[55] Martina Götzinger, Dieter Kirsch - Grundschulkinder werden Streitschlichter - Ein Ausbildungsprogramm mit vielen Kopiervorlagen, Verlag an der Ruhr 2004.

Anregungen für Eltern

Uta Reimann-Höhn (Eltern-Kursbuch-Grundschule) rät: „Vorsicht mit schnellen Urteilen über Pädagogen, auch wenn die Erinnerungen an die eigene Schulzeit nicht positiv waren. ... **Ob ein Kind mit einem Lehrer oder einer Lehrerin zurechtkommt, hat nichts damit zu tun, wie die Eltern die Lehrkraft einschätzen. Schulkinder müssen ihre eigenen Erfahrungen mit den neuen Autoritätspersonen machen.** Sie müssen lernen, die Schulregeln zu akzeptieren und sich auf den Unterrichtsstil einzustellen. Die ersten Wochen sind eine Eingewöhnungszeit für Lehrkräfte und Erstklässler, ein wenig Zeit muss man dem neuen Team zugestehen, bevor ein Urteil über die Zusammenarbeit gefällt werden kann."[56] Dies gilt im Übrigen auch bei einem Lehrerwechsel während der Grundschulzeit, wenn beispielsweise ein Lehrer oder eine geschätzte Lehrerin an eine andere Schule abgeordnet wird oder andere Aufgaben übernehmen muss. Sollten Probleme auftreten, können diese z. B. in Einzelgesprächen oder bei Elternabenden angesprochen und ausgeräumt werden. In komplizierten Fällen besteht die Möglichkeit, die Schulleitung, Elternvertreter oder einen Beratungslehrer, eine Beratungslehrerin hinzuzuziehen.

Die Autoren Bischof und Baier regen mit ihren Fragestellungen zum Nachdenken und schriftlichen Fixieren der Antworten an[57]:

- Warum ärgere ich mich über Klassenlehrer?
- Wer oder was hindert mich Schulprobleme anzupacken?
- Was lösen Elternabende in mir als Elternteil aus?
- Was bedeutet eine schlechte Note für mich?
- Warum gehe ich ungern zum Elternabend oder alleine zu einem Elterngespräch?
- Wie informiere ich mich über das Verhalten meines Kindes?
- Womit helfe ich meinem Kind bei schwierigen Schulsituationen?

- Welches Bild haben ich und andere von meinem Kind?
- Welche Stärken und Schwächen hat mein Kind?
- Wie kann ich leichter Gespräche ohne Streit mit meinem Kind führen?
- Wie verhalte ich mich in problematischen und kritischen Gesprächssituationen?
- Wie schätze ich das Verhalten von Lehrern ein?
- Wo finde ich Hilfe bei kritischen Entscheidungssituationen?

Sobald die Sichtweisen von Eltern und Lehrern, bzw. Erziehern, weit auseinanderliegen, entstehen Spannungen. Typische Konfliktsituationen im Grundschulbereich könnten sein:

Das Kind bleibt beim Lernen weit und langandauernd zurück, die Lehrerin möchte einen Antrag zur Feststellung des sonderpädagogischen Förderbedarfs stellen. Sie sind mit ihren Darstellungen im Klassenleiterbericht nicht einverstanden.

Ein sonderpädagogischer Förderbedarf wurde festgestellt. Die Lehrerin beschwört Sie, das Kind in eine Förderschule umzuschulen. Sie möchten jedoch die Möglichkeit des Gemeinsamen Unterrichts an der Regelschule in Anspruch nehmen.

Das Kind ist verlangsamt und unsicher bei der Erledigung gestellter Aufgaben. In Ruhe und mit ausreichend Zeit - z. B. bei Hausaufgaben und dem häuslichen Üben, wenn Sie daneben sitzen - kann es alle Anforderungen erfüllen. In der Schule gerät das Kind unter Druck und erzielt schlechtere Noten als erwartet.

Das Kind hat am Ende des zweiten Schuljahres in Teilbereichen wie Lesen und Schreiben oder Rechnen noch Schwierigkeiten. Die Klassenlehrerin empfiehlt eine Dehnung der Schuleingangsphase (SEP 2). Wenn die Klassenkonferenz diese Möglichkeit am Ende des ersten Schuljahres nicht schon vorsorglich beschlossen hat, müssten die Eltern einen Antrag auf freiwilliges Wiederholen stellen. Sie sind jedoch dagegen.

Mit den Schullaufbahnempfehlungen für die weiterführenden Schulen schätzen die Pädagogen gewissermaßen die Lernerfolgstendenz ein. Bei einem guten Zensurendurchschnitt und entsprechenden Noten in den Kernfächern (mindestens Note 2) sowie einer positiven Lerneinstellung wird eine Gymnasialempfehlung ausgesprochen. Sie sind mit der Bewertung Ihres Kindes in Deutsch, Mathematik oder Englisch nicht zufrieden und wünschen eine zusätzliche Verbesserungsmöglichkeit, um die erwünschte Empfehlung zu bekommen.

Sie haben Vorbehalte gegenüber dem Lehrstil und/oder der Einstellung der Lehrerin, des Lehrers Ihrem Kind gegenüber und erwägen einen Klassen- oder Schulwechsel.

Die Klassenlehrerin verlangt von Ihnen, dass Sie Ihr Kind im SPZ (Sozial-Pädiatrisches-Zentrum) vorstellen oder einen Psychologen aufsuchen, bzw. dass Sie für Ihr Kind Logopädie, Ergotherapie, Verhaltenstherapie und dergleichen verordnen lassen. Sie fühlen sich jedoch gegenüber dem organisatorischen und zeitlichen Aufwand dafür schlichtweg überfordert.

Sie haben das Gefühl, dass Ihr Kind in der Schule leidet, weil es durch einen Lehrer vor den anderen bloßgestellt, mit lächerlichen und herabwürdigenden Namen belegt und abgelehnt wird und fühlen sich hilflos.

Ihr Sohn oder Ihre Tochter wird in der Klasse abgelehnt, gehänselt oder sogar gemobbt. Sie haben den Eindruck, dass die Lehrer nicht hinschauen, auf solche Situationen nicht eingehen.

Es gibt sicherlich noch viele weitere Situationen im Schulalltag, die Sie als Elternteile verunsichern, womöglich gar empören. Außerdem stellen Sie sich wahrscheinlich die Frage, ob eingeleitete Maßnahmen dem Kind eher helfen oder schaden. Deshalb ist es so wichtig, dass das Lehrer-Schüler-Verhältnis vertrauensvoll ist und dass von Anfang an eine enge Zusammenarbeit zwischen Elternhaus und Schule im Sinne einer Erziehungspartnerschaft aufgebaut wird.

Bevor Sie als Elternteil oder Elternpaar bei Problemen das Gespräch mit der Klassenleiterin, dem Klassenlehrer suchen, empfiehlt es sich, Klarheit über die Sicht auf das eigene Kind zu gewinnen. Dazu zählen eine Stärken-Schwächen-Analyse (siehe Bischof/Baier, Elternratgeber) sowie Ursachenforschung (z. B. Stellung des Kindes in der Klasse, Beziehung zu den Lehrenden, soziale Ängste, Angst vor dem Versagen und Strafe, Schulunlust, Leistungsanspruch der Eltern, Selbstwertgefühl, physisch-psychische Konstitution, Sinnesfehler wie Einschränkungen im Sehvermögen, in der Hörwahrnehmung, Erkrankungen, Pubertät, familiäre Situation).

Auch eine Befragung des Kindes, um sein Selbstbild und die Selbsteinschätzung der Schulsituation zu erfassen, ist empfehlenswert. So können Sie später im Gespräch das Ergebnis Ihrer Stärken-Schwächen-Analyse mit der Einschätzung der Klassenlehrerin, des Lehrers vergleichen und über Fördermaßnahmen oder Konfliktlösungsstrategien beraten.

Nicht jede Auffälligkeit und Schwierigkeit erfordert gleich eine Diagnose (wie z. B. bei Lese- und Rechtschreibproblemen, Schwächen beim Rechnen, zeitweiligen Konzentrationsschwankungen, motorischer Unruhe). Wenn Sie jedoch zu dem Schluss gelangen, dass die Probleme und Ursachen ernsthafter Natur sein könnten, sollten sie sich professionelle Beratung einholen. Der erste Schritt könnte in der Schule ein Gespräch mit der Klassenlehrerin, dem Klassenlehrer, der Beratungslehrkraft oder - falls vorhanden - mit einer Sozialarbeiterin, einem Sozialarbeiter sein. Sie können sich auch an pädagogisch-psychologische Beratungsstellen, an die Schulpsychologin, den Schulpsychologen, einen Kinder- und Jugendarzt oder an soziale Dienste wenden.

Schnell kann es in einem problembeladenen Gespräch durch bestimmte Formulierungen und Haltungen zu Blockierungen zwischen den Beteiligten kommen. Solche

„Kommunikationssperren" (siehe z. B. Bischof/Baier, Kursbuch Eltern oder Thomas Gordon, Lehrer-Schüler-Konferenz)) sind beispielsweise folgende Vorgehensweisen:
- Kritisieren - Urteilen - Vorwürfe machen - Widersprechen (DU-Botschaften)
- Namen vergeben - Beschämen - Lächerlich machen
- Moralisieren - Predigen
- Ratschläge erteilen - Vorschläge machen - Ideen mitteilen - fertige Lösungen präsentieren (wobei die Bedürfnisse und Ziele des Gesprächspartners - egal ob Kind, Partner oder Lehrer - völlig ignoriert werden)

Verbale (das gesprochene Wort) und nonverbale (Gesten, Körperhaltung, Gesichtsausdruck) Kommunikation stimmen nicht überein, was Unehrlichkeit oder Heuchelei vermuten lässt.

Wenn Sie als Eltern selbst das Gespräch mit der Klassenleiterin, einem Fachlehrer oder der Schulleitung suchen, könnte zur Vorbereitung eine eigene Zielsetzung nützlich sein (vergl. Kursbuch Eltern)[58]. Dazu zählen Überlegungen zu den Fragen:
- Wer sollte am Gespräch teilnehmen (z. B. ein Elternvertreter der Klasse, der/die neutrale Beratungslehrer/in)?
- Was sollte mein Hauptziel in der Besprechung sein?
- Welche Punkte sollten unbedingt zur Sprache kommen?
- Welche Informationen sind wichtig, welche Entscheidungen müssen getroffen werden?
- Welche Ziele könnte mein Gesprächspartner haben, was muss er erreichen?
- Gibt es gemeinsame Ziele?
- Wo liegen mögliche Zielkonflikte?
- Was möchte ich oder auch der Gesprächspartner möglichst vermeiden?

Werden Sie in die Schule eingeladen, kann der Grund ein obligatorisches Gespräch zum Elternsprechtag über den Leistungsstand und das Lernverhalten Ihres Kindes, z. B. im 1. Halbjahr, sein. Sie haben nichts zu befürchten, denn der Kontakt zur Klassenlehrerin ist gut.

Steht aber die Bearbeitung von Problemen mit dem Kind an und Sie fühlen sich unsicher, könnten Ihnen vorausgehende Überlegungen zur Art des Problems, zu den Ursachen, zu Ihren Zielen und Befürchtungen und mögliche Lösungswege als Vorbereitung auf das Gespräch dienen. Der Zieldefinition kommt eine besondere Bedeutung zu. Die Lehrerin und Diplom-Psychologin Christa Hubrich formuliert es so: „Die Beschäftigung mit dem Problem und seinen Ursachen führt erlebnismäßig in den Problemzustand und festigt ihn. Deshalb ist es ein wichtiger Schritt in der systemischen Beratung, Ziele zu definieren. Und das heißt, an die positiven Auswirkungen eines gelösten Problems zu denken. ... Attraktive Ziele bewegen uns emotional aus dem Problemraum hinaus auf etwas Neues hin."[59]

„Unser Rat: Wie viele und wie Sie Gespräche führen, ist der absolute Gradmesser der Beziehung zwischen Ihnen und Ihrem Gesprächspartner (Ehepartner, Kind, Lehrer, ...). In Kenntnis Ihrer Stärken und Schwächen haben Sie den Mut, Ihren Klassenlehrer (Vertrauenslehrer, Schulleiter, ...) bei diesen Problemen wirklich zu Rate zu ziehen und um Hilfe zu bitten! Sie können nur gewinnen, wenn Sie selbst das Gespräch suchen! Beschließen Sie jetzt bitte Ihre nächsten Schritte."[60]

Grundsätzlich ist die Elternmitwirkung in der Praxis erwünscht, z. B. durch die aktive Teilnahme an Elternabenden, als Elternvertreter auf Klassen- oder Schulebene, auf der Ebene der Kommunen oder des Landes. Diese Möglichkeiten werden durch die Schulgesetze der Länder und weitere Verfügungen und Vorschriften geregelt (siehe Eltern-Kursbuch[61] und www.deutscher-bildungsserver.de).

[56] Uta Reimann-Höhn - Eltern-Kursbuch-Grundschule - Kinder fördern, fordern und erziehen, Cornelsen Verlag Scriptor GmbH & Co. KG, Berlin 2007, S. 41.

[57] Dr. K. Bischof / J. Baier - Kursbuch Eltern: Elternratgeber Schule - Der richtige Umgang mit Schule, Verwaltung und Lehrern, Originalausgabe 1994, Wilhelm Heyne Verlag GmbH& Co. KG, München, S. 17-20.

[58] Ebenda, S. 144.

[59] Christa Hubrig, Peter Herrmann - Lösungen in der Schule - Systemisches Denken in Unterricht, Beratung und Schulentwicklung. Carl-Auer-Systeme Verlag Heidelberg, 3. Auflage 2010, S. 154.

[60] Dr. K. Bischof / J. Baier - Kursbuch Eltern: Elternratgeber Schule - Der richtige Umgang mit Schule, Verwaltung und Lehrern, Originalausgabe 1994, Wilhelm Heyne Verlag GmbH& Co. KG, München, S. 166.

[61] Ebenda, S. 174 ff.

Anregungen (nicht nur) für Lehrende

Christine Born stellt in ihrem Buch „Neues Kraftpaket für Lehrer/-innen" fest: „Oft wird mit der Kritik an der Schule zu kurz gegriffen. Dann werden die Lehrer abgelehnt - bis hin zum <Lehrerhasserbuch> - und für das Schulsystem verantwortlich gemacht. **Lehrer können aber nichts dafür, dass es Noten und Sitzenbleiben gibt. Lehrer sind auch nicht für große Klassen, schlechte Ausstattung und ungünstige Stundenpläne zuständig.** Der Spielraum, den Lehrer haben, wird von den Eltern und vor allem Schülern meist maßlos überschätzt. Auch wird der Unmut über die Ungerechtigkeit des Schulsystems, die kaum ein Lehrer bezweifelt und unter der die Lehrer selbst leiden, von den betroffenen Eltern und Schülern am Lehrer ausagiert... Es gibt Vorschriften und Entwicklungen, bei denen sich Lehrer und Schulleiter an den Kopf greifen. Eltern wissen die Hintergründe jedoch oft nicht und machen vieles persönlich am Lehrer und am Schulleiter fest. ... **Je weniger sich Eltern informieren und je mehr sie emotional überreagieren und dem Lehrer anlasten, was dieser gar nicht beeinflussen kann, desto weniger klar können Forderungen an die politisch Verantwortlichen gestellt werden.** Der Protest versandet in persönlichen Konflikten zwischen Eltern und Lehrern... Von den vorgesetzten staatlichen Behörden werden Rektoren verständlicherweise dazu aufgefordert, Rechtsstreite zu vermeiden..."[62]

Aus Erfahrung wissen wir, dass die Probleme und Chancen eines Kindes im Schulbereich stark von den sozioökonomischen Bedingungen im Elternhaus abhängen, vom Erziehungsstil und dem Bildungsniveau der Eltern. Gerade Mütter und Väter, die nicht in der Lage sind, sich aktiv mit den Problemen ihrer Kinder auseinanderzusetzen, neigen dazu diese zu ignorieren. Sie meiden Gespräche mit dem Lehrer, reagieren oft nicht auf Mitteilungen, sind misstrauisch oder scheinbar gleichgültig. Im

174

Gegensatz zu den unterversorgten, sich selbst überlassenen Kindern stehen die überbehüteten, deren Eltern klare Vorstellungen und Ziele für die Entwicklung ihres Kindes haben und entsprechende Ansprüche an die Schule stellen.

Vom Lehrer wird erwartet, dass er allen gerecht wird, jeden Schüler individuell fördert und fordert, dabei gesetzliche und rechtliche Vorgaben beachtet, professionell Streit schlichtet, jederzeit für Eltern erreichbar ist und auf ihre Wünsche und Vorstellungen einfühlsam reagiert.

Die sozial schwachen, unsicheren und mitunter psychisch erkrankten Eltern benötigen ebenso Verständnis und unaufdringliche Hilfsangebote. Es scheint selbstverständlich zu sein, dass Klassenleiter gleichzeitig als Sozialarbeiter tätig werden, denn wegen der Sparzwänge aus ökonomischen Gründen muss auf Schulsozialarbeit oft noch verzichtet werden oder die Finanzierung bestehender Stellen ist nicht gesichert. Hinderlich wirkt sich in dieser Situation aus, dass die Sozialarbeit bei den Kommunen angesiedelt ist und nicht bei den Schulbehörden.

Die Lehrer sollen den Ratsuchenden und Bedürftigen möglichst klarmachen, dass sie soziale Institutionen (ASD, Jugendamt u. a.) nicht als Bedrohung, sondern als echtes Hilfsangebot ansehen und sich dorthin wenden sollten. Manchmal ist es schwierig, mit übermäßig fordernden oder ablehnenden Eltern zu sprechen.

Bei konfliktbeladenen Problemstellungen könnte eine Mediation (Streitschlichtung durch einen unparteiischen Dritten mit schriftlich fixierter Vereinbarung) hilfreich sein. Durch eine gründliche persönliche Vorbereitung auf das Beratungsgespräch, analog der Ratschläge für Eltern, kann die eigene Sichtweise zum Schüler, zu seinen Stärken und Schwächen, möglichen Zielen und Maßnahmen überdacht werden.

Mit derartigen Überlegungen habe ich bei meiner langjährigen Tätigkeit sowohl als Klassen- und Fachlehrerin als auch Beratungslehrerin positive Erfahrungen gesammelt. In meine folgenden Anregungen fließen Erkenntnisse aus dem Studium von Fachliteratur (zum Beispiel Jamie Walker, Mediation in der Schule), aus Weiterbildungen und der Ausbildung zum Systemischen Berater sowie persönliche Erlebnisse ein.

---

[62] Christine Born - Neues Kraftpaket für Lehrer/-innen, AOL-Verlag, 3. Auflage 2012, S. 106/107.

Konflikte und Konfliktaustragung in der Schule

Anwendung der Mediation bei Konflikten in der Schule und Formen der Gewalt

Konflikte können entstehen zwischen:
- Schülerinnen und Schülern
- Schülern und Lehrern
- Lehrern und Eltern
- Kolleginnen und Kollegen

Häufig treten dabei verschiedene Formen von Gewalt auf:
- verbale Gewalt (Beleidigungen, zotige Bemerkungen)
- psychische Gewalt (z. B. Ausgrenzung, üble Nachrede, jemanden verfolgen)
- physische Gewalt (z. B. schubsen, schlagen, sehr nah an jemanden herantreten, antatschen)

Jamie Walker stellt in ihrem Buch „Mediation in der Schule"[63] Aussagen von Lehrerinnen und Lehrern zusammen, was sie bei Konflikten in der Schule stört, was ihnen Angst macht. Von denen möchte ich einige wiedergeben:
- Konflikte im Kollegenkreis werden häufig ignoriert, verdrängt, schwelende Konflikte bleiben ungelöst.
- Oft mangelt es an gegenseitiger Unterstützung und Solidarität unter den Lehrkräften, der Schulleitung und den Eltern.
- Einige Lehrkräfte schauen bei Auseinandersetzungen zwischen Schülern weg, halten sich nicht an diesbezügliche Vereinbarungen.
- Einige Lehrer rasten selber aus.

- Lehrer fühlen sich durch die Übernahme von Erziehungsaufgaben überlastet (ich ergänze noch, dass sie sich ärgern über Eltern, die ihre Verantwortung delegieren oder sich ihr entziehen).
- Im Schulalltag besteht permanenter Zeitdruck, Interventionen sind gefordert, aber es fehlen effektive Handlungsmöglichkeiten.
- Gefühle der Macht- und Hilflosigkeit, da der Rückzug auf die Machtposition des Lehrers keine Veränderung bringt.
- Erwartungen einzelner Schüler oder Schülergruppen bezüglich der Rolle als Schiedsrichter können nicht erfüllt werden, bzw. nicht angenommen werden.
- Angst vor Eskalation des Konflikts, Unsicherheit dem nicht gewachsen zu sein, sich falsch zu verhalten und somit Angst vor Gesichtsverlust.
- Psychische Belastung oder Erschrecken durch Erkennen der Ausweglosigkeit in manchen Situationen (mancher Kinderschicksale und Familiensituationen).
- Lehrkräfte erkennen Konflikte oder Gewalt - Schüler wiegeln ab, erklären die Situation als unproblematisch, es sei nur Spaß.
- Lehrer erschrecken vor Gewaltbereitschaft (erkennen mangelnde Empathie, mangelndes Unrechtsbewusstsein und geringe Frustrationstoleranz unter Kindern und Jugendlichen).

Konflikte werden als anstrengend, belastend und negativ empfunden. Dazu kommen noch die Konfliktsituationen zwischen Lehrern und Eltern, ganz nach dem Motto: „Über Schule glaubt jeder mitreden zu können, denn wir alle haben sie erlebt, erlitten oder genossen"[64].

[63] Jamie Walker (Hrsg.) - Mediation in der Schule - Konflikte lösen in der Sekundarstufe I, Cornelsen Verlag Scriptor, Berlin 2001, S. 11/12.
[64] Dr. K. Bischof / J. Baier - Kursbuch Eltern: Elternratgeber Schule - Der richtige Umgang mit Schule, Verwaltung und Lehrern, Originalausgabe 1994, Wilhelm Heyne Verlag GmbH& Co. KG, München.

Probleme im Konfliktfeld Schule - Schüler - Elternhaus

- Unterschiedliche Sichtweisen vom Bild eines Kindes/ Jugendlichen seitens der Eltern und der Lehrenden (z. B. bezüglich Stärken, Schwächen, Leistungsvermögen, Selbstständigkeit, Lernerfolgstendenz, soziale Kompetenz).
- Manchmal sind Eltern mit der Bewertung und den schulischen Leistungen ihres Kindes nicht einverstanden, wollen auf die Benotung Einfluss nehmen.
- Einige Eltern vermitteln (oft unbewusst) ihren Kindern eine hohe Erwartungshaltung hinsichtlich der Schulerfolge, Schulabschlüsse, die diese nicht erfüllen können.
- Manche Eltern wollen den Förderbedarf ihres Kindes nicht wahrhaben, beschuldigen die Lehrer, sich nicht genug zu kümmern, das Kind ungerecht zu behandeln.
- Eltern übertragen eigene frühere Erfahrungen mit Schule auf ihr Kind - wollen, dass es weiterkommt als sie.
- Teilweise bestehen Unkenntnis oder unklare Vorstellungen über mögliche Alternativen bei der Schullaufbahn oder über gesetzliche Regelungen.
- Lehrer fühlen sich von Eltern angegriffen oder übergangen, wenn sich diese an das Schulamt wenden und beschweren.
- Mangelnde Kommunikation zwischen Kind - Eltern, Kind - Lehrer, Eltern - Lehrer, dadurch gegenseitige Schuldzuweisungen und Missverständnisse.
- Zeitprobleme, Hektik, Gespräche zwischen Tür und Angel.
- Bild des Lehrers wird in der Gesellschaft und in den Medien nicht immer positiv bewertet (Lehrer wurden schon als „Schmarotzer der Nation" bezeichnet).

Wie und wo können Konflikte im Spannungsfeld Schule konstruktiv ausgetragen werden? Können sie in beiderseitigem

Einvernehmen beigelegt werden, ohne dass eine Sieg-Niederlage-Situation entsteht?

Konflikte sollten auch als Chance gesehen werden. Die Reaktionen der beteiligten Schüler, Lehrenden, Eltern können spannend sein, man gewinnt Erkenntnisse über das Erleben der Beteiligten und erfährt zudem Neues über sich selbst, lernt eigene Grenzen kennen.

Durch gemeinsame Konfliktbewältigung werden Beziehungen gefördert und gestärkt, soziale Kompetenz erworben. Gelöste Konflikte setzen Energie frei und führen zu positiven Veränderungen.

Mediation kann einen Beitrag zur Konfliktbewältigung leisten. Nicht selten erwarten Kollegen und Kolleginnen in der Regelschule von den Beratungslehrkräften Hilfe bei der Überwindung von Konflikten zwischen Elternhaus und Schule, vor allem dann, wenn kein Schulsozialarbeiter vor Ort ist.

Mediation als alternatives Verfahren

Unter Mediation versteht man die Vermittlung in Konfliktfällen durch unparteiische Dritte. Mediatoren helfen den Konfliktparteien, die aufgrund gestörter Kommunikation nicht oder nicht mehr in der Lage sind direkt miteinander zu verhandeln, selbstbestimmte und einvernehmliche Lösungen zu finden.

Voraussetzung ist, dass die Streitparteien bereit sind, ihren eigenen Anteil am Konflikt erkennen zu wollen.

Mediation ist besonders sinnvoll mit Streitparteien, die ein Interesse daran haben, eine Beziehung weiterzuführen oder die eine Beziehung weiterführen müssen.

Mediatoren sind für den Verlauf eines Gespräches verantwortlich, aber nicht für den Inhalt. Sie fungieren als Brücke in der Kommunikation und versuchen von der Positions- zur Interessenebene vorzudringen.

Am Anfang scheinen die Positionen oftmals verhärtet und widersprechen sich, wobei die Interessen, die dahinterliegen, sich durchaus nicht widersprechen müssen.[65]

Beispiel:

Ein Schüler ist im Unterricht sehr auffällig, passt nicht auf, stört häufig, übertritt Grenzen und Regeln, ist immer wieder in Auseinandersetzungen verwickelt. Auf Ermahnungen reagiert er uneinsichtig mit Beleidigungen und aggressiver Verweigerung. Die Fachlehrer beschweren sich beim Klassenleiter, schreiben Einträge ins Hausaufgabenheft. Der Klassenlehrer versucht zu vermitteln. Andere Eltern beschweren sich über das unerträgliche Verhalten des Kindes.

Die Eltern des betreffenden Schülers können gar nicht glauben, dass es so schwerwiegende Probleme gibt. Zu Hause ist das Kind doch lieb und kann auch die geforderten Aufgaben lösen. Wieso bekommt es ständig schlechte Noten und rot geschriebene Einträge?

Es bleibt nicht aus, dass es zu Vorwürfen und gegenseitigen Schuldzuweisungen kommt.

Die Eltern fühlen sich unverstanden, angegriffen, suchen die Schuld bei den Lehrkräften, die ihr Kind aus ihrer Sicht einfach ablehnen. Auch die Pädagogen fühlen sich unverstanden und alleingelassen, manchmal sogar hilflos in ihren Bemühungen, das Kind positiv zu beeinflussen.

Hinter beiden Positionen steht aber das gleiche Interesse: das Kind zu fördern und ihm zu helfen.

Bei einer Mediation geht es nicht um eine objektive Beurteilung der Situation oder Geschehnisse, sondern darum, sich mit der subjektiven Sicht der Beteiligten auseinanderzusetzen, wie sie den Konflikt erleben, welche Gefühle, Bedürfnisse und Interessen dahinter stecken.

Die gemeinsam erarbeitete Lösung des Konflikts mündet in einer schriftlichen oder mündlichen Vereinbarung.

---

[65] Jamie Walker (Hrsg.) - Mediation in der Schule - Konflikte lösen in der Sekundarstufe I, Cornelsen Verlag Scriptor, Berlin 2001, S. 14.

Die Beratungs- oder Förderschullehrkraft als Mediator

Beratungslehrkräfte, Schulleiterinnen und Schulleiter erleben an den Regelschulen häufig solche verhärteten Situationen. Eine vertrauensvolle Zusammenarbeit zwischen Elternhaus und Schule scheint unmöglich geworden zu sein. Auch das betreffende Kind bleibt unerreichbar.

Oftmals scheint die Überprüfung des sonderpädagogischen Förderbedarfs mit Schwerpunkt Lernen und/oder im Bereich emotionale-soziale Entwicklung sowie ein möglicher Schulwechsel der Ausweg zu sein. Auch wenn der Förderbedarf bestätigt wurde, sind manche Eltern nicht bereit diesen anzuerkennen und bleiben bei ihren Schuldzuweisungen. Eine von den Lehrkräften empfohlene Umschulung in eine Förderschule wird kategorisch abgelehnt. Die Eltern bestehen auf Inanspruchnahme der Förderung im Gemeinsamen Unterricht, ohne sich darüber im Klaren zu sein, welche Bedingungen dafür notwendig sind und ob die Regelschule personell, räumlich und sächlich (z. B. Bereitstellung der entsprechenden förderspezifischen Lehr- und Lernmittel, räumliche Gegebenheiten) dazu in der Lage ist.

Seit 2010/11 werden (nach Inkrafttreten der UN-BRK) die Bemühungen, ein „Inklusives Schulsystem" aufzubauen, in dem Kinder mit und ohne Beeinträchtigungen oder Behinderungen gemeinsam lernen, bundesweit verstärkt.

Klassen- und Fachlehrkräfte waren eher skeptisch, sahen anfangs viele Probleme auf sich zukommen und befürchteten oft zu Recht, dass mit zwei Unterrichtsstunden pro Woche durch eine Förderschullehrkraft das betroffene Kind nicht ausreichend sonderpädagogisch gefördert werden kann und sich trotz individueller Lernpläne und Benotung weiterhin als Versager fühlt. Das könnte wiederum zum Motivationsverlust, zu Ängsten und psychosozialen Problemen führen.

184

Lehrerinnen und Lehrer empfehlen deshalb im Einzelfall als Förderort die Sonderschule, was manche Elternteile oder Elternpaare nicht akzeptieren. Im Vorfeld der Entscheidungsfindung ist dann der Beratungslehrer oder die Beratungslehrerin gefordert, eine Lösung des Konflikts herbeizuführen. Im Gespräch mit einem zuständigen Mitarbeiter bzw. einer Mitarbeiterin des MSDD (Mobiler Sonderpädagogischer Diagnostischer Dienst) oder in einer einberufenen Fachkommission wird eine Empfehlung an das Schulamt erarbeitet. Die endgültige Entscheidung trifft die Schulbehörde.

Eine Mediation bietet die Möglichkeit, konstruktiv mit dem Konflikt umzugehen. Nicht jede Mediation führt gleich zum Ergebnis. Wichtiger als eine durch den Vermittler gesteuerte schnelle Vereinbarung ist die Erhellung des Problems, dass sich die Beteiligten mit dem Konflikt auseinandergesetzt haben. Oftmals sind mehrere Gespräche nötig oder auch Einzelgespräche mit allen Beteiligten. Dazu zähle ich ebenso die Einbeziehung des Kindes oder Jugendlichen.

Das Mediationsgespräch

Auch ohne eine spezielle Ausbildung als Mediator kann der Beratungslehrer, die Beratungslehrerin als unparteiischer Vermittler zwischen Elternhaus und Schule wirksam werden. Für die Strukturierung des Gespräches sind die „Fünf Phasen des Mediationsgesprächs" nach Jamie Walker hilfreich.[66]

1. Das Gespräch einleiten:
- Begrüßung, Vorstellung, Dank für die Bereitschaft zum klärenden Gespräch ausdrücken.
- Eigene Rolle und Ablauf des Gespräches erklären (Beratungslehrer leitet das Gespräch als Unparteiischer, jeder soll das Problem aus seiner Sicht darstellen).
- Vertraulichkeit zusichern.
- Einverständnis einholen.

2. Sichtweisen nacheinander klären:
- Wer fängt an? Hier halte ich es für sinnvoll, zunächst einen Elternteil aufzufordern zu erzählen, welche Beobachtungen sie zu Hause gemacht haben betreffs Reaktionen des Kindes auf Anforderungen und Kritik, welche Ursachen sie für die bestehenden Probleme vermuten.
- Wie ist die Sichtweise der Lehrer?
- Beratungslehrer wiederholt Fakten, fragt nach, ob er die Sichtweisen richtig verstanden hat, fasst zusammen.
- Gemeinsamkeiten und Unterschiede hervorheben.

3. Konflikterhellung:
- Die persönliche Bedeutung des Konflikts verstehen.
- Kommunikation der Beteiligten fördern, indem Probleme aus beiden Darstellungen aufgegriffen und auf die Gefühls-, bzw. Interessenebene zurückgeführt werden (z. B. Was bedeutet es für Sie, wenn ...? Wie war das, als ...?).

- Perspektivwechsel (Können Sie sich vorstellen, wie sich ... gefühlt hat, als ...?).
- Eventuell beteiligte, aber nicht anwesende Personen in Überlegungen mit einbeziehen (z. B. Was glauben Sie, was Ihr Kind / Ihr Schüler darauf antworten würde?).
- Auf augenblickliche Stimmung und Befürchtungen eingehen.
- Fragen beantworten.

4. Gemeinsam nach Lösungen suchen:
Wer bietet was an?
- Beteiligte auffordern zu überlegen, welche Lösungsmöglichkeiten sie sehen, diese aufschreiben lassen.
- Auch eigene Gedanken können auf Wunsch der Streitparteien notiert werden.
- Lösungsvorschläge sammeln und vorlesen, Gemeinsamkeiten feststellen.
- Lösungs-Check: Ist der Lösungsvorschlag realistisch, fair, angemessen?

5. Einigung und Abschluss:
- Sich auf eine gemeinsame Lösung verständigen oder erste Schritte vereinbaren.
- Einigung schriftlich festhalten (Beratungslehrer), Vereinbarung unterschreiben lassen, wenn möglich Kopie aushändigen.
- Ein weiteres Treffen vereinbaren (Zeitraum festlegen).
- Sich für die Mitarbeit und das Vertrauen bedanken und verabschieden.

Im Vorfeld eines solchen Schlichtungsgespräches werden meistens Einzelgespräche mit den betreffenden Lehrpersonen, den Eltern und dem Schüler, der Schülerin geführt. Wenn die Positionen zum Sachverhalt und die beteiligten Personen bekannt sind, kann sich der Schlichtende durch eine sogenannte Spinnwebanalyse schon einen Überblick verschaffen.

Fallbeispiel:

- Johannes (Name geändert) ist Einzelkind, Eltern sind geschieden, Vater ist Araber, hat Umgangsrecht, gespanntes Verhältnis zwischen den Elternteilen und zwischen Vater und Sohn.
- Kind ist nach Angaben der Mutter traumatisiert durch „Scheidungskrieg" (Junge war im Kleinkindalter), hat häusliche Gewalt erlebt.
- Kein Kindergartenbesuch, Betreuung des Kindes durch die Mutter und deren Eltern.
- Kindesmutter hat psychische Probleme (Mobbing erlitten, Klinikaufenthalt nach einem Suizidversuch, Ablösung vom Elternhaus nicht klar erfolgt).
- Einschulung des Jungen altersgerecht, Auffälligkeiten im Lern- und Sozialverhalten - Konflikte zwischen Elternhaus und Schule.
- Nach dem 1. Schuljahr Umschulung in eine andere Grundschule (auf Antrag beim Schulamt).
- 2. Schuljahr - auch an der anderen Grundschule treten Konflikte auf, Junge ist im Lern- und Sozialverhalten auffällig.
- 3. Schuljahr - Kind bleibt im Lernen zurück, Kurzüberprüfung, ob Feststellung des Förderbedarfs notwendig ist, Diagnostik abgelehnt, da intellektuelle Befähigung durchschnittlich ist, auf Antrag der Mutter freiwillige Zurückstufung und Verbleib in der Schuleingangsphase (SEP 2), präventive Förderung in einer Spezialklasse für Kinder mit Lese-Rechtschreib-Schwäche (solche besonderen Klassen gibt es in Sachsen-Anhalt inzwischen nicht mehr; der in der Regelschule eingesetzte Förderschullehrer ist

für alle Förderbedarfe zuständig, unabhängig von seiner ursprünglichen Ausbildung).

- Kind eigenwillig bei der Anwendung von Lernstrategien, hält geforderte Lösungsalgorithmen nicht ein, statt dessen Beharren auf Lösungswegen, die es vom Großvater übernahm (aber nicht verstanden hatte), bei Kritik oder Korrekturversuch aggressive Verweigerung.
- 4. Schulbesuchsjahr / 3. Klasse - planmäßig schrittweise Integration der Schüler aus der LRS-Klasse in Regelklassen - Zunahme der Konflikte mit anderen Kindern, allgemeine Verhaltensauffälligkeiten, regelrechtes Ausrasten (auch zu Hause), verbale Aggressionen, Drohgebärden, Gewaltbereitschaft, rechthaberische Haltung, kein Unrechtsbewusstsein, sehr geringe Frustrationstoleranz.
- Mehrfach Aussprachen zwischen Klassenlehrerin und Kindesmutter - problemgeladen, Schuldzuweisungen, Rechtfertigungen.
- Antragstellung durch die Schule zur Feststellung des sonderpädagogischen Förderbedarfs mit Schwerpunkt emotionale und soziale Entwicklung.
- Mutter ergriff verschiedene Maßnahmen - wie Vorstellung des Jungen beim Kinderpsychiater, Trauma - Beratung (pro familia), Verhaltenstraining (Praxis Kinderpsychiatrie), Schwimmen (in einem Verein), Hausaufgabenhilfe (Kinderschutzbund); mehrere Termine wöchentlich.
- Junge genervt vom Aktionismus, durch die vielen Termine fehlende Zeit zum Spielen mit anderen Kindern, zusätzlich häufiges Üben mit dem Großvater.

Der sonderpädagogische Förderbedarf wurde bestätigt. Die Mutter des Jungen stellte einen Antrag zum Gemeinsamen Unterricht, den die Schule zunächst ablehnte (was zu diesem Zeitpunkt noch möglich war).

Positionen der Streitparteien

o   Schule (Schulleiterin, Klassenlehrerin):
Der Schüler ist im Schulalltag sehr anstrengend und spricht wenig auf Hilfsangebote an. Er ist überfordert und müsste in eine Sonderschule überwiesen werden, dort könnte man ihm bessere Förderung bieten. Die Kolleginnen der Grundschule befürchteten, mit der Aufgabe, das Kind im GU zu fördern, überfordert zu werden.

o   Kindesmutter, Großvater:
Sie meinen, Johannes würde von den Lehrerinnen und Mitschülern abgelehnt und besonders von einem Mitschüler (nennen wir ihn Axel) provoziert und geärgert werden - er würde sich nur wehren und hätte einen starken Gerechtigkeitssinn. Die Lern- und Verhaltensprobleme seien Nachwirkungen der schlechten Erfahrungen im ersten Schuljahr. Die Umschulung in eine Förderschule kommt nicht in Frage, der Gemeinsame Unterricht würde eingefordert werden.

Um eine Lösung des Konflikts zu finden, fand eine Gesprächsrunde mit der Beratungslehrerin als Vermittlerin statt, an der die Kindesmutter, die Klassenlehrerin und die stellvertretende Schulleiterin (gleichzeitig künftige Klassen- lehrerin) teilnahmen. Durch vorausgegangene Einzelgespräche mit den Beteiligten konnte ich mir mit Hilfe einer „Spinnwebanalyse" eine Übersicht zum bestehenden Konflikt erstellen.

---

[66] Jamie Walker (Hrsg.) - Mediation in der Schule - Konflikte lösen in der Sekundarstufe I, Cornelsen Verlag Scriptor, Berlin 2001, S. 179.

Spinnwebanalyse

Überlegungen zum Zeichnen der Spinnwebanalyse:

blau: WER?   Wer ist beteiligt?
rot: WAS?   Was tun die einzelnen Beteiligten?
grün: WARUM?   Welche Motive haben die Beteiligten?

(siehe Darstellung auf Seite 193)

Durch die zuständige Dezernentin des Schulamtes wurde für Johannes die Förderung im Gemeinsamen Unterricht verfügt. Dieser Entscheidung mussten sich beide Konfliktparteien stellen. Für mich als Beratungslehrerin war die Situation nicht ganz einfach, weil ich einerseits Neutralität zu wahren hatte, andererseits jedoch involviert war, da ich den Förderbedarf festgestellt hatte und die sonderpädagogische Förderung im GU übernehmen sollte.

Die verschiedenen Positionen und Befindlichkeiten konnten im Mediationsgespräch erhellt werden und erste Vereinbarungen, bzw. gemeinsame Ziele wurden umrissen:

- Klare Absprachen zwischen Elternhaus und Schule sollten erfolgen.
- Abstimmung aller Maßnahmen (Schwerpunkte setzen, nicht zu viel auf einmal), auch mit sozialen Diensten (Verantwortung Mutter).
- Konkrete Festlegungen zu Anforderungen im Lern- und Sozialverhalten sowie Folgen bei Verstößen, mögliche Hilfen.
- Erstellung eines Förderplanes unter Einbeziehung des Schülers.
- Nächster Gesprächstermin wurde festgelegt.

Im neuen Schuljahr (4. Klasse) fanden wieder zunächst Einzelgespräche statt. Mit Johannes erarbeitete ich Vereinbarungen, die ihm eine konkrete Stütze und Sicherheit geben sollten (Tabelle mit Unterteilung Situation/Anforderungen/Maßnahmen und Hilfen).

Johannes und auch seine Mitschüler nutzten im Konfliktfall gern die Möglichkeit der Streitschlichtung, da die Beteiligten ihren Anteil am Konflikt erkennen konnten, ohne beschuldigt zu werden. Die Kinder bedankten sich sogar für das lösungsorientierte Gespräch.

Zwischen der Kindesmutter und der Klassenlehrerin entwickelte sich zunehmend eine vertrauensvolle Zusammenarbeit. Johannes war sehr bemüht und motiviert, die gestellten Anforderungen zu erfüllen, da er sich von seiner neuen Klassenlehrerin angenommen fühlte. Auch die Mutter, die immer häufiger ohne ihren Vater Entscheidungen traf, fühlte sich mit ihren Sorgen ernst genommen. Die Fortschritte des Jungen in den Bereichen Lernen und Sozialverhalten, begleitet von einer ambulanten Therapie (medikamentös, verhaltenstherapeutisch), führten zu der Entscheidung, dass der sonderpädagogische Förderbedarf am Ende der Grundschulzeit wieder aufgehoben werden konnte.

„Spinnwebanalyse" zum Erfassen des Konflikts in Vorbereitung auf das Beratungsgespräch

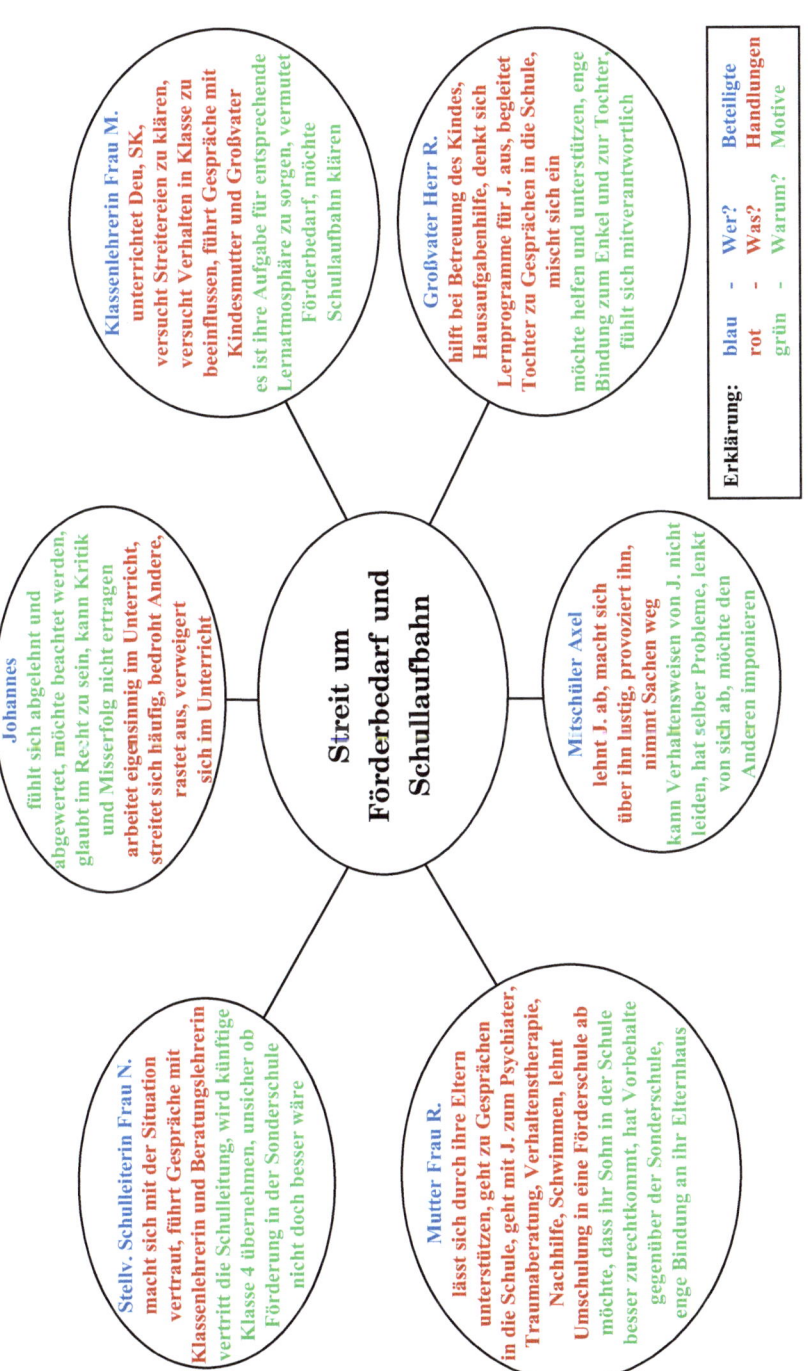

Streit um Förderbedarf und Schullaufbahn

Klassenlehrerin Frau M.
unterrichtet Deu, SK, versucht Streitereien zu klären, möchte beachtet werden, versucht Verhalten in Klasse zu beeinflussen, führt Gespräche mit Kindesmutter und Großvater
es ist ihre Aufgabe für entsprechende Lernatmosphäre zu sorgen, vermutet Förderbedarf, möchte Schullaufbahn klären

Großvater Herr R.
hilft bei Betreuung des Kindes, Hausaufgabenhilfe, denkt sich Lernprogramme für J. aus, begleitet Tochter zu Gesprächen in die Schule, mischt sich ein
möchte helfen und unterstützen, enge Bindung zum Enkel und zur Tochter, fühlt sich mitverantwortlich

Johannes
fühlt sich abgelehnt und abgewertet, möchte beachtet werden, glaubt im Recht zu sein, kann Kritik und Misserfolg nicht ertragen
arbeitet eigensinnig im Unterricht, streitet sich häufig, bedroht Andere, rastet aus, verweigert sich im Unterricht

Mitschüler Axel
lehnt J. ab, macht sich über ihn lustig, provoziert ihn, nimmt Sachen weg
kann Verhaltensweisen von J. nicht leiden, hat selber Probleme, lenkt von sich ab, möchte den Anderen imponieren

Stellv. Schulleiterin Frau N.
macht sich mit der Situation vertraut, führt Gespräche mit Klassenlehrerin und Beratungslehrerin
vertritt die Schulleitung, wird künftige Klasse 4 übernehmen, unsicher ob Förderung in der Sonderschule nicht doch besser wäre

Mutter Frau R.
lässt sich durch ihre Eltern unterstützen, geht zu Gesprächen in die Schule, geht mit J. zum Psychiater, Traumaberatung, Verhaltenstherapie, Nachhilfe, Schwimmen, lehnt Umschulung in eine Förderschule ab
möchte, dass ihr Sohn in der Schule besser zurechtkommt, hat Vorbehalte gegenüber der Sonderschule, enge Bindung an ihr Elternhaus

Erklärung:
blau – Wer? – Beteiligte
rot – Was? – Handlungen
grün – Warum? – Motive

Arbeit mit den Eltern

Gedanken zur Vorbereitung auf schwierige Gespräche mit Eltern

Fast in jeder Klasse gibt es mindestens ein verhaltensauffälliges Kind, was besonders unruhig erscheint oder aggressiv reagiert. Diese Kinder binden im Unterricht einen großen Teil unserer Kraft und lassen uns mitunter alle unsere Erfolge und Freuden in der pädagogischen Arbeit vergessen. Die Fachlehrer beklagen sich beim Klassenleiter, Eltern anderer Kinder fordern Maßnahmen, die das Stören im Unterricht verhindern. Am besten, der Störenfried kommt in eine andere Klasse oder Schule. **Oftmals meiden die Eltern eines solchen Kindes die Zusammenarbeit mit der Schule, erscheinen nicht zu Elternabenden, sind einfach nicht erreichbar.**

Welche Gründe könnten dafür vorliegen? Lebt die Familie in prekären Verhältnissen, liegt eine Suchterkrankung, eine schwere chronische oder psychische Erkrankung eines Elternteils oder eine Traumafolgestörung vor?

Kinder sind ihren Eltern, ihrer Familie gegenüber loyal; würden sie über häusliche Probleme sprechen, käme das einem Verrat gleich.

Schwierig wird die Situation, wenn ein Verdacht auf Vernachlässigung, Misshandlung oder Missbrauch des Kindes vorliegt. Bei diesen Themen ist ein enormes Fingerspitzengefühl erforderlich.

Manch eine Lehrerin oder mancher Lehrer wird sich überfordert fühlen, den Eltern des betroffenen Kindes gegenüber eine Vermutung zu äußern. Außerdem fehlt uns Pädagogen im Allgemeinen das konkrete Wissen zu den psychodynamischen Zusammenhängen von traumatischen Ereignissen und Traumafolgestörungen, die sich im Sozialverhalten äußern. Eine

Beratung zu dieser Problematik im Team (Klassenleiter, Schulleitung, Schulsozialarbeiter, Förderschullehrkraft, Schulpsychologe) kann entlastend wirken und zu einer vorausschauenden Vorbereitung auf ein schwieriges Gespräch mit Eltern oder mit einem Elternteil führen. Dazu dienen die folgenden Schritte:

1. Zusammenstellung von Fakten zur Verhaltensbeobachtung beim Kind
- Lern- und Sozialverhalten im Unterricht (eigener, bei Fachlehrern).
- Verhalten in Pausen, in Konfliktsituationen, Kontakte zu anderen Kindern.
- Reaktionen auf Kritik, Erfolg, Misserfolg.
- Reaktion auf Hilfsangebote, auf Zuwendung.
- Einhalten von Regeln und Vereinbarungen.
- Verhaltensbesonderheiten (Ticks, Haare ausreißen, Nägelkauen, Selbstverletzung, Klagen über Kopf- und Bauchschmerzen, Unruhe, Ängstlichkeit usw.).

2. Überlegungen - Wie ist das Verhältnis zum Schüler, zu den Eltern?
- Wie wirkt das Verhalten des Schülers / der Schülerin auf mich selbst? Welche Gefühle habe ich dabei? Welche Probleme sehe ich?
- Wie gehe ich mit den Klagen und Erwartungen von Kolleginnen und Kollegen um (Verantwortlichkeit, Abwehrreaktion)?
- Welches Verhältnis besteht zwischen Elternhaus und Schule? Gibt es Vorurteile, Schuldzuweisungen, negative Erfahrungen der Eltern (Übertragung) aus vergangenen Schuljahren, aus einer anderen Schule?
- Welche Vermutung habe ich über mögliche Ursachen der Verhaltens- oder Lernprobleme?

- In welchen Familienverhältnissen lebt das Kind?
- Welche Reaktionen der Eltern (Vater oder Mutter) könnten auftreten, wenn ich die Probleme benenne? Fühle ich mich diesen gewachsen (Schock, Wut, Ablehnung, verbale Angriffe, Weinen, Strafankündigung für das Kind)?
- Grundannahme: Auch die Eltern leiden unter der aktuellen Situation, auch sie benötigen Verständnis und Hilfe.
- Die Sicherheit des Kindes hat Vorrang (z. B. bei Verdacht auf Misshandlung und Missbrauch)!

3. **Überlegungen zu den Gesprächsschwerpunkten - Welche Punkte möchte ich unbedingt ansprechen?**
- Möglichen Gesprächseinstieg überlegen (z. B. Dank für Gesprächsbereitschaft).
- Situation und Probleme aus der Sicht der Eltern erklären lassen (Stärken, Schwächen des Kindes, Eigenheiten, besondere, belastende oder traumatisierende Ereignisse).
- Beobachtungen in der Schule, Fakten darstellen.
- Gleiche oder ähnliche Beobachtungen und Unterschiede besprechen.
- Nachfragen: Seit wann besteht das Problem? Gab es besondere Ereignisse? Wie erleben Sie das, wenn Ihr Kind ...? Was meinen Sie, wie sich Ihr Kind fühlt, wenn ...?
- Schlüsselproblem ins Blickfeld rücken, Vorstellungen, Ziele aus Elternsicht (Zukunftsbild), aus schulischer Sicht.
- Mögliche Hilfsangebote (schulische, externe - z. B. Fachärzte, Therapeuten) aufzeigen.
- Zielvereinbarung, erste Maßnahmen, Verabredung weiterer Gespräche schriftlich festhalten.

4. Einladung zum Gespräch und Rahmenbedingungen

- Wie soll die Einladung erfolgen (persönlicher Brief, Anruf, E-Mail)?
- Terminvorschläge, genug Zeit einplanen (nicht zeitlich unter Druck setzen).
- Wo soll das Gespräch stattfinden (ungestörter, freundlicher Raum, mögliche Sitzordnung, evtl. Taschentücher, Stifte, Zettel bereithalten)?
- Wer soll am Gespräch teilnehmen?
- Sind bestimmte Gesprächsregeln zu vereinbaren?
- Vertraulichkeit zusichern.

5. Grundsätze der Gesprächsführung (kooperative Beratung)

- Konstruktive Annahme - Gesprächspartner sind an einer Lösung des Problems interessiert.
- Keine Verdachtsmomente äußern, nur fundiert recherchierte Fakten benennen.
- Keine Beschuldigungen oder Vorwürfe, Eltern nicht unter Druck setzen.
- Aktives Zuhören, auf nonverbale Äußerungen achten (Mimik, Gestik, Andeutungen zwischen den Zeilen).
- Verbalisieren von Gefühlen, Verwenden von ICH-Botschaften[67]
- Ansprechen von Gedanken zur Situation.
- Nachfragen, Konkretisieren zum besseren Verständnis.
- Im Gespräch ruhig bleiben, auch wenn es heikel wird.
- Anteilnahme, Verständnis zeigen.
- Nicht ausweichen, sondern sagen, wenn das Problem mich im Augenblick überfordert.
- Perspektivwechsel, sich in die Lage des Anderen hineinversetzen.
- Keine Panik aufkommen lassen, gemeinsam überlegen, welche Hilfen und Sofortmaßnahmen nötig sind.

- Vorschläge auf Realisierbarkeit überprüfen, Verantwortlichkeit festlegen.
- Dank aussprechen für Offenheit und Vertrauen.
- Gesprächspartner ermutigen, weitere Bereitschaft zur Hilfe und Beratung zusichern.
- Zeitrahmen festlegen, um über den aktuellen Stand, Wirksamkeit von Vereinbarungen und weitere Schritte zu sprechen (zum Beispiel über externe Hilfen wie Therapiemöglichkeiten, Freizeitangebote, Familienhilfe).

---

[67] ICH-Botschaft. Begriffserklärung Teil IV.

Hilfreiches Hintergrundwissen für eine achtsame Kommunikation und Zusammenarbeit von Elternhaus und Schule

Belastungen durch verhaltensauffällige Schüler

Mit seinem Buch „**Traumatisierte Kinder** in Schule und Unterricht"[68] wendet sich Carl Hehmsoth an Lehrerinnen und Lehrer, die möglicherweise aufgrund unverständlicher Verhaltensweisen von Schülern nicht mehr weiterwissen, sich belastet, enttäuscht, frustriert fühlen und insbesondere an Lehramt-Studierende sowie Referendare und Referendarinnen. Er schreibt: „Sie werden dieses Wissen brauchen: Die Zeiten haben sich geändert. Krieg, Flucht, Armut, Medien überfordern und belasten unsere Kinder zunehmend und immer schwerer und Sie sind es, die mit diesen Kindern und Jugendlichen arbeiten werden und sie versorgen müssen. Dieses Buch wird Ihnen zeigen, dass es gilt, mit den Ursachen für Traumata zu arbeiten. Ein Kind, das Lehrkräften schadet, tut dies nicht aus Bosheit (wirklich nicht!). Ein Kind, das Lehrkräfte als renitent und faul empfinden, zeigt dieses Verhalten aus einem Grund. Wenn Kinder nicht lernen, so tun sie dies, weil sie nicht wollen können."[69]

Dorothea Weinberg gibt in ihrem Buch „Verletzte Kinderseele"[70] Eltern und Pädagogen wichtige Erklärungen und Handlungsmöglichkeiten als Rüstzeug für den Umgang mit traumatisierten Kindern. **Belastende Erfahrungen und Schockerlebnisse, wie zum Beispiel Unfall, plötzlicher Verlust eines Geschwisterkindes oder Elternteils, Trennung der Eltern, Ablehnung, Vernachlässigung, Misshandlung,** können zu seelischen Problemen und unverständlichen Verhaltensweisen führen:

- oppositionell-aufsässig
- hyperkinetisch-unaufmerksam
- verträumt-unaufmerksam
- aggressiv, dissozial
- depressiv, anhaltend traurig
- apathisch-lustlose Dauerzustände
- Rückfall ins Einnässen (sekundäre Enuresis)
- primäre Enuresis (Reifungsverzögerung)
- autistische Verhaltensweisen (im Gegensatz zur genetischen Komponente durch anhaltende frühe emotionale Verwahrlosung und Verlassenheit hervorgerufen)

Halten die auffälligen Verhaltensweisen länger als acht Wochen nach dem belastenden Ereignis an, könnte eine Posttraumatische Belastungsstörung (PTBS) vorliegen.

Häufige Störungen im Unterricht, aggressives, teilweise gewalttätiges Verhalten einzelner Schülerinnen oder Schüler, die mitunter als „Systemsprenger" bezeichnet werden, können Mitschüler und Lehrkräfte sowie Eltern, Pflegeeltern, Erzieher und Erzieherinnen an ihre Grenzen bringen.

Nicht immer löst das als Störenfried angesehene Kind den Konflikt aus, sehr oft sind es Mitschülerinnen/Mitschüler, die genau wissen, wo der „Knopf" zum Auslösen eines Ausrasters sitzt, indem sie gezielt provozieren und meinen, sich rächen zu müssen. Solche Situationen habe ich bei Pflege- und Heimkindern mehrfach erlebt. Es folgen endlose Gespräche mit dem Kind/Jugendlichen, Eltern/Pflegeeltern, Schulleitern, Elternratsvertretern und, und, und ..., ohne dass eine für alle Beteiligten befriedigende Lösung gefunden werden kann.

Sowohl bei den Lehrkräften als auch Sorgeberechtigten entstehen Gefühle von Wut, Enttäuschung, Ratlosigkeit, Mutlosigkeit, Überforderung und Angst zu versagen. Als Reaktion ist die Ablehnung des Kindes vorstellbar.

Kenntnisse über Traumafolgestörungen bei Kindern, den traumasensiblen Umgang mit ihnen sowie über die Grundzüge der „Traumapädagogik" (2011 von der Bundesarbeitsgemeinschaft BAG Traumapädagogik erste Standards veröffentlicht), waren zur Zeit meines Einsatzes als Beratungslehrerin an den verschiedenen Regelschulen (und als Bereitschafts-Pflegemutter einer 14-jährigen)[71] allgemein nicht bekannt. Auch heute noch steht (laut Hehmsoth) die fachwissenschaftliche Einordnung und Ausdifferenzierung der Standards aus.

Ab dem Schuljahr 2001/02 wurden in Sachsen-Anhalt Sonderschullehrkräfte beauftragt, den sonderpädagogischen Förderbedarf von Kindern nicht mehr in Gruppen an den Förderschulen, sondern an deren Lernorten festzustellen, Eltern, Lehrerinnen und Lehrer zu beraten. Dazu zählten Tätigkeiten wie Hospitation im Unterricht, Durchführung von standardisierten Testverfahren, Einschätzung der Kenntnisse, Fähigkeiten und Fertigkeiten sowie Gespräche mit dem Kind und seinen Bezugspersonen.

Zur Feststellung des Förderbedarfs wurden nicht nur Schülerinnen und Schüler, die beim Lernen langanhaltend zurückblieben, angemeldet, sondern auch die, welche ein nicht hinnehmbares, störendes Verhalten aufwiesen. Die Überzeugung der meisten Lehrkräfte war, dass diese Kinder am besten in einer Sonderschule gefördert werden können, da dort ausgebildete und sonderpädagogisch geschulte Lehrerinnen und Lehrer arbeiten, in kleineren Klassen gelernt wird. Es war üblich, die Defizite festzustellen und danach über den Förderort und Förderstrategien zu entscheiden.

Fehlende Kenntnisse (weil sie in der Ausbildung / beim Studium nicht vermittelt wurden) über psychodynamische Zusammenhänge, die langanhaltendes Leistungsversagen und Verhaltensstörungen erklären können, führen schnell zu Missverständnissen und gegenseitigen Schuldzuweisungen bei Eltern und Lehrkräften.

Dazu einige Fallbeispiele:

Johann (Name geändert) hatte das Klassenziel der 6. Klasse an einer Realschule nicht erreicht. Trotz Wiederholung konnte er die Anforderungen des Lehrplans der 6. Klasse nicht erfüllen, blieb weiterhin mit seinen Lernergebnissen zurück. Zunehmend stellten sich Schulunlust, Minderwertigkeitsgefühle und Hoffnungslosigkeit ein, was jedoch als Faulheit und Minderbegabung gedeutet wurde. Seine motorische Unruhe, Konzentrationsprobleme und hohe Ablenkbarkeit (noch nicht festgestelltes ADS)[72] führten in einer unruhigen Klasse mit 27 Schülerinnen und Schülern zum Nicht-lernen-Können. Das Verhältnis zwischen Elternhaus und Schule war angespannt, der alleinerziehenden Mutter (sie hatte noch ein Kleinstkind zu versorgen) wurde Desinteresse unterstellt.

Bei der Überprüfung des sonderpädagogischen Förderbedarfs stellte sich heraus, dass Johann, obwohl er über eine durchschnittliche intellektuelle Befähigung (durchschnittlicher IQ)[73] verfügte, langanhaltend im Lernen, vor allem in den Kernfächern Deutsch, Englisch und Mathematik, zurückblieb. Die Eltern des Jungen lebten getrennt und vertraten teilweise unterschiedliche Meinungen zu den Ursachen des Lern- und Leistungsversagens in der Regelschule. Sie entschieden sich nach einem Beratungsgespräch, zu dem ich beide Elternteile eingeladen hatte, und Abwägung der Möglichkeiten für einen künftigen Schulabschluss einvernehmlich für die Förderschule als Lernort. Johanns Lehrer und Lehrerinnen sahen keine Möglichkeiten, den Schüler im Gemeinsamen Unterricht ausreichend fördern zu können.

Als Fach- und Beratungslehrerin konnte ich Johanns weiteren schulischen Weg mit begleiten. Der Junge lebte nach der Umschulung im zweiten Halbjahr in die siebente Klasse der Förderschule regelrecht auf, war sehr interessiert am Physikunterricht, arbeitete mündlich aktiv mit. Für schriftliche Arbeiten benötigte er mehr Zeit. Eine ruhige, verständnisvolle Arbeitsatmosphäre an der Schule und therapeutische Unterstützung, nach Feststellung des Aufmerksamkeits-Defizit-Syndroms mit Hyperaktivität (AHDS)[74], trugen zu einer positiven Entwicklung des Jungen bei.

Zwischen 1995 und Anfang der 2000er Jahre gab es an ausgewählten Förderschulen für Lernbehinderte in Sachsen-Anhalt die Möglichkeit, in einem 10. Schuljahr den einfachen Hauptschulabschluss zu erwerben (wenn die dort unterrichtenden Lehrkräfte die Lehrbefähigung für Haupt- und Realschulen besaßen; später besuchten die Schüler und Schülerinnen Kooperationsklassen an einer Regelschule). Dieser Abschluss ist die Voraussetzung für die nach dem Schulbesuch folgende Berufsausbildung. Alle anderen Abgänger der Förderschulen für Lernbehinderte können den Hauptschulabschluss, also die Ausbildungsreife, in einem Berufsvorbereitungsjahr (BVJ) erwerben (ebenso Schulabgänger der Regelschulen, die ohne anerkannten Abschluss blieben).

Davon konnte Johann profitieren. Nach der Feierstunde zur Zeugnisübergabe kam der Junge zu mir und bedankte sich mit den Worten: „Danke, Sie haben mich gerettet!" Seine Eltern waren ebenfalls erleichtert und davon überzeugt, dass ihr Sohn von der Realschule nach neun Schuljahren ohne Abschluss abgegangen wäre.

Das Lernen im Gemeinsamen Unterricht kann nicht verordnet werden. Einige Kinder können in großen Lerngruppen der Regelschule nicht erfolgreich gefördert

werden, auch wenn dies die Eltern wünschen, wie ich es in einigen Schulgeschichten beschrieben habe.

Roberto (musste als Frühchen reanimiert werden, das bedeutet ein frühkindliches Trauma durch Nahtoderlebnis) war in seiner kognitiven Entwicklung zurück, er konnte nach zwei Jahren an der Grundschule und individueller Förderung im Gemeinsamen Unterricht weder lesen noch schreiben und nur vorwärts zählend im Zahlenraum bis 20 rechnen. Als seine ältere Schwester in die Sekundarschule wechselte, entschloss sich die Mutter, ihren Sohn an einer Förderschule anzumelden, zumal er aufgrund der andauernden schulischen Misserfolge mit aggressiver Verweigerung reagierte. Ich begegnete ihm später an der Förderschule wieder. Roberto hat, zum Teil in Einzelförderstunden, die Grundlagen zum Lesen und Schreiben erlernt. Im Sozialverhalten war er aufgrund früher Traumatisierung und einer damit verbundenen komplexen Entwicklungsstörung weiterhin auffällig, wurde aber therapeutisch begleitet.

Als besonders belastend werden Kinder empfunden, die in scheinbar harmlosen Situationen des Schulalltags mit unverständlichen, unangemessenen Verhaltensweisen reagieren, sich zum Beispiel bei Kritik oder Streitigkeiten auf einen Mitschüler stürzen, Gegenstände durch die Klasse werfen, schreien, weglaufen. Stellt man sie später zur Rede, können sie sich angeblich an nichts erinnern. Kann das möglich sein? Es wird festgestellt, dass dieses Kind eine niedrige Frustrationstoleranz und kein Unrechtsbewusstsein besitzt, Situationen nicht angemessen einschätzen kann. Die Mitschülerinnen und Mitschüler müssen vor solchen Angriffen geschützt werden - also raus mit dem Störenfried aus der Regelschule, rein in eine Sonderschule (oder gibt es andere Möglichkeiten?).

Ein Beispiel dafür war Alwin (Name geändert), Schüler einer 2. Klasse. Ich betreute an seiner Grundschule schon zwei Kinder mit einem sonderpädagogischen Förderbedarf im GU und erhielt den Auftrag, ihn und eine Klassenkameradin zu begutachten. Die Klassenlehrerin war sehr streng, manchmal unerbittlich, ungeduldig, wenn Schüler und Schülerinnen unruhig, unaufmerksam oder zu langsam waren.

Alwin, ein kleiner, zarter Junge, fiel durch extreme Verhaltens- und Stimmungsschwankungen sowie Lerndefizite auf. Wenn ihm etwas nicht gelang, zerstörte er Arbeitsmittel, lief erregt herum, redete laut vor sich hin, machte Geräusche. Auf Kritik und Ermahnungen reagierte er uneinsichtig und aggressiv oder er rannte weg. In Erregungs- und Konfliktsituationen schlug und trat Alwin blindwütig um sich, war mit Worten nicht zu beeinflussen.

Jedoch in Einzelsituationen während der Feststellung des Förderbedarfs und durch individuelles Eingehen auf seine Sorgen und Nöte zeigte es sich, dass der Junge fähig war, Vertrauen aufzubauen, dass seine intellektuelle Befähigung (IQ) dem Altersdurchschnitt entsprach. Alwin konnte in einer großen Lerngruppe unter Anforderungsdruck nicht arbeiten. Er litt, was ihm sehr bewusst war, unter einem ausgeprägten Aufmerksamkeits-Defizit-Syndrom mit Hyperaktivität und musste deshalb Medikamente einnehmen. Seine familiäre Situation belastete ihn zusätzlich; die Konkurrenz zur um nur ein Jahr jüngeren, im Verhalten angepassten Schwester und Sorgen um die Mutter, die mit einer Suchtproblematik kämpfte und nicht zuverlässig mit der Schule zusammenarbeiten konnte.

Alwin war durch die damalige Drogenabhängigkeit seiner Mutter schon vor (toxisch wirkende Substanzen schädigen das Gehirn) und nach der Geburt (Entzugserscheinungen, Todesangst) traumatisiert worden, was Folgen für das stresssensible vegetative Nervensystem hatte und zu den beschriebenen Verhaltensweisen führte.

Seine Klassenkameradin Mia (Name geändert) blieb ebenfalls im Lernen weit zurück, ihre kognitive und sprachliche Entwicklung erschien nicht altersgerecht. Außerdem war das Mädchen extrem schüchtern. Ich arbeitete mit dem Kind in einem Vorbereitungsraum, als es im Klassenzimmer nebenan laut wurde. Mia zuckte zusammen, erstarrte, stammelte: „Sie schreit wieder." Gemeint war die Klassenlehrerin, die Alwin anschrie. Auch die familiäre Situation des Mädchens ließ auf frühe belastende Erfahrungen schließen. Eine mögliche Erklärung für die Reaktion des Mädchens: Die schreiende Lehrerin könnte als Trigger gewirkt haben, durch welchen schockierende, im Mandelkern des Gehirns gespeicherte Erfahrungen mit der schreienden Mutter reaktiviert wurden.

Mia und ihre drei Geschwister wurden wegen Kindeswohlgefährdung aus der Familie herausgenommen, sie lebten in einem „Familiennest" und wurden durch Mitarbeiterinnen der Kinder- und Jugendhilfe betreut.

---

[68] Carl Hehmsoth - Traumatisierte Kinder in Schule und Unterricht - Wenn Kinder nicht *wollen* können, Verlag Julius Klinghardt Bad Heilbrunn 2021.

[69] Carl Hehmsoth - Traumatisierte Kinder in Schule und Unterricht - Wenn Kinder nicht *wollen* können, Verlag Julius Klinghardt Bad Heilbrunn 2021, S. 10/11.

[70] Dorothea Weinberg - Verletzte Kinderseele - Was Eltern traumatisierter Kinder wissen müssen und wie sie richtig reagieren, Fach-Ratgeber Klett-Cotta, 2015.

[71] Diese Erfahrungen bildeten die Grundlage für mein Buch „Bella Isabella - Im Schatten der Kindheit", das Anregungen für Pflegeeltern und Lehrkräfte enthält.

[72] ADS/ADHS, Erklärungen im Teil IV.

[73] IQ, Erklärungen im Teil IV.

[74] ADS/ADHS, Erklärungen im Teil IV.

Hintergründe für unverständliche Verhaltensweisen

Frühkindliche traumatische Erfahrungen, mit dem Gefühl ausgeliefert zu sein (z. B. **Verlust einer Bezugsperson, Unfall, Vernachlässigung, Verlassensein, Gewalt) und bestehende belastende Lebenssituationen können komplexe Entwicklungsstörungen zur Folge haben und zu unverständlichen Verhaltensweisen führen.** Eltern, Pflegeeltern, Lehrer und andere pädagogisch Tätige haben oftmals keine oder nicht ausreichende Kenntnisse dazu, ihre Handlungsmöglichkeiten sind begrenzt. Bei der Beobachtung des kindlichen Verhaltens ist es wichtig darauf zu achten, wie sicher sich das Kind in einer neuen Umgebung, in der Schule erlebt, ob es Vertrauen entwickeln kann oder seine Bindungsfähigkeit betroffen ist.

Unterversorgung, Vernachlässigung, seelische und körperliche Gewalt sowie ein ablehnendes, aggressives Umfeld führen zu Schädigungen des Gehirns und der hirnorganischen Entwicklung, was Folgen für die geistigen Fähigkeiten (Erfassen, Merken, Erinnern, logische Schlussfolgerungen ziehen), für das Sozialverhalten, für die Fähigkeiten planvoll zu handeln, vorausschauend zu denken, Handlungsimpulse zu steuern und sich selbst zu beruhigen hat.

Verantwortlich dafür ist die Amygdala, der Mandelkern, eine mandelförmige Hirnstruktur auf beiden Seiten des Zwischenhirns. In der Amygdala sind die traumatischen Erfahrungen gespeichert, sie fungiert als blitzschnelle „Rückmeldezentrale" (Weinberg) für die augenblicklichen Wahrnehmungen aus der Umgebung auf den Körper, diese werden unabhängig vom Bewusstsein bewertet, weitergeleitet und versetzen den Mandelkern in Erregung. Weinberg schreibt: „Gerät die Amygdala in Übererregung, blockiert der

Hippocampus. Und dann ist kein situationsangemessenes Empfinden und Verhalten mehr möglich."[75]

In Gefahrensituationen werden angemessene Reaktionen wie Flucht, Kampf, Erstarren ausgelöst, bei übermäßig starker Erregung kommt es zur Auslösung extremer Affekte wie Panik, Todesangst, totale Hilflosigkeit. Die einströmenden Reize werden normalerweise in einer weiteren Hirnstruktur des Zwischenhirns, dem Hippocampus, sinnvoll geordnet in Raum, Zeit, Bedeutung; Sinneseindrücke, Gefühle, Gedanken werden miteinander vernetzt und gespeichert. Was so geordnet und sortiert wurde, kann in entsprechenden Bereichen des Großhirns abgespeichert und erinnert werden.[76]

Anders ist es bei traumatischen Ereignissen in früher Kindheit, die nicht bewusst erinnert werden können, aber mit Todesangst oder mit Nahtoderlebnissen verbunden sind, was in weiteren und aktuellen Gefahrensituationen zur Übererregung des Mandelkerns, zur Überforderung und Steigerung der Reaktionen führt. Es geht bei Blockade des Hippocampus nur noch um Gefahrenabwehr, ums Überleben. Für Außenstehende ist die Wucht der Reaktionen (hemmungslose Kampf-, Fluchtreaktionen, Täuschung, Unterwerfung, Erstarren, Trancezustand bis hin zur Bewusstlosigkeit) Betroffener unverständlich, macht sie mitunter fassungslos. Im Nachhinein können sich betroffene Kinder (auch später als Jugendliche und Erwachsene, wenn sie getriggert wurden) womöglich an den Ausnahmezustand von Panik, Todesangst oder Angriff, aber nicht an ihre Emotionen erinnern.

Auch wenn Fakten erinnert werden, können sie aufgrund von Blockierungen im sogenannten Brocaschen Sprachzentrum (motorisches Sprachzentrum im Großhirn) nicht verbalisiert werden. Schädigungen im Sprachzentrum führen zur Sprachunfähigkeit. Damit kann die Sprache als Kommunikationsmittel auf Dauer (sogar lebenslang) blockiert sein. Das betroffene Kind, auch später als Jugendlicher und Erwachsener, kann zwar einen passiven Wortschatz haben, versteht Anweisungen, lieb und böse gemeinte Ansprache, vermag vielleicht einzelne Worte nach- oder selbst sprechen, ist jedoch nicht in der Lage, sich zusammenhängend zu äußern, kann nichts erklären, nichts erfragen. So geht es meiner behinderten Schwester, die durch ihre frühen Traumatisierungen hilflos anderen Menschen ausgeliefert ist, die sie als Idioten behandeln, was ihre Situation noch verschlimmert.

Nach einem Hochstresserleben helfen zur Beruhigung oder dem Bestreben, den Wüterich zur Vernunft oder zur Einsicht zu bringen, weder gutgemeintes Zureden, Moralisieren, Schimpfen, Anschreien noch mit Bestrafung drohen oder an die Vernunft appellieren. Im Gegenteil, der Konflikt könnte erneut angeheizt werden. Stuft die Amygdala die Situation nicht mehr als Gefahr ein, kann sie sich wieder beruhigen, sodass sich abrupt ein Persönlichkeitswechsel (Egostate) beim Kind einstellt, als sei nichts vorgefallen. Es befindet sich nun im Status „liebes Kind", verhält sich angepasst, versucht jedoch Anstrengungen, die zu Misserfolgen und erneuter Erregung führen könnten, zu vermeiden. Wird das Kind erneut getriggert (in einer Erregung auslösenden Situation), verfällt es wieder in einen dissoziierten Zustand (Abspaltung vom Bewusstsein, innere Distanz, um getriggerte, unerträgliche Gefühle nicht wahrzunehmen zu müssen).

Erkennt das bereits in früher Kindheit traumatisierte Kind beim Elternteil, Lehrer, bei der Lehrerin oder Erzieherin Wut in der Körperhaltung, Mimik, im Stimmklang, durch verbale Beleidigungen und Herabwürdigung, kann dies eine Urerfahrung triggern, die es zum Beispiel durch die Mutter erfahren hat: „Keiner liebt mich! Gleich werde ich allein gelassen. Ich bin auf mich allein gestellt, das überlebe ich nicht."[77]

Der Körper reagiert, die Psyche verliert den Kontakt zum Hier und Jetzt. Die Reaktionen laufen im

Unterbewusstsein ab und sind nicht willentlich zu beeinflussen. In Trigger-Situationen nehmen Betroffene ihr Gegenüber oder ihre dingliche Umwelt nicht mehr realistisch wahr, stattdessen legt sich „der innere Trauma verursachte Film" auf das Wahrgenommene. Die einsetzende Reaktion ist eine Reaktion auf diese Projektion[78], nicht auf die aktuelle Realität.[79]

Dabei wird die Projektion eines alten Feindes auf das Gegenüber (die Lehrerin, Erzieherin, Pflegemutter, bzw. den Lehrer, Erzieher, Pflegevater, Stiefvater, Jugendlichen) gelegt, und das Kind sorgt durch sein Verhalten dafür, dass seine Urerfahrung (drohende schmerzliche Erfahrung) und Prägung aus früheren Zeiten bestätigt wird. Wenn das Gegenüber, der vermeintliche Gegner, nach einem automatischen (nicht bewussten) biologischen Kräftecheck nicht als aggressionsbereit, nichtaggressionsfähig oder als schwächer eingeschätzt wird, kann es geschehen, dass das Kind sich auf die „Täterseite" begibt, eigene Aggressionen auslebt („Krieger-State"). Womöglich schreit, tritt und prügelt es im Ausnahmezustand der Übererregung hemmungslos auf den „Feind" ein.

Übliche Erziehungsmaßnahmen und Erziehungs-ratgeber (Konsequenz, liebevolle Zuwendung und Erklärungen, Verstärkersysteme und Belohnung beispielsweise) fruchten in solchen Fällen nicht. Weinberg stellt fest: „Alle traumatischen Erfahrungen, mit denen das Kind allein bleibt, werden nicht integriert und führen zu seelischen Störungen."[80]

Es lohnt sich, gemeinsam mit den Eltern/Pflegeeltern und Bezugspersonen herauszufinden, welche Situationen in der Schule und zu Hause als Auslöser für Trigger infrage kommen, die zu plötzlichem „Ego-State-Wechsel" führen. Befindet sich das Kind im „Krieger-State", ist es mental nicht mehr erreichbar - ein Machtkampf ist aussichtslos! Alles, was eskalierend wirkt, sollte sofort abgebrochen werden, wie zum Beispiel:

Schimpfen, Moralisieren, böse anschauen, auf Strenge und Machtposition beharren, Festhalten, Schütteln, Drohgebärden.

Wenn der Gewaltausbruch gegen andere Kinder, Erwachsene oder Gegenstände eskaliert (das erregte Kind randaliert, schlägt um sich, wirft mit Gegenständen), sollte man sich zunächst auf Schadensbegrenzung beschränken. Lässt sich das tobende Kind nicht halten, ist Hilfe durch eine externe Person nötig, welche die anderen Kinder und Sachen in Sicherheit bringen kann. Meiner Meinung nach benötigen ein Schüler / eine Schülerin mit solchen starken emotional-sozialen Störungen, auch zum Selbstschutz, eine fachlich versierte Schulbegleitung, ansonsten kann dieses Kind nicht in der Regelschule gefördert werden.

Ein Beispiel aus persönlicher Erfahrung: Eine junge DAZ-Lehrerin (Sprachlehrerin für Deutsch als Zielsprache, ohne Lehramtsstudium) wurde zur Betreuung in einer zweiten Klasse eingesetzt, da die Klassenlehrerin erkrankt war. Die Unruhe in der Vertretungsstunde eskalierte, als eine Schülerin mit Gegenständen um sich warf, schrie und tobte. Verängstigt und erschreckt suchten einige Kinder Deckung unter den Tischen, andere schrien. Letztendlich kletterte das Mädchen auf ein Fensterbrett und drohte, sich aus dem Fenster stürzen zu wollen. Ich wurde zur Hilfe gerufen, eine Pädagogische Mitarbeiterin kam dazu. Da das Mädchen, ich nenne es hier Sofie (wie in meinem Kinderbuch „Sofie die Schreckliche"), nicht zu bewegen war, mit mir den Raum zu verlassen, wurden die anderen Kinder auf den Schulhof geführt. Nach kurzer Zeit beruhigte sich Sofie und fand in ihren „Alltags-State" zurück.

An der Schule gab es noch keinen Sozialpädagogen oder eine Schulsozialarbeiterin, sodass die Pädagogischen Mitarbeiterinnen oder die Förderschullehrkraft sich um die schwierigen Kinder kümmerten. Oft mussten jedoch die gerade unterrichtenden Lehrkräfte allein zurechtkommen. Eigentlich unzumutbar!

Im späteren Gespräch mit der Mutter, die sich für ihr Kind schämte (und es ablehnte?) und mit dem betroffenen Mädchen ging es darum, welche Situationen oder Verhaltensweisen der anderen zu solchen Wutausbrüchen führen, welche Wirkung diese auf die Mitschüler haben können sowie um Absprachen zu Möglichkeiten des Rückzugs, der Beruhigung und des Wiedergutmachens. Kenntnisse über die Folgen von Traumatisierungen, der Rolle des Mandelkerns im Gehirn und Ego-State-Wechsel hatten die handelnden Personen zu dieser Zeit noch nicht. Es dauert viel zu lange, ehe solche Erkenntnisse in die Lehramts-Ausbildung sowie Fortbildungen von Lehrkräften und anderen pädagogisch Tätigen aufgenommen werden.

Gezielte Verhaltensbeobachtungen und Erfahrungen von Lehrenden und Erziehenden mit entsprechender Empathie führen auch ohne spezielle Ausbildung zu der Erkenntnis, dass bei manchen Kindern bestimmte Situationen im Schulalltag heftige Reaktionen auslösen können. **Stress, Angst vor dem Versagen, vor Misserfolg durch massiven Zeit- und Erfolgsdruck, Kritik, Überforderung im Unterricht, bei den Hausaufgaben wirken als Trigger und rufen bei belasteten Kindern Gefühle von Wertlosigkeit, abgelehnt zu werden und Hoffnungslosigkeit hervor.** Oftmals entlädt sich der größte Teil der heftigen Emotionen erst zu Hause in körpersprachlicher Anspannung; sie können beim geringsten Anlass ausufern, was sich äußert in:

- aggressiven Ausrastern
- regressiven Kleinkind-Zuständen
- Rückzug, Apathie, Depression, Trance

Die wichtigsten Bezugspersonen in Elternhaus und Schule müssen regelrecht Detektivarbeit leisten, um Auslöser (Trigger) für diese Verhaltensmuster herauszufinden. Als Trigger wirken laut Weinberg[81]:
- auf Fehler hinweisen

- Misserfolg in der Schule
- Ablehnung durch andere Kinder
- Zeitdruck, Ungeduld, Anspannung bei den Bezugspersonen
- unerwartete Änderungen im Tagesablauf, bei rituellen Abläufen, Stundenplanänderungen, Unterrichtsausfall oder Vertretung
- anstehende Arztbesuche, Umgangsregelungen, Hilfeplangespräch beim Jugendamt
- einen Wunsch abschlagen (besonders Wünsche aus dem Suchtkreis wie Verlangen nach Süßigkeiten, Handy- und Computerspielen)

Beim Umgangskontakt des Kindes mit Menschen aus der Vergangenheit, die ihm Schaden zugefügt haben (z. B. durch Ausübung körperlicher, seelischer oder sexueller Gewalt), können Schlafstörungen, Albträume, Ängste, Panik, depressiver Rückzug oder auch oppositionelles und aggressives Verhalten auftreten. Dieses Wissen ist besonders wichtig, wenn es um Entscheidungen zum Sorgerecht und Umgangsregelungen mit einem Elternteil geht. Dabei zählt nicht nur das Recht des Erwachsenen, sondern das Kindeswohl steht im Mittelpunkt.

Hehmsoth (Heil- und Sonderpädagoge) stellt in seinem Buch „Traumatisierte Kinder in Schule und Unterricht"[82] fest, **dass immer mehr Kinder und Jugendliche belastet sind zum Beispiel durch Trennung der Eltern, Armut, psychische Störungen und Suchterkrankungen eines Elternteils, Flucht aus Krisengebieten und vor Krieg, durch häusliche Gewalt und Vernachlässigung, Lieblosigkeit, Beziehungsabbrüche, auch durch überfordernden und übermäßigen Medienkonsum.**

Durch schockierende Erfahrungen belastete Kinder und Jugendliche (mit dem Gefühl ausgeliefert zu sein) können nicht aufpassen, nach Wissen und guten Noten streben, sie müssen „überleben". Es fehlt die Fähigkeit am Wollen.

Lehrkräften fehlt es an Handlungsspielraum, sie sind nicht zur Behandlung traumatisierter Kinder ausgebildet, es ist nicht ihre Aufgabe! Bei der überhasteten, wenig vorbereiteten Einführung der Inklusion an den Regelschulen sind solche „Fälle" (aus Unkenntnis?) nicht mitgedacht worden. Die Schulen werden sich selbst überlassen. Dazu kommt die inklusive Beschulung von Kindern mit kognitiven (die Erkenntnis betreffend) und seelischen Einschränkungen (Förderschüler im GU).

Derartige Traumatisierungen werden selten diagnostiziert. Sinnvoll wäre es Lehrer zu befähigen, Symptome von Traumata (im Sinne der Posttraumatischen Belastungsstörung)[83] im Zusammenhang mit den Lebensbedingungen des Kindes zu erkennen, bzw. einen Verdacht äußern zu können, um Eltern oder Sorgeberechtigte zu ermutigen, für das Kind (und womöglich für sich selbst) therapeutische Hilfe in Anspruch zu nehmen.

Für schwer belastete oder traumatisierte Kinder reichen die üblichen inklusiven Anstrengungen nicht aus. Sie können mit den herkömmlichen Methoden nicht mehr beschult werden, denn die üblichen inklusiven Hilfen (wie z. B. Verhaltenspläne, differenzierte Anforderungen und Leistungsbewertung) greifen nicht.

Kenntnisse über Traumatisierungen, Trigger auslösende Situationen und Traumafolgestörungen[84] sind für Pädagogen und Eltern gleichermaßen nützlich, um Schuldzuweisungen zu vermeiden und gemeinsam traumasensibel handeln zu können. Sie helfen die Rolle des eigenen Handelns und der eigenen Einstellung zu erkennen, fördern die Beziehungsfähigkeit sowie Kommunikation zwischen Schule und Elternhaus, ebenso zwischen Lehr- und Betreuungskräften und den ihnen anvertrauten Kindern (Jugendlichen).

Wenig verbreitet sind die Kenntnisse über **Autismus-Spektrum-Störungen**[85], sie gehören zu den tiefgreifenden Entwicklungsstörungen, die einerseits die Wahrnehmung und Wahrnehmungsverarbeitung und andererseits die sozialen Fähigkeiten wie Empathie, Kommunikation und soziale Interaktionen betreffen.

Ein wichtiges Kapitel in der sonderpädagogischen Förderung bildet der hochfunktionale Autismus, besser als **Asperger-Syndrom**[86] bekannt, was oft eine weitgehend unbekannte „Größe" darstellt. Es handelt sich um Kinder und Jugendliche, die eine normale oder hohe Intelligenz besitzen, oftmals über besondere Inselbegabungen verfügen, und dennoch Schulschwierigkeiten haben, sich unverstanden und ausgegrenzt fühlen. Ganz normale Anforderungen im Schulalltag, wie Ordnung und Sauberkeit im Umgang mit Lern- und Arbeitsmitteln, Heftführung, Orientierung im Stunden- und Raumplan der Klasse, Einhalten von Lösungswegen bei der Aufgabenbearbeitung, Konzentration und Mitarbeit im Unterricht, Fähigkeiten bei der Partner- und Gruppenarbeit, Schusseligkeit, teilweise Ungeschicklichkeit sowie Unbeholfenheit und Desorientierung, vor allem in neuen Situationen.

Brit Wilczek umreißt in der Broschüre „Schulbegleitung für Schülerinnen und Schüler mit Asperger-Syndrom"[87] das Problem der Wahrnehmung folgendermaßen: **„Wir müssen davon ausgehen, dass jeder Mensch mit Autismus in einer Wahrnehmungs- und Erfahrungswelt lebt, die sich von der unsrigen grundlegend unterscheidet.** Zum einen ist diese aufgrund mangelnder oder fehlender **Filterfunktionen** im Gehirn durch eine Fülle einströmender Reize gekennzeichnet, die für uns kaum vorstellbar ist. Hinzu kommt die Schwierigkeit, diese **Reize zu verarbeiten**, d. h. sie ‚automatisch' sinnvoll zu sortieren und zu verknüpfen, um sie dann aus dem Bewusstsein zu entlassen und wieder neue Reize verarbeiten zu können."

Wie könnte man sich ein Kind mit Asperger-Autismus im Schulalltag vorstellen?

Eine mögliche Situation: Am Ende der Unterrichtsstunde ergibt sich eine Fülle von Reizen im Klassenraum. Manche Schülerinnen und Schüler beginnen ihre Arbeitsmittel im Ranzen zu verstauen und schwatzen, obwohl noch nicht die Pausenklingel ertönte und die Lehrerin die Hausaufgaben erteilen möchte. Dafür hat sie die Aufgaben mittels Overheadprojektor an die Wand projiziert, um diese genauer zu erklären. Das autistische Kind nimmt ungefiltert neben anderen eine Menge von akustischen Reizen wahr: Geräusche vom Lüfter des Gerätes, flüsternde und klare Stimmen, Rascheln, Klappern, die nun ertönende Schulklingel. Jetzt soll es sich beeilen, um die Aufgaben für nächste Woche ins Hausaufgabenheft in der richtigen Spalte einzutragen, seine Sachen einzupacken und in den nächsten Unterrichtsraum zu wechseln, dort für das folgende Fach die passenden Arbeitsmittel auspacken, was Stress und Überforderung bedeutet.

Nehmen wir an, in der folgenden Stunde findet statt planmäßig Musikunterricht Mathematik statt. Das Kind ist verwirrt, kommt zu spät, weil es sich zunächst im Schulhaus verlaufen hat. Für Mathe hat es eine besondere Begabung, die sich aber nicht in den Zensuren widerspiegelt. Angenommen, es werden in einer Lernkontrolle Aufgaben mit zwei Rechenoperationen gelöst (Punkt- und Strichrechnung). Die Schüler sollen ihren Rechenweg ausführlich mitschreiben. Der autistische Junge schreibt nicht gerne, es ist anstrengend, für ihn ist die Lösung klar. Erst nachdem er im Kopf die Aufgabe durchgegangen ist, notiert er das Ergebnis. Bei der Bewertung fehlen ihm die Punkte für den Rechenweg, was die Note beeinflusst. Nach der Schule ist das Kind völlig erschöpft, zieht sich zu Hause in sein Zimmer zurück. Von den Mitschülern erfährt es Gleichgültigkeit oder gar Ablehnung, die Erwachsenen belehren es und fordern mehr

Leistungs- und Anstrengungsbereitschaft. Seine Mutter muss sich die Klagen der Klassenlehrerin anhören und fühlt sich, wie diese auch, hilflos.

Kinder und Jugendliche mit Autismus haben, wie alle anderen, das Bedürfnis „normal zu sein", deshalb bedeutet es für sie eine enorme Anstrengung sich anzupassen, möglichst nicht aufzufallen. Von den Mitmenschen kommt jedoch oft die Rückmeldung „anders" zu sein, verbunden mit Abwertung und Ablehnung bis hin zum Mobbing. Deshalb leugnen viele Autisten eigene Probleme, es kommt nicht infrage um Hilfe zu bitten oder welche anzunehmen; die Betroffenen versuchen alleine zurechtzukommen.

Für Eltern ist es oft ein beschwerlicher Weg, bis die autistische Störung erkannt und anerkannt wird, bis eine Schulbegleitung für das Kind genehmigt wird und passende Maßnahmen zum Nachteilsausgleich gefunden sind.

In einem Zeitungsbeitrag der „DIE ZEIT" (Nr. 28 v. 6. Juli 2017 / S. 49/50) las ich zur Thematik Inklusion die beeindruckende Leserzuschrift der damals 13-jährigen betroffenen Joscha Röders. Sie schreibt: „Ich bin anders. Bei vielen Dingen brauche ich Hilfe. Ich kann mich nicht gut anziehen oder mir Essen machen, noch nicht allein rausgehen oder einkaufen. Ich kann mir keine Gesichter merken. Verwechsle Mann und Frau und alt und jung, Papa mit dem Papst, weil beide graue Haare haben. Manchmal vergesse ich Augen und Hände zusammen zu nutzen. ... Ich weiß nicht, wie man mit Fremden spricht."

Ich entnehme Joschas Beschreibung, dass sie zwar in der sozialen Kommunikation, besonders gegenüber Fremden und in unbekannten Situationen, starke Probleme hat, dennoch besitzt sie eine hohe Sprachbegabung. Sie erklärt: „Ich habe ein Cambridge-Zertifikat in Englisch für Fortgeschrittene." ... „Ich habe schon ein Kinderbuch aus dem Englischen und Spanischen übersetzt. Die Autorin hat es prüfen lassen und war damit sehr zufrieden."

Joschas Mutter musste darum kämpfen, dass ihre Tochter in einen integrativen Kindergarten aufgenommen wurde. Kein Kind in der Gruppe konnte sprechen - wie sollte Joscha dann soziale Kommunikation lernen? Der Platz in einer inklusiven Grundschule musste ebenso erstritten werden. Joscha schreibt in ihrem Artikel: „Ich habe dann viele Tests mitgemacht. Wenn es um Gutachten über mich ging, waren Defizite immer wichtiger als das, was ich kann." ... „Aber jetzt, auf der Gesamtschule, geht die Kämpferei weiter. Dass ich Schulbegleitung und Spezialschülerverkehr brauche, muss Mama ständig beantragen (nach dem Muster: Antrag - Ablehnung - Widerspruch, Einreichen von Gutachten, Begründungen). Für meine Autismus-Therapie und die Klassenfahrt muss sie Extra-Anträge stellen. Die werden monatelang nicht bearbeitet und dann abgelehnt oder gekürzt..."

Nebenbei bemerkt: Autismus kann nicht wegtherapiert werden, die Hirnstruktur mit einer überdurchschnittlichen Zahl von neuronalen Verknüpfungen und der geringeren Filterfähigkeit einströmender Reize ist festgelegt, also bleibend, unveränderbar.

Weiter beschreibt das Mädchen seine Situation: „Ich merke immer mehr, dass ich in diversen Bereichen dauerhaft auf Unterstützung angewiesen sein werde. Und dass die Stimmung in Sachen Inklusion immer mehr kippt."

Joscha hat die Leserzuschrift und ihre Gedanken zur Inklusion eigenständig formuliert: „Inklusion scheint in Deutschland ein wildes Durcheinander. In jedem Bundesland ist es anders. Sogar in einer Stadt ist es unterschiedlich. ... Behinderte haben das Recht zur Teilhabe. Das steht in der UN-Konvention. Die Nichtbehinderten sollen die Bedingungen dafür schaffen. Das tun sie aber nicht. Und schon gar nicht richtig."

Ihre Wünsche oder Forderungen könnten stellvertretend für viele Betroffene stehen: „Ich will keinen Schutzraum. Ich will nicht, dass ich betteln muss um Teilhabe. Ich will dazugehören, wie ich bin. Ich will, dass die Behörden und die Medien aufhören, Behinderte wie lästige Mängelexemplare zu behandeln oder wie Sozialschmarotzer."

---

[75] Dorothea Weinberg - Verletzte Kinderseele - Was Eltern traumatisierter Kinder wissen müssen und wie sie richtig reagieren, Fach-Ratgeber Klett-Cotta, 2015, S. 25.

[76] Ebenda, S. 27.

[77] Ebenda, S. 51.

[78] Projektion, Erklärung Teil IV.

[79] Dorothea Weinberg - Verletzte Kinderseele - Was Eltern traumatisierter Kinder wissen müssen und wie sie richtig reagieren, Fach-Ratgeber Klett-Cotta, 2015, S. 52.

[80] Ebenda, S. 66.

[81] Ebenda, S. 84.

[82] Carl Hehmsoth - Traumatisierte Kinder in Schule und Unterricht - Wenn Kinder nicht *wollen* können, Verlag Julius Klinghardt Bad Heilbrunn 2021, S. 12/13.

[83] Posttraumatische Belastungsstörung, Erklärungen im Teil IV.

[84] Traumafolgestörungen, Erklärungen im Teil IV.

[85] Autismus, Erklärungen Teil IV.

[86] Asperger-Syndrom, Erklärungen Teil IV.

[87] Brit Wilczek - Schulbegleitung für Schülerinnen und Schüler mit Asperger-Syndrom, Herausgeber: **autismus** Deutschland e. V., Bundesverband zur Förderung von Menschen mit Autismus, 10. Auflage September 2016, S. 7.

Lehrer-Schüler-Interaktionen

Zu einer erfolgreichen inklusiven Beschulung von Kindern/ Jugendlichen in Regelklassen trägt wesentlich eine unterstützend-anerkennende Lehrer-Schüler-Beziehung bei. Annedore Prengel (ehemalige Professorin für Grundschulpädagogik an der Universität Potsdam) schreibt dazu in einem Beitrag der Zeitschrift PÄDAGOGIK 12/2014 (S. 29-31) unter der Überschrift „Anerkennung ermöglicht Lernen, Verletzung verhindert es":
„Wenn man die Geschehnisse in der Institution Schule auf der Beziehungsebene betrachtet, wird bewusst, dass unablässig, in jeder Schulstunde und in jeder Pause, Lehrer-Schüler-Interaktionen in einer unüberschaubar großen Anzahl stattfinden. Alle diese Ereignisse lassen sich daraufhin befragen, wie entwicklungs- und lernförderlich ihre Qualität einzuschätzen ist." ... „In den Bildungslandschaften moderner Gesellschaften lässt sich in Praxismodellen und wissenschaftlichen Ansätzen eine Fülle an Strömungen entdecken, die bei aller Unterschiedlichkeit eine große Gemeinsamkeit aufweisen: Sie alle stellen heraus, **dass pädagogische Beziehungen eine unterstützend-anerkennende Qualität aufweisen müssen, damit Entwicklung und Lernen gelingen können."**

Prengel stellt Ergebnisse und Forderungen aus der Arbeit im „Projektnetz INTAKT" zusammen, in welchem mittels Beobachtungsstudien Erkenntnisse über die Qualität von Lehrer-Schüler-Interaktionen gesammelt werden (Prengel 2013). Es wurde herausgefunden, dass etwa drei Viertel der dokumentierten Interaktionen anerkennende oder neutrale Qualität aufwiesen und rund ein Viertel als verletzend einzuschätzen sind. „Dabei müssen etwa sechs Prozent aller Interaktionen als sehr verletzend und eindeutig unzulässig eingestuft werden." ... „Pädagoginnen und Pädagogen, die in hohem Maße anerkennend handeln und solche, die notorisch

220

stark verletzen oder auch inkonsistent zwischen Verletzung und Zuwendung wechseln, arbeiten Tür an Tür."

Die Aktionen zwischen Lehrern und Schülern können außerordentlich folgenreich sein: „Verletzend angesprochene Schülerinnen und Schüler reagieren sichtbar, indem sie erstarren, vor sich hinstarren, den Kopf senken, nach unten blicken, die Schultern hochziehen, weinen oder - in seltenen Fällen - auch aggressiv werden und z. B. schreien." (Anmerkung: Unter den selten beobachteten Fällen könnten auch Kinder mit Traumafolgestörungen gewesen sein.) „Anerkennend angesprochene Schülerinnen und Schüler reagieren in der Regel lebendig, lächeln und wenden sich ihrer Arbeit zu." **Anerkennende Lehrer und Lehrerinnen verhalten sich höflich, sie verleugnen nicht ihre professionelle Verantwortung. Ihre Interaktionen enthalten „mit ihrer ausgeprägten Empathie Aspekte von Reversibilität", das bedeutet, dass Interaktionsregeln gleichermaßen für alle Beteiligten gültig sind. „Ängstliche werden beruhigt, Unwissen darf gefahrlos geäußert werden, Lehrerfehler werden selbstkritisch thematisiert, Schülerleistungen werden anerkannt, Traurige erfahren Trost und die Teilhabe auch von beeinträchtigten Kindern wird sichergestellt."**

Die Beobachtungen und Schlussfolgerungen zeigen auch, dass gerade in Grundschulen sich „die Klassenkameraden, vor allem in den unteren Klassen, an der Qualität des Erwachsenenhandelns orientieren. Sie lachen vom Lehrer gedemütigte andere Kinder aus, während sie vom Lehrer anerkannte Kinder ermutigen und mit Beifall anspornen. Internationale Studien stützen diese Befunde und belegen auch ihre langfristigen Folgen für einzelne Schülerbiografien und für gesellschaftliche Entwicklungen."

Unser gesellschaftlicher sowie persönlicher Anspruch an die „Erziehung" unserer Kinder hat sich gewandelt und ist höher geworden. Für Psychologen, Pädagogen und viele Eltern stehen die Beziehungen im Vordergrund. Längst sind die Zeiten der „Schwarzen Pädagogik"[88], der Prügelstrafen und Methoden sowie Ansichten in der Zeit des Hitlerregimes - damals sogar von Ärzten vertreten - vorbei. Die ehemals als Ärztin tätige und fünffache Mutter, Johanna Haarer, schrieb Erziehungsratgeber und wurde u. a. mit den Büchern „Die deutsche Mutter und ihr erstes Kind" (1934) sowie „Unsere kleinen Kinder" (1938) zur „NS-Erziehungsexpertin". Ihre Bücher waren in vielen Haushalten präsent. „Unzählige Kinder wurden mehr oder weniger konsequent nach diesen Grundsätzen erzogen."[89] (Ahlheim, Einleitung zum Buch „Die deutsche Mutter und ihr letztes Kind")[90]

„Formen einer ‚Schwarzen Pädagogik', wo Schüler von Lehrern diskriminiert, verspottet oder drakonisch bestraft werden, gehören der Vergangenheit an - so die landläufige Meinung. Schaut man genauer hin, dann ergibt sich ein anderes Bild", wie Prengel (PÄDAGOGIK 12/2014, S. 29) dargestellt hat.

Sowohl ich selbst - in meiner eigenen Schulzeit und Tätigkeit als Pädagogin - als auch meine eigenen Kinder haben Lehrerinnen und Lehrer erlebt, die beleidigende, herabwürdigende Bemerkungen gegenüber schwächeren oder in irgendeiner Weise auffälligen Schülern und Schülerinnen vor versammelter Mannschaft in der Klasse äußerten. Dazu zählten beispielsweise der Spitzname „Raffi" (wegen großer hervorstehender Zähne, es ertönte auch beim Erscheinen des Kindes ein Wiehern) und die Bemerkung einer Lehrerin gegenüber einer Zweitklässlerin, bei der Taubheit auf einem Ohr festgestellt worden war: „Wenn du nicht richtig hören kannst, musst du in eine Sonderschule gehen!"

Von Lehrkräften wird noch immer erwartet (nicht nur seitens vieler Eltern, sondern auch von Schulleitungen und im Kollegium), dass sie sich durchsetzen, streng

gegenüber Störenfrieden und Schulversagern vorgehen. Es zählt das Leistungsprinzip. Ihre Handlungsmöglichkeiten hinsichtlich Interventionen oder Bestrafung sind eng begrenzt und führen schnell zu Frustration und zur Ausgrenzung (z. B. Schulverweis) und Herabsetzung des Schülers / der Schülerin.

Selbst für Erwachsene ist es schwer zu ertragen, wenn sie beleidigt, beschimpft, verhöhnt werden. Mit einer empathischen, höflichen und anerkennenden Grundhaltung gelingen Kommunikation und Zusammenarbeit aller Beteiligten besser. Der Anspruch „Beziehung statt Erziehung" benötigt neben Verständnis genügend Zeit. Und diese brauchen Kinder und Lehrkräfte, um Fragen zu klären, wieso sich ein Klassenkamerad komisch verhält, anders bewertet wird, weniger Aufgaben lösen muss, wieso eine Schulbegleitung neben einem Schüler sitzt und hilft, weshalb der eine wegen Schwatzens ermahnt wird, der andere ständig vor sich hin murmelt und keine Ansage bekommt, vielleicht wird ihm nur die Hand auf die Schulter gelegt. Schule ist Lebensraum, Kinder benötigen verlässliche Ansprechpartner, die ihnen zuhören, ihre Sorgen ernst nehmen.

Die Inklusion könnte dazu einen wichtigen Beitrag leisten, wenn die Rahmenbedingungen in den Schulen (entsprechende Räumlichkeiten, moderne Ausstattung, genügend Personal) geschaffen oder verbessert werden. Kinder dürfen nicht unter den oft noch ungünstigen Bedingungen leiden; die ruhigen, introvertierten leiden still, klagen manchmal über Kopf- und Bauchschmerzen, andere werden laut und aufmüpfig.

Nicht nur Sonder- und Sozialpädagogen brauchen Kenntnisse über die verschiedenen Förderbedarfe - wie Lern- und Verhaltensstörungen, Autismus, PTBS - im Umgang mit behinderten und belasteten Kindern und Jugendlichen, sondern ebenso die Grund-, Sekundar- und Berufsschullehrkräfte, Schulleitungen sowie Erzieher und Erzieherinnen in Kindertagesstätten, Horten, Begegnungsstätten, Vereinen. Immer mehr Kinder und

Jugendliche sind von belastenden Einflüssen und Situationen betroffen, wie Armut, schwierige familiäre Verhältnisse, Migration, Krisen, Krieg, übermäßige Mediennutzung, Suchtverhalten (in der Familie oder eigenes). Wenn wir Belastungsreaktionen der Kinder und Jugendlichen verstehen und erkennen können, sind wir eher in der Lage, Beziehungen zu gestalten, selbst gezielt Hilfe zu leisten oder durch externe Experten anzuregen. Konkretes Wissen um die Folgen von traumatischen Erlebnissen und Ereignissen (nicht nur bei Kindern und Jugendlichen) ist allgemein wenig verbreitet, dieses fehlt nicht selten selbst in manchen medizinischen Richtungen, bei Juristen, Richtern, Jugend- und Sozialämtern, bei Arbeitsagenturen und nicht zuletzt in der Politik.

Die Entscheidungsträger in den Schulämtern und Bildungsministerien sollten m. E. über genügend Kenntnisse zu den vielfältigen und komplexen Behinderungen und Störungen insgesamt bei Kindern verfügen, um die Hintergründe eines sonderpädagogischen Förderbedarfs zu verstehen und anzuerkennen sowie rechtzeitig und angemessen zu handeln, in dem Sinne, dass in inklusiv/integrativ arbeitenden Schulen und Einrichtungen entsprechende Ressourcen vorgehalten werden und multiprofessionelle Teams zusammenarbeiten. Es geht nicht an, dass Kinder mit kognitiven, sprachlichen und/oder sozial-emotionalen Einschränkungen erst nach Durchlaufen der Schuleingangsphase, nach drei Jahren ohne ausreichende Förderung!, die Anerkennung ihres Förderbedarfs erhalten, dass Lehrer und Lehrerinnen mit den vielfältigen Problemen alleingelassen werden. **Wie konnte es nur zu den Fehleinschätzungen zum Personal- und Finanzbedarf bei dem Vorhaben, die UN-Behindertenrechtskonvention umzusetzen, kommen?**

Einige Antworten ergeben sich durch die Auseinandersetzung mit Meinungen und Veröffentlichungen verschiedener Autoren zum Thema Inklusion und Schulentwicklung im Teil III des Buches.

---

[88] Schwarze Pädagogik, Erklärungen im Teil IV.

[89] Johanna Haarer / Gertrud Haarer - Die deutsche Mutter und ihr letztes Kind - Die Autobiografien der erfolgreichsten NS-Erziehungsexpertin und ihrer Tochter, Offizin-Verlag Hannover 2012.

[90] Johanna Haarer / Gertrud Haarer – Die deutsche Mutter und ihr letztes Kind, Erklärungen im Teil IV.

Teil III

Theoretische Aspekte zur Inklusion, Strategien, Effekte, Entwicklungen im Schulwesen

Vorläufige zusammenfassende Aspekte und Thesen verschiedener Autoren

Ich habe mir beim Literaturstudium und Lesen von Beiträgen zum Thema Inklusion in einem Zeitraum von zehn Jahren die Mühe gemacht, Meinungen zu sammeln, praxisnahe Thesen verschiedener Autoren abzuleiten und zusammenzustellen.

Die Zahl der Beiträge zur Situation in den verschiedenen Bundesländern kann ermüdend wirken, ja einen sogar „erschlagen", da sie manchmal ungeheuerlich erscheinen. Hier zeigen sich jedoch in geballter Ladung sehr deutlich die Diskrepanzen zwischen Theorie und Praxis, zwischen Anspruch und Realität. Als Inklusionslehrerin, also Vertreterin der Praxis, erlaube ich mir eigene kritische Anmerkungen zu den thematisierten Problemen hinzuzufügen.

Entwicklungen im Schulwesen seit den 1970er Jahren

1. Seit den 1970er Jahren werden Begriffe wie „Integration", „soziale Eingliederung" und „Kooperation" zu neuen Leitbegriffen in der heilpädagogischen und öffentlichen Diskussion. Seitdem wird um die Integration Behinderter im deutschen Schulsystem gerungen. Es erfolgten Schulversuche mit Gemeinsamem Unterricht und Studien zur Wirksamkeit.[91]

2. „Als Wendemarke in Richtung einer integrativen Neuordnung des Schulwesens" gelten die 1973 verabschiedeten „Empfehlungen der Bildungskommission des deutschen Bildungsrates zur pädagogischen Förderung behinderter und von Behinderung bedrohter Kinder und Jugendlicher".[92]

3. Als gewisse Relativierung dieser damals noch nicht veröffentlichten Empfehlungen der Bildungskommission wurden 1972 von der „Ständigen Konferenz der Kultusminister der Länder der Bundesrepublik" eigene „Empfehlungen zur Ordnung des Schulwesens" verabschiedet und die Eigenständigkeit der Sonderschulen festgeschrieben.[93]

4. Der Begriff „Inklusion" wurde statt der bisher verwendeten Bezeichnung „Integration" erstmals im Schlussdokument der UNESCO-Weltkonferenz 1994 in Salamanca (Spanien) verwendet, in der sogenannten Salamanca-Erklärung „Pädagogik für besondere Bedürfnisse".[94]

5. Die beiden Hauptbegriffe „Integration" und „Inklusion" meinen inhaltlich Analoges und werden in einer Koppelung verwendet.[95]

6. Der Rechtsanspruch auf „Inklusive Bildung" nach der UN-Behindertenrechts-Konvention (UN-BRK) ist mit gewissen Unklarheiten behaftet. „Weder Salamanca-Erklärung noch UN-BRK fordern eine Zwangsaufnahme aller behinderten Kinder in die Regelschule. Der Artikel 24 der UN-BRK wird

dahingehend ausgelegt, dass das zu errichtende inklusive Schulsystem mit seinem Gemeinsamen Unterricht von Schülern mit und ohne Behinderungen der Regelfall zu sein habe."[96]

7. „Die einseitige und gezielte Diskreditierung bzw. Verunglimpfung der Sonder- und Förderschulen ist ein ungeeignetes Mittel, um mehr Integration und Chancengerechtigkeit durchzusetzen."[97]

8. Unter den neuen Leitbegriffen „Gemeinsam lernen" und „Gegen Ausgrenzung" gerieten die Sonderschulen mit ihrem traditionellen indirekten Integrationsansatz immer mehr in die Kritik.[98]

9. Integration ist, nach Otto Speck, ein komplexer Zielbegriff. „Unter pädagogischem Aspekt kann davon ausgegangen werden, dass Integration dann besonders gut gelingt, wenn sie nicht nur als Ziel, sondern - womöglich - auch als konkreter Prozess gemeinsamen Lebens und Lernens verstanden und praktiziert wird."[99]

10. Integration erfordert, nach Speck, strukturelle Veränderungen im Schulsystem. Integration ist möglich, aber nicht sofort und nicht überall. Es geht um einen „grundlegenden Wandel bewährter Traditionen, noch dazu in einer Institution wie der Schule, die einerseits in besonderem Maße von einer großen Vielfalt an familiären, gesellschaftlichen und wirtschaftlichen Interessen und Einstellungen abhängig ist und andererseits immer stärker in einem geradezu dominant werdenden Leistungs-erwartungsdruck in der Öffentlichkeit ausgesetzt ist, der nicht ohne Weiteres mit dem Sozialprinzip zu vereinbaren ist."[100]

11. Die subjektiven Positionen und Eigenarten der betroffenen und beteiligten Personen dürfen nicht unbeachtet bleiben. Es kann also bedeuten, „dass ein Kind, das einem Gemeinsamen Unterricht physisch zugeordnet ist, deshalb noch nicht auch

emotional angenommen ist, ... Wir haben es vielmehr mit einer Komplementarität von stets partieller Integration und partieller Nicht-Integration zu tun."[101]

12. Die Integrationsbereitschaft in den allgemeinen Schulen hielt und hält sich in Grenzen, was unter anderem mit dem Fehlen der nötigen Rahmenbedingungen (Ressourcen) zusammenhängt.[102]

---

[91] Otto Speck - Schulische Inklusion aus heilpädagogischer Sicht, Rhetorik und Realität, 2. Auflage, Ernst Reinhardt, GmbH & Co. KG, Verlag München, 2011, S. 9.

[92] Ebenda, S. 17.

[93] Ebenda.

[94] Otto Speck - Schulische Inklusion aus heilpädagogischer Sicht, Rhetorik und Realität, 2. Auflage, Ernst Reinhardt, GmbH & Co. KG, Verlag München, 2011, S. 59.

[95] Ebenda, S. 8.

[96] Ebenda, S. 89/90.

[97] Ebenda, S. 91.

[98] Ebenda, S. 20.

[99] Ebenda, S. 17/18.

[100] Ebenda, S. 20.

[101] Ebenda.

[102] Otto Speck - Schulische Inklusion aus heilpädagogischer Sicht, Rhetorik und Realität, 2. Auflage, Ernst Reinhardt, GmbH & Co. KG, Verlag München, 2011, S. 21.

Gesellschaftliche, soziale und ökonomische Aspekte eines Inklusiven Schulsystems

1. „Von einer gemeinhin integrationsbereiten Gesellschaft kann nicht die Rede sein." Der erhöhte Ökonomisierungsdruck verstärkt bei einigen Eltern selektive Bildungsinteressen.[103] Der ständig wachsende Leistungs- und Wettbewerbsdruck fördert (meines Erachtens) die zunehmenden Bestrebungen zur Gründung von Privatschulen (Staatlich anerkannte Ersatzschulen in freier Trägerschaft).

2. „Die soziale Eingliederung gelingt umso besser, je mehr das einzelne Kind Lerngewinne für sich persönlich verbuchen kann, ..."[104] „Da aber durch integrative Bildung kein Kind Schaden nehmen soll, muss aus heilpädagogischer Sicht als Grundprinzip das der Dienlichkeit für das behinderte Kind gelten ..., dass kein Schüler in seinem Lernen benachteiligt und in seiner psycho-physischen Befindlichkeit beeinträchtigt wird." ... „Gemeinsamer Unterricht ist möglich, wenn die entsprechenden Bedingungen gegeben sind."[105]

3. **Erst nach der Schaffung entsprechender Bedingungen kann Inklusion/Integration erfolgreich durchgeführt werden. „Die entsprechenden nötigen Ressourcen für den Gemeinsamen Unterricht müssen vor der Platzierung verfügbar sein, dürfen also nicht nachträglich beschafft werden."[106]**

4. Als wichtige Bedingungen, nach übereinstimmender, internationaler Auffassung, gelten unter anderem:
„1) Lehrpersonen mit den entsprechenden integrativ förderlichen Einstellungen und Kompetenzen, ...
4) verringerte Klassenstärken mit einem begrenzten Anteil behinderter Schüler
5) zusätzliche Lehrpersonen (Zweitlehrer, Sonderschullehrer, Integrationshelfer, Schulhelfer), ...

7) eine unkomplizierte Verfügbarkeit der erforderlichen Lehr- und Lernmaterialien,

8) praktikable Verfügbarkeit im Einzelfall nötiger Therapien ..."[107]

5. „Was den Kostenaufwand für ein integrativ/inklusiv ausgebautes Schulsystem betrifft, so ist dieser eindeutig höher zu veranschlagen als der für das bisherige Förderschulsystem."[108]

6. **Es genügen nur einzelne extrem schwierige, verhaltens- auffällige Kinder pro Klasse, um einen noch so gut vorbereiteten und geregelten integrativen Unterricht unmöglich zu machen.** Laut Neurobiologe Gerhard Roth sind solche Verhaltensstörungen „in ihrer psychischen Verfasstheit überhaupt nicht mehr veränderbar" (offen wird sogar ein „Wegsperren" mit entsprechenden Maßnahmen zur „Besserung" empfohlen).[109]

7. Eine Studie (2009) über „Belastung und Bewältigung in integrativen Klassen" bestätigt, „dass die integrative Arbeit mit höheren Anforderungen an die Lehrerinnen und Lehrer, mit einer hohen Verausgabungsbereitschaft, also einem höheren Belastungspotenzial, verbunden ist, wobei die Faktoren vor allem auf unzulängliche und extern bedingte Rahmenbedingungen zurückgeführt werden, ..."[110]

8. Kinder mit Behinderungen können Opfer von „Inklusion" werden, wenn ihre spezifischen Lernhindernisse aufgrund psycho-physischer Schädigungen und entsprechende heil- pädagogische Hilfen vernachlässigt werden.[111]

---

[103] Otto Speck - Schulische Inklusion aus heilpädagogischer Sicht, Rhetorik und Realität, 2. Auflage, Ernst Reinhardt, GmbH & Co. KG, Verlag München, 2011, S. 21.

[104] Otto Speck - Schulische Inklusion aus heilpädagogischer Sicht, Rhetorik und Realität, 2. Auflage, Ernst Reinhardt, GmbH & Co. KG, Verlag München, 2011, S. 30.

[105] Ebenda, S.31.

[106] Ebenda, S. 46.

[107] Dr. K. Bischof / J. Baier - Kursbuch Eltern: Elternratgeber Schule - Der richtige Umgang mit Schule, Verwaltung und Lehrern, Originalausgabe 1994, Wilhelm Heyne Verlag GmbH& Co. KG, München, S. 47/48.

[108] Otto Speck - Schulische Inklusion aus heilpädagogischer Sicht, Rhetorik und Realität, 2. Auflage, Ernst Reinhardt, GmbH & Co. KG, Verlag München, 2011, S. 74.

[109] Ebenda.

[110] Otto Speck - Schulische Inklusion aus heilpädagogischer Sicht, Rhetorik und Realität, 2. Auflage, Ernst Reinhardt, GmbH & Co. KG, Verlag München, 2011, S. 75.

[111] Ebenda, S81.

Widersprüchliche Bestrebungen und Anliegen

1. „Wie bei keinem anderen Beruf wird der Lehrer zwischen den Mühlsteinen unvereinbarer Anforderungen zerrieben. Die Klage über die Zumutung dieser Rollenkonfusion ließe sich durch die ganze Geschichte der Schulpädagogik verfolgen - ohne irgendwelche Konsequenzen für die Praxis." (Zitat: Hans-Peter Waldrich) Der Tiefenpsychologe Carl Furtmüller sprach schon 1914 von der „Doppelstellung zu den Schülern, denen er einerseits Erzieher und Freund, andererseits Richter und Vertreter der Staatsgewalt sein soll."[112]

2. **„Erstens haben die PISA-Studien gezeigt, dass das deutsche Bildungssystem im internationalen Vergleich nicht so gut abschneidet. Der soziokulturelle Hintergrund bestimmt die Laufbahn zu stark.** ... Wichtig ist in diesem Zusammenhang, dass PISA eine Initiative der OECD, also eines mächtigen internationalen Wirtschaftsverbandes, ist." (Aus einem Interview mit der Erziehungswissenschaftlerin Prof. Dr. Ingrid Lohmann und Christine Born[113])

3. „Zweitens will man die Mehrgliedrigkeit des Schulsystems erhalten. Auch eine Zweigliedrigkeit, eine Aufteilung in Gymnasien einerseits und eine Zusammenführung der Haupt- und Realschulen andererseits, ändert daran nichts. Die Vorabselektion bleibt bestehen."[114]

4. „Drittens wird der öffentliche Sektor im Bildungswesen abgeschafft, das heißt, das Privatschulwesen wird verstärkt. In Deutschland jedoch noch häufiger und auffälliger ist die <neue Steuerung> an den Schulen. Das bedeutet die Verbetriebswirtschaftlichung unserer Bildungseinrichtungen durch die freiwillige oder erzwungene Einführung des Managementmodells. Unter demokratisch anheimelnden Formeln - <autonome Schule>, <lernende Institution> oder

<Eigenverantwortlichkeit> - wird so die Privatisierung der Schulen vorbereitet."[115]

5. „Evaluationsinstrumente, wie beispielsweise SEIS (Selbstevaluation in Schulen = Selbstbewertung, Selbstbeurteilung), von der Bertelsmann-Stiftung entwickelt und promotet, tragen dazu bei, dass Schulen wie Wirtschaftsunternehmen geführt werden."[116] Die Bertelsmann-Stiftung „hat sich für die Einführung der <neuen Steuerung>, also für das sogenannte Qualitätsmanagement, an Schulen stark gemacht. ..."[117]

6. Die Bestrebungen zur Privatisierung der öffentlichen Schulen haben Auswirkungen auf die betroffenen Eltern. „Hier sind sozialpsychologische Effekte wirksam, welche die Eltern maßlos unter Druck setzen. Angst vor Arbeitslosigkeit, Berufsunfähigkeit und Verarmung ist vorherrschend. Und so macht sich ein regelrechter Förderwahn bemerkbar. ... Bildung, so hoffen die verzweifelten Eltern, soll das gesellschaftliche Abrutschen verhindern. ..."[118]

7. Lohmann kommt zu dem Schluss: „In dieser bewusst erzeugten Paniksituation gelingt es kaum, Eltern, Schülern und Lehrern klarzumachen, dass ein finanziell gut ausgestattetes öffentliches Schulsystem für alle Beteiligten anstrebens- und erhaltenswert ist. Eine Schule für alle - das ist ein demokratisches Zukunftsprojekt. **Bildungsgerechtigkeit lässt sich in wirklich gut ausgestatteten und konzipierten öffentlichen Schulen eher erreichen als in einem privatisierten Schulsystem, das letztlich die Minorität bevorzugt, die sich teure Schulen leisten kann.**"[119]

---

[112] Christine Born - Neues Kraftpaket für Lehrer/-innen, AOL-Verlag, 3. Auflage 2012, S. 105.

[113] Christine Born - Neues Kraftpaket für Lehrer/-innen, AOL-Verlag, 3. Auflage 2012, S. 112.

[114] Ebenda.

[115] Ebenda.

[116] Christine Born - Neues Kraftpaket für Lehrer/-innen, AOL-Verlag, 3. Auflage 2012, S. 113.

[117] Ebenda, S. 114.

[118] Ebenda, S. 117.

[119] Ebenda.

Chancen und Risiken der integrativen Pädagogik

1. Mit der Integrativen Pädagogik wird, nach Sassenroth, die Sonderpädagogik wieder Einzug in die Allgemeine Pädagogik halten. „So wird sich das sonderpädagogische Handeln nicht mehr auf eine spezifische Gruppe - etwa auf Sprachbehinderte - beziehen, sondern das kommunikative Handeln in einer Gruppe - etwa ein Konfliktgespräch - wird im Zentrum stehen. Der gemeinsame Lernort wird mehr und mehr die Regelschule und nicht mehr die Sonderschule sein." (Sassenroth[120])

Für solche Gespräche, die sowohl die Sprach- als auch soziale Kompetenz stärken, muss genügend Zeit zur Verfügung stehen. Ich würde wöchentliche Klassenleiterstunden befürworten (gerade an den Sekundarschulen haben Klassenlehrkräfte meistens nicht täglich in ihrer Klasse Unterricht, ihnen steht als Ansprechpartner zu wenig Zeit zur Verfügung). Hilfreich ist die Zusammenarbeit mit Sonder- und Sozialpädagogen, bei Sprachbehinderten ebenso die mit Logopäden.

2. **„In integrativen bzw. inklusiven Klassen ist es relevant, dass genügend leistungsstarke Schülerinnen und Schüler Teil der Klasse sind, um eine Ausdünnung der Gruppe der Leistungsstarken zu vermeiden. Dies ist wichtig, um die Entwicklung der leistungsstarken Schülerinnen und Schüler nicht zu beeinträchtigen. Heterogenität setzt auf konsequente Förderung der individuellen Lern- und Leistungspotenziale."** Dies geht aus Ergebnissen von Integrationsversuchen hervor. (Werning[121])

Ich habe den Eindruck, dass die Verwirklichung der Inklusion in den Regelschulen allerdings ohne Plan und konkrete

Vorgaben zur Klassenstärke und Anzahl von Förderschülern in der Lerngruppe sowie ohne verbindliche Stundenzuweisungen für Zweit- und Sonderpädagogen als Versuch gestartet ist.

3. „In der deutschen Diskussion zeigt sich, dass vielen Lehrkräften die Vorstellung von Unterricht an inklusiven Schulen Angst macht. Wie können sie sicherstellen, alle Schülerinnen und Schüler zu erreichen? Wie geht man mit Kindern im Förderschwerpunkt Lernen um und fördert sie entsprechend? Neue Ziele und Perspektiven müssen in den Schulen entwickelt werden."[122]

Die Angst sowie Vorbehalte sind meiner Meinung nach verständlich. Es gab anfangs keine Vorbereitungen und Weiterbildungen zum Thema Inklusion. Dass sich Kolleginnen und Kollegen regelrecht überrumpelt fühlten, habe ich beispielsweise in der Schulgeschichte „Kolleginnen im Gespräch" beschrieben. Denn mit dem, was ich nicht kenne, worauf ich nicht vorbereitet bin, kann ich nicht gut umgehen.

4. Zwei wichtige Aspekte sind didaktisch-methodische Konsequenzen und individuelle Förderung, stellt Werning hinsichtlich der „Perspektiven für den Unterricht" fest.[123]

Und genau dort muss, meiner Meinung nach, die Aus-, Fort- und Weiterbildung der Lehrkräfte verstärkt werden, denn inklusives Arbeiten erfordert zusätzliches Wissen. Sowohl in die Fort- und Weiterbildung als auch Ausbildung junger Lehrerinnen und Lehrer könnten Themen und neue Studieninhalte aufgenommen werden, zum Beispiel über psychodynamische Zusammenhänge, um zu verstehen, weshalb manche Kinder und Jugendliche nicht aufpassen, nicht lernen können (z. B. traumasensible Pädagogik).

5. Für die Entwicklung des Inklusiven Schulsystems wäre, m. E., eine gute Altersmischung in den Kollegien förderlich, anstatt eine dienstalte Lehrerschaft unter immer neuen

Reformen mehr und mehr zu belasten. Ebenso nachteilig wirken sich Versuche aus, die „Schule für alle" als Sparmodell durchzudrücken, wie wir Lehrerinnen und Lehrer das empfinden.

Auch reichlich zehn Jahre später, nach Inkrafttreten der UN-BRK, sind die Forderungen nach einer besseren personellen und materiellen Ausstattung der Schulen aktuell. Wenn mehr Neueinstellungen (wie es bereits 2013 z. B. von der GEW in Sachsen-Anhalt und in anderen Bundesländern gefordert wurde) erfolgen würden, könnten die jungen, gut ausgebildeten Lehrerinnen und Lehrer neue Erkenntnisse und Lehrmethoden an die älteren weitergeben und die jüngeren würden von den Erfahrungen der älteren Kolleginnen und Kollegen profitieren. So entstünde eine Annäherung zwischen Theorie und Praxis. Um bestehenden Personalengpässen zu begegnen, werden bundesweit verstärkt Quer- und Seiteneinsteigende eingestellt, die weitestgehend unvorbereitet schon in den Schulen arbeiten und parallel dazu erst noch wichtiges pädagogisch-psychologisches Rüstzeug erwerben müssen.

6. „Kinder entwickeln sich unterschiedlich, und viele Lernschwierigkeiten entstehen nur aus dem Zeitdruck und der gleichschrittförmigen Lernmethodik", ist die Meinung von Sabine Czerny. „Tatsache ist, dass alle Kinder einer Schulart stets das Gleiche machen müssen, weil sie eben danach bewertet werden."[124]

7. „In einer Schule für alle haben die Kinder mehr Raum und Zeit, sich individuellen Interessen zu widmen, da sie nicht zur Messung und Beurteilung in gleiche Gleise gezwungen werden müssen. Kinder können wieder echte Leistung erbringen und kreativ werden. Sie lernen die Grundlagen und fachlichen Inhalte, die sie als Basis benötigen, darüber hinaus ist aber ein individuelles Lernen ohne Grenzen möglich, zu

dem jeweils individuelle, weiterführende Rückmeldungen gegeben werden."[125]

8. „Gesamtschulen sind Dreigliedrigkeit unter einem Dach, es herrscht jedoch die gleiche Leistungsmess- und Beurteilungskultur wie in anderen Regelschulen, mit den gleichen fatalen Folgen: demoralisierte Kinder, Gleichschrittunterricht, Pauken. Diese drei Faktoren verhindern echtes Lernen und eine gute Schule."[126]

Es können auch hier ungewollt demoralisierte Kinder hervorgehen. Besonders in der Grundschule ist die individuelle Förderung entscheidend für die Entwicklung des Kindes, seines Selbstwertgefühls und für den weiteren Bildungsweg. Wenn in der Schuleingangsphase (SEP) auf eine Diagnostik des Förderbedarfs verzichtet wird, aus Personalmangel nicht die notwendige Unterstützung erfolgen kann, werden Kinder unabsichtlich ausgegrenzt und überfordert.

9. Im Gemeinsamen Unterricht soll jedes Kind seinen Fähigkeiten entsprechend eingebunden werden. „In den individuellen Lernphasen arbeitet jedes Kind an seinen individuellen Lernbereichen. Kinder mit Defiziten werden sich vorrangig um das Aufholen kümmern und üben, andere Kinder werden bei den für sie interessanten Themen mehr ins Detail gehen, sich weiterführend mit Dingen beschäftigen oder eben ihre individuellen Begabungen ausbilden. Die selbstständig gewonnenen Ergebnisse aller Kinder werden wieder zusammengetragen, sodass alle von den individuellen Arbeiten jedes einzelnen Kindes profitieren können."[127]

Kinder mit Lern- und Verhaltensproblemen können allerdings nicht selbstständig einen Wochenplan erfüllen, auch wenn er auf ihr Lernvermögen zugeschnitten ist. Das spricht für ein Zwei-Pädagogen-Prinzip, denn eine Lehrkraft allein kann nicht alle

Kinder individuell fördern, wie ich das zum Beispiel in den Geschichten „Roberto" und „Gemeinsamer Unterricht" beschrieben habe.

10. „Jedes Kind ist einzigartig", sagen (sich auf die Hirnforschung berufend) Hüther und Hauser, „ein Kind, das sich im Leben zurechtzufinden versucht. ... Und Sie sehen ein Kind, das leben will, das glücklich und gemocht werden will, ..., das vor allem so gesehen werden möchte, wie es ist, und nicht so, wie es sein sollte."[128]

---

[120] Rolf Werning, Rolf Balgo, Winfried Palmowski, Martin Sassenroth - Sonderpädagogik - Oldenburg Verlag München, 2. Auflage 2012, S. 10.

[121] Ebenda, S. 308.

[122] Ebenda.

[123] Rolf Werning, Rolf Balgo, Winfried Palmowski, Martin Sassenroth - Sonderpädagogik - Oldenburg Verlag München, 2. Auflage 2012, S. 311.

[124] Sabine Czerny - Was wir unseren Kindern in der Schule antun ... und wie wir das ändern können, Südwest-Verlag, München 2010, S. 363.

[125] Ebenda, S. 366.

[126] Ebenda, S. 367.

[127] Ebenda, S. 370.

[128] Gerald Hüther, Uli Hauser - Jedes Kind ist hoch begabt - Die angeborenen Talente unserer Kinder und was wir aus ihnen machen, Albrecht Knaus Verlag, München 2012, S. 26/27.

Sichtweisen hinsichtlich Erziehung, Bildung und Leistungsanspruch

1. „Es kommt nicht darauf an, wo und in welcher Rolle Sie Kinder auf ihrem Weg ins Leben begleiten. Je komplizierter die Welt wird, in die unsere Kinder hineinwachsen, desto dringender sind sie auf kompetente Unterstützung angewiesen."[129]

2. Die sich mit der Zeit verändernden Erziehungsansichten waren immer Vorstellungen von Erwachsenen, die das Bild einer „richtigen" Erziehung und einer „optimalen" Bildung prägten. „Wie Kinder auf das Leben vorbereitet werden, hing immer davon ab, was ihre Eltern, Erzieher und Lehrer für richtig hielten. ... Kinder hatten zu folgen und sich zu fügen, mal mehr, mal weniger. Und sie sollten funktionieren, mal weniger, mal mehr."[130]

3. „Leben ist mehr als die Jagd nach guten Zensuren. ... Kinder können mehr, als auf Zeugnisse zu schielen. Wir demütigen sie, wenn wir ihre Leistungen nur auf die in der Schule erzielten Noten reduzieren. Immer mehr Eltern verstehen sich als Manager oder Trainer ihrer Kinder. Dieser Vorstellung liegt die Haltung zugrunde, Kinder seien im Grunde irgendwie defekt. ... Aber Kinder haben es satt, ständig korrigiert und kritisiert zu werden, ... Sie sind kompetent und wollen Verantwortung, für sich und im besten Fall auch für andere."[131]

4. „In unserem Kulturkreis ist", laut Hüther, „das Anheizen von Wettbewerb, das Erzeugen von Leistungsdruck, von Angst und Stress eine beliebte und immer wieder eingesetzte Strategie, um letzte Ressourcen zu mobilisieren und schwierige Situationen zu überstehen. Die damit zu erreichenden Erfolge sind allerdings immer nur kurzfristig und stoßen auch schnell an Grenzen. Dann lässt sich durch noch mehr Druck einfach nicht noch mehr Leistung erzeugen.

Menschen sind eben keine Maschinen. Beide gehen zwar kaputt, wenn sie überlastet werden, aber Menschen haben die Möglichkeit vorher auszusteigen. Innere Kündigung heißt diese immer häufiger in Schulen und am Arbeitsplatz gefundene Lösung."[132]

5. Der Kinder- und Jugendpsychiater Prof. Dr. Schulte-Markwort geht in seinem Buch „Burnoutkids"[133] der Frage nach: „Was treibt die Mädchen und Jungen über die Grenzen ihrer Leistungsfähigkeit hinaus? Der falsche Ehrgeiz der Eltern? Die eigene Unfähigkeit, mit den Kräften zu haushalten? Die innere Zerrissenheit, sich im medialen Zeitalter überall optimal präsentieren zu müssen?" Er stellt fest: „Der Druck auf unsere Kinder ist unerträglich. Immer häufiger sind sie von Burnout bedroht, weil unsere Gesellschaft sich dem Prinzip Leistung völlig unterworfen hat. Wir müssen dringend umdenken. Im Interesse unserer Kinder." (Buch-Cover)[134]

6. „Inklusionsversuche" als Sparmodell (wie im „Länderbarometer" aufgeführt), Abschaffung der Sonderschulen und Zuordnung der Schülerinnen und Schüler an die Regelschulen, Vergleichsarbeiten, Schullaufbahnempfehlungen, Lehrkräftemangel führen unweigerlich zur Überlastung von behinderten und nichtbehinderten Kindern und Jugendlichen sowie bei Lehrern und Lehrerinnen. **Erwachsene, die sich ausgelaugt fühlen und nicht ausreichend für die eigene Entlastung sorgen können (Druck vom Arbeitgeber, durch Schulpolitik), sind auch nicht in der Lage, für andere, speziell Kinder, ausreichend zu sorgen.** Wer sich aufgrund der Überlastung und damit verbundenen Minderwertigkeits- oder Schuldgefühlen nicht selbst lieben kann, wird anderen gegenüber kaum empathisch sein können. **Doch unsere Kinder wollen liebevoll begleitet werden, mit anderen in Beziehung**

treten; liebevoll gesetzte Grenzen und Regeln fördern Sicherheit im sozialen Miteinander.

„Erziehen heißt vorleben, heißt auf Augenhöhe mit den Kindern wahrnehmen, fördern, schützen, fordern, lieben."[135]

7. Bei der fachärztlichen Behandlung erschöpfter, überforderter Kinder betrachtet Prof. Schulte-Markwort die Berichte der Kinder im Zusammenhang mit ihren Erfahrungen aus einem „ihr Leben wesentlich bestimmenden Bereich - der Schule - als einen Lebensraum, der durch Missachtung, Abwertung, durch zu hohe oder zu niedrige Anforderungen und ein zunehmendes Gefühl der Anspannung und Erschöpfung gekennzeichnet ist. Dieses sehr früh einsetzende Quasi-Arbeitsleben, das sich schon bald nicht von dem der Erwachsenen unterscheidet, wird zu Hause ergänzt durch eine hohe Arbeitsbelastung der Eltern, die nichts mehr abfangen können - oder hohe Ansprüche haben. ... Das zentrale Lebensgefühl unserer Kids ist dadurch gekennzeichnet, dass sie damit leben müssen, nie wirklich allen Anforderungen gerecht zu werden. Und das ist eine Voraussetzung für Bornout."[136]

8. **Das Lernen ist schon in der Grundschule stark ergebnisorientiert.** Auch wenn leistungsschwache Kinder ein Jahr länger in der Schuleingangsphase (SEP) verweilen können und keine Zensuren erhalten, spüren sie den allgemeinen Leistungsanspruch und empfinden Leistungsdruck. Eine daraus entstehende Überforderung kann Angst vor dem Versagen erzeugen, die den Lernfortschritt hemmt. **Entlastend könnte, meiner Meinung nach, ein prozessorientiertes Lernen im Sinne von Achtsamkeit wirken, verbunden mit Freude an den erreichten Teilschritten und vielen positiven Erfahrungen. Denn jedes Kind benötigt von Anfang an verständnisvolle Begleitung und individuelle Förderung, um Erfolge beim Lernen erreichen zu können.**

Wer gegenüber dem Kind und sich selbst achtsam ist, nimmt unvoreingenommen wahr, ohne gleich zu beurteilen, sieht vieles, über das andere allzu leicht hinwegsehen. Achtsamkeit bedeutet im Augenblick zu leben und genau zu fühlen, sich in einen anderen hineinversetzen zu können.[137]

Im „Manifest für eine andere Bildung" (nd Die Woche Nr. 36, S. 13) wird festgestellt: **„Fehler werden nicht im System, sie werden im vereinzelten Individuum gesucht. Das beginnt in der Grundschule,** wenn Kinder, die zu unruhig sind, Medikamente bekommen, statt Schule auf ihre Bedürfnisse anzupassen, **und hört bei Lehrerinnen und Lehrern auf, die für einen kompetenten Umgang mit Stress, Konflikten und zunehmender Arbeitsverdichtung mit Fortbildungen zur Resilienz, Selbst-Management und Work-live-Seminaren abgespeist werden."**

9. Brooks und Goldstein beleuchten in ihrem Buch das Konzept der Resilienz theoretisch und stellen es an vielen Beispielen anschaulich dar. Für den Erwerb von Resilienz (seelische Widerstandskraft) benötigen die Kinder Einfühlungsvermögen, wirksame Kommunikationsmethoden, den Erwerb von Problemlösefähigkeiten, das Erkennen individueller Kopetenzinseln. **„Eine resiliente Lebensorientierung zu haben heißt, Empathie (Einfühlungsvermögen) und Eigenverantwortlichkeit zu besitzen, ebenso wie das Wissen um die Wirkung des eigenen Verhaltens auf andere und schließlich auch das Gefühl zu haben, wirkliche Erfolge erreichen zu können. Noch wichtiger ist es, dass Erfolg auch selbst als solcher wahrgenommen wird. Resilienz sollte als unerlässliches Erziehungsziel angesehen werden, welches für alle Kinder anwendbar ist."[138]**

Brooks und Goldstein stellen fest, „dass viele Kinder den falsche Weg eingeschlagen haben, weil Eltern, Erzieher und andere Fachleute ihre Zeit und Kraft darauf verwandten, Defizite zu etablieren, anstatt die Stärken der Kinder zu wecken und zu fördern."[139]

In der Zusammenarbeit von Eltern und Lehrkräften, im Blick auf ein bestimmtes Kind, sollten Achtsamkeit und Resilienzförderung als Ziele angestrebt werden. **Echte Erfolge zu Hause und in der Schule steigern das Selbstwertgefühl, beeinflussen positiv den Lernprozess.**[140]

---

[129] Gerald Hüther, Uli Hauser - Jedes Kind ist hoch begabt - Die angeborenen Talente unserer Kinder und was wir aus ihnen machen, Albrecht Knaus Verlag, München 2012, S. 28.

[130] Ebenda, S. 28/29.

[131] Ebenda, S. 31.

[132] Gerald Hüther - Was wir sind und was wir sein könnten - S. Fischer Verlag GmbH, Frankfurt am Main 2011, S. 150/151.

[133] Michael Schulte-Markwort - BURNOUTKIDS - Wie das Prinzip Leistung unsere Kinder überfordert, Pattloch Verlag GmbH & Co. KG, München 2015.

[134] Ebenda.

[135] Michael Schulte-Markwort - BURNOUTKIDS - Wie das Prinzip Leistung unsere Kinder überfordert, Pattloch Verlag GmbH & Co. KG, München 2015, S. 13.

[136] Ebenda, S. 89/90.

[137] Gerald Hüther, Uli Hauser - Jedes Kind ist hoch begabt - Die angeborenen Talente unserer Kinder und was wir aus ihnen machen, Albrecht Knaus Verlag, München 2012, S. 72/73.

[138] Robert Brooks, Sam Goldstein - Das Resilienz-Buch - Wie Eltern ihre Kinder fürs Leben stärken, Klett-Cotta, 4. Auflage 2011, S. 16.

[139] Ebenda, S. 19.

[140] Ebenda, S. 131/132.

Herausforderung Inklusion - Anforderungen an Politik und Gesellschaft

1. Wenn ein Inklusives Schulsystem politisch wirklich gewollt ist, so muss, meiner Meinung nach, den zuständigen Politikern (wie Kultus- und Finanzministern) klar sein, dass Inklusion ein sehr anspruchsvolles, kostenintensives Modell für die Verwirklichung von Chancengerechtigkeit ist (auch für die Zeit nach dem Schulbesuch). Ohne Schaffung entsprechender Unterstützungssysteme könnte ein Lehrer / eine Lehrerin ebenso überlastet werden wie ein alleinerziehender Elternteil in einer Großfamilie.

2. Multiprofessionelle Teams an den Schulen sollten selbstverständlich sein. Dazu zählen neben den Lehrerinnen und Lehrern Pädagogische Mitarbeiter und Mitarbeiterinnen, Schulbegleiter und -begleiterinnen für Kinder mit hohem Unterstützungsbedarf im Unterricht, Sozialpädagogen, Schulsozialarbeiter und Sozialarbeiterinnen, Förderschullehrkräfte. Zur Förderung von Kindern mit emotional-sozialen Entwicklungsstörungen sind beispielsweise eine zeitnahe Beratung durch Schulpsychologen und Psychologinnen für Lehrkräfte und Eltern wünschenswert (auch in diesem Bereich besteht ein höherer Personalbedarf) sowie Abstimmungen mit externen Einrichtungen der Kinder- und Jugendhilfe, Sozialpädiatrische Zentren (SPZ) und Therapeuten.

3. **Um die UN-Behindertenrechtskonvention, die seit 2009 in der BRD gültig ist, mit Leben zu erfüllen, bedarf es gemeinsamer Zielsetzungen in allen Bundesländern. Ideen und Initiativen sind gefragt und die Wirksamkeit von Maßnahmen sollte stetig überprüft werden.**

246

E&W (04/2013, S. 12) greift die Frage auf: „Soll das Kooperationsverbot in der Bildung fallen? ... Investitionen in Bildung gelten als Zukunftselixier für Deutschland. Warum sperren sich die Länder so sehr gegen eine nationale Bildungsstrategie und die direkte finanzielle Förderung durch den Bund?"

4. **Inklusion muss immer dem Wohl aller Kinder dienen und bedarf auch der Akzeptanz durch die Gesellschaft.** Sie erfolgt mit Kindern unter unterschiedlichsten soziokulturellen und ökonomischen Voraussetzungen ihrer Elternhäuser, was mit einer zunehmenden Herausforderung für das pädagogische Handeln im Inklusiven Schulsystem verbunden ist und u. a. einen hohen Anteil an sozialer Arbeit erfordert.

5. **Unsere Erfahrungen als Lehrerinnen und Lehrer zeigen, dass Eltern in ihrer Kompetenz gestärkt und nicht nur über ihre Rechte auf Inklusion ihrer behinderten und lernschwachen Kinder aufgeklärt, sondern auch befähigt werden müssen, die oft komplizierten Strukturen und Bedingungen weitestgehend zu erfassen.** Sie müssen dazu in der Lage sein, bzw. in die Lage versetzt werden, entsprechende Hilfen bei den passenden externen Anlaufstellen (z. B. Erziehungsberatung, Schulbegleitung oder lerntherapeutische Unterstützung) organisieren zu können.

   Den Eltern muss bewusst werden, dass das Recht auf inklusive Beschulung behinderter oder förderbedürftiger Kinder nicht automatisch mehr Chancengerechtigkeit bedeutet und zu einem höheren Schulabschluss führt. Kinder, die in inklusiv arbeitenden Regelschulen überfordert sind, fühlen sich schnell benachteiligt und nicht dazugehörig. Für sie bieten nach wie vor die Förderschulen mehr Chancen zum Erwerb von Wissen und Können, um zu Lernerfolgen zu gelangen.

6. „Viele Kinder mit sonderpädagogischem Förderbedarf sind nicht im klassischen Sinne ‚behindert'. Sie haben eher Probleme beim Lernen, in der sprachlichen Kommunikation oder in ihrem Verhalten in der Klasse, kommen aus einkommensschwachen Familien oder sind sozial und psychisch starken Belastungen ausgesetzt.** Ihr Anteil steigt aufgrund sozialer Schieflagen in unserer Gesellschaft. Fakt ist allerdings: Zahlreiche Schulen stehen mit dem Rücken zur Wand, weil die konzeptionellen und personellen Ressourcen mit Blick auf professionellen Umgang mit den sozialen Problemen ihrer Schülerschaft nicht ausreichen." (Ilka Hoffmann, E&W extra 02/2015, S. 38)

7. **Der Übergang zu einem Inklusiven Bildungssystem muss meiner Meinung nach als gesamtgesellschaftliche Aufgabe gesehen werden und sollte nicht durch Ländergrenzen behindert werden.** Bereits 2012 ging aus vielen Diskussionen hervor, dass sowohl innerhalb der Regierung, als auch der Opposition und der Länder die Bereitschaft bestünde, „das Kooperationsverbot im Grundgesetz ganz oder teilweise fallen lassen zu wollen". (E&W 04/2012, S. 29)

8. **„Wir brauchen daher eine Agenda für inklusive Bildung,** zu der alle Akteure ihren Beitrag leisten müssen. Dazu bedarf es eines verlässlichen Rahmens. Der **Wegfall des Kooperationsverbotes zwischen Bund und Ländern** zählt unbedingt dazu, ebenso wie mehr Investitionen in Bildung unerlässlich sind, damit Länder und Kommunen ihre Aufgaben erfüllen können." (Marlis Tepe, E&W extra 02/2015, S. 2)

Inklusive Missverständnisse Debatte

(aus dem Artikel von Otto Speck in der SZ Digital-App der Süddeutschen Zeitung, 22.10.2014)

1. Das vom Deutschen Bundestag im Dezember 2008 verabschiedete „Gesetz zu dem Übereinkommen der Vereinten Nationen über die Rechte von Menschen mit Behinderungen" hat einen harten, emotional aufgeladenen, öffentlichen Streit ausgelöst. Er verunsichert Eltern und Lehrer, gefährdet das Wohl von Schulkindern mit Behinderungen und spaltet die Schulsysteme der Länder.

2. **In den UN-Richtlinien lässt sich keine Belegstelle finden, die besagt, dass „Inklusion" mit der völligen Abschaffung des Förderschulsystems gleichzusetzen sei, wovon alle Fraktionen des Bundestages ausgingen.** Es handelt sich um einen Übersetzungs- und Denkfehler. „Inklusives Bildungssystem" bedeutet, es muss alle Kinder, also auch Kinder mit Behinderungen in besonderen Einrichtungen, einbeziehen. „General education system" wurde fälschlicherweise mit dem Begriff „allgemeine Schulen" übersetzt. Der englische Begriff entspricht eindeutig dem, was wir als „allgemeinbildendes Schulsystem" bezeichnen, zu dem nach deutschem Schulrecht auch die Förderschulen gehören.

3. **„Den pädagogischen Sinn und die Verdienste dieser speziellen Schulen und Klassen pauschal abzustreiten, geht demnach an der Wirklichkeit vorbei. Das Bundesverfassungsgericht hat 1997 ausdrücklich festgestellt, dass die Sonderschulen keine benachteiligenden Einrichtungen sind."** ... „Eltern haben nach dem Wortlaut des Gesetzes ein Wahlrecht zwischen dem Gemeinsamen Unterricht an der Regelschule und der Förderschule. Die Förderschulen gelten nun aber als Ausnahme zur Regel des Gemeinsamen Unterrichts."

4. „Inzwischen wirft die Praxis immer größere Finanzierungsprobleme auf. Es wird verblüfft gefragt: Hat denn niemand
die zu erwartenden Kosten berechnet? **Voreilige
Ministerien hatten sich erhofft - sie waren durch
oberflächliche und geschönte Schätzungen dazu
ermuntert worden - die entstehenden Kosten für
ein Inklusives Schulsystem ließen sich durch den
Wegfall der Kosten für das Förderschulsystem
kompensieren."** „Diese Auffassung hat sich als total
irrig erwiesen, konnte aber nicht verhindern, dass es
zu schulischen Improvisationen von Inklusion und
damit zu Benachteiligungen der betroffenen Kinder
kam, obwohl solche billigen Lösungen allseits als
nicht verantwortbar gelten. Lehrkräfte fühlen sich
überfordert."

Länderbarometer - unterschiedliche Strategien und Ressourcen in den Bundesländern

Mit einem Blick in die Bundesländer soll der Frage nachgegangen werden: „Wie weit ist die Inklusion?" In der Zeitschrift E&W der Bildungsgewerkschaft GEW wurde im November 2013 die Reihe „Profis für INKLUSION für Profis" gestartet. Aus diesem „Länderbarometer" stelle ich einige Auszüge vor.

Rheinland-Pfalz

baut seit Ende der 1990er Jahre auf ein Konzept mit Schwerpunktschulen, welche eine zusätzliche Personalzuweisung an Förderschullehrern und pädagogischen Fachkräften bekommen. Jeder Landkreis, bzw. jede kreisfreie Stadt soll nach den Plänen des Kultusministeriums in der Primarstufe (Grundschule) mindestens eine Schwerpunktschule haben. Bei den weiterführenden Schulen müssen Kinder auch weitere Wege in Kauf nehmen. „Inklusive Schulen brauchen vor allem in der Startphase Entlastung und Freiräume, um ihre Konzepte nachhaltig zu etablieren. Doch dafür fehlen in Rheinland Pfalz bislang die Ressourcen. Vor allem mangelt es an Förderpädagoginnen und Pädagogen, die die Regelschullehrkräfte begleiten. ... Die Lehrkräftestellen, die die Landesregierung in den kommenden Jahren einsparen will, werden für die Umsetzung der Inklusion dringend gebraucht." (E&W 03/2014, S. 30/31)

Sachsen-Anhalt

Der Anteil der Schüler mit einem sonderpädagogischen Förderbedarf liegt hier noch über dem Bundesdurchschnitt. „Die Förderquote sinkt aber deutlich, da das Land zunehmend darauf verzichtet, einen Förderbedarf zu attestieren, um Kinder nicht auszugrenzen. ... Bisher erhalten allgemeine Schulen pro Schüler mit Förderbedarf zusätzlich je zwei Wochenstunden für Lehrkräfte mit sonderpädagogischer Kompetenz. Klassenbildung und Einsatz der Pädagoginnen und Pädagogen obliegt den Schulen, die damit sehr unterschiedlich umgehen: Einzelintegration bis hin zu Gemeinsamem Unterricht in allen Jahrgangsstufen." Durch die große Dynamik der Entwicklung besteht vielerorts ein Problem an den Regelschulen Inklusion umzusetzen. „Die Unterstützungssysteme und Fortbildungen hinken der rasanten Entwicklung hinterher. ... Überdies werden zusätzliche Lehrerwochenstunden für die präventive Grundversorgung nach wie vor unabhängig vom Bedarf zugeteilt und fallen damit an vielen Schulen sehr gering aus. ... Es wird höchste Zeit, dass wir die Schulen entsprechend ihres realen Bedarfs ausstatten, damit Inklusion gelingen kann." (E&W 04/2014, S. 39)

Bremen

hat 2010 begonnen, Schulkinder mit Förderbedarf überwiegend an Regelschulen zu unterrichten. „Seit 2012 müssen alle Lern-, Sprach- oder Verhaltensbehinderten und alle geistig Behinderten ab der 5. Klasse eine Regelschule besuchen. Wahlfreiheit gilt nur noch bei den Förderbedarfen Hören, Sehen und körperlich-motorische Entwicklung, denn dafür bleiben spezielle Förderzentren erhalten." Auch in Bremen fand der „Reformprozess" im Rahmen eines „Zweisäulen-Modells" unter den Bedingungen der „Schuldenbremse" statt. „Die Auseinandersetzungen gehen derzeit deshalb um jede Stelle, den Mangel an Fachpersonal und die Arbeitsbedingungen vor Ort." Wünschenswert wäre für Inklusions-Klassen eine möglichst kontinuierliche Doppelbesetzung im Unterricht. (E&W 05/2014, S. 31)

Berlin

Der Gemeinsame Unterricht ist in Berlin seit dem Schulgesetz von 1994 als „vorrangig" festgeschrieben. 2012/13 wurden bereits 50,6% der Schüler mit Förderbedarf an Regelschulen unterrichtet. In den ersten beiden Schuljahren der Schuleingangsphase werden Kinder mit den Förderschwerpunkten Lernen, Sprache und emotionale-soziale Entwicklung noch nicht diagnostiziert. „Trotz stetig steigender Zahl der Schülerinnen und Schüler mit sonderpädagogischem Förderbedarf hat der Berliner Senat seit 2003 an Förderzentren und Regelschulen 333 sonderpädagogische Stellen abgebaut. Inklusion ist jedoch nicht nur eine Frage der Haltung der Lehrkräfte. Der politische Wille muss sich im schulischen Alltag zeigen, in einem stimmigen Konzept mit ausreichenden Mitteln für Beratung, Unterstützung und Weiterbildung. ... Ohne Investitionen in eine bessere Ausstattung der Schulen kann Inklusion nicht gelingen." (E&W 06/2014, S. 28)

Hamburg

hat seit 20 Jahren Erfahrungen mit Integrationsklassen, in denen es automatisch eine Doppelbesetzung mit zwei Lehrkräften gab. Ab 2010 wurde allen Eltern eine freie Schulwahl angeboten, sodass mehr Kinder mit Förderbedarf in die Regelschulen kamen. Über eine „systemische Ressource" werden zusätzliche Lehrerstellen den Regelschulen zugewiesen, die viele Kinder mit den Förderbedarfen Sprache, Lernen und soziale Entwicklung haben. Das alte Modell wird abgebaut. „Die Folge ist eine zu geringe personelle Ausstattung der Schulen, die auf Kosten der Kinder und Jugendlichen sowie des pädagogischen Personals geht. Noch könnte Hamburg dieses Erfolgskonzept retten, indem die dafür fehlenden 550 Stellen geschaffen werden. ... Was wir brauchen, ist mehr Geld für multiprofessionelle Teams, für Individualisierung, Differenzierung und Therapie, für Prävention und frühe Förderung, für Elternarbeit und Beratung. Wir wollen, dass inklusive Bildung gelingt. Und das nicht im Sparmodus." (E&W 09/2014, S. 38/39)

Thüringen

„Die Idee der Inklusion hat ein Zuhause: Jena." Unter den rund 30 Schulen in der Universitätsstadt gibt es im Grunde genommen keine Regelschule mehr ohne Inklusion. Die Inklusionsquote beträgt fast 80%. Die durchschnittliche Quote liegt in Thüringen bei 31,4%, wobei die regionale Verteilung sehr unterschiedlich ist - in Suhl sind es etwa 10%. Ab 2009 sei die Inklusion von oben nach unten durchgepeitscht worden. Der in Thüringen diskutierte „Entwicklungsplan Inklusion" beschreibt zwar notwendige Voraussetzungen, lässt aber auf deren Umsetzung warten. „Inklusion beginnt in den Köpfen, aber ohne Hand und Fuß gelingt sie nicht. In den Kollegien mit einem Altersdurchschnitt von über 52 Jahren fehlt es nicht an Bereitschaft Inklusion umzusetzen, sondern an personeller Unterstützung. Die Neueinstellungen des sonderpädagogischen Fachpersonals reichen bei Weitem nicht aus, um den Anforderungen zu genügen. So löst Inklusion in den Kollegien eher das Gefühl der Überforderung aus. ... die fehlende Finanzierung ausreichender Lehrer- und Erzieherstellen erschwert vieles." (E&W 10/2014, S. 34, 35)

Mecklenburg-Vorpommern

hat bundesweit die höchste Quote an Kindern mit Förderbedarf, viele von ihnen werden in Förderschulen unterrichtet. „Obwohl - oder gerade weil die Probleme so vielfältig sind, lässt sich das Land viel Zeit, neue Konzepte umzusetzen." Der GEW-Landesverband kritisiert das derzeitige Tempo und den unvorbereiteten Start des inklusiven Unterrichts im Schuljahr 2010/11. 30% der Jungen und Mädchen mit Förderbedarf werden zwar inklusiv unterrichtet, allerdings vorwiegend in den unteren Klassen. „... der Von-jetzt-auf-gleich-Start in die Inklusion habe dazu geführt, dass dieses wichtige Thema an vielen Schulen verbrannt ist, weil die Kolleginnen und Kollegen sich alleingelassen fühlen." Neben den praktischen Problemen in den Grundschulen besteht auch darüber Unsicherheit, wie es in den höheren Klassen weitergehen soll, wie die Förderzentren ausgestattet werden und welche personellen Kapazitäten die Schulen zusätzlich erhalten sollen. Perspektivisch sollen so viele Kinder wie möglich inklusiv unterrichtet werden, aber möglichst ohne viel mehr Personal. Über mehrere Jahre wurde das „Rügener Inklusionsmodell" unter wissenschaftlicher Begleitung der Universität Rostock ausprobiert. Aber das Anschlusskonzept steht noch nicht fest. Da die Kinder dort die Grundschule durchlaufen haben, ist noch nicht sicher, wie es ab Klasse 5 weitergeht. So befinden diese sich in einer „Warteschleife" und wiederholen die 4. Klasse. (E&W 11/2014, S. 26/27)

Nordrhein-Westfalen

Seit dem neuen Schuljahr 2014/15 besteht in NRW ein Rechtsanspruch für Kinder mit Förderbedarf eine Regelschule zu besuchen. Lehrerverbände beklagen, dass der Gemeinsame Unterricht unterfinanziert sei und die Schulen nicht ausreichend vorbereitet worden seien. „Die Ausweitung der Inklusion führt an manchen Schulen dazu, dass es nicht mehr, sondern weniger Förderung gibt. Das liegt daran, dass das Stellenbudget für die Schwerpunkte Lernen, Sprache sowie geistige und emotionale Entwicklung zusammengefasst und gedeckelt ist - häufig zum Nachteil jener Schulen, die schon länger inklusiv arbeiten. ... Die inklusiven Schulen brauchen kleinere Klassen (GEW-Forderung nach 20 Schülern, fünf davon mit sonderpädagogischem Förderbedarf) und eine Doppelbesetzung mit Regel- und Förderschullehrkräften." Mittlerweile besucht jeder dritte Schüler mit Förderbedarf eine Regelschule. 2017/18 soll etwa die Hälfte der Förderschüler inklusiv unterrichtet werden. Zwar sollen bis dahin rund 3200 zusätzliche Lehrerstellen geschaffen werden, jedoch gehen GEW und Bildungsökonomen von einem viel höheren Bedarf aus, „wenn das gemeinsame Lernen in NRW eine Erfolgsgeschichte werden soll - und zwar nicht nur an Vorzeige-Einrichtungen wie der Ketteler-Schule in Bonn-Dransdorf (die den Jakob-Muth-Inklusionspreis 2013 erhielt), sondern flächendeckend." (E&W 12/2014, S. 30/31)

Baden-Württemberg

Das Land befindet sich seit Jahren in einer Übergangsphase. Inklusion wird als wichtig erachtet, „doch die Schulen fühlen sich mit der Einführung alleingelassen: Der gesetzliche Rahmen, Ressourcen und Unterstützung fehlen."

„Inklusive Settings erfordern - wie das Lernen in der Gemeinschaftsschule - spezifische Kompetenzen und Zugangswege, klare finanzielle und personelle Zuständigkeiten. Zusätzlich braucht es sonderpädagogische Kompetenzen vor Ort. ..." 2010/11 wurden zunächst fünf Modellregionen - Mannheim, Freiburg, Konstanz, Biberach und Stuttgart - eingerichtet, die Erfahrungen mit Inklusion sammeln, welche in das neue Schulgesetz ab 2015/16 einfließen sollen. Die Eltern werden ein Wahlrecht erhalten und nach einer Beratung in einer

256

Bildungswegekonferenz durch das staatliche Schulamt entscheiden, ob ihr Kind an einer allgemeinen oder an einer Sonderschule lernen soll. Bei der zieldifferenten Inklusion (individuelle Lehrpläne unterhalb der Anforderungen des Lehrplans der Klassenstufe) wird ein Zwei-Pädagogen-Prinzip (Lehrkräfte der allgemeinen Schule und Sonderschullehrer arbeiten gemeinsam im Unterricht) angestrebt. Schüler mit einem festgestellten Anspruch auf ein sonderpädagogisches Bildungsangebot sollen möglichst in Gruppen gefördert werden. Eine Abschaffung der Sonderschulen ist nicht vorgesehen, diese werden zu sonderpädagogische Bildungs- und Beratungszentren ausgebaut. (E&W 02/2015, S. 38/39)

Bayern

Ende 2009 wurde im Landtag eine Arbeitsgruppe aus allen Fraktionen gebildet, um die Umsetzung der Inklusion zu begleiten. Mit der Schulgesetzänderung 2011 wird der „Gemeinsame Unterricht" in verschiedenen Formen ermöglicht. Zu den Elementen der bayerischen Inklusionsstrategie gehören derzeit 164 Standorte mit Profil-Schulen, an denen Regelschullehrkräfte und Sonderpädagogen gemeinsam unterrichten. Weiterhin bestehen Kooperationsklassen, Partnerklassen, Einzelintegration an Regelschulen sowie der Fortbestand der Förderschulen als Kompetenzzentren. „Im Freistaat haben Eltern Anspruch auf einen Inklusionsplatz für ihre Kinder - Lehrerinnen und Lehrer müssen auf die nötige Unterstützung im Schulalltag aber verzichten." „Viele Kolleginnen und Kollegen fühlen sich überfordert, verheizt, alleingelassen, sind frustriert oder blocken ab." Die Politik muss bessere Bedingungen schaffen: mehr Zeit, mehr Platz, mehr Fortbildungen, mehr fachliche Unterstützung. Bei der Vielzahl der Förderung würde ein zweiter Pädagoge im Unterricht Erleichterung schaffen. (E&W 01/2015, S. 30/31)

Schulische Inklusion - Hürden und Chancen

Wo stehen wir seit Unterzeichnung der UN-BRK in der Entwicklung eines Inklusiven Bildungssystems in Deutschland?

In den Zeitschriften der Bildungsgewerkschaft GEW erschienen, unter anderem in einer weiteren Länderserie, verschiedene Beiträge, die sich mit der Forderung nach mehr Bildungsgerechtigkeit, mit dem Fachkräftemangel an Schulen und den möglichen, daraus resultierenden Folgen beschäftigen. Dazu habe ich einige Beiträge in Auszügen zusammengestellt.

Forderungen nach guter Bildung
(E&W 11/2017, S. 5)

Am 19. Oktober 2017 appellierte kurz nach der Bundestagswahl ein breites Bündnis zivilgesellschaftlicher Organisationen und Gewerkschaften (30 Bündnispartner) vor der Aufnahme von Koalitionsverhandlungen an die CDU/CSU, FDP und GRÜNE, mehr Geld für die Bildung bereitzustellen. **„Der Bund muss künftig zusätzliche Mittel in die Bildung investieren. Er soll Bildungsprojekte der Länder und Kommunen dauerhaft unterstützen. Dafür muss das Kooperationsverbot in der Bildung endlich komplett gestrichen werden."**

Das Bündnis forderte eine Offensive für den Ausbau des Bildungswesens, wie den „qualitativen und quantitativen Ausbau der Ganztagsangebote, ein Sanierungs- und Neubauprogramm für Schulen und Hochschulen - auch mit Blick auf Bildung in einer digitalisierten Welt - ein Kita-Qualitätsgesetz, sowie die Entwicklung eines inklusiven Bildungswesens. Für das Lernen aller Menschen Barrieren abzubauen und deren gesellschaftliche Teilhabe aktiv zu fördern, ist laut UN-Kinderrechts- und Behindertenkonvention Auftrag der politisch Verantwortlichen..."

„Außerschulische Bildungs- und Lernorte müssten stärker gefördert und mehr mit der Schule verzahnt werden."

„Die Unterstützungsangebote für geflüchtete und asylsuchende Kinder, Jugendliche und Erwachsene seien zu erweitern und zu verbessern."

Die Bündnispartner werteten den wachsenden Personalmangel im Bildungsbereich (aller Bundesländer) als „gesamtgesellschaftliches Alarmsignal".

Wie flexibel Schulen und Lehrkräfte bei der Aufnahme von Migrantenkindern mit dem Beginn der Flüchtlingswelle 2015 reagieren mussten, habe ich in der Schulgeschichte „Neue Herausforderungen" beschrieben. Die ankommenden Jungen und Mädchen wurden altersentsprechend in die Regelklassen „gesteckt". Zusätzliches Personal zur Unterstützung gab es nicht.

Lehrkräftemangel anerkannt
(E&W 11/2018, S. 20/21)

Die Aktualisierung der Lehrkräfte-Bedarfsprognose der Kultusministerkonferenz (KMK) 2018 lässt erkennen, dass in Deutschland seit Jahren zu wenig Lehrkräfte ausgebildet werden. Es zeichnet sich die Tendenz ab, dass bis zum Jahr 2030 in nahezu allen Schulformen (ausgenommen der gymnasiale Bereich) Bewerber und Bewerberinnen fehlen, besonders für die „Mangelfächer" Mathematik, Physik, Kunst, Musik (auch an Gymnasien).

Dazu möchte ich bemerken, dass offenbar die steigende Zahl der Kinder von Geflüchteten und Zugewanderten sowie die Geburtenrate bei vielen Migranten-Eltern nicht mit eingerechnet wurde, bzw. nicht vorausgesehen werden konnte. Diese Kinder und Jugendlichen haben ebenso ein Recht auf Bildung und Förderung.

In allen Bundesländern besteht als Ergebnis von (Haushalts-) Entscheidungen der Länder in den vergangenen Jahren ein hoher

Bedarf an Lehrkräften. „Da wurden Hochschulen kaputt gespart, Studiengänge eingestellt oder mit Zulassungsbeschränkungen klein gehalten, Arbeits- und Studienbedingungen verschlechtert sowie Stellen im Vorbereitungsdienst gestrichen. Letztendlich sind es also die Länder selbst, die für das ‚Angebot an Lehrkräften' verantwortlich sind."

Unterschiedlicher Umgang mit dem Lehrkräftemangel in den Bundesländern

Um den entstandenen Lehrkräftemangel zu mildern, werden inzwischen bundesweit Quer- und Seiteneinsteigende angeworben und eingestellt. Sowohl die Voraussetzungen dafür als auch die Qualifizierungsmöglichkeiten sowie die Besoldung sind in den einzelnen Bundesländern sehr unterschiedlich. Die Bezeichnung der Schulformen ist nicht einheitlich geregelt. (Erklärungen im Teil IV)

Sachsen

Die neue Länderserie „Lehrkräftemangel" der E&W startete im November 2017 mit Sachsen (E&W 11/2017, S. 6-8):
„Der Freistaat Sachsen leidet unter Nachwuchsmangel und hilft sich mit zahlreichen Tricks aus der Patsche: Zu Hunderten werden Seiteneinsteigerinnen und -einsteiger für den Schuldienst akquiriert. Auch altgediente Kolleginnen und Kollegen kehren nach vielen Jahren in den Unterricht zurück. Doch die Notlage bleibt..." Die GEW-Landeschefin Kruse kritisierte: „Zuerst fallen die Förderung von Schülerinnen und Schülern mit Migrationshintergrund und von abschlussgefährdeten Jugendlichen mit Teilleistungsschwächen sowie Arbeitsgemeinschaften ersatzlos weg."

Baden-Württemberg

(E&W 11/2017, S. 18/19)

„Mehr als jede zehnte Stelle konnte zu Schuljahresbeginn nicht besetzt werden, überraschend kommt das nicht ..."

Insbesondere an Grundschulen und Sonderpädagogischen Bildungs- und Beratungszentren (früher Sonderschulen) hat sich die Unterrichtsversorgung verschlechtert. In Grundschulen wurde der Pflichtunterricht gekürzt, um Fördermaßnahmen zu finanzieren.

Infolge des Lehrkräftemangels kann von einer sinnvollen Umsetzung der Inklusion, guter Förderung oder einer Lehrerreserve keine Rede sein. Inklusion entwickelt sich angesichts der Rahmenbedingungen zu einem Wunschgedanken.

Der Ganztagsausbau steht unter Finanzierungsvorbehalt. Die Ausbildung von Lehrkräften an den Pädagogischen Hochschulen deckt nicht den Bedarf.

Geflüchtete und Zuwanderer bekommen zu wenig Unterstützung.

Hessen

(E&W 02/2018, S. 28-31)

„Fast überall in Hessen fehlen Lehrkräfte, vor allem an Grundschulen. Freie Stellen werden oft mit Aushilfen besetzt, Förderschullehrerinnen und -lehrer sind Mangelware." Bei steigender Schülerzahl konnten vor allem in Grundschulen nicht alle Stellen besetzt werden. Besonders betroffen sind Nordhessen und Frankfurt am Main sowie ländliche Gebiete.

2018 gab es in Hessen 4100 Stellen für Förderschullehrkräfte. Entsprechend der Einschätzung der Bildungsgewerkschaft GEW würden zusätzlich 8000 Stellen für Sozialpädagoginnen und -pädagogen und Sonderschullehrkräfte benötigt werden, um die Lehrerinnen und -lehrer an

Grundschulen oder Sekundarschulen I im festen Team, jeweils für drei Klassen, unterstützen zu können. Das wäre ein Zwischenschritt zur Doppelbesetzung im Unterricht.

Für einen inklusiven Unterricht fehlen selbst an Integrierten Gesamtschulen Fachkräfte, sodass die Lehrerinnen und Lehrer der Regelschulen (Grundschulen, Sekundarschulen I) zusätzlich Aufgaben übernehmen müssen, die bisher von Förderschullehrkräften erfüllt wurden - das alles ohne Ausbildung und Entlastung. Hinzu kommen zusätzlich Aufgaben wie Dokumentationen, Kooperation mit Eltern, Ärzten, Psychologen, Jugendamt, außerdem die Aufgabenfelder der Inklusion, Ganztagsangebote. Wenn in einer Klasse mehrere Kinder mit einem hohen Unterstützungsbedarf oder gar psychischen Problemen lernen sollen, ist es für eine allein unterrichtende Lehrkraft besonders schwer. Bis diese Kinder einen „Inklusionsstatus" erhalten, vergehen in Hessen von der Einschulung bis zur Umsetzung zwei Jahre. Im Idealfall erhält ein Kind dann vier Wochenstunden sonderpädagogische Förderung.

Schleswig-Holstein
(E&W 04/2018, S. 30/31)

„Auf den ersten Blick scheint es in Schleswig-Holstein keinen gravierenden Lehrermangel zu geben ..." In Wirklichkeit fehlt vor allem an Grundschulen sowie beruflichen Schulen auf dem Land immer mehr pädagogisches Personal, wobei die große Pensionierungswelle noch bevorsteht.

Kurzfristig will das Land 395 neue Stellen schaffen, besonders in der Sonderpädagogik, in Grundschulen und regionalen Bildungszentren. Außerdem werden mehr Stellen im Vorbereitungsdienst für Lehrkräfte und Quereinsteiger geschaffen.

Die Zahl der Studienplätze wurde in dem zulassungsbeschränkten Bachelor-Studiengang Sonderpädagogik von 120 auf 160 angehoben. Mehr Stellen im Vorbereitungsdienst für Lehrkräfte und Quereinsteiger sollen geschaffen werden.

Nordrhein-Westfalen

(E&W 09/2018, S. 24/25)

„In Nordrhein-Westfalen (NRW) fehlen laut Prognosen in den kommenden zehn Jahren rund 15000 Lehrerinnen und Lehrer - vor allem an Grundschulen und in der Sekundarstufe I. Besonders betroffen sind Schulen in sozialen Brennpunkten ..."

Es wird Personal benötigt, das mit Lernbehinderung und Kindern aus belasteten Elternhäusern arbeiten will und kann. Die Schulen haben seit Jahren vielfältige Herausforderungen zu bewältigen: Lehrermangel bei steigenden Schülerzahlen, Inklusion und gestiegene Zuwanderung.

Es gibt in NRW, wie in den meisten Bundesländern, zu wenige Sonderpädagogen, es werden zu wenige ausgebildet. Ab dem Schuljahr 2018/19 sollen im Lehramt Sonderpädagogik bis zu 250 und für die Grundschule mehr als 300 Studienplätze geschaffen werden.

Zur Milderung des Lehrkräftemangels an Grund- und Sekundarschulen I sollen Lehrerinnen und Lehrer der Sekundarstufe II befristet für zwei Jahre dort eingesetzt werden können. Außerdem setzt man auf die Gewinnung von Seiteneinsteigern und die Erhöhung der Ausbildungskapazitäten an Hochschulen.

Mecklenburg-Vorpommern

(E&W 10/2018, S. 40-42)

„Mecklenburg-Vorpommern hat über Jahre Lehrerstunden abgebaut und Schulen geschlossen. Angesichts steigender Schülerzahlen wird es nun eng." Es bestehe zwar Bedarf an neuen Lehrkräften, aber noch kein Mangel. 2016 stellte das Land 639 Lehrkräfte ein, etwa 30% davon waren Seiteneinsteiger. „Absicherung laut Kontingentstundentafel bedeutet: Pflichtaufgabe erledigt. Alles was an Leistungen für Inklusion, Ganztagsschule, Weiterbildungen etc. noch ‚oben drauf‘ käme, muss bei Mangel gespart werden ...“

In Rostock oder Greifswald wurden zwar immer Lehrer ausgebildet, jedoch kaum neue eingestellt. Im Jahr 2016 schlossen von ursprünglich 733 Lehramtsstudierenden des Jahrgangs lediglich 330 ihr Studium ab.

Bis 2030 gehen 50% der heutigen Lehrkräfte in den Ruhestand. 60% der Lehrkräfte sind über 50 Jahre alt. Durch Erkrankungen und Teilzeitbeschäftigungen fehlen besonders an den Grundschulen in ländlichen Regionen Lehrerinnen und Lehrer, fällt Unterricht aus.

Bis zum Jahr 2021 sollen bis zu 10.000 Ganztagsplätze geschaffen werden. Um die zusätzlich benötigten Stunden für den Ganztagsbetrieb abdecken zu können, setzt das Kultusministerium auch auf Kooperationspartner, wie Vereine aus den Bereichen Sport, Umwelt oder Kultur.

Saarland
(E&W 11/2018, S. 22-24)

Der Fachkräftemangel betrifft dort besonders die Grundschulen und den Bereich Sonderpädagogik. Im Schnitt seien in jeder Klasse etwa sieben Kinder mit besonderem Förderbedarf. Die Lehrkräfte würden damit weitestgehend alleingelassen werden.

Früher bekamen Schülerinnen und Schüler mit entsprechendem Förderbedarf eine bestimmte Zahl an Förderstunden zugewiesen. Durch die Inklusion werden diese Kinder nicht mehr speziell erfasst, die Schulen erhalten stattdessen ein Zeitkontingent.

Aufgrund der Haushaltsnotlage können die Stellen im Haushalt nicht aufgestockt werden. Jedoch ab 2020/2021 sind zwei Millionen Euro zusätzlich für den Ausbau multiprofessioneller Teams vorgesehen.

Trotz Inklusion sinke die Zahl der Schüler an Förderschulen kaum, gleichzeitig nehme der Förderbedarf an Regelschulen zu. Dem wird jedoch nicht Rechnung getragen. Da mit den Problemen alleingelassen, wünschen sich viele Lehrkräfte, dass schwierige Kinder in eine Förderschule wechseln können. Bei einer Doppelbesetzung im Unterricht würde man mit schwierigen Kindern gut klarkommen.

Bayern

(E&W 12/2018, S. 22-24)

„Auch wenn das Kultusministerium das anders sieht: Der Fachkräftemangel hat Bayern längst erreicht. Und damit ein Bundesland, in dem viele bildungspolitische Reformen noch kaum angekommen sind."

2018 stellte Ruth Brenner, Vorsitzende der Fachgruppe Grund-, Mittel- und Förderschulen in der GEW Bayern, in einer Pressekonferenz fest, dass Ansätze individueller Förderung - ob in Arbeitsgemeinschaften, Neigungs- oder Differenzierungs- stunden - wegen Personalmangels viel zu häufig nicht stattfänden. Viele bildungspolitische Modernisierungen - hin zu mehr Ganztag, mehr Inklusion, mehr heterogene Lerngruppen - sind in Bayern kaum angekommen.

In München befindet sich die Willi-Brand-Gesamtschule als einzige Schule des Landes, in der Schüler und Schülerinnen gemeinsam bis zur zehnten Klasse lernen.

Für Gymnasien besteht ein Überangebot an Lehrkräften, besonders an Grund- und Mittelschulen fehlen sie.

Rheinland-Pfalz

(E&W 01/2019, S. 30/31)

„In Rheinland-Pfalz werben immer mehr Schulen mit inklusivem Unterricht. Doch Förderschullehrkräfte sind knapp. Dadurch steigt die Belastung für das ganze Kollegium. Zudem zeichnet sich bereits ein Mangel an Grund- und Berufsschullehrkräften ab."

Kinder, welche sonderpädagogische Förderung benötigen, besuchen Schwerpunktschulen, welche inklusiven Unterricht anbieten. Es gibt Schulanfänger, die eigentlich eine Eins-zu-eins-Betreuung benötigen. Allerdings mangelt es an Förderschullehrkräften - „und zwar ganz dramatisch".

Häufig müssen Vertretungskräfte ohne entsprechende Ausbildung einspringen. Klassenleiter und Andersqualifizierte (AQ) in Grundschulen sind nicht für das inklusive Unterrichten ausgebildet und fühlen sich überfordert, wenn sie ohne Unterstützung in den Klassen Schüler und Schülerinnen mit sonderpädagogischem Förderbedarf, mit Verhaltens- und sonstigen Lernproblemen haben.

Der Beruf der Grund- und Förderschullehrkräfte braucht mehr Wertschätzung. Förderschullehrerinnen und -lehrer hetzen auch in Gesamtschulen (Bemerkung: Ich selber hetzte zeitweilig auch von Schule zu Schule.) von Klasse zu Klasse und haben das Gefühl, den Kindern nicht gerecht zu werden, ihre Arbeit nicht richtig machen zu können, da es an Zeit und ausgebildetem Personal fehlt. „... niemand blickt so richtig durch, nach welcher Berechnung die Stellen verteilt werden."

Der Bedarf an Lehrkräften steigt. Dringend müssen auch mehr Studienplätze angeboten und der Numerus clausus abgeschafft werden.

Brandenburg

Ein Rückblick zum „Länderbarometer" ab 2013 (E&W 11/2013, S. 31):

„Der Anteil Heranwachsender mit Förderbedarf im Gemeinsamen Unterricht steigt seit Jahren und lag im Schuljahr 2012/13 bei 42 Prozent (Bundesdurchschnitt: 25 Prozent)."

Der Vorsitzende der GEW Brandenburg, Günther Fuchs, stellte fest: „Für die Vorbereitung des Pilotprojektes ‚Inklusive Grundschule' wäre ein viel längerer Vorlauf nötig gewesen. Außerdem geht es dabei lediglich darum, den Gemeinsamen Unterricht für Kinder mit den Förderschwerpunkten Lernen, emotional-soziale Entwicklung und Sprache auszuweiten. Alle anderen Probleme werden vernachlässigt, die gesamt-gesellschaftliche Diskussion nicht geführt. Und die sonderpädagogischen Fachkräfte werden in vielen Fällen als Vertretungsreserve missbraucht. Wenn die Grundversorgung nicht stimmt, kann ich keine Leuchttürme schaffen."

Die sogenannten Pilotschulen erhielten zwar zusätzliche Stunden, dennoch ist die Personaldecke sehr dünn. Wichtige Fragen der Leistungsbewertung und Zusammenarbeit zwischen Schulen, Jugendamt, Sozialamt und anderen Trägern zur Kostenübernahme für Schulhelfer, eine Diagnostik des Förder-bedarfs nach landesweit einheitlichen Richtlinien stehen noch aus.

Ab 2014 soll allen Grundschullehrkräften eine inklusions-spezifische Fortbildung im Land angeboten werden. Die Pilotphasen an den 84 Grundschulen sollen bis 2015 laufen und ab dem Schuljahr 2015/16 neue Rahmenlehrpläne für die Primar- und Sekundarstufe I für den inklusiven Unterricht an Regelschulen gelten.

Wie hat sich die inklusive Beschulung der Kinder mit Förderbedarf in den folgenden Jahren entwickelt? (E&W 11/2020, S. 22)

Brandenburg bricht mit der traditionellen Beschulung von Grundschulkindern bis zur vierten Klasse und lehnt sich mit dem Verbleib der Kinder in ihrem Klassenverband bis zur sechsten Klasse an die Verfahrensweise der meisten europäischen Nachbarländer an.

Die Benotung in allen Fächern setzt in Klasse drei ein, in den Klassen drei und vier kann davon abgewichen werden und stattdessen durch schriftliche Informationen zur Lernentwicklung ersetzt werden.

Seit etlichen Schuljahren diagnostizieren die Lehrerinnen und Lehrer (wie auch in Sachsen-Anhalt) die Lernstände und den Förderbedarf mit Hilfe der „ILeA-Materialien", um gezielte Förder- und Unterstützungssysteme anbieten zu können.

Das Thema Inklusion wird planmäßig gestaltet. Grundschulen werden rechnerisch mit 3,5 Lehrerwochenstunden (LWS) je sechs Prozent der Gesamtschülerzahl in der Primarstufe zusätzlich ausgestattet.

Niedersachsen

Zunächst ein Rückblick zum Stand 2013 (E&W 03/2013, S. 30/31):

Nach der zehnjährigen Regierungszeit von CDU und FDP in Niedersachsen, die geprägt war von Konflikten in der Bildungspolitik, will das neue Regierungsbündnis aus SPD und GRÜNEN „in der Schulpolitik einige Weichen anders stellen. Die Grundschule etwa soll als inklusive Ganztagsschule weiterentwickelt werden - mit flexibler Eingangsstufe, ohne Sitzenbleiben und Zensuren. Eltern sollen einen Rechtsanspruch auf Gesamtschulen erhalten, Schulträger mit Gesamtschulen alle Schulformen des gegliederten Schulsystems ersetzen können, um ihr Angebot an die rückläufigen Schülerzahlen anzupassen. Kooperative Gesamtschulen (KGS) sollen sich in Integrierte Gesamtschulen mit Gemeinsamem Unterricht bis Klasse 10 und eigener Oberstufe umwandeln können."

Zu den Baustellen gehört die Einführung der Inklusion in den Klassenstufen eins und fünf, die Bedingungen seien aber noch unklar.

Als erstes Bundesland richtete Niedersachsen eine „Virtuelle Schule" ein - gemeint ist damit Fernunterricht per Computer und schneller Datenleitung vom Festland auf die Ostfriesischen Inseln.

Entwicklung bis 2020 (E&W 12/2020, S. 34/35):

Die Ganztagsgrundschule „Ottfried Preußler" in Hannover hat 2020 „den mit 100.000 Euro dotierten Deutschen Schulpreis" gewonnen.

Nach über zehn Jahren Arbeit ist es den Kolleginnen und Kollegen der Ottfried-Preußler-Grundschule gelungen, „ein Modell zu entwickeln, das alle mitgenommen hat und weiterhin mitnimmt."

Begonnen wurde mit einer Integrationsklasse. Das Schulkonzept entwickelte sich über einen regen Erfahrungsaustausch in Dienstberatungen, Bildung einer „Fachkonferenz Inklusion", Fortbildungen und Einbeziehung eines Schulentwicklungs-beraters. In einer Veranstaltung „Zukunftswerkstatt" konnten die Lehrkräfte ihre Vorstellungen formulieren, „welche kindgerechte Pädagogik sie sich wünschen". Auch jährliche schulinterne Mitarbeiterfortbildungen trugen zur Entwicklung des Schulkonzepts bei.

Alle „gleichschrittigen Strukturen" wurden abgeschafft, es gibt weder 45-Minuten-Taktung noch Frontalunterricht. Alle Schüler und Schülerinnen arbeiten nach einem individuellen Plan, jeder absolviert zu einem individuellen Zeitpunkt im Quartal eine Lernstandskontrolle.

Schülerinnen und Schüler mit Beeinträchtigungen werden nicht als zusätzliche Kinder „irgendwie eingebaut", es gehört zum Selbstverständnis, jedes Kind individuell zu begleiten, egal ob hochbegabt oder mit dem Förderstatus geistige Entwicklung.

Die Zufriedenheit an der Schule ist hoch, alle erleben den hohen Grad an Teamarbeit und Beteiligung als enorm effizient und gewinnbringend.

2016 erhielt die Ottfried-Preußler-Grundschule ein von der Stadt Hannover neugebautes, voll inklusives Schulgebäude mit besten räumlichen Bedingungen, was allen das Lernen und Lehren erleichtert hat.

Auf die Frage, ob ihnen viele zusätzliche Stunden zur Verfügung stehen, weil sie viele Kinder mit Förderstatus haben, antwortete die Schulleiterin: „Nein! Die Zuschreibung für Förderschülerinnen und -schüler im Land Niedersachsen ist furchtbar."

Pro Woche und Klasse gibt es zwei Förderstunden, für den Förderschwerpunkt Geistige Entwicklung fünf Stunden pro Kind.

Unterstützung bekommt die Schule durch Schulassistenten und -assistentinnen, Pädagogische Mitarbeiterinnen und -mitarbeiter sowie junge Leute, die ein Freiwilliges Soziales Jahr absolvieren, soweit sie bezahlt werden können.

Meiner Meinung nach sollte dieses „Leuchtturmprojekt" bundesweit Schule machen. Es zeigt, dass durch Schaffung guter Lern- und Arbeitsbedingungen, mehr finanziellen Spielraum sowie achtsamen Umgang mit Kindern und im Kollegium die Herausforderungen der Inklusion besser gemeistert werden können.

Die Bedingungen der Schuldenbremse in allen Ländern wirken sich hinderlich aus.

Sachsen

(E&W 09/2019, S. 30/31)

In Sachsens Großstädten hat sich die Situation etwas entspannt, da 2012 die Ausbildungskapazitäten für Grundschullehrkräfte erhöht wurden und Grundschullehrer eine bessere Bezahlung (E13/A13) erhalten.

An Förderschulen und teilweise an Oberschulen in ländlichen Regionen, wie Ostsachsen, Lausitz, Erzgebirge, Vogtland, ist der Bedarf an Lehrkräften drei- bis viermal so hoch wie die Anzahl der Bewerber.

Die Schülerzahlen steigen um mehrere Tausend im Jahr, vorgesehene 200 Stellen zusätzlich sind nicht ausreichend.

Lücken werden durch Vergrößerung der Klassenstärke, Vertretungsstunden, Mehrarbeit und Aushilfen geschlossen. Mit der Reduzierung der vormals bundesweit größten Stundentafel werden Freiräume für Schulen geschaffen, was etwa 750 Stellen entspricht. Dennoch müssen rund zehn Prozent der Stellen mit Seiteneinsteigern besetzt werden.

Sachsen-Anhalt

(E&W 12/2017, S. 32-34)

„Hier sind Lehrkräfte Mangelware. Schulen schicken Kinder nach Hause, Eltern protestieren auf Marktplätzen und eine Volksinitiative erobert den Landtag. Die GEW fordert die Landesregierung auf, ihre Zahlenspiele zu beenden und endlich zu handeln."

Während das Bildungsministerium in Magdeburg von einer fast 100-prozentigen Unterrichtsversorgung spricht, mehren sich landesweit Fälle, in denen der Schulbetrieb aufgrund von Krankheit vieler Lehrkräfte fast zusammenbricht.

Künftig gehen jährlich etwa 800 Lehrkräfte altersbedingt in den Ruhestand. „Der Bedarf an Lehrkräften ist schon jetzt nicht gedeckt, Mehrbedarfe für Inklusion und Digitalisierung werden ignoriert."

In den nächsten fünf Jahren sei mit etwa 1.700 Absolventen zu rechnen, gebraucht würden jedoch 3.500 neue Lehrerinnen und Lehrer. Damit ist eine weitere Verschärfung des Mangels vorprogrammiert, was zur Folge hat, dass viele Kolleginnen und Kollegen sich ausgebrannt fühlen, wegen Krankheit ausfallen. „Zuerst gehen damit Förderunterricht, Inklusion und andere pädagogische Angebote den Bach runter, dann die reguläre Unterrichtsversorgung", erklärt die GEW-Landesvorsitzende Eva Gerth.

In der Mitteldeutschen Zeitung (MZ) vom 09./10. Juni 2018 wird unter dem Titel: „(K)ein Unterricht für alle" (S. 3) vom Autor Jan Schumann festgestellt: „Gemeinsames Lernen von Kindern mit und ohne Beeinträchtigungen ist ein erklärtes Ziel. Warum das wohl für immer eine Vision bleibt, beschreibt eine Förderschullehrerin aus dem Harz."

Kinder, deren Lehrerinnen und Lehrer ihnen besondere Schwierigkeiten in puncto Lernleistung bescheinigen, lernen in einer herkömmlichen Klasse.

Obwohl sie erkennbar mehr Betreuung und Förderung brauchen als andere Kinder, wollen manche Eltern nicht, dass der Förderbedarf diagnostiziert wird. Diese Entscheidung wird für Förderschullehrkräfte, Grundschullehrkräfte, Eltern und Schüler, die den „Inklusionsunterricht" nutzen, zum Problem: Nach einem Erlass des Bildungsministeriums werden bei der Stundenberechnung (Zuschreibung von Förderstunden) nur noch Kinder mit konkreten Diagnosen einfließen.

Eine Zwischenbemerkung: In Sachsen-Anhalt ist es üblich, dass Kinder in der Schuleingangsphase nicht diagnostiziert werden - sie zählen demnach trotz eines hohen Unterstützungsbedarfs nicht als Förder- oder Inklusionskinder. Anträge zur Feststellung des sonderpädagogischen Förderbedarfs in den Klassen eins bis drei werden seitens des von der Schulbehörde beauftragten „Mobilen Sonderpädagogischen Diagnostischen Dienstes" (MSDD) meistens abgelehnt. Die Stundenzuweisungen zur präventiven Förderung nicht diagnostizierter Kinder wurden gekürzt.

Schumann schreibt weiter: „... Seit Jahren ringen Eltern, Pädagogen und Politiker um die Antwort auf die Frage, wie viel Inklusion und - im Gegensatz - wie viele gesonderte Förderschulen sinnvoll sind."
Die Antwort verknüpfte der (inzwischen ehemalige) Bildungsminister Tullner mit dem Problem Lehrermangel: „Wir können nicht eine schöne Schaufensterdeko aufbauen, Inklusion draufschreiben, und hinten kracht uns der ganze Laden zusammen."
Es gibt zweifellos viele beeinträchtigte Kinder, die im Gemeinsamen Unterricht an den Regelschulen gut zurecht kämen. „Aber es gibt auch Kinder, die dort gnadenlos untergehen." Für diese blieben Förderschulen die richtige Wahl, so die Meinung des Bildungsministeriums.
Für mehr Inklusion brauchen wir „verträgliche Rahmenbedingungen. Wenn diese stehen, können wir uns unterhalten, ob wir einen längeren Gemeinsamen Unterricht haben wollen", so Tullner. Es sei „natürlich eine Idealvorstellung, wenn es permanent einen eigenen Förderlehrer an jeder Schule geben würde." Dazu sagte er: „Willkommen im Zeitalter des Lehrermangels."
„Wenn wir in Sachsen-Anhalt über Seiten- und Quereinsteiger reden, finde ich das ja schon im regulären Schulbereich mutig. Im Förderschulbereich, wo es um Diagnostik und ähnliches geht, ahne ich, dass die Herausforderungen ganz andere sind."

„Die Abwärtsspirale dreht sich immer schneller" (EuW Sachsen-Anhalt 12/2019, S. 3)

Offiziell sackte die Unterrichtsversorgung 2019 auf etwa 96 Prozent ab, sodass die Personalausstattung an den Schulen dazu führt, dass „durch Krankheit, Klassenfahrten und andere Umstände mehr als jede zehnte Unterrichtsstunde ersatzlos ausfällt. Die Landesregierung kann damit von der zwölfjährigen Schulpflicht über ein ganzes Schuljahr nicht mehr gewährleisten." Das ist ein Durchschnittswert für alle Einrichtungen des Landes.

Volksbegehren
(EuW Sachsen-Anhalt 12/2019, S. 3)

Der Unmut über den Lehrkräftemangel und Stundenausfall ist groß. Es bildete sich ein breites Bündnis von zwölf Mitgliedern zum Einbringen eines Volksbegehrens in den Landtag. Dem Bündnis gehörten u. a. starke Partner wie die GEW Sachsen-Anhalt, der Landeselternrat, der Landesschülerrat, Die Linke und der Bundesverband der mittelständischen Wirtschaft an.

Am 8. Januar 2020 begann offiziell die Unterschriftensammlung für das Volksbegehren „Den Mangel beenden! Unseren Kindern Zukunft geben!" 170.000 Unterstützer-Unterschriften waren nötig, denn die bürokratischen Hürden des Volksabstimmungsgesetzes in Sachsen-Anhalt sind hoch.

Gegenstand: *Sechzehntes Gesetz zur Änderung des Schulgesetzes des Landes Sachsen-Anhalt* (Unterschriftenbogen für das Volksbegehren mit Eintragungsfrist vom 08.01.2020 bis 18.08.2020)

Gefordert wurde eine verbindliche Regelung, „wie viele Lehrerinnen und Lehrer, pädagogische Mitarbeiterinnen und Mitarbeiter sowie Sozialarbeiterinnen und Sozialarbeiter mindestens einzusetzen sind, um an den Schulen erfolgreich arbeiten zu können."

Dazu zählen Forderungen nach einer Reserve bei der Unterrichtsversorgung, Mehrbedarf für gestiegene Anforderungen und die

dauerhafte Rücknahme der seit 2012/2013 vorgenommenen Bedarfskürzungen.
Die benötigte Zahl der Unterschriften wurde nicht zuletzt durch die SARS-CoV-2-Eindämmungsmaßnahmen verfehlt.

In der GEW-Zeitung Erziehung und Wissenschaft Sachsen-Anhalt (EuW Sachsen-Anhalt 4/2022, S. 8) werden Regierungsideen (vom Februar 2022) gegen den Lehrkräftemangel unter der Überschrift: Rettung der Schulen mit „trojanischem Pferd" vom Autor Ingo Doßmann kritisch betrachtet. Er schreibt, dass Sachsen-Anhalts Regierungskoalition Lehrer und Lehrerinnen sowie Schüler und Schülerinnen an Gemeinschafts- und Sekundarschulen mit einem „wunderbaren ‚Geschenk' beglücken" will, „doch es könnte sich als ‚trojanisches Pferd' erweisen ..." Die Schulstunde soll künftig von 45 auf 40 Minuten verkürzt werden und wir „generieren dadurch zusätzliches Lehrer-arbeitsvolumen". Bisher haben Lehrkräfte dieser Schulformen pro Woche 25 Unterrichtsstunden zu 45 Minuten vor- und nachbereitet. Bei einer Einsparung von fünf Minuten je Unterrichtsstunde werden 125 Minuten Lehrerarbeitszeit freigesetzt, wodurch drei Unterrichtsstunden zu 40 Minuten durch die Lehrkräfte zusätzlich erteilt werden können. „Wenn man den Argumenten folgt, so sollen damit Klassenleiter- und Förderstunden stattfinden. Man tut gerade so, als ob diese Stunden keiner Vorbereitung bedürfen." ... „Dann würde man 25 + 3 Stunden vorbereiten. Ach ja - und dazu können dann laut Flexi-Erlass noch bis zu vier Stunden an Vertretungsunterricht kommen." Doßmann gibt zu bedenken: „Ein Schüler verliert in den Kernfächern Deutsch oder Mathematik von der 5. bis zur 10. Klasse durch diese Kürzungsmaßnahmen insgesamt 97 Unterrichtsstunden. Es ist fraglich, ob bei einem so massiven Einschnitt unsere Abschlüsse an den Sekundar- und Gemeinschaftsschulen durch die Kultusminister bundesweit noch anerkannt werden."

Bedeutet das für Schülerinnen und Schüler „Freude über kürzere Unterrichtsstunden? Frust über eine Erhöhung der selbstständig zu erledigenden Hausaufgaben?"

Es ist zu befürchten, dass diese geplanten Maßnahmen für Lehrkräfte zur Mehrbelastung führen. Womöglich müssen sie dann, statt ihre Schüler und Schülerinnen mit Unterstützungsbedarf zu fördern, fachfremd in fremden Klassen unterrichten. Das sind keineswegs gute Bedingungen für Kinder mit sonderpädagogischem Förderbedarf im Gemeinsamen Unterricht in der Regelschule.

Das Titelthema in der EuW Sachsen-Anhalt 9/2022 lautet: UNTERRICHTSVERSORGUNG IN SACHSEN-ANHALT. „Anfang Juli hat Sachsen-Anhalts Bildungsministerium eine 4-Tage-Woche vorgeschlagen. An zwölf Sekundar- und Gemeinschaftsschulen im Land soll der Unterricht an vier Tagen in Präsenz stattfinden, ein beliebiger Tag der Woche soll für Praktika in Betrieben oder für digitalen Unterricht genutzt werden."

Die Teilnahme am „Modellprojekt 4+1" ist freiwillig „und soll den Schulen mehr Flexibilität bei der Unterrichtsplanung und -durchführung geben."

Dieses Projekt wirft viele Fragen und Kritik durch die GEW auf. „An keiner Stelle gibt es konkrete Konzepte oder Anleitungen für die Schulen ..." „Und allem Anschein nach soll massiv eingespart werden - und zwar die Stunden der Lehrkräfte." (EuW Sachsen-Anhalt 9/2022, S. 4)

„Die Diskussion um neue Modelle und ‚zusätzliche Freiräume in der konzeptionellen Unterrichtsplanung und -durchführung für Schulen' bzw. selbstorganisiertes Lernen hat längst begonnen. Sie ist notwendig und wichtig. Es braucht dazu jedoch Zeit zur Konzeptentwicklung, intensive Absprachen mit allen am Schulleben beteiligten, Beschlüsse der Gesamtkonferenzen, Beratung, eventuell eine wissenschaftliche Begleitung und vor allem Ressourcen." (EuW Sachsen-Anhalt 9/2022, S. 4)

In Sachsen-Anhalt rief Ministerpräsident Haseloff am 19. Januar 2023 zum „Bildungsgipfel" in die Staatskanzlei, von dem Lösungsvorschläge für die bestehende Überlastungssituation der Lehrer und Lehrerinnen und die damit einhergehende mangelnde Unterrichtsversorgung an den Schulen erwartet wurden. Die vorgesehenen Maßnahmen, vor allem die Verordnung einer zusätzlich zu erteilenden Unterrichtsstunde („Vorgriffsstunde") ab April 2023, die auch Vor- und Nachbereitungszeit verlangt, stößt auf heftige Kritik und Protest. In der GEW-Zeitschrift Erziehung und Wissenschaft Sachsen-Anhalt vom 1. Februar 2023 (S. 5) heißt es: „Diese Maßnahme und die noch immer nicht erfolgte Anpassung der Vergütung der Grundschullehrer/-innen an das Lohnniveau der anderen Schulformen sorgen aus Sicht der GEW Sachsen-Anhalt dafür, dass unser Bundesland immer mehr an Attraktivität für junge Lehrer/-innen verliert. Die Konsequenz dieser von oben verordneten Erhöhung der Arbeitslast ist eine weitere Entwertung der geleisteten Arbeit. Die bereits vorhandenen systemischen Probleme von Überalterung im Lehrberuf und Lehrkräftemangel werden sich in Zukunft noch verschärfen."

Erklärungsversuche für den Lehrkräftemangel

Die GEW-Zeitschrift Erziehung und Wissenschaft (E&W 02/2023) befasst sich unter der Überschrift # MEHR LEHRKRÄFTE mit den Ursachen für den Lehrkräftemangel.

Die seit Januar 2023 turnusmäßig amtierende Präsidentin der Kultusministerkonferenz (KMK), Astrid Sabine Busse (Berlin), rechnet damit, dass Deutschland mit dem Problem des Lehrkräftemangels noch mindestens zehn Jahre zu kämpfen haben wird. Aus ihrer Sicht handelt es sich um ein demografisches Problem: einerseits sinkende Geburtenzahlen in bestimmten Jahrgängen, andererseits gehen frühere geburtenstarke Jahrgänge langsam in den Ruhestand. (E&W 02/2023, S. 4)

Paul Munzinger, Redakteur der Süddeutschen Zeitung, fragt: Wo sind sie denn , die Lehrer? (E&W 02/2023, S. 27-29) Er stellt fest: **„In Deutschland gibt es zu wenige Lehrerinnen und Lehrer, um den Bedarf der Schulen zu decken. Wie kann das sein - wenn die Bundesländer nicht nur Arbeitgeber sind, sondern auch bestimmen, wie viele Studienplätze es gibt?** Es liegt zunächst daran, dass die Länder zu spät auf die demografische Entwicklung reagiert haben." Von 2011 an stieg die Zahl der Geburten in Deutschland von 663.000 auf inzwischen 795.000, was sich seit einigen Jahren in den Grundschulen bemerkbar macht und inzwischen ebenfalls die weiterführenden Schulen betrifft. Um zu sparen, haben die Länder die Zahl der Studienplätze klein gehalten. Munzinger schreibt: „Seit 2015 führen die Bundesländer jedes Jahr ein statistisches Kunststück auf: Sie stellen mehr Lehrerinnen und Lehrer ein, als sie ausgebildet haben. 2021 durften sich, rein mathematisch gesprochen, 115 Prozent der fertigen Referendare über eine Stelle freuen, so steht es in der Übersicht der Kultusministerkonferenz (KMK). ... Die Zahlen zeigen, dass die Nachfrage der Länder größer ist als das Angebot an Lehramtsabsolventen. Und zwar chronisch. Also müssen sie freie Stellen anderweitig besetzen - vor allem mit Bewerbern, die kein Lehramt studiert haben, sogenannten Seiten- und Quereinsteigern. Oder nicht." (E&W 02/2023, S. 27)

Weitere Gründe dafür, dass sich die Lage an den Schulen verschärft, sind einerseits die hohen Zuwanderungszahlen der vergangenen Jahre, andererseits spielt die Demografie eine Rolle, die den Schulen nicht nur mehr Kinder beschert, sondern auch weniger Erwachsene, die ein Lehramtsstudium aufnehmen und die Kinder unterrichten könnten. Zwischen den Jahren 2011 und 2021 sank die Zahl der Lehramtsabsolventen von 33.500 auf 28.900 - ein Minus von fast 14 Prozent. (E&W 02/2023, S. 28)

Die Abbrecherquote im Lehramt lag, laut Deutschem Zentrum für Hochschul- und Wissenschaftsforschung, je nach Studiengang (Staatsexamen, Bachelor, Master) zwischen 10 und 20 Prozent. Doch daneben gibt es eine sogenannte „Schwundquote", was bedeutet, dass geschätzt bundesweit 30 bis 40 Prozent der Studierenden, die ihr Studium nicht abbrechen, die Studienfächer tauschen oder in einen anderen Studiengang wechseln. Es bestehen erhebliche Schwankungen je nach Studienort, Fächern und Schularten. Der Bedarf an Lehrkräften für die Fächer Mathematik, Physik, Informatik ist besonders hoch. Schon jetzt werden die zur Verfügung stehenden Studienplätze für diese Fächer in der Regel nicht ausgeschöpft.

Um gegen den Lehrermangel vorzugehen, reicht es nicht, mehr Studienplätze zu schaffen und alle Studiengänge für das Lehramt zu öffnen. Dadurch wird es womöglich mehr Geschichtslehrkräfte für das Gymnasium geben, jedoch nicht mehr Lehrkräfte für die naturwissenschaftlichen Fächer an Sekundarschulen. **„Stattdessen müsse gerade dort, wo Mangel herrscht, beides attraktiver werden: das Lehramtsstudium, etwa durch bessere Beratung. Und der Lehrberuf - indem man zum Beispiel die Stundenlast verringert." In den nächsten Jahren „wird es in der Schule nicht ohne die gehen, die gar kein Lehramtsstudium absolviert haben: die Seiten- und Quereinsteiger."** (E&W 02/2023, S. 29)

In der Zeitschrift der Bildungsgewerkschaft GEW (E&W 10/2022, S. 28/29), setzt sich die GEW-Vorsitzende Maike Finnern mit Ursachen des Lehrkräftemangels in Deutschland und notwendigen Maßnahmen zur Überwindung auseinander. Sie schreibt: „Wir dürfen den dramatischen Lehrkräftemangel nicht achselzuckend zur Kenntnis nehmen. Die Ursachen müssen endlich bekämpft werden." Der Lehrkräftemangel wird durch die große Zahl der Geflüchteten aus der Ukraine noch verschärft. **„Ursächlich ist jedoch, dass die Länder die Augen vor der Entwicklung schlicht verschlossen haben und die Kultusministerkonferenz (KMK) ihre Aufgabe, strategisch zu planen und die Arbeit der Länder zu koordinieren, vernachlässigt hat."** Die Anforderungen an Schule steigen, zu den Herausforderungen zählen Digitalisierung, Klimakrise, Inklusion und der Ausbau des Ganztags. „Um diese Aufgaben zu stemmen, ist - über die demografische Entwicklung hinaus - deutlich mehr pädagogisches Personal notwendig. ... **Die aktuellen Arbeitsbedingungen an Schulen, aber auch an Kitas, sind für viele junge Menschen nicht attraktiv genug, um sich für diese eigentlich wunderbaren Berufe zu entscheiden. Deshalb müssen die Bildungs- und Kultusministerien ihren Kurs grundlegend ändern, sichere und gut ausgestattete Arbeitsplätze anbieten. Sie müssen kontinuierlich eine große Anzahl Lehrkräfte ausbilden, um aus den Zyklen von Lehrkräftemangel und -überhang auszubrechen."** (E&W 02/2023, S. 28) Finnern schätzt ein, dass die Arbeitsbedingungen der Lehrer und Lehrerinnen dringend verbessert werden müssen, wozu weniger Pflichtstunden und kleinere Klassen gehören. Außerdem müssen Arbeit und Personal an den Schulen besser aufgestellt werden. Die Schulen brauchen mehr Fachkräfte (Verwaltungs- und IT-Fachkräfte), welche die nicht-pädagogischen Arbeiten übernehmen. Im Blick auf den Ganztagsausbau müssen viel mehr multiprofessionelle Teams gebildet, den Quer- und Seiteneinsteigenden mehr Unterstützung und Perspektiven für eine berufsbegleitende, anerkannte Qualifizierung angeboten werden (auch um die hohe Aussteigerquote bei ihnen zu senken). Weitere Forderungen: „Der Numerus clausus für die Grundschul-Lehramtsstudiengänge muss weg!" ... „Hochschulen müssen ihre Ausbildungskapazitäten für Lehrämter hochfahren. Die Länder sind gefordert, mehr Referendariatsplätze zur Verfügung zu stellen." **Jedoch mit**

„abschreckenden Arbeitsbedingungen kann man nicht locken! Die Folge: Es gibt noch weniger personellen Spielraum für bessere Arbeitsbedingungen. Dieser Teufelskreis muss durchbrochen werden." (E&W 02/2023, S. 29)

Versäumnisse und Chancen im deutschen Bildungswesen - Meinungen und Thesen verschiedener Autoren

Kritische Anmerkungen

Über Jahre hinweg haben sich Vertreter vom Landeselternrat, von Gewerkschaften, Berufs- und Wohlfahrtsverbänden, Wissenschaftler, Bildungspolitiker, Journalisten und verschiedene Autoren mit der Schulpolitik und der Lage an den Bildungseinrichtungen in Deutschland auseinandergesetzt, daraus Schlussfolgerungen und notwendige Maßnahmen für Veränderungen abgeleitet bzw. gefordert.

Bei der Arbeit an der erweiterten Neuauflage meines Buches „Schule ist doof, Inklusion in der Praxis" (Ersterscheinung 2014, als ich noch als Förderschul- und Beratungslehrerin tätig war), habe ich mich auf viele Artikel und Beiträge aus den GEW-Zeitungen und entsprechende Fachliteratur bezogen.

Ich empfinde es als bedenklich, mit welchen Fehleinschätzungen zur Entwicklung der Schülerzahlen und dem künftigen Lehrkräftebedarf und mit Blick auf die Schuldenbremse in der Bildungspolitik Schaden angerichtet wird. Das sollte nicht unreflektiert bleiben und weiterhin verdeutlicht werden. Mancher wird denken: „Was geht mich das an?" Betroffen sind nicht nur die Kinder und Jugendlichen, ihre Eltern und Beschäftigte in den Bildungseinrichtungen, nein, letztendlich die ganze Gesellschaft. Fachkräftemangel besteht bekanntlich außer im Bildungsbereich auch insgesamt am Arbeitsmarkt. Fehlende Arbeitskräfte können auf längere Sicht nicht nur durch Anwerbung ausländischer

Fachleute oder gegenseitiges Abwerben im föderalen Wettbewerb gewonnen werden.

Schon im Elternhaus, in Kindertagesstätten und besonders in der Grundschule werden die Grundlagen für eine solide Bildung gelegt. Unabhängig vom sozialen Status oder seiner intellektuellen Entwicklung sollte jedes Kind individuelle Förderung erhalten, seine Stärken und Begabungen entwickeln können. **Dazu bedarf es stabiler und vertrauensvoller Beziehungen in Elternhaus und Schule sowie einer guten Ausstattung der Bildungseinrichtungen mit Personal und zusätzlichen Räumlichkeiten, besonders mit Blick auf den Ganztagsanspruch (zum 1. August 2026) an den Grundschulen.**

Kai Maaz, Bildungsforscher und Leiter des Autorenkollektivs für den Nationalen Bildungsbericht, macht deutlich: **„Wir haben in Deutschland einen Sockel äußerst kompetenzschwacher Schülerinnen und Schüler, und das seit langem, Anfang der 2000er Jahre, nach der ersten PISA-Studie, haben wir sie als Risikogruppe bezeichnet. Insofern warne ich davor, jetzt so zu tun, als handele es sich um eine neue, erst durch Corona ausgelöste Schieflage."** (E&W 09/2022, S. 26)

Maaz fragte: **„Was passiert mit den Jugendlichen, die die Mindeststandards nicht schaffen? Im ungünstigsten Fall nichts, es wird einfach weitergemacht wie zuvor."**

Der freie Journalist Reith stellt fest (E&W 09/2022, S. 26): **„Die soziale Kluft in den Schulen wird größer statt kleiner. Zugleich erreichen weniger Viertklässler die Mindeststandards in Deutsch und Mathematik. Das sind Hiobsbotschaften aus dem neuen Bildungstrend des Instituts zur Qualitätsentwicklung im Bildungswesen (IQB)."**

Ich frage mich, was geschieht mit den jungen Leuten, die am Ende der Grundschulzeit nicht ausreichend die Basis-

Anforderungen im Lesen, Schreiben und in Mathematik erfüllen können, die in der Sekundarschule weiterhin zurückbleiben, die zu Verlierern im Bildungsbereich werden, nicht die Ausbildungsreife erlangen, kaum Chancen auf dem Arbeitsmarkt haben, sich abgehängt und nicht mehr dazugehörig fühlen? Welche möglichen Folgen ergeben sich für deren Nachkommen in Bezug auf Bildungschancen und soziale Teilhabe? Was bedeutet das künftig für den Wirtschaftsstandort Deutschland?

Der Bildungstrend des IQB macht deutlich, dass sich „die enge Kopplung von sozialem Hintergrund und schulischer Leistung der Kinder weiter verstetigt", stellte Reith fest.

Für die psychische Gesundheit eines Menschen ist es wichtig, einen Platz in der Gesellschaft zu haben, anerkannt und nicht ausgegrenzt zu werden.

Eine weitere von der Bertelsmann-Stiftung beauftragte Studie verdeutlicht, **dass die Zahl der Schulabgänger ohne einen Hauptschulabschluss sich innerhalb von zehn Jahren auf einem hohen Niveau kaum verändert hat (2011 waren es 6,1 Prozent, 2021 6,2 Prozent).** Bundesweit betraf das 2021 47.490 Jugendliche, die ohne Abschluss blieben, davon mit 60 Prozent mehr Jungen als Mädchen. Von diesen Schulabgängern waren überproportional viele Jugendliche mit ausländischer Staatsbürgerschaft betroffen, im Vergleich zu gleichaltrigen Deutschen (13,4 zu 4,9 Prozent). Jede beziehungsweise jeder zweite Jugendliche ohne Hauptschulabschluss habe eine Förderschule besucht. **„Um Jugendlichen künftig bessere Perspektiven zu geben, empfiehlt die Bertelsmann-Stiftung Maßnahmen auf zwei Ebenen: An den Schulen selbst sollten die besonders leistungsschwachen Schüler im Unterricht bestmöglich gefördert werden. Zudem sei es sinnvoll, erlernte Kompetenzen über das klassische Abschlusszeugnis hinaus zu dokumentieren."** (Mitteldeutsche Zeitung, 7. März 2023, S. 5)

Der Bildungsforscher Klaus Klemm, einer der Autoren der Studie, sagte dazu bei der Vorstellung der Ergebnisse im März 2023: **„Jeder junge Mensch ohne Schulabschluss ist einer zu viel. Unsere Gesellschaft kann es sich angesichts des wachsenden Fachkräftemangels nicht leisten, diese Personen durchs Raster fallen zu lassen.“** (MZ, 7. März 2023, S. 1)

Und wieder stellt sich die Frage, wie geht es für die Betroffenen weiter?

„Immerhin werden in Deutschland jungen Menschen ohne Schulabschluss immer wieder Angebote gemacht, diesen nachzuholen. So viel Reparaturbetrieb müsste aber gar nicht sein, wenn die Hilfe früher, in der Schule ansetzen würde. ... **Verheerend ist: Es wird trotz der offensichtlichen Misere nicht genug unternommen, das Bildungssystem fit zu machen. Wenn Bund und Länder bei der personellen und materiellen Ausstattung der Schulen nicht endlich die Kurve kriegen, werden wir in zehn Jahren eine noch höhere Quote an Schulabbrechern beklagen müssen“**, schreibt Eva Quadbeck in ihrem Kommentar in der MZ vom 7. März 2023. Die Korrespondentin kommentiert weiter: **„Für jeden einzelnen Betroffenen ist das ein persönliches Drama - für Wirtschaft und Gesellschaft stellt es eine Belastung dar. Zumal die Abbrecher nur die Spitze des Eisbergs bilden. Ausbildungsbetriebe klagen, dass ein wachsender Teil junger Menschen zwar mit Abschluss, aber ohne Basiskompetenzen zu ihnen kommt.“**

Der freie Journalist Karl-Heinz Reith schreibt in der E&W 05/2023 unter der Überschrift AUF DEM ABSTELLGLEIS: **„Seit Jahrzehnten ist es ein gesellschaftliches Problem: Zigtausende junge Menschen verlassen die Schule Jahr für Jahr ohne Abschluss. Viele finden später nicht den Weg in eine qualifizierte Berufsausbildung. Doch die Bundesländer** zeigen kaum Engagement, das zu ändern." (E&W 05/2023, S. 36)

„Angesichts immer komplexerer Anforderungen in der Arbeitswelt prägt ein fehlender Hauptschulabschluss für einen großen Teil der jungen Erwachsenen den weiteren Ausbildungs- und Berufsweg. Nur ein kleiner Teil schafft es, den fehlenden Hauptschulabschluss in einer der zahlreichen Maßnahmen des Übergangssystems oder im berufsbildenden Schulwesen erfolgreich nachzuholen." (E&W 05/2023, S. 36)

Reith bezieht sich ebenfalls auf die Studie „Jugendliche ohne Hauptschulabschluss" des Essener Bildungsforschers Klaus Klemm und stellt fest, dass es zwischen den Bundesländern deutliche Unterschiede gibt. 2021 betraf das in Bayern 5,1 Prozent der Schulabgänger, in Bremen 10 Prozent. Im Zeitraum von zehn Jahren (2011-2021) stieg die Quote in Bremen, Rheinland-Pfalz und Saarland leicht an, während sie zum Beispiel in Berlin von 9,7 auf 6,5 Prozent, in Sachsen-Anhalt von 12,1 auf 9,6 Prozent und in Mecklenburg-Vorpommern von 13,3 auf 8,1 Prozent gesunken ist. Aus den hinzugezogenen Daten der Analyse des Instituts zur Qualitätsentwicklung im Bildungswesen (IQB) über die Leistungen der Neuntklässler in den Unterrichtsfächern Deutsch und Mathematik geht hervor, dass beispielsweise in Sachsen lediglich 4 Prozent die Mindeststandards im Lesen/Textverständnis nicht erreichten, jedoch 7,9 Prozent der Schüler den Hauptschulabschluss nicht schafften. In Baden-Württemberg verfehlten 10 Prozent der Neuntklässler die Mindeststandards, doch „nur" 5 Prozent bekamen keinen Hauptschulabschluss. (E&W 05/2023, S. 37)

Die Studie zeigte aber auch länderspezifische Unterschiede: „Dort, wo der Ausbau der Inklusion bereits deutlich fortgeschritten ist, gelingt es den allgemein-bildenden Schulen offenbar weitaus häufiger, Jugendliche

mit diagnostiziertem sonderpädagogischen Förderbedarf zum Hauptschulabschluss zu führen." (E&W 05/2023, S. 38)

Das kann meiner Meinung nach nur gelingen, wenn die individuellen Förderbedarfe rechtzeitig erkannt und eine entsprechende Förderung eingeleitet wird. Dafür sind, wie bereits an anderen Stellen aufgeführt, verlässliche Rahmenbedingungen für alle Schüler und Schülerinnen in den Regelschulen zu schaffen.

Folgen des Lehrermangels und der Schulschließungen während der Pandemie

1. **Durch den gravierenden Lehrermangel „entsteht sozialer Sprengstoff, dessen Dimension noch gar nicht abgeschätzt werden kann",** so Thomas Lippmann, MdL Sachsen-Anhalt. Das betrifft die Entwicklung der „durch die Mangelbildung benachteiligten Jugendlichen ebenso wie die künftige Verfügbarkeit von Fachkräften und damit die ökonomischen Perspektiven des Landes".
(EuW Sachsen-Anhalt 3/2022, S. 6)

2. „Die Schule ist ein Ort für alle Kinder und Jugendlichen. Sie ermöglicht Chancen - denen, die durch ihr Elternhaus gefördert werden, und denen, deren Eltern es nicht in jedem Fall gelingt oder nicht gelingen kann, weil die Umstände es nicht zulassen."
„Lehrkräfte sind gleichermaßen für alle da, vermitteln Wissen und Kompetenzen, ... Lehrkräfte wissen aber auch, dass man dafür nicht nur die eigene Persönlichkeit braucht, sondern genügend Mitstreiter und Mitstreiterinnen." ...
„Weil die Bildungsministerien der Länder, die Schulträger und der Bund selten optimal und noch seltener schnell zusammenarbeiten, war man es jedoch gewohnt, vor Ort Kompromisse zu finden, damit die Schule funktioniert", so Eva Gerth, GEW-Vorsitzende Sachsen-Anhalt.
(EuW Sachsen-Anhalt 3/2021, S. 3)

3. Der Lehrkräftemangel - zum Beispiel in Sachsen-Anhalt - ist in allen Schulformen zu spüren. Teilnehmer eines Online-Seminars für den Seiteneinstieg tauschten sich über die Lage und Probleme in ihren Bildungseinrichtungen aus. Nicht

nur im Berufsvorbereitungsjahr gibt es Schwierigkeiten mit der Beschulung verhaltensauffälliger Förder- und Berufsschülerinnen und -schüler sondern auch in anderen Schulformen.

In den Vordergrund rückten Gespräche über die „grundsätzliche Situation der Inklusion und den Umgang mit Schülerinnen und Schülern, die eine Behinderung oder chronische Erkrankung aufweisen". Das Thema der mangelhaften personellen und finanziellen Ausstattung der Schulen schlägt sich darin nieder, dass „Schülerinnen und Schüler mit verschiedenen psychisch-emotionalen Auffälligkeiten in Klassen zusammengeworfen werden, die dann als informelle Förderklassen agieren. Diese Klassen, die keine GU- oder Inklusions-Klassen sind, und auch nicht wie solche behandelt werden, fangen in erster Linie die auffälligen Schüler und Schülerinnen ab, damit sie den Unterricht der anderen Klassen ihrer Klassenstufe nicht stören".

Diesen Kindern und Jugendlichen wird dabei kein Angebot unterbreitet, damit sie trotz (oder gerade wegen) ihrer Schwierigkeiten die Schule erfolgreich besuchen können. Gefährdet sind vor allem Schüler und Schülerinnen mit Teilleistungsschwächen wie Lese-Rechtschreib-Schwäche, Legasthenie, Aufmerksamkeits-Defizit-Störungen mit und ohne Hyperaktivität, mit Störungen in der Sprache und Kommunikation, Verhaltensstörungen und weiteren beeinträchtigenden Faktoren.

An den Sekundarschulen und Gymnasien müssen unter den „gegenwärtigen Zuständen - Pandemie und Lehrkräftemangel - immer wieder Notlösungen gefunden werden, um die reguläre Beschulung aufrechtzuerhalten und um einen normalen Schulalltag gewährleisten zu können".

Durch den Ausfall von Kolleginnen und Kollegen „bei bereits viel zu stark ausgedünnten Kollegien" werden Seiteneinsteigerinnen und Seiteneinsteigern oft „viel zu früh Verantwortung auferlegt und Kompetenzen abverlangt, die eigentlich erst noch erlernt werden müssen".

(Anmerkung: Wer möchte in solchen Klassen als Lehrer/Lehrerin arbeiten?)

Die strukturelle Unterbesetzung in allen Schulformen belastet nicht nur die Arbeit der Seiteneinsteigenden, sondern alle Mitarbeiterinnen und Mitarbeiter der Bestandskollegien an den Schulen. Aus Schullust wird Schulfrust, was dazu führt, dass viele Seiteneinsteigerinnen und Seiteneinsteiger den Schuldienst quittieren, so Christian Müller (Gewerkschaftssekretär Hochschule).

(EuW Sachsen-Anhalt 3/2022, S. 11/12)

4. Unter der Überschrift „Achillesferse des deutschen Bildungswesens" bezieht sich der freie Journalist Karl-Heinz Reith auf den „Nationalen Bildungsbericht 2020" und auf den OECD-Bericht „Bildung auf einen Blick 2020". Daraus ist zu entnehmen, dass zwischen 2014 und 2018 - gemessen am Altersjahrgang - sowohl die Quote der mittleren Bildungsabschlüsse als auch derer, die das Abitur oder die Fachhochschulreife erwarben, zurückgegangen ist. „Gleichzeitig steigt nach Jahren des leichten Rückgangs wieder die Quote der Schülerinnen und Schüler, die die Schule ohne Hauptschulabschluss verlassen. 2014 waren dies 5,8 Prozent, 2018 dagegen fast 7 Prozent. Das waren knapp 54.000 junge Menschen, und zwar deutlich mehr Männer als Frauen."

Unter den 20- bis 30-jährigen gibt es in Deutschland mehr als 1,5 Millionen junge Menschen, die keinen Berufsabschluss haben und keinen Qualifizierungskurs mehr besuchen. Auch die Zahl der Schulabbrecher mit deutscher Staatsbürgerschaft steigt. (E&W 10/2020)

Marlis Tepe (GEW-Vorsitzende) kritisiert, dass die OECD in ihrem jüngsten Bildungsbericht den dramatischen Fachkräftemangel an Schulen und Kitas in Deutschland ausblendet: „**Der Fachkräftemangel, den die Bundesländer zu verantworten haben, erweist sich zunehmend als Achillesferse des deutschen Bildungswesens.**"

Aus dem Nationalen Bildungsbericht entnimmt der Journalist Reith, dass in einigen Bundesländern mehr als ein Viertel aller jährlich Neueingestellten in den Schuldienst keine grundständige Lehramtsausbildung mehr absolviert.

Hinzu kommt, dass immer mehr Lehrkräfte fachfremd eingesetzt werden, um Unterrichtsausfall zu reduzieren.

Problematisch ist außerdem, dass „Quer- und Seiteneinsteiger sowie fachfremd unterrichtende Lehrkräfte ausgerechnet vermehrt in Schularten und -klassen mit einem hohen Anteil von Schülern mit Migrationshintergrund, niedrigem Sozialstatus oder geringen kognitiven Grundfähigkeiten eingesetzt werden". (E&W 10/2020, S. 28/29)

5. Jeanette Goddar, freie Journalistin, äußerte sich zur Lage der Schüler und Schülerinnen mit Beeinträchtigungen unter Corona-Bedingungen. „Mehr als eine halbe Million Schülerinnen und Schüler in Deutschland erhält sonderpädagogische Förderung. In der aktuellen Pandemie blieben sie zunächst außen vor." Als im März 2020 die Schulen geschlossen wurden, war von diesen Kindern bundesweit keine Rede.

Nach Rückkehr in den Regelunterricht zeigte es sich, dass viele Kinder und Jugendliche - besonders die mit den Förderschwerpunkten geistige Entwicklung, körperliche und motorische Entwicklung, mit autistischen und Lernstörungen - regelrecht Rückschritte machten, wenn sie keine spezielle Förderung erhielten. „Einige hatten sich in ihrer Sprache zurückentwickelt, andere wirkten ungewohnt still oder nervös. Auch Eltern waren am Rande ihrer Kräfte ...", denn einige Kinder mit Behinderungen benötigen rund um die Uhr Betreuung.

Für Schülerinnen und Schüler mit den Förderschwerpunkten Lernen und geistige Entwicklung im Regelunterricht (GU) an Schulen des Gemeinsamen Lernens sei - entsprechend der Einschätzung der Sonderpädagogin Karin Grube - eine spezielle Förderung kaum möglich: „Es gibt zu wenige assistive Hilfssysteme - Einhandtastaturen etc. - und zu wenige barrierefreie Lernprogramme. Würde man Inklusion ernst nehmen, müsste jede Lernsoftware so geschrieben werden, dass sie auch in leichter Sprache, großer Schrift usw. bedient werden kann."

Lehrkräfte, die mit Kindern und Jugendlichen arbeiten, welche Lern- und Verhaltensprobleme aufweisen, machten darauf aufmerksam, in welch schwieriger Lage diese sind: „Viele sitzen offenbar ganz allein vor dem Rechner."

„Hier dürfte auch hineinspielen, dass diese Schüler und Schülerinnen überdurchschnittlich oft in Elternhäusern groß werden, die ihnen nicht recht zur Seite stehen (können)."

(E&W 01/2021, S. 22/23)

6. In einem Artikel vermerkt der Pädagoge Peter Maier zum Thema „Digitalisierung versus Pädagogik?", dass es immer mehr Stimmen in der Wirtschaft und Politik gibt, die die Corona-Krise „letztendlich sogar als Glücksfall oder zumindest als unerwartetes Ereignis mit positivem Nebeneffekt sehen wollen".

Gegenüber diesem falschen Optimismus bezüglich der Digitalisierung sagt aufgrund vieler Forschungsergebnisse der Bildungsforscher Prof. Dr. Klaus Zierer: **„Digitale Technik allein verbessert den Unterricht nicht."** Der **Digitalisierungsschub führt eher in eine negative Richtung, denn die Schule ist heute, nach Zierers Aussage, „kein Bildungsort mehr, sondern zu einem bloßen Lernort verkümmert, an dem nur noch das unterrichtet wird, was von ökonomischem Interesse ist".**

„Schule ist nicht nur Lernort, sondern Lebensraum. Dazu gehört der soziale Austausch und deswegen auch das soziale Lernen. Der wichtigste Grund zur Schule zu gehen, ist nicht das Lernen - es sind die Gleichaltrigen."

(Maier bezieht sich auf einen Artikel von Klaus Zierer in der SZ Nr. 5 v. 8.1.2021, S. 5 / E&W 06/2021, S. 10/11)

7. „Kinder und Jugendliche, die in ärmeren Kommunen aufwachsen, sind dreifach benachteiligt: Sie leben oft in schlechteren Wohngegenden, lernen in maroden Schulen und leiden unter den Auswirkungen von Arbeitslosigkeit. Schulbildung darf daher nicht mehr wie bisher nach dem Gießkannenprinzip finanziert werden. Die Gelder müssen nach einem Sozialindex fließen."

„Es hätte die Pandemie nicht gebraucht, um den Fachkräftemangel an den Schulen offenzulegen. Aber die Krise verschärft selbst die Lage an den Gymnasien, die im Vergleich etwa zu Grund- oder Berufsschulen noch ganz gut dastehen. Überall zeigt sich jetzt, dass Personal fehlt, um Distanz- oder Wechselunterricht sinnvoll zu gestalten und Kinder in kleineren Gruppen zu betreuen. ...", zitiert die Freie Journalistin Katja Irle den Bildungswissenschaftler Klaus Klemm.

Wegen des geplanten Rechtsanspruchs auf Ganztag in den Grundschulen ab 01.08.2026 werden nach Berechnungen der GEW für eine qualitativ hochwertige Ganztagsschule bis dahin mindestens 50.000 zusätzliche Lehrkräfte gebraucht. (E&W 06/2021, S. 14)

8. In seinem Kommentar „Missachtete Kinder" stellt Tobias Peter (Korrespondent Redaktionsnetzwerk Deutschland) fest: **„Es sagt etwas über den Charakter eines Landes aus, wie es mit den Kindern umgeht. Nach zwei Jahren Corona zeigt sich: In Deutschland sind bei wichtigen politischen Entscheidungen die Interessen von Kindern und Jugendlichen oft höchstens am Rand bedacht - wenn überhaupt. Das muss sich dringend ändern! Das Vertrauen einer ganzen Generation in die Politik droht ansonsten dauerhaft beschädigt zu werden. ..."** (E&W 02/2022, S. 32)

9. Die Robert Bosch Stiftung erhob mit dem „Deutschen Schulbarometer" mittels Befragungen, im April 2022, Daten zur aktuellen Situation der Schulen in Deutschland aus Sicht jener Personengruppen, die sie täglich mitgestalten und erleben. „Die Daten zeigten, dass viele Lehrkräfte gesundheitsgefährdende Arbeitszeiten haben. Die Folge seien Erschöpfung, Schlaf- und Konzentrationsstörungen. Unter der Überbelastung litten auch die Kinder und Jugendlichen."

Lehrkräfte stehen enorm unter Druck. „Sie müssen die Digitalisierung im Rekordtempo nachholen, Corona-Richtlinien überwachen, Lernrückstände aufarbeiten, einen Fachkräftemangel abfedern und eine steigende Zahl von geflüchteten ukrainischen Kindern und Jugendlichen in die Schulen integrieren."

„Aber chronische Überlastung macht auf Dauer krank und unzufrieden." Schulen benötigen dringend

zusätzliches **Personal. Dazu gehören Schulsozialarbeiter und -arbeiterinnen, Sozialpädagogen sowie
Verwaltungskräfte, welche die Schulleitungen entlasten.**

Die Zahl der Schüler und Schülerinnen mit deutlichen
Lernrückständen ist gestiegen, insbesondere an Schulen, in
denen mehr als die Hälfte der Schülerschaft eine andere
Familiensprache als Deutsch benutzt.

Drei Viertel der befragten Lehrerinnen und Lehrer
schätzten ein, dass diese Kinder nicht die Unterstützung
erhielten, die nötig wäre, Lernrückstände zu überwinden. Sie
sind auch der Meinung, dass „die Förderung des psychischen
Wohlbefindens wichtiger sein sollte als das Erfüllen der
Lehrpläne".

**95 Prozent der Lehrkräfte gaben an, dass seit
dem Frühjahr 2020, mit dem Beginn der Corona-
Maßnahmen, ein deutlicher Anstieg von Verhaltensauffälligkeiten bei ihren Schülerinnen und Schülern zu
beobachten ist.**

80 Prozent der Befragten berichteten von einer starken
Zunahme von Konzentrations- und Motivationsproblemen.
(EuW Sachsen-Anhalt 7 und 8/2022, S. 7/8)

10. Im Januar 2023 hat die Robert-Bosch-Stiftung die Ergebnisse
    ihres „Deutschen Schulbarometers" aus der Sicht der
    Schulleitungen veröffentlicht. Dazu schreibt Rolf Hamm in
    einem Artikel der GEW-Zeitschrift (EuW Sachsen-Anhalt
    3/2023, S. 4).
    **Die größten Belastungen für die Schulen stellt die
    chronische Personalnot dar, was 67 Prozent aller
    Schulen als Hauptproblem sehen. Hinzu kommen die
    Herausforderungen durch die zusätzliche Beschulung
    ukrainischer Schülerinnen und Schüler.** Mehr als die
    Hälfte der Schulen erklärt, dass keine Flüchtlingskinder mehr
    aufgenommen werden können. Der Großteil dieser Kinder

(53 Prozent) wird ausschließlich in Regelklassen beschult, weitere in kombinierten Regel- und Vorbereitungsklassen. Die Beschäftigung ukrainischer Lehrkräfte und Übersetzer müsste schnell und unbürokratisch ermöglicht werden. Die Leiterin des Bereichs Bildung der Robert-Bosch-Stiftung, Dr. Dagmar Wolf, stellt fest:

„Das Ziel, insbesondere sozial benachteiligte Kinder und Jugendliche zu unterstützen, wurde weit verfehlt ...“ Die Corona-Pandemie hat sowohl bei Lehrkräften als auch Schülern und Schülerinnen tiefe Spuren hinterlassen. Mit Lernrückständen haben noch immer 35 Prozent der Schüler und Schülerinnen zu kämpfen, vor allem an Schulen, die den mittleren Bildungsabschluss anbieten. Von Armut bedrohte Kinder sind besonders betroffen.

11. Unter der Überschrift „Corona stresst Kinder anhaltend“ (Mitteldeutsche Zeitung vom 11. Februar 2022) schreibt Hagen Eichler über Folgeschäden. **„Die Maßnahmen zur Eindämmung der Corona-Pandemie verstärken psychische Probleme unter Kindern und Jugendlichen.** Davor warnt die Ostdeutsche Psychotherapeutenkammer (OPK).“ Die Psychotherapeutin, OPK-Vorstandsmitglied Sabine Ahrens-Eipper, stellt fest: **„Das ganze System zur Versorgung psychisch kranker Kinder und Jugendlicher wurde überschwemmt, und damit haben wir noch immer zu tun.“** Als weiteres Problem sieht Ahrens-Eipper das Schuleschwänzen. Gefährdete Kinder und Jugendliche waren kaum zu erreichen und zu motivieren.

Die Psychotherapeutenkammer kritisiert fehlende Hilfen in den Schulen. Bundesweit komme ein Schulpsychologe oder eine Schulpsychologin auf 6.300 Schüler und Schülerinnen, in Sachsen-Anhalt sind es dagegen 10.500.

Unsicherheit für die Betroffenen

Für Lehrkräfte und Eltern der von Lernrückständen oder Lernschwäche betroffenen Kinder stellt sich angesichts der Personal- und Platznot an den Schulen die Frage, wie und ob eine kontinuierliche Förderung im Gemeinsamen Unterricht noch möglich ist. Werden der Nachhol- oder gar Förderbedarf rechtzeitig erkannt? Wird womöglich einem Schüler oder einer Schülerin wegen der langanhaltenden Lernrückstände ein (scheinbarer?) sonderpädagogischer Förderbedarf mit Schwerpunkt Lernen, eine Teilleistungsschwäche wie Dyskalkulie oder Lese-Rechtschreib-Schwäche zugeschrieben? Andererseits wird vielleicht zu lange abgewartet, weil das Kind durch die Folgen der Pandemie-Maßnahmen vermutlich nur Zeit zur Überwindung temporärer Schwächen, Ermutigung und Motivation benötigt. Vor allem Kinder, die zu Beginn der Pandemie in der Schuleingangsphase lernten oder in den Jahren 2020 und 2021 eingeschult wurden, die infolge der Schulschließungen zu Hause unterrichtet werden mussten, kann der Erwerb wichtiger Basiskompetenzen im Lesen, Schreiben und Rechnen erschwert worden sein. Für viele Kinder und ihre Familien waren die soziale Isolation und die Angst vor dem Zurückbleiben oder Versagen in der Schule groß.

Zwei Beispiele aus meinem Bekanntenkreis können diese Überlegungen veranschaulichen.

Luise (Name geändert), acht Jahre alt, hatte große Probleme in Mathematik und benötigte Unterstützung beim Aufgabenverständnis, hatte selbst wenig Vertrauen in ihre Leistungsfähigkeit. Ihre junge Lehrerin vermutete das Vorliegen einer Rechenschwäche sowie wenig Flexibilität im Denkvermögen. Entsprechende schulpsychologische Gruppentests schienen den Verdacht zu bestätigen, Luise sollte in der Schuleingangsphase (SEP 2) verweilen. Die mir bekannte Familie bat mich um Rat und Unterstützung.

Bei der Arbeit mit dem Kind stellte sich heraus, dass wichtige fachbezogene Begriffskenntnisse, Zusammenhänge zwischen den Rechenoperationen, Lösungsverfahren und Rechenvorteile nicht bekannt waren. Das zählende Rechnen führte zu Fehlern. Luise hatte Versagensangst entwickelt, wirkte mutlos und gehemmt. Sie konnte durch private Nachhilfe ihre anfänglichen Probleme überwinden und erzielt mittlerweile in der vierten Klasse gute Lernergebnisse. Eine Dyskalkulie liegt nicht vor.

Jonas und sein Zwillingsbruder Leon (Namen geändert) wurden 2020 eingeschult. Sie besuchen in ihrer Heimatstadt die Montessorischule in zwei verschiedenen, altersgemischten Klassen. Ein kontinuierlicher Präsenzunterricht war infolge der Pandemiemaßnahmen von Anfang an nicht möglich. Entsprechend des erreichten Lern- und Entwicklungsstandes wurden unterschiedliche, individuelle Aufträge für das Lernen zu Hause erteilt.

Wieder im Schulunterricht zeigte sich Leon lernfreudig, wissbegierig, er löcherte seine älteren Lernpaten mit Fragen. Jonas war noch kindlich-verspielt, er malte und bastelte gern, war wenig anstrengungsbereit. Seine Rückstände beim Erlernen von Lesen, Schreiben und Rechnen verfestigten sich, was am Anfang des dritten Schuljahres sehr deutlich wurde. Er sollte zwar ohne Druck in seinem Tempo noch fehlende Kenntnisse und Fertigkeiten aufholen können, doch waren die Lernfortschritte relativ gering. Ein regelmäßiger Förderunterricht an der Schule scheiterte am Personalmangel, wenn wegen Krankheit Unterricht vertreten werden musste. Zwillinge vergleichen sich ständig und konkurrieren miteinander, auch wenn sie in verschiedenen Klassen lernen. Jonas will für sich nicht akzeptieren, dass er mehr üben muss als sein Bruder. Er versucht Anstrengung und Misserfolg zu vermeiden und entwickelt zunehmend Schulunlust. Jonas wurde zum zweiten Halbjahr in die SEP 2 zurückgestuft. Seine Wissenslücken wurden nicht rechtzeitig erkannt, eine gezielte, fachgerechte Förderung blieb aus. Auch an Leon gingen die Folgen der Schulschließungen während der Pandemie nicht spurlos vorbei. Für die erhöhten Anforderungen des Lernstoffes in Klasse drei fehlten auch ihm einige Grundlagen, wie zum Beispiel die Kenntnisse von Fachbegriffen in Deutsch und Mathematik sowie zu den Gesetzmäßigkeiten zwischen den Rechenoperationen, Anwendung von Rechenvorteilen. Während Leon die Lücken schnell schließen konnte, hat sein Bruder mit einem großen Nachholbedarf und deutlichen Motivationsproblemen zu kämpfen.

Mehr Bildungsgerechtigkeit, Chancen nutzen - Forderungen nach Veränderungen in der Bildungspolitik

1. Eva Gerth (GEW Sachsen-Anhalt) fragt: „Aber welchen Einfluss hat die Bundestagswahl auf uns, auf die Bildungspolitik?"

„Der Bund kann den Ländern Finanzhilfen für gesamtstaatlich bedeutsame Investitionen sowie besondere, mit diesen unmittelbar verbundene, befristete Ausgaben der Länder und Gemeinden ... zur Steigerung der Leistungsfähigkeit der kommunalen Bildungsinfrastruktur gewähren. ..." (Artikel 104c des Grundgesetzes)

„Der Bund gibt Geld, wie man landläufig sagt. Das Kooperationsverbot zwischen Bund, Ländern und Kommunen ist ein Stück aufgeweicht."

„Damit unser Föderalismus dadurch nicht in Gefahr gerät, sind diese Finanzhilfen mit unzähligen Regeln, Verwaltungsvereinbarungen, Berichtspflichten, Befindlichkeiten, Bürokratie und einer ziemlich langsamen Umsetzung verbunden."

Nicht nur über den Digitalpakt sollten Schulen ausgestattet werden. Eine umfassende gute Ausstattung der Bildungseinrichtungen in allen Kommunen aller Bundesländer ist „insbesondere in sozial benachteiligten Lagen notwendig, damit die, die dort lernen, die gleichen Chancen haben".

„Wir fordern eine enge Zusammenarbeit, ein Kooperationsgebot zwischen Bund, Ländern und Kommunen, um die Versäumnisse der vergangenen Jahre abzubauen."

„Ebenso wollen wir endlich den Fachkräftemangel, den Investitionsstau und die unzureichende Grundfinanzierung der Hochschulen beenden."

(EuW Sachsen-Anhalt 10/2021, S. 2)

2. Vor der Bundestagswahl 2021 forderte die GEW beim Kampf gegen den Fachkräftemangel eine „nationale Kraftanstrengung".

„Zwar könne der Bund nicht direkt in Personal investieren", sagt Ilka Hoffmann vom GEW-Vorstand. „Aber er kann den Kommunen helfen, dass die Digitalisierung vorankommt und etwa Systemadministratorinnen und -administratoren die Schulen dauerhaft unterstützen."

„Mit Hilfe eines Bund-Länder-Kommunen-Programms könnten", nach Ansicht der GEW, „auch multiprofessionelle Teams in den Schulen aufgebaut werden, um allen Kindern gerecht zu werden."

„Gemeinsam könnten dann Themen in den Blick genommen werden, die in der Corona-Krise immer weiter ins Abseits geraten - etwa die Umsetzung der Inklusion."

Die Gewerkschaft Erziehung und Wissenschaft setzt auf eine „flexible Steuerung bei der Zuweisung finanzieller und personeller Ressourcen als Hebel für mehr Chancengleichheit". „Es dürfe weder vom Wohnort noch vom sozialen Status der Eltern abhängen, welche Bildungsangebote ein Kind bekomme", mahnt die GEW-Vorsitzende Marlis Tepe.

Pädagoginnen und Pädagogen benötigen außerdem mehr und zielgerichtete Fortbildungsmöglichkeiten.
(E&W 06/2021, S. 14/15)

3. **In ihrem Koalitionsvertrag unter dem Titel „Mehr Fortschritt wagen" haben SPD, Bündnis 90 / Die Grünen und FDP zwei außergewöhnliche, ambitionierte Vorhaben vereinbart: ein „Jahrzehnt der Zukunftsinvestitionen" und „Ein Jahrzehnt der Bildungschancen". Damit werden Versprechungen gemacht und Erwartungen an die Zukunft geweckt.**

„Wahre Chancengleichheit wird jedoch erst dann umgesetzt werden können, wenn Deutschland der Unterfinanzierung des Bildungswesens langfristig entgegenwirkt und im internationalen Vergleich endlich eine Vorreiterrolle bei den öffentlichen Bildungsinvestitionen übernimmt", mahnt die Bildungsgewerkschaft an.

„Gemeinsam mit den Ländern halten es sich SPD, GRÜNE und FDP offen ‚alle Möglichkeiten auszuschöpfen‘, die ‚Qualität, Leistungsfähigkeit und Weiterentwicklung des Bildungswesens‘ zu stärken. Dafür sind sie bereit, Gespräche über eine Grundgesetzänderung anzubieten. In diesem Sinne lässt der Koalitionsvertrag auch auf mehr Kooperation zwischen Bund, Ländern und Kommunen im Bildungsbereich hoffen."

„Für die notwendige Fachkräftegewinnung haben SPD, GRÜNE und FDP die Förderung von Seiten- und Quereinstieg sowie eine Lehrkräfteoffensive angekündigt. ... **Eine Lücke besteht allerdings beim Thema Inklusion - nicht nur im Schulbereich, sondern über alle Bundesländer hinweg.**"
(E&W 01/2022, S. 28-30)

4. Der Kölner Politikwissenschaftler Christian Butterwegge zieht in seinem neuen Buch „Die polarisierende Pandemie. Deutschland nach Corona" Schlüsse aus den Folgen von zwei Jahren Pandemie. In der GEW-Zeitung wurde das Buch im Mai 2022, noch vor dem Erscheinen im Buchhandel, auszugsweise mit dem Kapitel „Konsequenzen für das deutsche Bildungs-, Erziehungs- und Gesundheitswesen" angekündigt.

Butterwegge fordert: **„Will man bestehende Ungleichheiten verringern, müssen Einkommen und Vermögen, aber auch die Bildungschancen und die sozialen**

Leistungen des Staates gerechter unter den Gesellschaftsmitgliedern verteilt werden."

Es müssen soziale Ungleichheiten möglichst schon in den Kindertagesstätten und Schulen so gut es geht ausgeglichen werden, damit alle Menschen gleiche Bildungschancen erhalten können. „Dazu bedarf es einer Schulstrukturreform, einer besseren Ausstattung dieser Bildungseinrichtungen, kleinerer Gruppen/Klassen mit hervorragend ausgebildeten Lehr- bzw. Fachkräften und einer regelmäßigen Fortbildung des Personals."

Die soziale Benachteiligung für Kinder aus finanz-schwachen Elternhäusern könnten durch einen flächen-deckenden Ausbau der individuellen Förderung, Beratung und Betreuung verringert werden. Auch die Einstellung von mehr Schulsozialarbeitern und -sozialarbeiterinnen sowie Schulpsychologen und -psychologinnen könnte dazu beitragen.

Schulen brauchen „neben einer besseren Sach- und Personalausstattung aber mehr Raum für soziales Lernen und demokratische Partizipation" (Teilhabe).

Der Augsburger Schulpädagoge Klaus Zierer fordert unter anderem „eine Entrümpelung der Lehrpläne, damit Kinder und Jugendliche nicht bloß etwas lernen, sondern sich auch bilden können".

Außerdem fordert Zierer die „Gründung eines Bildungsrates, der mit Pädagogen und Pädagoginnen besetzt ist, damit die jungen Menschen ‚Anwälte der Bildung' erhalten".[141]
(E&W 05/2022, S. 34/35)

5. In der Zeitung nd DIE WOCHE Nr. 36 (Sonnabend/Sonntag, 11./12. Februar 2023, S. 12/13) kommen in einem Interview von Niels Seibert die Grundschullehrerin Ulla Wigger und der Lehrer Andreas Hellgermann, vom Berufskolleg in Münster, zu Wort. Beide gehören dem Arbeitskreis

Religionslehrer/-innen am Institut für Theologie und Politik Münster an. Daraus einige Meinungen:

Seibert: ... „Die Aufteilung der Grundschüler/-innen in verschiedene weiterführende Schulen entscheidet auch heute noch über ihren weiteren Lebensweg in der Klassengesellschaft."

Hellgermann: Es zeigt sich, „dass die Schule immer noch auf das kapitalistisch organisierte Arbeitsleben vorbereitet." ... Die Schule könnte in stärkerem Maße von der „Arbeitskraftverwertungsfähigkeit des Subjekts" (Employability) bestimmt werden.

Wigger: Die „Neoliberalisierung des Bildungswesens" kann an dem Begriff „Kompetenz" verdeutlicht werden: „Setzte man sich in den 80er Jahren noch schulische Lernziele, gilt es jetzt für Schüler/-innen Kompetenzen zu erlangen. Der wesentliche Unterschied besteht darin, dass eine Kompetenz, ..., erlernt wird, um eine Situation zu bewältigen. Sie dient aber nicht dazu, die Situation zu hinterfragen oder sie gar zu verändern. Und so festigen wir mithilfe einer instrumentellen Vernunft das, was ist. Unser Bildungssystem ist auf diese Weise gar nicht in der Lage, Menschen zu ermutigen, wirklich kreativ das ganz Neue, Andere zu denken, und will das auch gar nicht."

Hellgermann: Wie es heute um die Bildung bestellt ist, würden sogar die Bildungsverantwortlichen in den Regierungen so sehen, „dass durch all diese Veränderungsprozesse auch etwas verlorengeht. Selbst die Kompetenzen, die eigentlich ausgebildet werden sollen, kommen zu kurz: Lese-, Schreib- und Rechenfähigkeiten und vieles mehr."

Wigger: Corona hat dazu beigetragen, dass die Digitalisierung an Schulen massiv vorangetrieben wurde. **„Hierbei macht uns nicht die Verbesserung der technischen Ausstattung der Schulen Sorgen, sondern das pädagogische Heilsversprechen, das in allen politischen Lagern mit der Digitalisierung versprochen wird.** ... „Der Computer, also das Instrument, das die Bildungsbeteiligten unterstützen soll, wird selbst zum Inhalt. Es wird absolut gesetzt, sodass die wirklichen Bildungsfragen - nämlich: Wie schaffen wir eine gerechtere Welt? - gar nicht mehr in den Blick kommen.

Seibert: „Wie zeigt sich die ökologische Katastrophe, von der Sie in Ihrem Manifest schreiben, in der Schule?"

Hellgermann: „... dass die ökologische Katastrophe, in der wir stecken, noch längst nicht zu einer pädagogischen Herausforderung geworden ist." Dagegen ist bei vielen Schüler/-innen bereits angekommen, „dass das ökonomische Dauerwachstumsmodell schon längst an seine Grenzen gestoßen ist."

Seibert: „Was können Lehrer/-innen zu einer anderen Bildung beitragen?

Wigger: **„Schule spiegelt immer die Gesellschaft wider, der sie verhaftet ist.** Eine andere Bildung ist nicht ohne eine andere Gesellschaft zu haben und umgekehrt. Diese Verkettung und all ihre Widersprüche erfahren die Kinder schon im Grundschulalter jeden Tag. Ein wichtiger Schritt für uns als Lehrer/-innen ist es, die Widersprüche gemeinsam mit den Kindern aufzudecken und zu benennen."

6. In ihrem „**Manifest für eine andere Bildung: Die Schule brennt**" schreiben Pädagogen vom Arbeitskreis Religionslehrer/-innen am Institut für Theologie und Politik Münster: „Die Schule brennt lichterloh und verbrennt dabei die Hoffnungen und Träume von Kindern und jungen Menschen." Sie erklären, was Bildung unter den gegenwärtigen Verhältnissen leisten muss und fordern grundlegende Veränderungen: „**Bildung für das 21. Jahrhundert ist Bildung für die Welt, in der wir leben und Bildung für eine Welt, die so nicht bleiben kann.** Doch haben wir es mit einer Bildung zu tun, die hauptsächlich darauf bedacht ist, den Status quo aufrechtzuerhalten und fortzusetzen. Die neoliberalen Anstrengungen der letzten 30 Jahre haben den Bildungsprozess grundlegend verändert: Der Homo oeconomicus ist ihr Leitbild, die unternehmerische Kompetenz erste Bürgerpflicht und die Ausbildung von jungen Menschen zu Humankapital ist ihr Ziel." (nd DIE WOCHE Nr. 36, S. 13)

7. „Schulpolitik in Deutschland war und ist geprägt durch ein Gegeneinander. Wir streiten über Schulstruktur, nicht über gute Schule und das, was sie ausmacht."

„Ideologie kann lähmen. Soll ein Bildungssystem vor allem die Schwächsten fördern, damit auch sie Chancen haben? Oder soll es die Stärksten noch weiter nach vorne bringen, damit sie zu mehr Wachstum und Wohlstand für alle beitragen? ... Dieser Streit zwischen den politischen Lagern verfestigt sich: Gesamtschule gegen Gymnasium, Förderunterricht gegen Hochbegabtenförderung." Dräger stellt fest, „Deutschland ist kein Bildungsland, Deutschland ist ein Bildungs*reform*land: Irgendwo wird immer gerade reformiert, denn Bildung ist das Schlachtfeld der politischen

Profilierung auf Landesebene. Und häufig zählen dabei Ideologien mehr als wissenschaftliche Erkenntnisse."

„In der Bildung bedeutet Föderalismus made in Germany zu häufig Gerangel um Zuständigkeiten zwischen Bund und Ländern statt Orientierung an den Bedürfnissen der Kinder." (Dräger, S. 15/16)

Damit unser Bildungssystem leistungsstärker und gerechter werden kann, so Dräger, sollten wir alle für die Bildung unserer Kinder Verantwortung übernehmen und in Kitas, Schulen und Ausbildung angemessen auf die Bedürfnisse unserer Gesellschaft eingehen.

8. Ein „Nationaler Bildungsgipfel" sollte Vertreterinnen und Vertreter aus der Praxis (Kita, Schule, Berufsausbildung, Hochschule), Wissenschaft und Politik zusammenführen. „Gerade weil die Herausforderungen, vor denen das gesamte Bildungswesen steht, riesig sind, ist es existentiell notwendig, dass sich Bund, Länder und Kommunen stärker aufeinander zubewegen und an einem Strang ziehen. Nur so können endlich Lösungen entwickelt werden." Um diesen Forderungen Nachdruck zu verleihen hat sich ein breites Bündnis aus 54 Stiftungen, Verbänden und Gewerkschaften formiert. „Das Bündnis setzt sich für einen Neustart in der Bildung ein und schlägt vor, dass der Bundeskanzler Olaf Scholz (SPD) sowie die Ministerpräsidentinnen und -präsidenten der Länder zu einem Nationalen Bildungsgipfel einladen." (E&W 04/2023, S. 27)

---

[141] Christoph Butterwegge - Die Pandemie. Deutschland nach Corona, Verlag Beltz Juventa, 2022.

Anforderungen an Schule - Anspruch und Realität

1. Schule ist nicht nur ein Lernort zur Aneignung von Grundbildung und ausreichenden Lese-, Schreib- und Rechenkompetenzen. Schule ist auch ein sozialer Ort, an dem soziale Kompetenzen vorausgesetzt und entwickelt werden.

   Wie ich selbst erlebt habe, bringen die Kinder bei der Einschulung sehr unterschiedliche Voraussetzungen mit, sie vergleichen und messen sich mit Gleichaltrigen. **In der Schuleingangsphase (1. und 2. Klasse) werden die Grundlagen für ein erfolgreiches, möglichst lebenslanges Lernen gelegt. Deshalb kommt den Grundschulen eine besondere Bedeutung zu.**

2. Vor über 100 Jahren, im August 1919, fanden die Forderungen nach einem demokratischen Schulsystem in der Weimarer Verfassung Eingang, wurden Grundschulen gegründet. Schulreformer setzten sich für eine „Einheitsschule für alle Kinder und Jugendlichen bis zum Ende der Volksschulzeit" ein. Das „gemeinsame Lernen aller Kinder" wurde als Grundbaustein einer funktionierenden Demokratie gesehen.

3. **Allerdings hat die Grundschule noch immer die widersprüchliche Aufgabe, einerseits alle Kinder individuell zu fördern, andererseits auf ein hierarchisch gegliedertes Schulsystem vorzubereiten.** Diese Aufgabe erfüllen die Grundschullehrkräfte mit einem hohen Berufsethos unter schwierigen Arbeitsbedingungen bei einer chronischen Unterfinanzierung im Bildungswesen (und in einigen Bundesländern - wie Sachsen-Anhalt - noch immer mit einer höheren Wochenstundenverpflichtung bei

niedrigerer Bezahlung). Dennoch „ist die Grundschule im internationalen Vergleich die Schulform in Deutschland, die in puncto Lernzuwachs und Bildungsgerechtigkeit die größten Erfolge erzielt". (E&W 10/2019, S. 30/31)

4. **Ohne gründliche und zielgerichtete Vorbereitungen - hinsichtlich personeller, materieller, räumlicher Ausstattung und Fortbildung der Lehr- und Betreuungskräfte - waren es ab 2009 die Grundschulen, die die Forderungen der UN-BRK (Behindertenrechtskonvention) zuerst umzusetzen hatten.** Mit großer Kraftanstrengung haben inklusiv arbeitende Schulen Unterrichtskonzepte entwickelt, die die Verschiedenheit der Lernvoraussetzungen der Schüler und Schülerinnen berücksichtigen, die selbstständiges Lernen und Selbstverantwortung auf verschiedenen Niveaustufen ermöglichen. (E&W 10/2019)

Diese Konzepte können aber nur bedingt umgesetzt werden, wenn es an geschultem Personal fehlt. Aus eigener Erfahrung weiß ich, dass es nicht ausreicht, einem Kind mit Lernproblemen ein vereinfachtes Arbeitsblatt zur selbstständigen Bearbeitung vorzulegen. Gerade diese Kinder benötigen Unterstützung beim Lesen und dem inhaltlichen Erfassen der Aufgabenstellung sowie Finden einer Lösungsstrategie. Eine einzelne Lehrkraft im Unterricht kann dem individuellen Förderbedarf eines Kindes nicht ausreichend gerecht werden.

5. Eigene und Erfahrungen aus der Praxis zeigen: Auch wenn seitens der Bildungsministerien die Feststellung eines sonderpädagogischen Förderbedarfs für Schüler und Schülerinnen in den ersten und zweiten Klassen abgelehnt wird, heißt das nicht, dass diese Kinder keinen Unterstützungsbedarf haben, dass kein höherer

Personalbedarf - wie der dauerhafte Einsatz von Pädagogischen Mitarbeiterinnen und Mitarbeitern, einer Förderschullehrkraft - erforderlich wäre. Viele Kinder erleben sich im Vergleich mit ihren Mitschülerinnen und Mitschülern als Versager, egal ob es Zensuren, Zeugnisnoten oder verbale Beurteilungen zum Leistungsstand gibt. **Wenn schon in der Grundschule die Grundlagen für ein erfolgreiches Lernen nicht gelegt werden (können), wenn Eltern ihre Kinder nicht ausreichend unterstützen und fördern können, wird das Zurückbleiben zementiert, entstehen Bildungsbenachteiligungen, die sich womöglich ein Leben lang auswirken.**

6. Nicht erst die Folgen der Pandemie haben Bildungs-benachteiligungen im deutschen Schulwesen offengelegt. Bei notwendigen Unterstützungsmaßnahmen wurden seitens der Politik, wie von Fachleuten mehrfach kritisiert, Kinder und Jugendliche mit sonderpädagogischem Unterstützungsbedarf (besonders in den Sonderschulen) sowie zugewanderte Schüler und Schülerinnen, die eine Förderung für Deutsch als Zielsprache benötigen, zunächst einfach vergessen.

7. Um mehr Bildungsgerechtigkeit, bessere Bildungschancen und Teilhabe am gesellschaftlichen Leben für alle zu ermöglichen, benötigen unsere Bildungseinrichtungen entsprechende Strukturen und Ressourcen.

Andreas Schleicher, Koordinator der Pisa-Studien bei der OECD, stellte fest: **„Bildungsgerechtigkeit und Inklusion sind in einem modernen Bildungssystem und einer modernen Gesellschaft unerlässlich. Wir brauchen wie in Finnland ein ausgebautes Unterstützungssystem von Sonder- und Sozialpädagogen, das sofort aktiv wird, wenn es nötig ist, damit Lehrer ihrem Kerngeschäft -**

das Unterrichten - gerecht werden können." (E&W 11/2018, S. 29)

8. Auch Hüther und Hauser halten ein Umdenken in Erziehung und Schule für notwendig und setzen sich in ihrem Buch „Jedes Kind ist hoch begabt" mit den Anforderungen an die Kinder in der Schule (und Familie) auseinander. Sie fragen: **„Was wird aus einem Kind, das immer wieder erleben muss, dass es sich nicht frei bewegen kann, dass es immer nur funktionieren und keinen Ärger machen soll? Dem ständig gesagt wird, was es zu tun und zu lassen hat? Nicht nur zu Hause und in der Nachbarschaft, sondern auch im Kindergarten und später in der Schule?"** ... „Es ist kein Naturgesetz, dass die meisten Kinder, sobald sie ein, zwei Jahre in der Schule sind, ihre angeborene Lust am Lernen verlieren. Das liegt nicht an ihnen und auch nicht an ihrem Gehirn, sondern am Unterricht. Wie soll man neugierig bleiben, wenn man immer nur belehrt wird?"[142]

„Unser Begriff vom Lernen wird vor allem in der **Schule geprägt. Von Lehrern, die verlangen, dass wir in einer Zeit, die sie oder ihre Vorgesetzten in Ministerien vorgeben, Ergebnisse liefern.** Resultate. Es wird nicht geprüft, ob wir verstanden haben, dafür fehlt oft die Zeit. Es wird verlangt, dass wir die uns eigene Lerngeschwindigkeit und damit unser Wesen nicht ernst nehmen: Wir haben uns in das zu fügen, was andere vorgeben."[143]

„Wenn die Anforderungen und Probleme die Fähigkeiten der Kinder übersteigern, bekommen sie Angst. Diese Angst führt im Gehirn zu einer Reaktionskette, die das Erlernen von Neuem verhindert, bereits Erlerntes destabilisiert und das Kind auf sehr früh entwickelte und daher recht einfache Verhaltensstrategien zurückwirft."[144]

„Nur unter dem einfühlsamen Schutz und der kompetenten Anleitung durch erwachsene Vorbilder können Kinder ihre eigenen Fähigkeiten erkennen und weiterentwickeln.** Nur so kann im Frontalhirn ein eigenes, inneres Bild von Selbstwirksamkeit stabilisiert und für die Selbstmotivation in allen nachfolgenden Lernprozessen genutzt werden. Nur so gelingt es Kindern, sich im heutigen Wirrwarr von Anforderungen, Angeboten und Erwartungen zurechtzufinden.“[145]

„Unsere Welt, und damit auch die Lebenswelt unserer Kinder, wird immer komplexer. Nur in unseren Schulen wird verzweifelt versucht, so weiterzumachen wie bisher. Mit dem so vermittelten Wissen und den dort beim Lernen gemachten Erfahrungen werden Kinder und Jugendliche aber längst nicht mehr auf die Herausforderungen von morgen vorbereitet. Was sie für die Bewältigung dieser Zukunftsaufgaben mehr als alles andere brauchen - Zuversicht und Kreativität, Mut und Eigensinn, Selbstvertrauen und Gemeinsinn - wird ihnen im Lehrbetrieb, im Kampf um die besten Zensuren und im schulischen Zusammenleben systematisch ausgetrieben.“ ... „**Unsere Schulen aber sind nach wie vor primär auf die Vermittlung von Wissen und Fähigkeiten und auf Selektionskriterien ausgerichtet, die aus einer vergangenen Lebens- und Berufswelt stammen und dazu führen, dass immer mehr Kinder unter ihren Möglichkeiten bleiben.**“[146]

„**Die Botschaft an jedes Kind muss lauten: Du kannst etwas und wir mögen dich, wie du bist. Mit deinen besonderen Fähigkeiten und Begabungen bist du gemeinsam mit anderen in der Lage, etwas zu leisten, was keiner allein schaffen kann.**“[147]

9. **Die Bundesbildungsministerin Bettina Stark-Watzinger hatte Mitte März 2023 zu einem Bildungsgipfel nach Berlin eingeladen, der ohne greifbares Ergebnis blieb.** Ulf Rödde, Redaktionsleiter der „Erziehung und Wissenschaft", zitiert in der E&W 04/2023 die GEW-Vorsitzende Maike Finnern: „Das Format dieses Bildungsgipfels ist enttäuschend. Es wird den Aufgaben, vor denen wir im gesamten Bildungswesen stehen, nicht gerecht." **Der Bildungsgipfel dauerte lediglich drei Stunden, von 16 Kultusministerinnen und -ministern waren 14 nicht anwesend.**

Die Positionen der GEW werden von vielen Bildungsfachleuten geteilt. **„Ohne einen grundlegenden Kurswechsel werden die gesellschaftlich notwendigen und sinnvollen Projekte nicht umzusetzen sein. Dazu gehören der Ausbau des Ganztags und der Digitalisierung, die Sanierung der Bildungseinrichtungen, die Weiterentwicklung der Inklusion und die Integration geflüchteter Menschen, um nur einige Baustellen zu nennen.** Auch der Fachkräftemangel in vielen Arbeitssektoren wird nicht zu bewältigen sein, ohne dass es gelingt, die enge Abhängigkeit des Bildungserfolges der Kinder und Jugendlichen von ihrer sozialen Herkunft - die Achillesferse des Bildungssystems in Deutschland - zu entkoppeln und damit für mehr Chancengleichheit zu sorgen. Um diese Aufgaben zu stemmen, muss der Bildungsföderalismus reformiert werden. ..." (E&W 04/2023, S. 22, 27)

[142] Gerald Hüther, Uli Hauser - Jedes Kind ist hoch begabt - Die angeborenen Talente unserer Kinder und was wir aus ihnen machen, Albrecht Knaus Verlag, München 201, S. 133/134.
[143] Ebenda, S. 152/153.
[144] Ebenda, S. 99.
[145] Ebenda, S. 101.
[146] Ebenda, S. 174.
[147] Ebenda, S. 175.

Wirkfaktor Schule - Folgen mangelnder Unterstützung

Hehmsoth stellt in seinem Buch „Traumatisierte Kinder in Schule und Unterricht"[148] das „neue Modell **Wirkfaktoren**" vor, „das sich in traumabezogenen Settings gut eignet zu effektiven Fördermaßnahmen zu gelangen".[149]

Wirkfaktoren sind Familie, Medien, Schule, Migration, Freizeit/Peers sowie Ökonomische Versorgung.

(Zusammenfassung)[150]
Zum Wirkfaktor Schule schreibt Hehmsoth kritisch: „Schule bietet die Möglichkeit, Kulturen, Religionen, Ansichten und Haltungen zusammenzuführen, aufgeklärte Staatsbürger zu schaffen, die unsere Gesellschaft modern halten, aufgeschlossen und frei. Und was passiert? Es wird auf der Schule herumgetrampelt. Sie wird kaputt gemacht. Lehrkräfte werden nicht adäquat aus- und weitergebildet, Fachkräfte und externe Hilfen nicht etabliert. Schüler werden nicht mehr gefördert, weil keiner mehr Rat weiß. Schule, die Entwicklungsweiche der wichtigsten Jahre unseres Lebens, wurde über Jahrzehnte durch sinnlose Bildungsreformen dem Rost überlassen. Schule wird durch diese Missstände zur Täterin. Sie vernachlässigt Kinder in ihrer Obhut *systematisch* und, überspitzt formuliert, misshandelt sie psychisch."[151]

Welche Situationen wirken auf Kinder und Jugendliche belastend oder traumatisierend, wie können traumasensible Hilfen aussehen? Einige Gedanken dazu:

1. Arbeitslosigkeit der Eltern, Armut, schlechte Wohnverhältnisse, Vernachlässigung, häusliche Gewalt, Krieg und Flucht stellen für Kinder belastende oder traumatisierende

Situationen und Ereignisse dar, die sich nachhaltig auf ihr Lernvermögen und die emotionale-soziale Entwicklung auswirken können. Ihre Reaktionen äußern sich beispielsweise durch Rückzug, soziale Isolation, Selbstverletzung, Essstörungen, Ruhelosigkeit oder Aggressivität und Gewaltbereitschaft. Schwer belastete Kinder können in jeder Schulklasse sitzen. Sie fallen durch ihr Verhalten auf, das oft fehlgedeutet und als unerträglich empfunden wird, was Sanktionen und Strafen nach sich zieht.

2. Diese Kinder benötigen jedoch traumasensible Hilfen und Unterstützung nicht nur in der Schule, sondern auch durch weitere externe Fachleute unterschiedlicher Professionen, die in enger Kooperation mit Lehrkräften und Eltern arbeiten.

Näheres dazu beschreibt Carl Hehmsoth in seinem Buch „Traumatisierte Kinder in Schule und Unterricht".[152] Traumasensible Kooperationen „haben zwei Ziele und folgen damit zwei Leitfragen:

1) Wie sieht eine kombinierte, traumasensible Hilfe für schwer belastete Kinder in der Schule aus?

2) Wie können Lehrkräfte, die direkt mit dem Kind arbeiten, entlastet werden?"[153]

Laut Hehmsoth „ergibt sich folgende Zielvorstellung:

- Ziel ist die Stabilisierung von Kindern. Dieses Ziel ist weder verhandelbar, noch unterliegt es einer Interpretation.

- Ein Kind ist stabil, wenn das Kind kein auffälliges Verhalten mehr zeigt.

- Die Stabilisierung geschieht *vor* dem Lernen und muss *mindestens* parallel dazu ausgeführt werden."[154]

Der Autor hebt dabei die Rolle einer Förderschullehrkraft mit entsprechender Kompetenzbreite hervor, die „die Leitung und Kooperation innehat". Sie ist zuständig für die Kontrolle der Ziele und arbeitet eng mit der Regelschullehrkraft zusammen, mit Sozialpädagogen und Eltern, Psychologen/ Psychotherapeuten.

3. Leider sieht die Realität, wie ich sie erlebt habe und die Kolleginnen und Kollegen an den Regelschulen zunehmend erleben, anders aus. Personalmangel, mit vielen zusätzlichen Aufgaben überbelastete Lehrkräfte, nicht fertig ausgebildete Seiten- und Quereinsteiger, lange Wartezeiten auf Therapieplätze in der Kinder- und Jugendlichen-Psychotherapie/Psychiatrie, nur sporadische Beratungsmöglichkeiten durch Schulpsychologen und Förderschullehrkräfte an den Schulen, behindern diese notwendige und Erfolg versprechende Kooperation.

Eltern wird zur Überbrückung empfohlen, für ihr auffälliges Kind durch den Haus- oder Kinderarzt zunächst Ergotherapie oder Logopädie verordnen zu lassen sowie Hilfe durch Beratungsstellen in Anspruch zu nehmen. Die Schule vermag die spezielle Förderung nicht zu leisten.

4. **Einen wichtigen Beitrag für eine angenehme Schulatmosphäre kann Schulsozialarbeit leisten. Das betrifft zum Beispiel Klassentraining, Sozialtraining in Kleingruppen, Ausbildung von Streitschlichtern, Lern-Coaching, Gespräche mit Kindern und Eltern, Zusammenarbeit mit Einrichtungen der Jugendhilfe.**

Da die EU-Förderperiode für Schulsozialarbeit im Juli 2022 endete, gibt es erhebliche Finanzierungsprobleme bei der Weiterführung und Ausweitung von Schulsozialarbeit. So hat zum Beispiel der Saalekreis (Sachsen-Anhalt) nach Abfrage des Kreistages den Bedarf von 50 Schulsozialarbeiterstellen angegeben. Die EU übernimmt 60 Prozent der Kosten, 40 Prozent das Land, dafür können 31 Stellen finanziert werden, um für zwei Jahre Personal- und Sachkosten zu decken. „Schulleiter, Verwaltung und weite Teile des Kreistages des Saalekreises hoben die zentrale

Rolle der Schulsozialarbeit für das Sozialsystem Schule hervor. ... Da es sich um Sozialarbeit handelt, sieht das Bildungsministerium die Verantwortung bei den Kreisen." (MZ 27./28. August 2022)
Meiner Meinung nach gehört Schulsozialarbeit als fester Bestandteil der Bildung und Erziehung an alle Schulen.

5. **Mangelnde Schulleistungen führen zu Konsequenzen, oft negativer Art. Leistungsdefizite führen zu Stress bei allen Beteiligten (Kind/Jugendlicher, Eltern, Lehrkräfte).** „Lehrkräfte stoßen an ihre Grenzen, verstehen nicht, warum das Kind nicht lernt. Eltern spüren Druck durch das sich verändernde Verhalten der Kinder, durch Hausaufgaben, die immer schwerer zu bewältigen sind, da das Kind den Anschluss verliert, immer weniger Lust zum Lernen hat, weil es immer mehr negative Schulerfahrungen macht."
Diese Schülerinnen und Schüler „geraten in eine Spirale von schlechten Schulleistungen, fehlender Motivation und Frustration. Sie bekommen für schlechtes Arbeitsverhalten keine Förderung, sondern Konsequenzen (Strenge, Autorität, Sitzenbleiben, Ansprache der Lehrkraft)".[155]

6. Vertreter von Gewerkschaften, Lehrer- oder Elternverbänden, Schulentwicklungsberater und andere Fachleute warnen vor den Folgen, fordern Veränderungen, eine bessere Ausstattung der Schulen und Weiterbildungsmöglichkeiten für die Lehrkräfte, was in der Schulpolitik oft ungehört bleibt.
Die sogenannte Ampelkoalition verspricht gemeinsam mit den Ländern „alle Möglichkeiten auszuschöpfen, die Qualität, Leistungsfähigkeit und Weiterentwicklung des Bildungswesens zu stärken. ... Ein nationaler Bildungsrat, an dem Gewerkschaften, Verbände und Wissenschaft beteiligt sind - wie GEW und DGB gemeinsam fordern - ist dagegen

nicht vorgesehen. Stattdessen wird das Bildungsministerium 2022 seine Arbeit in Form eines einmaligen Bildungsgipfels öffentlich starten. Bei diesem sollen die neuen Formen der Zusammenarbeit und gemeinsame ambitionierte Bildungsziele entwickelt werden."

Eine Arbeitsgruppe würde dann an der Umsetzung der Ergebnisse des Gipfels weiterarbeiten. „Diese AG setzt sich jedoch allein aus Bund, Ländern und Kommunen zusammen."

Sarah Kleemann, Leiterin des Parlamentarischen Verbindungsbüros der GEW, fordert: „Statt einer solchen Vorzeigeveranstaltung und AG, die in alten Strukturen weitermacht, **braucht es dringend ein dauerhaftes Gremium mit Akteuren aus der Praxis und Wissenschaft, das regelmäßig und unabhängig von der Kultusministerkonferenz an gemeinsamen Zielen und Maßnahmen arbeitet.**" (E&W 01/2022 / S. 30)

---

[148] Carl Hehmsoth - Traumatisierte Kinder in Schule und Unterricht - Wenn Kinder nicht *wollen* können, Verlag Julius Klinghardt Bad Heilbrunn 2021.

[149] Carl Hehmsoth - Traumatisierte Kinder in Schule und Unterricht - Wenn Kinder nicht *wollen* können, Verlag Julius Klinghardt Bad Heilbrunn 2021, S. 94.

[150] Ebenda, S. 152/53.

[151] Ebenda, S. 147/48.

[152] Carl Hehmsoth - Traumatisierte Kinder in Schule und Unterricht - Wenn Kinder nicht *wollen* können, Verlag Julius Klinghardt Bad Heilbrunn 2021.

[153] Carl Hehmsoth - Traumatisierte Kinder in Schule und Unterricht - Wenn Kinder nicht *wollen* können, Verlag Julius Klinghardt Bad Heilbrunn 2021, S. 174.

[154] Ebenda, S. 175.

[155] Ebenda, S. 151/52.

Migration und Bildung

1. Häufig wurde und wird von Politikern sowie Vertretern aus der Wirtschaft geäußert, dass Deutschland die Zuwanderung von Arbeitskräften braucht. Zugewanderte, Migranten und Flüchtlinge werden in der Gesellschaft jedoch nicht von allen willkommen geheißen. Häufig bestehen Vorurteile, insbesondere gegenüber Türkischstämmigen oder Personen aus muslimisch geprägten Ländern. Es bestehen Zerrbilder und Klischees.

   Im Buch „Einwanderung, Bedrohung oder Zukunft?"[156] äußert sich im Beitrag „Gewalt und gescheiterte Lebensläufe" die Mitautorin Haci-Halil Uslucan. Vorurteile werden überwiegend auf verbaler Ebene geäußert, haben Behauptungscharakter, wobei Personen, Gruppen, Ideologien, Religionen usw. negative Eigenschaften zugeschrieben werden.[157]

2. Die Diskriminierung dieser Menschen führt zum Ausschluss von gesellschaftlichen Teilhabeprozessen oder der Schmälerung der Teilhabechancen, behindert die soziale Integration, das Wohlbefinden. Sie führt bei Betroffenen oft zu Rückzug und, laut Uslucan, „Re-Ethnisierungsprozessen", besonders unter Jugendlichen.

   Junge Menschen mit Migrationshintergrund, die sich ausgeschlossen und als Außenseiter fühlen, sich gar als Ausgestoßene betrachten, sehen keinen Grund, die Normen und Werte jener Menschen anzunehmen, die sie ausgrenzen. Sie werden ihr Verhalten nicht anpassen und sich eher ähnlich Betroffenen anschließen.[158]

3. Im pädagogischen Bereich werden die kognitiven Fähigkeiten von ausgegrenzten Menschen nachteilig beeinflusst - ein Teil

ihrer „mentalen Energie" wird für die Regulierung des beeinträchtigten Selbstwertgefühls benötigt und steht nicht mehr dem Erwerb von Wissen und Können zur Verfügung. Damit wird auch die Motivation zum Erlernen der fremden Sprache geschmälert.[159]

4. **Auch Eltern der Kinder mit Migrationshintergrund werden häufig abgewertet, weil sie nicht die nötige Sprachkompetenz besitzen.** Manche Lehrkräfte fordern von ihnen: „Sie müssen mit Ihren Kindern Deutsch sprechen!"
Ich bin der Meinung, dass Sprache ein Teil der Identität ist. Manche in Deutschland geborene Kinder von Migranten benötigen Sprachförderung, weil sie weder die Familiensprache ihrer Eltern noch die deutsche Sprache ausreichend in Wort und Schrift beherrschen. Sowohl ihr aktiver als auch der passive Wortschatz sind wenig umfangreich entwickelt. Dadurch können wichtige Kompetenzen, wie das Lese- und Aufgabenverständnis, eingeschränkt sein. Doch daran wird bei der Inklusion oder Integration dieser Kinder bei schulpolitischen Entscheidungen kaum gedacht.

5. Setzt die Förderung nicht schon im Vorschulalter und in der Grundschule ein (es liegt ja offiziell kein sonderpädagogischer Unterstützungsbedarf vor), gehen diesen Kindern (m. E.) Bildungs- und Teilhabechancen verloren. Sie besuchen bei weiterführenden Schulen selten ein Gymnasium, dafür häufiger Haupt- oder Realschulen.

6. Laut Uslucan[160] ist der Bildungshintergrund ein „Indikator für kognitive (die Erkenntnisse betreffende) Fähigkeiten und Potenziale sowie auf künftige Chancen im Leben". Der „besuchte Schultyp ist oft verbunden mit erlebter Benachteiligung und birgt schlechte Zukunftsperspektiven

sowie geringere Chancen für späteres Prestige, hohes Einkommen, aber auch geringere Möglichkeiten der Selbstverwirklichung".

Das deutsche Schulsystem ist auf die Mittelschicht zugeschnitten, andere Gruppen werden strukturell benachteiligt.

7. Bei den Schülerinnen und Schülern, unabhängig von ihrer Herkunft, die Verhaltensauffälligkeiten und Lernprobleme aufweisen und in sogenannten „Brennpunktschulen" lernen, müssen die belastenden Alltagserfahrungen, die von ihnen wahrgenommenen Anerkennungsdefizite (institutionelle, sozial-strukturelle, familiäre Benachteiligungen) Beachtung finden.

Uslucan stellt fest[161], dass „türkische Jugendliche deutlich höhere Ausgrenzungsdefizite aufweisen als Einheimische und Aussiedler". **Auch für deutsche Jugendliche, die Anerkennungsdefizite und das Gefühl haben ausgegrenzt, benachteiligt zu sein, gilt, dass sie häufiger in Konflikte und Prügeleien verwickelt sind als andere - es scheint „ein ethnienübergreifendes, typisches Phänomen für die Jugendphase zu sein".**

8. Jürgen Baumert und Kai Maaz betrachten in ihrem Beitrag „Migration und Bildung"[162] die Entwicklung des Bevölkerungsanteils von Personen mit Migrationshintergrund. Die Mehrheit der in Deutschland lebenden Kinder von Migranten gehört der zweiten Zuwanderungsgeneration an.

Zur dritten Generation zählen diejenigen, deren Eltern schon in Deutschland geboren wurden. Laut Mikrozensus lebten 2009 in Deutschland gut 16 Mio. Menschen mit Migrationshintergrund, was rund 20 Prozent der Gesamtbevölkerung ausmacht. In der Altersgruppe der 5- bis 20-Jährigen lag ihr

Anteil bei 29 Prozent, bei den 0- bis 5-Jährigen bei rund 35 Prozent.

Wenn die demografische Entwicklung sich so fortsetzt, könnten bald die Kinder mit Migrationshintergrund im Krippen- und Kindergartenalter in den alten Bundesländern die Bevölkerungsmehrheit ausmachen. „Dieser Prozess wird in den nächsten zehn Jahren zu einer merklichen Veränderung der Sozialstruktur der Schulbevölkerung führen."

9. „Die Gruppe der Schulversager, die ohne Abschluss die allgemeine Schule verlassen, ist unter den jungen Erwachsenen mit Migrationshintergrund mit 9 Prozent mehr als viermal so hoch wie die in der deutschstämmigen Vergleichsgruppe."

   In der Gruppe der 25- bis unter 35-Jährigen deutscher Herkunft verfügten 2009 14 Prozent über keinen beruflichen Abschluss, bei denen mit Migrationshintergrund waren es 35 Prozent. „Das formale Kriterium für Bildungsarmut ist ein fehlender Ausbildungsabschluss. Junge Erwachsene, die über keine abgeschlossene Berufsausbildung verfügen, stellen eine wirtschaftlich und sozial vulnerable Risikogruppe dar."[163]

10. Meine Überlegungen sind: Diese Gruppe gehört zu der Elterngeneration der heutigen Kinder und Jugendlichen.

    Wenn die Erziehungsleistungen von Eltern nicht mehr ausreichend gegeben sind, werden die Forderungen an die Schulen größer, nicht nur Bildungsarbeit zu leisten, sondern einen größeren Erziehungsauftrag wahrzunehmen.

    Aber Klassenleiterinnen und Klassenleiter können nicht die Defizite aller Herkunftsfamilien ausgleichen, zumal Schulsozialarbeit oft noch unter Finanzierungsvorbehalt steht und nicht alle Schulen darüber verfügen. Dennoch wird besonders an den Grund-, Haupt- und Förderschulen dieser Erziehungsauftrag zum Wohle der Kinder wahrgenommen.

---

[156] Andreas Heinz, Ulrike Kluge (Hg.) - Einwanderung - Bedrohung oder Zukunft? Mythen und Fakten zur Integration, Campus Verlag GmbH Frankfurt / New York, Frankfurt am Main 2012.

[157] Andreas Heinz, Ulrike Kluge (Hg.) - Einwanderung - Bedrohung oder Zukunft? Mythen und Fakten zur Integration, Campus Verlag GmbH Frankfurt / New York, Frankfurt am Main 2012, S. 282.

[158] Ebenda, S. 283.

[159] Ebenda.

[160] Andreas Heinz, Ulrike Kluge (Hg.) - Einwanderung - Bedrohung oder Zukunft? Mythen und Fakten zur Integration, Campus Verlag GmbH Frankfurt / New York, Frankfurt am Main 2012, S. 291.

[161] Ebenda, S. 292.

[162] Ebenda, S. 126/127.

[163] Ebenda, S. 128.

Auswirkungen mangelnden Verständnisses, nicht gelingender Inklusion auf benachteiligte Kinder und Jugendliche

1. Das dreigliedrige Schulsystem in Deutschland und die bestehenden Rahmenbedingungen für den Unterricht basieren noch immer auf Selektion nach Schulform, es ist leistungs- und konkurrenzorientiert (Vergleichsarbeiten, PISA-Studien) und kann somit belastend auf Kinder und Jugendliche, ihre Eltern und Lehrkräfte wirken. Durch den Wettbewerbs- und Leistungsdruck findet der Wert sozialer Kompetenzen zu wenig Berücksichtigung. Um selber nicht in den Leistungen zurückzufallen, werden die Schwächeren von vielen Mitschülern ignoriert, was ich in Gesprächen mit Schulkindern und Jugendlichen erfahren habe.

   Manche Schüler und Schülerinnen, die diesen Anforderungen nicht standhalten können, die wegen ihres besonderen Unterstützungsbedarfs aufgrund des Lehrkräftemangels und/oder der Einstellung ihrer Lehrer und Lehrerinnen nicht ausreichend Förderung und Verständnis erhalten, resignieren, entwickeln Versagensängste, versuchen Anforderungen auszuweichen, verweigern sich, bis hin zum Schwänzen oder entwickeln bei Misserfolgen Enttäuschungswut und Aggressivität.

2. Leistungsversagen, nicht anerkannt zu werden, hinter den eigenen und elterlichen Erwartungen zurückzubleiben bedeutet, meines Erachtens, ein Risiko für ihre Zukunftsperspektiven hinsichtlich Berufsausbildung und sozialer Teilhabe.

   Sind die Rollen der Lehrkräfte auf bloße Wissensvermittlung ausgerichtet, reagieren diese bei Störungen des Unterrichts durch verhaltensauffällige Schüler und Schülerinnen abwertend, beleidigend, zynisch oder strafend, kann die Reaktion der unter Druck stehenden Kinder und Jugendlichen entgleisen, kann es zu Gewaltausbrüchen kommen.

Kindern, die ein aggressives, gewaltbereites Verhalten zeigen, fehlt häufig die Strategie, wie sie mit ihrer hohen inneren Spannung umgehen können. In Konfliktsituationen könnte die Mediation hilfreich sein sowie der Einsatz von Rollenspielen.

3. Ein angenehm gestaltetes Lernumfeld, gute Lehrer-Schüler-Beziehungen, Empathie und eine vertrauensvolle Zusammenarbeit zwischen Elternhaus und Schule wirken gewaltreduzierend (weniger Mobbing und Ausgrenzung).

   Den Themen Gewalt an Schulen, Arten von Gewalt und Ursachen für gewaltbereites Verhalten widmet sich der Autor Thomas Hax-Schoppenhorst in seinem Buch „Rempler, Mobber, Steinewerfer"[164], welches mich zu oben geäußerten Überlegungen mit angeregt hat.

4. Michael Felten (Gymnasiallehrer, Lehrerausbilder, Publizist) geht in seinem Buch „Die Inklusionsfalle - Wie eine gut gemeinte Idee unser Bildungssystem ruiniert"[165] unter anderem der Frage nach: „Kann schulische Inklusion unter den derzeitigen Bedingungen den Auftrag der BRK erfüllen?"

   Er schreibt: „Als ‚behindert' ausgesondert zu werden, auf eine ‚Sonderschule' gehen zu müssen, das ist doch auch ein unangenehmes Stigma, das beschneidet doch Lebenschancen, das kann doch der Entwicklung junger Menschen nicht wirklich zuträglich sein. Sie dagegen möglichst viel mit allen anderen Kindern zusammenzubringen und individuell zu fördern, das hört sich doch wirklich gut an. Aber ist, was gut klingt, auch tatsächlich hilfreich? ... In Nordrhein-Westfalen hat man schon einzelne Spezialschulen geschlossen, etwa solche für Schüler mit besonderem Förderbedarf im Lernen. Das heißt: Die in dieser Hinsicht schwächsten oder labilsten Schüler *können* (besser: *dürfen*) dort zukünftig nicht mehr unter sich lernen, also im Schutz einer Gruppe von ähnlich belasteten Kindern mit speziell für ihre Beeinträchtigungen ausgebildeten Fachleuten."[166]

Wie ist die Realität? Die Förderschüler werden vereinzelt in große Regelklassen gesteckt, „sie spüren ihre Schwächen auch ungleich stärker - täglich haben sie ja nun nicht nur normal leistungsfähige Kinder vor Augen, sondern auch Spitzenschüler. Die mögen zwar tolerant und hilfsbereit sein und ihnen manchmal unter die Arme greifen - aber sie sind einfach um so vieles leistungsstärker ..."

„Da die Förderkinder nur in einzelnen Stunden angemessen betreut werden, bringen sie in der übrigen Zeit den Unterricht oft tüchtig durcheinander. Der billige Rat an die Regellehrer: In Stunden ohne Doppelbesetzung (und das ist in der Regel die Mehrzahl) sollten sie doch einfach auf unterschiedlichen Niveaus parallel unterrichten. Aber dieser Rat ist angesichts der Komplexität der Lage nicht nur zynisch, er führt auch praktisch in eine Sackgasse: Je älter die Schüler und je anspruchsvoller das Lernniveau, desto unrealisierbarer ist so eine ‚innere Differenzierung' (auch zieldifferenter Unterricht genannt) ..."[167]

Anmerkung: Schüler und Schülerinnen, die einen sonderpädagogischen Förderbedarf haben und intellektuell nicht beeinträchtigt sind (emotional-sozialer Bereich, körperliche Einschränkungen), erfüllen die Anforderungen des Lehrplans ihrer Klassenstufe, lernen also zielgleich und werden entsprechend benotet. Kinder mit dem Förderschwerpunkt Lernen oder Geistige Entwicklung lernen nach einem individuellen Plan unterhalb der Lehrplanziele in der Klasse, also zieldifferent und werden anders bewertet.

[164] Thomas Hax-Schoppenhorst - Rempler, Mobber, Steinewerfer - Gewalt an Schulen und Möglichkeiten der Überwindung, Neukirchener Verlagshaus 2008.

[165] Michael Felten - Die Inklusionsfalle - Wie eine gut gemeinte Idee unser Bildungssystem ruiniert, Gütersloher Verlagshaus, Gütersloh 2017.

[166] Michael Felten - Die Inklusionsfalle - Wie eine gut gemeinte Idee unser Bildungssystem ruiniert, Gütersloher Verlagshaus, Gütersloh 2017, S. 10.

[167] Ebenda, S. 11.

Schulische Inklusion Traum oder Trauma?

1. Diese Frage stellt Michael Felten einführend im Prolog seines Buches „Die Inklusionsfalle"[168].

Er stellt fest (Umschlagseite): „**Eine weithin unterschätzte Entwicklung vollzieht sich gegenwärtig. Unter dem hehren Banner der Inklusion werden viele Schulen derzeit umgekrempelt. Immer öfter werden normal oder hochbegabte Kinder zusammen mit leicht oder auch schwerbehinderten in einer Klasse unterrichtet, ohne dass dafür die nötigen Ressourcen und Kompetenzen vorhanden wären und ohne dass der Sinn dieser Maßnahmen grundsätzlich erwiesen wäre.**"

2. Angesichts der vielfältigen Probleme schreibt Felten:

„Der Geist der BRK ist schließlich ein ganz anderer: Jedes Kind soll an dem für es sinnvollsten Ort lernen können - und dies kann durchaus, wie weltweit üblich, auch eine Spezialschule oder Separatklasse sein. So sieht es ja auch die Forschung: **Entscheidend für das Entwicklungswohl von Kindern sind Unterrichtsqualität und Förderressourcen, nicht aber die Schulstruktur. Der Durchsetzung einer ‚Sparinklusionsschule' ist deshalb eine deutliche Absage zu erteilen, es muss vielmehr gerungen werden, nämlich um eine ausgewogene Kooperation von integrationsoffenen Regelschulen und ergänzenden Förderschulen - um das also, was der renommierte Heil- und Sonderpädagoge Otto Speck als ‚dualinklusives Schulsystem' bezeichnet hat.**"[169]

Diese Sichtweise bestätigt meine Erfahrungen: Es kommt in der Tat mehr auf Beziehungen an, auf Verständnis, Zuwendung, Achtung, Erfolgserlebnisse und Bestätigung als auf den Schultyp und mehr oder weniger wissenschaftlich fundierte theoretische Methoden und Vorgehensweisen.

Inklusion in der Regelschule ist kein Garant für Verständnis und Zugehörigkeit, schon gar nicht bei Personalmangel, hervorgerufen durch Sparzwänge und ökonomisches Kalkül.

3. „Wir sind keineswegs gefangen in der Inklusionsfalle, es gibt ein Entrinnen, eine pädagogische Mitte zwischen totaler Inklusion und starrer Separation. Jeder von uns kann sich, alleine oder gemeinsam mit anderen, in die Debatte einmischen, von den Politikern Klärung fordern, sie zur Kurskorrektur zwingen - also mehr tun, als alle fünf Jahre irgendeine Partei anzukreuzen, nur seine Stimme abzugeben ...“[170]

4. Gegen das „Unheil radikaler Inklusion“ (Felten) und Lehrkräftemangel formiert sich Widerstand. In zahlreichen Elterninitiativen bekunden Betroffene ihren Unmut, werden Forderungen aufgestellt, Ideen entwickelt.

Ein eindrucksvolles Beispiel dafür ist, wie bereits beschrieben, das 2019 in Sachsen-Anhalt gegründete Bündnis „Den Mangel beenden! Unseren Kindern Zukunft geben!“ mit dem Aufruf, einen Antrag auf Durchführung des Volksbegehrens zu unterstützen.

Auch wenn 2020 für die Schulgesetzänderung in Sachsen-Anhalt die notwendige Zahl an Unterschriften nicht erreicht wurde, werden die Forderungen weiterhin bestehen und immer wieder in den Medien thematisiert werden.

---

[168] Michael Felten - Die Inklusionsfalle - Wie eine gut gemeinte Idee unser Bildungssystem ruiniert, Gütersloher Verlagshaus, Gütersloh 2017.

[169] Michael Felten - Die Inklusionsfalle - Wie eine gut gemeinte Idee unser Bildungssystem ruiniert, Gütersloher Verlagshaus, Gütersloh 2017, S. 16.
[170] Ebenda, S. 17/18.

Teil IV

Begriffe und Erklärungen

Zum besseren Verständnis der Schulsituationen, die in den Schulgeschichten dargestellt werden, möchte ich einige Erklärungen anfügen.

Nach Schulversuchen mit dem gemeinsamen Lernen von Regelschul- und Kindern mit sonderpädagogischem Förderbedarf (eigene Erfahrungen ab 2002) wurden vom Schuljahr 2010/11 an in Sachsen-Anhalt Förderschullehrerinnen und -lehrer mit den unterschiedlichsten Schwerpunkten in ihrer Ausbildung stundenweise an eine festgelegte öffentliche Grundschule abgeordnet. Es gab weder für die Förderschullehrkräfte noch für die Grundschulkollegien eine vorbereitende Fortbildung zum Thema Inklusion. Manche abgeordnete Sonderschullehrkraft hatte noch keine Erfahrung mit dem Gemeinsamen Unterricht an Regelschulen.

Als ich mich in der Vorbereitungswoche zum neuen Schuljahr in der mir zugewiesenen Grundschule einfand, war die kommissarisch eingesetzte Schulleiterin (sie „durfte" zwei im Stadtgebiet weit voneinander entfernte Schulen gleichzeitig leiten) völlig überrascht und wusste nichts mit einer Förderschullehrerin anzufangen. Ich suchte deshalb selbst den Kontakt zu den neuen Kolleginnen und Kollegen, besprach mit den Klassenleiterinnen der ersten Klassen meine Vorstellungen und Angebote zum Gemeinsamen Unterricht und der präventiven Förderung.

Die Aufgaben der Förderschullehrkräfte wurden in einem Schreiben aus dem Kultusministerium in Magdeburg vom 03.06.2010 bekanntgemacht (Bearbeiter: Frau Dr. Greve). Diese Erwartungen an Förderschullehrkräfte standen uns erst am Beginn des Schuljahres zur Verfügung.

Daraus einige Auszüge:

Tätigkeitsbeschreibung von Förderschullehrkräften in der Präventiven Grundversorgung (PF)

1. *Einsatzschulen der präventiven Grundversorgung: öffentliche Grundschulen*

2. *Tätigkeiten der Förderschullehrkräfte in der präventiven Grundversorgung:*

- *Initiierung und Begleitung von Lernprozessen in Lerngruppen der Schuleingangsphase, in denen Schülerinnen und Schüler mit ungünstigen Lernausgangslagen und noch nicht festgestelltem sonderpädagogischen Förderbedarf lernen (Schwerpunkt: Verhinderung der Entwicklung sonderpädagogischer Förderbedarfslagen bei ungünstigen Lernausgangslagen oder -bedingungen)*

- *eigene Unterrichts- und Fördertätigkeit unter Einbringung binnendifferenzierender* (innerhalb der Klasse individuelle Anforderungen, auch unterhalb der Lehrplanvorgaben, wie in der Geschichte von Roberto) *Maßnahmen sowie didaktisch-methodische Aspekte entwicklungsorientierter und sonderpädagogischer Förderung im Unterricht im Zweipädagogensystem*

- *eigene Unterrichts- und Fördertätigkeit in Kleingruppen für Schülerinnen und Schüler mit besonderen Förderbedarfslagen auf der Grundlage von Individual- und Förderplanungen*

- *pädagogische und sonderpädagogische Diagnostik, Ableitung von Lernentwicklungen, Dokumentation von Förderangeboten und deren Ergebnissen*

- *... Ableitung von Förderangeboten, Empfehlungen zum Nachteilsausgleich*

- *intensive Ursachenanalyse bei erkannten Lern- und Leistungsproblemen*

333

- *punktuelle Übernahme von Unterrichtsangeboten als Vertretung (kein langfristiger Einsatz als Vertretungslehrkraft)*
- *Beratung der Lehrkräfte der Schule zu Fragen der Lernförderung, Hilfe und Anregung zur Förderung von Kindern mit erhöhten Förderbedarfslagen, um sonderpädagogischen Förderbedarf zu verhindern*
- *Beratung von Eltern, insbesondere bei Kindern mit besonderen Lernlagen*
- *Zusammenarbeit mit Institutionen, die außerschulisch in die Förderung einzubeziehen sind*
- *... (insgesamt 20 Punkte)*

3. *Fazit: Förderschullehrkräfte in der präventiven Grundversorgung gestalten eigenverantwortlich fördernde Lernprozesse für Schülerinnen und Schüler mit ungünstigen oder besonderen Lernlagen. Ihr Einsatz orientiert sich vorrangig an den Förderbedarfen der Schülerinnen und Schüler in der Schuleingangsphase. Eine Beratung und Mitwirkung bei der Förderung von Lerntätigkeit bei Schülerinnen und Schülern höherer Schuljahrgänge ist nicht ausgeschlossen. Die Übernahme von Vertretungsstunden erfolgt nur punktuell, insbesondere um kurzfristig Unterrichtsprozesse zu sichern.*

Über die präventive Grundversorgung soll verhindert werden, dass sonderpädagogischer Förderbedarf bei Kindern mit besonderen Lernbedingungen entsteht. Ebenso sollen Kinder, bei denen im Verlauf eines Schuljahres ein sonderpädagogischer Förderbedarf festgestellt wird, zeitnah eine sachkompetente Förderung durch die Einbeziehung der Förderschullehrkräfte erhalten.

Zur Unterstützung der Förderschullehrkräfte wurde der „Mobile Sonderpädagogische Diagnostische Dienst" (MSDD) eingerichtet.

Aufgaben des MSDD in Sachsen-Anhalt

(Mobiler Sonderpädagogischer Diagnostischer Dienst - Flyer Informationen für Schulen und Eltern, Schuljahr 2011/2012)
„Ab dem Schuljahr 2010/11 ist ein Mobiler Sonderpädagogischer Diagnostischer Dienst (MSDD) wesentlicher Ansprechpartner im sonderpädagogischen Feststellungsverfahren. ... Die im MSDD tätigen Lehrkräfte haben spezielle Zuständigkeiten und arbeiten im Auftrag des Landesverwaltungsamtes (jetzt Schulamt). ... Jede Antragstellung wird hinsichtlich ihrer Berechtigung geprüft. ... Der MSDD erarbeitet (aus den eingereichten Unterlagen) eine Entscheidungsgrundlage (für das zuständige Schulamt) .... Darüber hinaus ist der MSDD neben anderen Institutionen und beauftragten Lehrkräften beratend tätig, wenn es an den Schulen oder bei den Eltern spezielle Fragen zur individuellen Förderung gibt."

Bildungsföderalismus und Kultusministerkonferenz (KMK)

Das nach 1945 geteilte Deutschland ging in seiner Bildungspolitik verschiedene Wege. Mit dem Inkrafttreten der Verfassung der DDR im Juli 1952 wurden die Länder aufgelöst und durch Bezirke ersetzt, damit war die DDR formal ein Einheitsstaat, der sich die „antifaschistisch-demokratische Umgestaltung des Schulwesens" vornahm. In den Jahren 1964 bis 1971 wurde ein neues „Lehrplanwerk" eingeführt, das der Entwicklung der zehnklassigen allgemeinen polytechnischen Oberschule dienen sollte. Diese Polytechnische Oberschule (POS) bestand aus der Unterstufe (Klassen 1-4), der Mittel-stufe (Klassen 5-7) sowie der Oberstufe (Klassen 8-10). Die erweiterte Oberschule (EOS, Klassen 11-12) ermöglichte ausgewählten Schülern und Schülerinnen (bevorzugt Arbeiter- und Bauernkinder) den Erwerb des Abiturs. Angestrebt wurde eine hohe Allgemein- und polytechnische Bildung (mit Unterrichtstag in der Produktion für

Klassen 7-10) auf der Grundlage obligatorischer staatlicher Lehrpläne und einheitlicher Schulbücher.

Die Friedrich-Ebert-Stiftung, Landesbüro Sachsen-Anhalt, gab 2020 die Publikation „Deutschland - Ländersache?! 30 Jahre Deutsche Einheit und Föderalismus" heraus. Auf diese Quelle beziehen sich meine Ausführungen zum Bildungsföderalismus.

Mit dem Ende des „Deutschen Reiches" fielen alle staatlichen Funktionen, die bisher vom Reich wahrgenommen wurden, zurück an die Länder. Die Besatzungsmächte nutzten die vorhandenen Verwaltungsstrukturen und reorganisierten die territoriale Gliederung, bzw. ordneten die Zusammenlegung zuvor eigenständiger Territorien oder Neukonstruktionen an.[171]

Mit dem Grundgesetz vom Mai 1949 strebte die Bundesrepublik Deutschland eine neue Balance zwischen Bund und Ländern an, das historisch entstandene Ungleichgewicht zwischen den Ebenen sollte ausgeglichen werden.[172]

In der BRD begann die Debatte um eine zukunftsfähige Schul- und Bildungspolitik Mitte der 1960er Jahre. Bei den folgenden Bildungsreformen ging es darum, Bildungserfolg und soziale Lage der Familien voneinander zu entkoppeln, damit auch Kinder aus der Arbeiterschicht mehr Chancen bekommen sollten, ein Abitur abzulegen und zu studieren.

Während der ersten Großen Koalition im Bund (1966-1969) und der frühen Jahre der Sozialliberalen Koalition (1969-1982) wurden die Rahmenbedingungen für die Bildung verbessert. Allerdings litt, und leidet noch immer, die Bildungspolitik an der chronischen Unterfinanzierung des bundesdeutschen Bildungssystems. „Die Länder sind bei ihren Einnahmen abhängig von der Bundesgesetzgebung, bei ihren Ausgaben hat der Vollzug von Bundesgesetzen verfassungsrechtlich Priorität vor den Landesaufgaben. Wenn gespart wird, dann ist das nur bei den vom Land selbst verantworteten Ausgaben wie Schule und Bildung möglich." Die Schule ist also das „Sparschwein der Nation".[173]

Zu den Schulreformen wurden ideologisch getriebene Debatten geführt, bei denen es um den Erhalt oder die Abschaffung des in Volksschule, Mittelschule und Oberschule - dann umbenannt in Hauptschule, Realschule und Gymnasium - gegliederten Schulsystems und den Ersatz durch Gesamtschulen ging. Bei den aufgeheizten ideologischen Debatten ging es kaum um die beste Schulpolitik, sondern vielmehr um gesellschaftliche Veränderungen. Die Inhalte kamen zu kurz: „Welches sind die Ziele von Schule, was kann, was soll sie leisten, gibt es so etwas wie verpflichtende Lernziele und -inhalte, einen verpflichtenden Bildungskanon? Diese Fragen wurden nicht beantwortet, nicht einmal gestellt."[174]

In heutigen Debatten geht es unter anderem um das Für und Wider den Bildungsföderalismus. Immer öfter werden die Fragen gestellt: Ist der Bildungsföderalismus noch zeitgemäß? Welche Rolle spielt die **Kultusministerkonferenz (KMK)**?

Die offizielle Bezeichnung ist „Ständige Konferenz der Kultusminister der Länder in der Bundesrepublik Deutschland". Seit ihrer Gründung 1948 befasst sie sich mit Fragen der Bildungs- und Forschungspolitik sowie der Kulturpolitik, die in den Aufgabenbereich der Länder fallen. Dabei ist eine Koordinierung und Abstimmung der unterschiedlichen Landespolitiken erwünscht und es geht bei diesen Fragen auch um die Interessenvertretung der Länder gegenüber dem Bund. Ein wichtiges und politisch beachtetes Thema der KMK ist die Qualitätssicherung, vor allem an den Schulen. Durch Vereinbarungen, die alle 16 Bundesländer einstimmig annehmen müssen, sollen gemeinsame Standards für die jeweiligen Schulabschlüsse festgelegt werden. Die KMK besitzt selbst keine Entscheidungsbefugnis, da die einzelnen Länder für ihre Bildungspolitik zuständig sind.[175]

Der ehemalige Bildungsminister Sachsen-Anhalts, Marco Tullner, befragt zur Rolle der KMK beim Thema Föderalismus für die Verschiedenheit oder auch Vergleichbarkeit der Bildungssysteme, antwortete (2020): „Die KMK ist ja im Kern ein Ministerium und zwar ein ziemlich großes, größer als das Bildungsministerium in Sachsen-Anhalt zum Beispiel. Die haben, glaube ich, mittlerweile fast 300 Leute in Bonn und Berlin in verschiedenen Bereichen sitzen. Ich glaube, unser Bildungssystem ist nicht so schlecht, wie wir denken. Aber der Aufwand, den wir betreiben, um dieses Ergebnis zu kriegen, ist immens. Die Minister koordinieren sich mindestens einmal im Vierteljahr, die Staatssekretäre koordinieren sich, die Abteilungsleiter koordinieren sich, die Referatsleiter koordinieren sich - es ist ein unablässiger Koordinierungsaufwand, an dem ich, wenn ich in so einer Ministerkonferenz bin, oft beobachte, dass alle miteinander frustriert sind, dass man da eigentlich nur noch abnickt, was die Arbeitsebenen einem irgendwie ausgehandelt haben. Der eigentliche Sinn einer Konferenz, um sich mal auszutauschen und mal bestimmte Themen auch strittig zu diskutieren, das spielt überhaupt keine Rolle...“[176]

Stefanie Hubig, Präsidentin der KMK 2020, äußerte sich in einer Befragung zur Situation in den Ländern, dass alle vor ähnlichen Herausforderungen stehen: „Wie gehen wir damit um, dass wir die Schüler, die in sozial schwierigen Verhältnissen leben, besonders fördern können? Wie können wir es insgesamt schaffen, genug Lehrkräfte in den Schulen zu haben, genug Lehrkräfte auszubilden? Wie können wir, wenn wir und die Ergebnisse aus der Pisa-Studie zum Beispiel nehmen, dafür sorgen, dass die Schüler die Mindestanforderungen und auch die Regel- und die Maximalanforderungen gut erreichen? Das sind im Moment die Themen, mit denen wir uns sehr vordringlich beschäftigen.“[177]

In einem Interview für die Zeitschrift Erziehung und Wissenschaft (E&W 03/2023) sprach Klaus Heimann (freier Journalist) mit Mark Rackles, dem ehemaligen Staatssekretär der Senatsverwaltung für Bildung, Jugend und Wissenschaft in Berlin zum Thema KMK und Lehrkräftemangel. Rackles: „Genau genommen sind die 16 Länder an der Frage der Lehrkräfteversorgung gescheitert. 20 Jahre lang haben sie in Summe nicht einmal ihren Eigenbedarf an Lehrkräften kontinuierlich ausgebildet. Hat ein Land Studienkapazitäten aufgebaut, dann hat ein anderes Kapazitäten abgebaut. Ein unkoordiniertes System schöngerechneter Prognosen, mangelnder Studienplätze und fehlender länderübergreifender Kooperation. Zugespitzt könnte man es so formulieren: Machtpolitisch mag die KMK noch eine Funktion haben, bildungspolitisch wird sie den selbstgesteckten Zielen und den öffentlichen Erwartungen schon länger nicht mehr gerecht.“[178]

Verschiedene Schulformen

- *Primarstufe* - Grundschulen, Klassen 1-4
- *Förderstufe* - Klassen 5, 6
- *Sekundarstufe* I - weiterführende Schulen ab Klasse 5:
  - Sekundar-, Real- und Oberschulen
  - Haupt- und Mittelschulen
  - Kooperative Gesamtschulen (KGS)
  - Integrierte Gesamtschulen (IGS)
  - Gemeinschaftsschulen

  Mögliche Schulabschlüsse: Hauptschul-, Realschulabschluss (mittlere Reife)
- *Sekundarstufe* II - Gymnasium Klassen 11, 12 (auch 13 Schuljahre):
  - gymnasiale Oberstufe, auch an Gesamt- und Gemeinschaftsschulen (ein Wechsel vom Gymnasialzweig in den Realschulzweig und umgekehrt ist möglich)

  Schulabschlüsse: Abitur, erweiterter Realschulabschluss
- *Sonderschulen* - auch als Förderschulen, Förder- oder Kompetenzzentren bezeichnet - für verschiedene Förderschwerpunkte (Lernen, Geistige Behinderung, Körperliche und motorische Entwicklung, Hören, Sehen, Ausgleichsklassen für Schüler mit Verhaltensstörungen)

  Abgänger der Förderschulen mit dem Schwerpunkt Lernen erlangen nicht den Hauptschulabschluss, können diesen zum Beispiel in einem Berufsvorbereitungsjahr (BVJ) erwerben.

---

[171] Bullerjahn, Jens / Renzsch, Wolfgang / Wagner, Ringo (Hrsg.) - Deutschland - Ländersache?! - 30 Jahre Deutsche Einheit und

Föderalismus, Friedrich-Ebert-Stiftung, Landesbüro Sachsen-Anhalt, 2020, S. 100.

[172] Ebenda, S. 101.

[173] Ebenda, S. 82.

[174] Ebenda, S. 82.

[175] Ebenda, S. 71.

[176] Ebenda, S. 62.

[177] Ebenda, S. 69.

[178] Ebenda, S. 32/33.

Aggressivität

(Schülerduden Psychologie)[179]
Aggressivität ist die mehr oder weniger unbewusste, der Tendenz nach vorhandene aggressive Haltung eines Menschen, und zwar entweder als Ausdruck psychischer Fehlhaltungen (bei abnormen Persönlichkeiten) oder im Verlauf von Psychosen entstehend oder als Begleiterscheinung von Hirnschädigungen auftretend. Nicht selten dient Aggressivität leichten Grades auch der Kompensation von Minderwertigkeitskomplexen (Minderwertigkeitsgefühl).

Aggressions-Frustrations-Hypothese (Eltern-Kursbuch)[180]
Dieser Begriff stammt ursprünglich aus der Psychoanalyse und beinhaltet die Annahme, dass Aggression durch vorangegangene Frustration ausgelöst werden kann, also die Versagung von Bedürfnissen oder Wünschen zu Angriffslust führt. ... Überstrenges bzw. unterdrückendes wie alles gewährendes Erziehungsverhalten fördert die Aggressivität. Aggressionen - als Reaktion auf wirkliche oder vermeintliche Bedrohung der eigenen Machtsphäre - richten sich in erster Linie gegen andere Menschen (körperliche oder psychische Schädigung), aber auch gegen Tiere, Objekte, Institutionen, manchmal gegen die eigene Person (Autoaggression).

Formen der Aggression sind: körperlich (Schlagen, Quälen, Töten, durch Mimik und Gestik zum Ausdruck gebrachte Bedrohung); verbal (Schimpfen, Spotten, üble Nachrede, unangemessenes Schweigen); emotional (Ärger, Wut, Groll, Hass).

Aggressives Verhalten kann jedoch auch ein Hinweis auf posttraumatische Belastungsreaktionen geben.

Alkoholembryopathie (fetales Alkoholsyndrom)

(Lexikon Medizin)[181]
Störung der Entwicklung der Leibesfrucht bei Alkoholismus der Frühschwangeren. Äußert sich in prä- und postnatalen Schädigungen (vor und nach der Geburt) wie Wachstumsverzögerung, Gesichtsfehlbildungen, Störungen der geistigen und psychomotorischen Entwicklung (allgemeine Entwicklungsverzögerung), oft auch angeborene Herzfehler.

Betroffene Kinder (laut Bundesverband der Kinder- und Jugendärzte sind es jährlich mindestens 8.000) müssen mit lebenslangen, unumkehrbaren Einschränkungen zurechtkommen. Dazu zählen Konzentrationsmangel, Anpassungsschwierigkeiten in neuen Situationen, emotionale Instabilität, geringe Merkfähigkeit, motorische Ungeschicklichkeit, ungelenke Bewegungen, die Sprache ist oft undeutlich und einsilbig, Betroffene sind bei der Bewältigung des Alltags meistens auf Hilfe angewiesen. Obwohl das fetale Alkoholsyndrom seit langem bekannt ist, wird die Diagnose oft nicht anerkannt, zum Beispiel bei der Beantragung eines Pflege- oder Behindertengrades. (MZ 09.09.2021, S. 3)

Angst

(Schülerduden Psychologie)[182]
Angst ist ein mit Beklemmung, Bedrückung, Erregung, oft auch mit quälender Verzweiflung einhergehender Gefühlszustand bzw. Affekt. Angst ist existenziell, d. h. sie entsteht reaktiv auf jede real erlebte oder auch bloß vorgestellte, häufig nicht einmal voll bewusste Lebensbeeinträchtigung oder Bedrohung. ... Angst wird von auffallenden körperlichen Symptomen (u. a. erhöhte Pulsfrequenz, Atemnot, Schweißausbruch, Zittern, gesteigerte Blasen- und Darmtätigkeit) begleitet, verbunden mit einer

Minderung oder Aufhebung der willens- und verstandesmäßigen Kontrolle der Person über sich selbst.

Angststörungen

(Mein Inklusionsmaterial - Handreichung Grundschule)[183]
Angststörungen gehören zu den Störungen der emotionalen und sozialen Entwicklung und zwar dann, wenn der Angstauslöser in keinem Verhältnis zur Angst steht, wenn die Angst lange Zeit anhaltend ist, zum Kontrollverlust führt, das Leben beherrscht, den Betroffenen hindert, am normalen Leben teilzunehmen. Formen von Kinderängsten in der Schule können sein:
- Angst vor Personen, Angst vor Konflikten, Angst vor Bloßstellung und Etikettierung, Angst von sozial erwünschten Normen abzuweichen, Angst vor dem Versagen in schulischen Anforderungssituationen (Prüfungsangst, Schulunlust), Angst vor Misserfolg und Bestrafung, Angst vor der Zukunft, Angst vor Trennung, vor Liebesentzug
- Angststörungen und Phobien sind sehr hartnäckig. Kinder mit Angststörungen sollten ermutigt werden, benötigen Bestätigung und Erfolgserlebnisse, eine systematische Desensibilisierung (langsames und systematisches Heranführen an Anforderungen), um eine Vermeidungshaltung nicht zu unterstützen. Phobien müssen psychotherapeutisch behandelt werden (spezielle Trainingsprogramme).
- Weinberg[184]: „Bei folgenden Auffälligkeiten sollte immer die Möglichkeit einer vorangegangenen Traumatisierung in Betracht gezogen werden: Bei Angststörungen wie Trennungsangst, Überanhänglichkeit, Phobien und Panikattacken sollten wir immer fragen: ,Gab es ein Schockerlebnis, bevor die Probleme begannen?' Denn wenn die Ängste in Wirklichkeit eine Traumafolge-Erkrankung darstellen, müssen sie auch so behandelt werden und nicht wie eine normale Angsterkrankung!"

Auditive Verarbeitungs- und Wahrnehmungsstörung (AVWS)

(Schwerhoerigenforum.de für Eltern und Betroffene, Silvia Müller 2007)

Betroffene Kinder zeigen Auffälligkeiten im auditiven Bereich, obwohl das periphere Hörvermögen vollkommen unauffällig ist. Auffälligkeiten in der KITA, Schule oder zu Hause sind zum Beispiel:

- Längeres Zuhören (z. B. bei einer Geschichte) ist nicht gegeben
- Sprache wird in unruhiger Umgebung nur schwer verstanden
- Fernseher wird sehr laut gestellt, Kinder sind selbst sehr laut
- auditive Merkfähigkeit für mehrgliedrige Aufträge oder Reime und Gedichte ist gestört
- reagieren verlangsamt auf Ansprache, orientieren sich an anderen Kindern, ermüden schnell
- sind durch akustische Reize schnell ablenkbar
- verwechseln ähnlich klingende Laute und Wörter, Lese-Rechtschreib-Schwäche
- Sprachentwicklungsverzögerung mit Störungen der Artikulation, der Grammatik, des Begriffsverständnisses

Aufmerksamkeit

(Schülerduden Psychologie)[185]

Unerlässlich für eine zielgerichtete Tätigkeit ist die Hinwendung des Bewusstseins auf einen bestimmten Gegenstand oder Vorgang, auf einen Gedanken, eine Idee u. a., wobei alle anderen Eindrücke zurückgedrängt werden. Damit ist A. eine Grundvoraussetzung des Lernens.

Aufmerksamkeit[186]: der selektiven Orientierung beim Wahrnehmen, Denken und Handeln zugrunde liegender Zustand gesteigerter Wachheit und Aktivität. Ist die Aufmerksamkeit passiv, von der Attraktivität der jeweiligen Situation abhängig, spricht man von *unwillkürlicher Aufmerksamkeit*, ist die A. bewusst ausgerichtet und wird aufrechterhalten, spricht man von *willkürlicher Aufmerksamkeit*.

Aufmerksamkeits-Defizit-Störungen (ADS/ADHS)

(Mein Inklusionsmaterial - Handreichung Grundschule)[187] Aufmerksamkeits-Defizit-Syndrom (ADS) und Aufmerksamkeits-Defizit-Syndrom (ADHS) mit einer Hyperaktivitätsstörung gehören zu den am häufigsten auftretenden Beeinträchtigungen in der emotionalen und sozialen Entwicklung. Im ICD-10 werden 8 Kriterien in Bezug auf Alter und Entwicklungsstand nachweisbarer Abnormität von Aufmerksamkeit und Aktivität im häuslichen Bereich und 8 Kriterien im Bereich Kindergarten und Schule aufgeführt. Mindestens drei dieser Aufmerksamkeits-schwierigkeiten müssen für eine Diagnose zutreffen.

Symptome und Erscheinungsformen im schulischen Bereich:
- motorische Unruhe (Zappeln, ständiger Bewegungsdrang, ausladende ziellose Bewegungen, Vor-sich-hin-reden, Geräusche oder Töne von sich geben)
- sensorische Unruhe (Kind reagiert auf jegliche Ablenkung, verliert Arbeitsauftrag aus dem Sinn, wechselt schnell die Arbeitsaufträge z. B. bei Wochenplan- und Freiarbeit)
- Impulsivität (schnelle, unkontrollierte Reaktionen, unüberlegtes, ungesteuertes Handeln)
- Störung der Aufmerksamkeit (Konzentrationsfähigkeit ist reduziert, ungenaue Wahrnehmung, Kind hört nicht zu, ausdauerndes Arbeiten oder Spielen ist nicht möglich)

Kinder mit ADS/ADHS haben eine gestörte Wahrnehmung, sie erfassen dadurch komplexe Aufgabenstellungen nur unvollständig, können Situationen nicht richtig einschätzen. Die Hyperaktiven ecken andere Kinder ständig an und sind dadurch häufig in Konflikte verwickelt. Selbst bei nichtigen Anlässen kommt es zu Wutausbrüchen, Kritik wird nicht ertragen, oft fehlt ein Unrechtsbewusstsein (nach neueren Erkenntnissen kann auch eine Belastungsreaktion auf traumatische Ereignisse vorliegen). Koordinationsprobleme und mangelnde Feinmotorik führen zu einem schlechten Schriftbild und Orientierungsproblemen z. B. bei der Übertragung einer Tabelle vom Tafelbild ins Heft. Grundlegende Fertigkeiten wie richtig zuhören und genau hinsehen sind nicht ausreichend ausgebildet und müssen gefördert werden.

Die Träumer sind in ihrer Wahrnehmung und Arbeitsweise stark verlangsamt, wirken oft abwesend und in sich gekehrt. Insgesamt muss von einem sehr komplexen Störungsbild mit unterschiedlichem Ausprägungsgrad ausgegangen werden. Das störende Verhalten kann zur Ausgrenzung führen, da diese Kinder selten in Gruppen integriert werden. Das führt wiederum zu einem sinkenden Selbstwertgefühl, zu emotionalen Reaktionen wie Weinen, Stimmungsschwankungen oder auch Leugnen der Probleme. Die Symptome betreffen häufig alle Lebensbereiche. Folgen können Lern- und Leistungsstörungen (ADS ist darüber hinaus oft mit Teilleistungsschwächen wie LRS oder Rechenschwäche verbunden), Verhaltensstörungen sowie Störungen der sozialen und familiären Interaktion und Integration sein. Bei Verdacht auf ADS/ADHS ist es ratsam, möglichst früh einen Kinderarzt/Kinderpsychiater aufzusuchen. Ohne fachärztliche (Diagnose, eventuelle Pharmakotherapie), psychologische (Verhaltenstherapie, Traumatherapie, Elterntraining), schulische (klare Strukturen, Handlungsanweisungen, Verständnis) und häusliche Hilfen (strukturierter Tagesablauf, Zuwendung) - also ein multimodales Vorgehen - sind die betroffenen Kinder, ihre Familien und auch Schulklassen in einem Teufelskreis gefangen.

Hintergrund *Traumafolge-Erkrankung*[188]:

Auch in diesem Bereich kann eine *Traumafolge-Störung* vorliegen. Das gilt für die oppositionell-aufsässige Verhaltensstörung, aggressives und dissoziales Verhalten, für die hyperkinetischen-unaufmerksamen und verträumt-unaufmerksamen Störungsbilder.

„Dies gilt sowieso für depressive, anhaltend traurige, apathisch-lustlose Dauerzustände, aber auch zum Beispiel für ein scheinbar fernerliegendes Störungsbild wie die sogenannte ‚*sekundäre Enuresis*' ... und sogar die *primäre Enuresis* ..."

Autismus

(Lexikon Medizin)[189]

Autismus: psychisch das Sichabsondern von der Außenwelt unter Einkapselung in die eigene Gedanken- und Vorstellungswelt

Autismus, frühkindlicher (Kanner): eine schon im Säuglingsalter erkennbare Kontaktstörung, charakterisiert durch das Fehlen jeglicher Reaktion auf Zuwendung der Umgebung, durch in die Ferne gerichteten Blick, zwanghafte Spielgewohnheiten und übermäßige Bindung an Einzelobjekte, Schmerzunempfindlichkeit, Sprachentwicklungsstörung (bei Sprachverständnis)

(Schülerduden Psychologie)[190]

Kinder mit **autistischem Syndrom** weisen neben der Sprechverweigerung häufig eine extreme Verschlossenheit und ein zwanghaftes Wiederholen bestimmter Bewegungen oder Handlungen auf...

Als Ursache des Autismus werden genetische Veränderungen, frühkindliche Hirnschädigungen, gefühls- und zuwendungsarme Mutter-Kind-Beziehungen sowie traumatische Erlebnisse des Kindes diskutiert.

Autismus-Spektrum-Störungen (ASS)

(Handreichung zur sonderpädagogischen Förderung in Sachsen-Anhalt, Ratgeber Autistische Störungen, Internationale Klassifikation psychischer Störungen ICD-10 und DSM-IV) Diagnosen unter den tiefgreifenden Entwicklungsstörungen sind z. B.: Frühkindlicher Autismus, Atypischer Autismus, Rett-Syndrom, Asperger-Syndrom. Hochfunktionaler Autismus (HFA) ist ein in den letzten Jahren immer häufiger verwendeter Begriff - oft als Oberbegriff für Autisten (Frühkindliche und Asperger-Autisten) mit mindestens durchschnittlicher Begabung.

Triade der Beeinträchtigungen (Handreichung Grundschule)[191]
Kinder mit ASS zeigen neben anderen Symptomen typische Auffälligkeiten:
- in der sozialen Interaktion (extreme Zurückgezogenheit)
- in der Kommunikation (auch Fehlen der aktiven Sprache, stereotype Sprachverwendung)
- im eingeschränkten stereotypen, repetitiven (wiederholenden) Verhalten (zwanghafte Spielgewohnheiten - wie Drehen der Räder eines Spielzeugautos, Licht ein- und ausschalten, bizarre Bewegungen und zwanghafte Handlungsmuster.

Schulische Förderhinweise:
„Die Integration von Kindern mit ASS im Gemeinsamen Unterricht ist unter der Berücksichtigung unterstützender Rahmenbedingungen gut zu bewältigen. ... Gerade Kinder mit ASS lernen im inklusiven schulischen Miteinander, Kontakte in einer Gruppe aufzunehmen sowie gemeinsam zu spielen. Für die inklusive Beschulung von Kindern mit frühkindlichem Autismus ist es wichtig, eine Begleitung durch ausgebildete Spezialkräfte sicherzustellen. ... Es gibt zwei wichtige Unterrichtsregeln für die schulische Zusammenarbeit mit einem Kind mit ASS:

1. Es muss ständig in die Arbeit der Klasse mit eingebunden werden.
2. Es soll nur Aufgaben bearbeiten müssen, die es auch schaffen kann und bei denen es etwas lernt."[192]

(Schulbegleitung)[193]
Menschen mit Autismus lernen in einer Wahrnehmungs- und Erfahrungswelt, die sich grundlegend von der unseren unterscheidet. Aufgrund mangelnder oder fehlender Filter-funktion im Gehirn sowie Schwierigkeiten Reize zu verarbeiten, kommt es zu einer Reizüberflutung. Die einströmenden Reize (z. B. optische, akustische) werden vom Gehirn nicht automatisch sinnvoll sortiert und verknüpft, was Stress und Überforderung auslöst, bis hin zu Ausbrüchen von Verzweiflung und Aggression. Versuche betroffener Kinder sich im Schulalltag anzupassen, sind mit großer Anstrengung verbunden. In Situationen starker Belastung und Überlastung ist die Schaffung eines Rückzugsraumes notwendig, da meistens die Reduzierung von Reizen in der Klassensituation kaum möglich ist.

---

[179] Schülerduden Psychologie - Ein Sachlexikon für die Schule, herausgegeben und bearbeitet von der Redaktion Naturwissenschaft und Medizin des Bibliographischen Instituts - Dudenverlag 1981.
[180] Eltern-Kursbuch-Grundschule - Kinder fördern, fordern und erziehen, Cornelsen Verlag Scriptor GmbH & Co. KG, Berlin 2007, S. 100.
[181] Roche Lexikon Medizin, Urban& Schwarzenberg, 3. Auflage 1993.
[182] Schülerduden Psychologie - Ein Sachlexikon für die Schule, herausgegeben und bearbeitet von der Redaktion Naturwissenschaft und Medizin des Bibliographischen Instituts - Dudenverlag 1981.
[183] Mein Inklusionsmaterial, Handreichung Grundschule, Ernst Klett Verlag Stuttgart-Leipzig, 1. Auflage 2012, S. 7.
[184] Dorothea Weinberg - Verletzte Kinderseele - Was Eltern traumatisierter Kinder wissen müssen und wie sie richtig reagieren, Fach-Ratgeber Klett-Cotta, 2015, S.15.

[185] Schülerduden Psychologie - Ein Sachlexikon für die Schule, herausgegeben und bearbeitet von der Redaktion Naturwissenschaft und Medizin des Bibliographischen Instituts - Dudenverlag 1981.

[186] Schülerduden Psychologie - Ein Lexikon zum Grundwissen der Psychologie, 3. neu bearbeitete Auflage, herausgegeben und bearbeitet von der Redaktion Schule und Lernen, Dudenverlag 2002.

[187] Mein Inklusionsmaterial, Handreichung Grundschule, Ernst Klett Verlag Stuttgart-Leipzig, 1. Auflage 2012, S. 6.

[188] Dorothea Weinberg - Verletzte Kinderseele - Was Eltern traumatisierter Kinder wissen müssen und wie sie richtig reagieren, Fach-Ratgeber Klett-Cotta, 2015, S.15.

[189] Roche Lexikon Medizin, Urban& Schwarzenberg, 3. Auflage 1993.

[190] Schülerduden Psychologie - Ein Lexikon zum Grundwissen der Psychologie, 3. neu bearbeitete Auflage, herausgegeben und bearbeitet von der Redaktion Schule und Lernen, Dudenverlag 2002.

[191] Mein Inklusionsmaterial, Handreichung Grundschule, Ernst Klett Verlag Stuttgart-Leipzig, 1. Auflage 2012, S. 9.

[192] Ebenda, S. 9/10.

[193] Brit Wilczek - Schulbegleitung für Schülerinnen und Schüler mit Asperger-Syndrom, Herausgeber: **autismus** Deutschland e. V., Bundesverband zur Förderung von Menschen mit Autismus, 10. Auflage September 2016, S. 7.

Behinderte

(Schülerduden Psychologie)[194]

Als behindert können alle Kinder, Jugendlichen und Erwachsenen gelten, deren Teilnahme am Leben der Gesellschaft aufgrund einer körperlichen und/oder seelisch-geistigen Beeinträchtigung wesentlich erschwert ist. Behinderungen können z. B. aufgrund von Beeinträchtigungen des Sehens, des Hörens, der Sprache, der Intelligenz, der Emotionalität, des Stütz- und Bewegungsapparates oder des äußeren Erscheinungsbildes einer Person sowie auf Funktionsstörungen im Bereich der inneren Organe beruhen.

Behinderung (Schülerduden)[195]

Im Unterschied zu gegebenenfalls vorübergehenden Störungen längerfristige bzw. bleibende körperliche, geistige und/oder psychische Beeinträchtigungen eines Menschen, die seine Entwicklungsmöglichkeiten und Lebensumstände erheblich erschweren oder einschränken.

Von Behinderung ist dann zu sprechen, wenn bestimmte Grade der Auffälligkeit überschritten werden (etwa bei Blindheit, Gehörlosigkeit, Körperbehinderung), die Defizite stark ausgeprägt sind, im Allgemeinen erwartbare Leistungen nicht erbracht werden können oder als deutlich abweichend bzw. behandlungsbedürftig empfundene psychische Auffälligkeiten vorliegen.

Beeinträchtigung der emotionalen und sozialen Entwicklung, Verhaltensstörungen

„Der Begriff Gefühls- und Verhaltensstörungen beschreibt Beeinträchtigungen, die in der Schule als emotionale Reaktionen und Verhalten wahrgenommen werden und sich von alltagsangemessenen, kulturellen oder ethnischen Normen so weit unterscheiden, dass sie auf Erziehungserfolge des Kindes oder Jugendlichen einen negativen Einfluss haben. Erziehungserfolge umfassen schulische Leistungen, soziale, berufsqualifizierende und persönliche Fähigkeiten."[196]

Schulische Klassifikation der Verhaltensstörung:
- Konzentrations- und Aufmerksamkeitsstörungen
- Verstöße gegen Interaktionsregeln
- Verstöße gegen Normen von Schule und/oder Klasse
- psychische, nervöse Störungen

Empirische Klassifikation der Verhaltensstörung:
- externalisierende Störungen (Aggression, Hyperaktivität), internalisierende Störungen (Angst, Trauer, Interessenlosigkeit)
- sozial unreifes Verhalten (Konzentrationsschwäche, geringe Belastbarkeit)
- sozialisiert delinquentes Verhalten (Gewalttätigkeit, Reizbarkeit)

Kinder und Jugendliche mit Beeinträchtigungen im emotional-sozialen Bereich begegnen uns im Schulalltag weil sie:
- ihre Verhaltensweisen gegen die Umwelt richten (Aggression, Trotz, Lügen, Stehlen, Störung des Unterrichts- und Schulablaufes)
- sich von der Umwelt absondern (Einzelgänger, Schüchternheit, soziale Phobie, Autismus)
- negativen erzieherischen Einflüssen unterliegen (Überbehütung, autoritäre, gewaltbereite Erziehung, inkonsequente Erziehungshaltung, Hospitalismus, Verwahrlosung, Misshandlung, Bedrohung, Kriminalität)
- Akute Belastungssituationen oder Schockerlebnisse verursachen oft ungewöhnliches Verhalten. Stellt sich nach dem Ereignis nicht schnell wieder ein Gefühl der Sicherheit

und Aufgehobenheit ein, kann ein Zustand der inneren Erstarrung zurückbleiben oder aus den motorischen Stressreaktionen (Kampf, Flucht, Täuschung) bleiben ein ungewöhnlicher Bewegungsdrang, auch aggressive Übererregung zurück.[197]

Emotionale Kompetenz:
(Mein Inklusionsmaterial - Handreichung Grundschule)[198] Der Begriff umfasst den Gefühlsausdruck, die Gefühlswahrnehmung und Gefühlsregulation (eigene Gefühle erfassen, benennen, Gefühle anderer erkennen, mit Gefühlen umgehen)

Soziale Kompetenz:
Der Begriff umfasst die Fähigkeit, Probleme angemessen lösen zu können und sich in sozialen Situationen angemessen zu behaupten. Viele Kinder verfügen nicht ausreichend über die entsprechenden Fähigkeiten und Fertigkeiten und können dadurch nicht in ihren Handlungsabläufen die allgemeinen Erwartungen erfüllen.

Betroffene Schülerinnen und Schüler benötigen im Schulalltag vielfältige Unterstützungsangebote zur Kompensation ihrer Beeinträchtigungen im sozial-emotionalen Erleben. Neben den pädagogischen Maßnahmen[199] sind räumliche und personelle Maßnahmen unerlässlich. Dazu zählen das Vorhalten eines Raumes für Rückzugsmöglichkeiten und zusätzliches Personal für die individuelle Betreuung. Nicht jedes Kind kann dabei im Gemeinsamen Unterricht ausreichend gefördert werden, wenn die Bedingungen nicht vorhanden sind.

Burnout, Erschöpfungsdepression

(Schulte-Markwort)[200]

Erschöpfungsdepressionen bei Kindern und Jugendlichen nehmen zu. Die Betroffenen strengen sich zum Beispiel beim Lernen so stark an, das sie Schlaf- und Appetitstörungen, Selbstzweifel, Erschöpfung, Mutlosigkeit und Gefühlsschwankungen entwickeln. Sie können dem Leistungsdruck und den Erwartungshaltungen (an sich selbst oder in Elternhaus und Schule) nicht standhalten. Auch traumatische Ereignisse führen zu depressiven Stimmungen und Erkrankungen (siehe *Depression*).

---

[194] Schülerduden Psychologie - Ein Sachlexikon für die Schule, herausgegeben und bearbeitet von der Redaktion Naturwissenschaft und Medizin des Bibliographischen Instituts - Dudenverlag 1981.

[195] Schülerduden Psychologie - Ein Lexikon zum Grundwissen der Psychologie, 3. neu bearbeitete Auflage, herausgegeben und bearbeitet von der Redaktion Schule und Lernen, Dudenverlag 2002.

[196] Handreichung zur sonderpädagogischen Förderung in Sachsen-Anhalt, Richtlinien - Grundsätze - Anregungen, Kultusministerium Sachsen-Anhalt, S. 33.

[197] Dorothea Weinberg - Verletzte Kinderseele - Was Eltern traumatisierter Kinder wissen müssen und wie sie richtig reagieren, Fach-Ratgeber Klett-Cotta, 2015, S. 16/17.

[198] Mein Inklusionsmaterial, Handreichung Grundschule, Ernst Klett Verlag Stuttgart-Leipzig, 1. Auflage 2012.

[199] Mein Inklusionsmaterial, Handreichung Grundschule, Ernst Klett Verlag Stuttgart-Leipzig, 1. Auflage 2012, S. 39.

[200] Michael Schulte-Markwort - BURNOUTKIDS - Wie das Prinzip Leistung unsere Kinder überfordert, Pattloch Verlag GmbH & Co. KG, München 2015.

Debilität

(Schülerduden Psychologie)[201]
(Debilitas mentalis) leichte bis gemäßigte geistige Behinderung bzw. Variante der Oligophrenie (Intelligenzmangel, Schwachsinn) mit noch ausreichender oder begrenzter Bildungsfähigkeit. Man spricht insbesondere von Debilität, wenn die Fähigkeit zum Urteilen und zum Erwerb von Kenntnissen eingeschränkt ist (Nichtbewältigung des Grundschulpensums; Unfähigkeit, einen Beruf zu erlernen).

Depression

(Schülerduden Psychologie)[202]
Ist eine der verbreitetsten seelischen Erkrankungen, deren Störungen je nach Schwere und Art unterschiedlich ausgeprägt sind und sich auf verschiedene Merkmalsbereiche erstrecken. Allgemein kennzeichnend sind die gedrückte, schwermütige Stimmung, der Verlust von Heiterkeit und Zuneigungsgefühlen, das Vorherrschen von Entschluss- und Hoffnungslosigkeit bzw. ein Mangel an Selbstvertrauen sowie die Überzeugung versagt zu haben oder sich in tiefer Schuld zu befinden. ... Hinzu kommen Hemmungen des Gedankenablaufs und der Bewegungen.

  Weitere Erscheinungen können Müdigkeit, Passivität, verminderte Lernleistungen, stundenlange Bewegungslosigkeit oder auch motorische Unruhe, Schlafstörungen, Appetitlosigkeit oder übergroßer Appetit, Kopfschmerzen, Herzbeschwerden u. a. sein, ohne dass organische Ursachen vorliegen. Das Gefühl der Hoffnungslosigkeit kann bis hin zu Selbstmordgedanken gehen.

(Mein Inklusionsmaterial - Handreichung Grundschule)[203]
„Die Depression gehört zu den affektiven Störungen und lässt sich am einfachsten als eine tiefe Niedergeschlagenheit

beschreiben. Bis vor zwanzig Jahren wurde noch geleugnet, dass Kinder bereits depressive Störungen haben können. „Wenn diese Symptome über zwei Wochen täglich oder über mehrere Stunden des Tages sowie eine gravierende Veränderung der Gesamtpersönlichkeit auftreten, sollte das Kind einem Arzt vorgestellt werden. Neben Psychotherapie erfolgt in der Regel auch eine medikamentöse Behandlung. Für die schulische Förderung ist eine möglichst ausgeglichene und nicht Angst einflößende Lern- und Arbeitsumwelt wichtig. Die Möglichkeit, auch in der Schule in einer vertrauensvollen Atmosphäre über Ängste und Sorgen sprechen zu können, ist für Kinder hilfreich.

Dyspraxie

(Welt am Sonntag)[204]
Dyspraxie ist eine Umschriebene Entwicklungsstörung der motorischen Funktionen (UEMF). „Dyspraktiker haben große Probleme, sowohl fein- als auch grobmotorische Bewegungen zu planen, auszuführen und zu verinnerlichen. Während andere Menschen Dinge automatisch tun, müssen sie über jeden Schritt nachdenken. Das führt dazu, dass banale Handlungen bei ihnen viel länger dauern oder misslingen - und dass sie als ungelenk und unaufmerksam abgestempelt werden, weil niemand ein Handicap dahinter vermutet."
Kinder mit Dyspraxie bleiben in ihrer motorischen Entwicklung zurück, können im Vergleich zu Gleichaltrigen deutlich später sitzen, krabbeln, laufen, teilweise sprechen, da die Mundmotorik betroffen sein kann (verbale Dyspraxie). „Auch das Gefühl für Körper und Raum ist gestört: Dyspraktiker rempeln häufig an, stoßen Dinge um, greifen daneben oder stolpern über ihre eigenen Füße." Sie werden oft für dumm gehalten. Diese unsichtbare Behinderung „geht häufig mit Sprach-, Aufmerksamkeits- und Lernstörungen einher ..., zudem scheinen sie im Vergleich zu Gleichaltrigen ein erhöhtes Risiko zu
356

haben, an Angst-, Verhaltens- und emotionalen Störungen zu erkranken".

Bei normaler Intelligenz ist allerdings die Verarbeitungs-geschwindigkeit von Informationen und Umweltreizen sowie die Schreibmotorik deutlich verlangsamt. Dyspraxie ist nicht heilbar, es gibt keine Standardbehandlung. Hilfreich können Ergo-, Physio- oder Motopädie sein, um Bewegungen zu üben.

In der Regelschule ist es schwierig, geeignete Maßnahmen für den Nachteilsausgleich zu finden. Hierbei ist eine enge Zusammenarbeit sowie ein Informationsaustausch zwischen Eltern, Therapeuten und Lehrkräften empfehlenswert.

---

[201] Schülerduden Psychologie - Ein Sachlexikon für die Schule, herausgegeben und bearbeitet von der Redaktion Naturwissenschaft und Medizin des Bibliographischen Instituts - Dudenverlag 1981.
[202] Ebenda.
[203] Mein Inklusionsmaterial, Handreichung Grundschule, Ernst Klett Verlag Stuttgart-Leipzig, 1. Auflage 2012, S. 13.
[204] WELT AM SONNTAG / NR. 2/12. Januar 2020 - WISSEN - Celine Lauer - So ein TOLLPATSCH, S. 54.

Emotion

(Schülerduden)[205]
Emotion: individuelles bzw. subjektives Erleben innerer oder äußerer Reize zwischen den Polen „angenehm" und „unangenehm". Das Gefühl wird von Erregung (Spannung) oder Beruhigung (Entspannung) begleitet. Sie beeinflussen (über vegetatives Nervensystem, Hormondrüsen) bestimmte Organfunktionen wie Herzschlag, Atemtätigkeit, Durchblutung und hängen unterschiedlich stark von der sozialen Umwelt ab.

Unter **emotionaler Ansprechbarkeit**[206] versteht man im engeren Sinne die gefühlsmäßige Erregbarkeit eines Menschen, die individuellen Schwankungen unterliegt und insbesondere bei körperlicher oder seelischer Erkrankung reduziert sein kann.

Emotionale Intelligenz

(Eltern-Kursbuch)[207]
Emotionale Intelligenz (EQ) ist ein Sammelbegriff für Persönlichkeitseigenschaften, die den Umgang mit eigenen und fremden Gefühlen betreffen. Nicht das Vorhandensein, sondern der Umgang mit Gefühlen macht die emotionale Intelligenz aus.

Enuresis (Einnässen)

(Schülerduden Psychologie)[208]
Unwillkürliches Harnlassen in der Nacht (Bettnässen = *Enuresis nocturna*) oder seltener und dann meist funktional bedingt, Einnässen tagsüber (*Enuresis diurna*). Nächtliches Bettnässen ist meist ein Anzeichen für seelische Störungen (z. B. übertriebene Angst oder Eifersucht, Konfliktsituationen) speziell bei Kindern. Neben Bettnässen kann aus denselben Gründen auch Einkoten (*Enkopresis*) infolge einer hirnorganischen Schädigung oder

Regression in die frühkindliche Verhaltensweise auftreten. Beide Störungen sind durch Medikamente und Psychotherapie erfolgreich behandelbar.

---

[205] Schülerduden Psychologie - Ein Sachlexikon für die Schule, herausgegeben und bearbeitet von der Redaktion Naturwissenschaft und Medizin des Bibliographischen Instituts - Dudenverlag 1981.

[206] Schülerduden Psychologie - Ein Lexikon zum Grundwissen der Psychologie, 3. neu bearbeitete Auflage, herausgegeben und bearbeitet von der Redaktion Schule und Lernen, Dudenverlag 2002.

[207] Eltern-Kursbuch-Grundschule - Kinder fördern, fordern und erziehen, Cornelsen Verlag Scriptor GmbH & Co. KG, Berlin 2007, S. 252.

[208] Schülerduden Psychologie - Ein Sachlexikon für die Schule, herausgegeben und bearbeitet von der Redaktion Naturwissenschaft und Medizin des Bibliographischen Instituts - Dudenverlag 1981.

Frühreife

(Schülerduden Psychologie)[209]
Frühreife bedeutet die außergewöhnliche Beschleunigung der physischen und/oder psychischen Entwicklung eines Individuums, betrifft oft nur einzelne körperliche oder psychische Merkmale, selten den Gesamtorganismus oder die Gesamtpersönlichkeit. **Emotionale Frühreife** betrifft eine Persönlichkeitseigenschaft, die mit dem Ausmaß und der Kontrolle emotionaler Reaktionen, z. B. hohe emotionale Anpassung, ICH-Stärke, Empathie (Einfühlungs-vermögen) zusammenhängt.

Frühkindliche traumatische Erfahrungen

(Weinberg)[210]
„Frühtraumatisierung bedeutet schädigende Einwirkungen in Schwangerschaft, während und nach der Geburt und in den ersten drei Lebensjahren. In dieser Zeit ist sowohl das menschliche Gehirn als auch das stresssensible vegetative Nervensystem extrem empfindsam." Dramatische Auswirkungen auf die Entwicklung und den Aufbau des Gehirns haben zum Beispiel der Konsum von Alkohol, Drogen, Medikamenten während der Schwangerschaft, Affekte wie Ablehnung oder Hass gegenüber dem werdenden Kind, Stress der Mutter während der Schwangerschaft, lebensbedrohliche Zustände von Mutter und Kind während und nach der Geburt, Frühgeburt, Ablehnung des neugeborenen Kindes, emotionale Vernachlässigung, Unter-versorgung, körperliche und seelische Misshandlung wie Schütteln, Anschreien. Die Folgen zeigen sich in einer *Komplexen Entwicklungsstörung nach Frühtraumatisierung* (Begriff 2010 geprägt von Weinberg in ihrem Fachbuch „Bindungstherapie mit komplex traumatisierten Kindern").

Belastende und traumatische Ereignisse in früher Kindheit können nicht bewusst erinnert werden, sind jedoch im Mandelkern des Gehirns gespeichert und werden durch Trigger-Situationen (Auslöser) reaktiviert. Siehe Erklärungen zu *Posttraumatische Belastungsstörung (PTBS)*.

Frustration

(Schülerduden Psychologie)[211]
Erlebnis der Enttäuschung - tritt ein, wenn ein mit ziemlicher Bestimmtheit erwartetes oder geplantes Ereignis völlig anders verläuft und die hinter der Erwartung stehenden Bedürfnisse nicht befriedigt werden. Sie entstehen aber auch bei dem Gefühl, übergangen, zurückgesetzt, abgewiesen oder ungerecht behandelt zu werden. Statt Aggression kann auch Depression eine Folge sein.

---

[209] Schülerduden Psychologie - Ein Sachlexikon für die Schule, herausgegeben und bearbeitet von der Redaktion Naturwissenschaft und Medizin des Bibliographischen Instituts - Dudenverlag 1981.
[210] Dorothea Weinberg - Verletzte Kinderseele - Was Eltern traumatisierter Kinder wissen müssen und wie sie richtig reagieren, Fach-Ratgeber Klett-Cotta, 2015, S. 22.
[211] Schülerduden Psychologie - Ein Sachlexikon für die Schule, herausgegeben und bearbeitet von der Redaktion Naturwissenschaft und Medizin des Bibliographischen Instituts - Dudenverlag 1981.

Gehirnhautentzündung (Meningitis)

(Lexikon der Medizin von A bis Z)[212]
Meldepflichtige Entzündung der harten oder weichen Hirnhaut bzw. der Rückenmarkhäute, meist in Kombination. Man unterscheidet zwischen eitriger, bakterieller und viraler Gehirnhautentzündung. Symptome: grippeartig, Kopf- und Gliederschmerzen, Nackensteifigkeit, Fieber, eventuell Bewusstseinsstörungen, Krämpfe. Wenn sich die Symptome binnen weniger Stunden entwickeln und Hauteinblutungen auftreten, besteht akute Lebensgefahr. Die hochansteckende Meningokokken-Meningitis ist absolut lebensbedrohlich. Bei Ausheilung können geistige (schwere geistige Behinderung) und körperliche (Beeinträchtigung des Seh- und Hörvermögens) Schäden zurückbleiben.

Geistige Behinderung, Förderschwerpunkt Geistige Entwicklung

Dem Begriff „Geistige Behinderung"[213] wird seit langem ein stigmatisierender, negativer, ausgrenzender Charakter unterstellt. Er basiert auf externen Zuschreibungen: „Es gibt Menschen, die wir aufgrund unserer Wahrnehmung ihrer menschlichen Tätigkeit, im Spiegel der Normen, in dem wir sie sehen, einem Personenkreis zuordnen, den wir als ‚geistig behindert' bezeichnen." (Feuser 1996) ... „Aus heutiger Perspektive wird eine Geistige Behinderung nicht mehr ausschließlich an personenbezogenen Definitionskriterien festgemacht, sondern häufig als Situation eines Individuums beschrieben, in welcher ein außergewöhnlicher Assistenzbedarf innerhalb verschiedener Entwicklungs- und Lebensbereiche vorliegt (Speck 2005)."

Eine andere Definition (Handreichung zur sonder-pädagogischen Förderung in Sachsen-Anhalt)[214] besagt: „Geistige

Behinderung bezieht sich auf substanzielle Einschränkungen der situativen Handlungsfähigkeit. Die intellektuellen Fähigkeiten sind signifikant unterdurchschnittlich; gleichzeitig liegen damit zusammenhängende Erschwernisse in zwei oder mehreren der nachfolgend genannten Bereiche des täglichen Lebens vor: Kommunikation, Selbstversorgung, Wohnen, Sozialverhalten, Benutzung der Infrastruktur, Selbstbestimmung, Gesundheit und Sicherheit, lebensbedeutsame Schulbildung, Arbeit und Freizeit."

Schülerinnen und Schüler mit sonderpädagogischem Förderbedarf benötigen bei Beeinträchtigungen in der geistigen Entwicklung zusätzliche personelle Unterstützung in der Lernförderung, aber auch spezielle räumliche und sächliche Maßnahmen.[215]

---

[212] Roche Lexikon Medizin, Urban& Schwarzenberg, 3. Auflage 1993.
[213] Mein Inklusionsmaterial, Handreichung Grundschule, Ernst Klett Verlag Stuttgart-Leipzig, 1. Auflage 2012, S. 18.
[214] Handreichung zur sonderpädagogischen Förderung in Sachsen-Anhalt, Richtlinien - Grundsätze - Anregungen, Kultusministerium Sachsen-Anhalt, S. 52.
[215] Ebenda, S. 54.

Hören, Förderschwerpunkt Hören

Symptome/Erscheinungsformen[216]: Neben der an Taubheit grenzenden Schwerhörigkeit gibt es unterschiedliche Arten und Stufen wie *Schallleitungsschwerhörigkeit* (alles leiser, gedämpfter) durch Deformationen des äußeren Ohres oder Schädigungen im Mittelohr, *Schallempfindungsschwerhörigkeit* (hören verzerrt, entstellt, Fehlhörigkeit) durch Schädigungen des Innenohres. Schwerhörigkeit hat direkte Auswirkungen auf die Sprachentwicklung.

„Förderbedarf im Bereich Hören besteht, wenn die auditive Wahrnehmung und/oder Verarbeitung so beeinträchtigt sind, dass Einschränkungen des Sprachverständnisses bestehen. Es lassen sich folgende allgemeine Einteilungen vornehmen:
- periphere Hörschädigungen
- auditive Verarbeitungs- und Wahrnehmungsstörungen
- Hörschädigungen in Verbindung mit weiterem Förderbedarf"[217]

„Eine **Hörschädigung** bei Kindern und Jugendlichen ist verbunden mit sprachlichen und psychosozialen Folge- und Begleiterscheinungen. So sind die Wahrnehmung und Verfügbarkeit von Sprache sowie das Sprechen und die Kommunikation ebenso betroffen wie die Wahrnehmung und das Verstehen der sozialen und sächlichen Umwelt."

Wenn hörgeschädigte Kinder im Gemeinsamen Unterricht lernen und gefördert werden sollen, sind Maßnahmen zur Verbesserung der Raumakustik (Schallschluckende Materialien) sowie der Einsatz eines geschulten Integrationshelfers mit Kenntnissen der Gebärdensprache unerlässlich. (Handreichung)[218]

[216] Mein Inklusionsmaterial, Handreichung Grundschule, Ernst Klett Verlag Stuttgart-Leipzig, 1. Auflage 2012, S. 20.

[217] Handreichung zur sonderpädagogischen Förderung in Sachsen-Anhalt, Richtlinien - Grundsätze - Anregungen, Kultusministerium Sachsen-Anhalt, S. 68.

[218] Ebenda, S. 71/72.

ICH-Botschaft

(Jamie Walker)[219]

Die Ich-Botschaft ist eine Form der Kommunikation, die in Konfliktsituationen und der Mediation (Streitschlichtung) bei der Konflikterhellung angewendet wird. Konfliktparteien werden dazu bewegt, von sich selbst zu sprechen, anstatt den anderen anzugreifen oder zu beschuldigen. Dadurch kann sich der Konfliktpartner besser in die Lage des anderen hineinversetzen, ein Perspektivwechsel wird möglich.

Eine Ich-Botschaft enthält folgende Informationen:
„Wenn du ... (Verhalten des anderen benennen) *fühle ich mich* (eigenes Gefühl benennen), *weil ich dann* (Auswirkungen des Verhaltens auf mich) ...“
Beispiel: Ausgeborgt und nicht zurückgegeben (Beschreibung der Mediation in meinem Kinderbuch „Maria die Klassenbeste"[220]).
„Ich habe dir eine CD ausgeliehen, du solltest sie mir gestern zurückgeben. Wenn du sie mir nicht wiedergibst, bekomme ich tierischen Ärger mit meinem Bruder. Davor habe ich Angst, weil es seine CD ist und ich ihn nicht gefragt habe."

Ich- und Du-Botschaften spielen eine wesentliche Rolle in der Kommunikation zwischen Lehrern und Schülern, wie Thomas Gordon im Buch „Lehrer-Schüler-Konferenz"[221] beschreibt. „Eine Ich-Botschaft ist ein Tatsachenbericht ohne Wertung." Die Schüler und Schülerinnen müssen ohne zu raten erkennen können, *was* dem Lehrer oder der Lehrerin das Problem verursacht. Die Ich-Botschaft beinhaltet drei Komponenten (Verhalten-Effekt-Gefühl) und beginnt mit einem „Wenn ..." Beispiel: „Wenn du Johnny auf dem Schulhof schubst, ..." Hier liegt keine Verurteilung des Schülers vor, es wird signalisiert, dass eine bestimmte Verhaltensweise das Problem verursacht und nicht hinnehmbar ist. Der Lehrer ist nur in diesem speziellen

366

Fall verstimmt, lehnt das Kind als Persönlichkeit nicht ab. Im Gegensatz dazu beinhalten Du-Botschaften eine Wertung. Beispiel: „Wenn du dich wie ein Tyrann aufführst ..." „Wenn ihr nie Rücksicht aufeinander nehmt ..." „Du bist ungezogen und störst immer die anderen, deshalb ..." (Es folgt eine Drohung oder Bestrafung.)

Die zweite Komponente ist eine konkrete Aussage darüber, welche Auswirkungen das beschriebene Verhalten auf den Lehrer hat. Beispiel: „Wenn du mich im Unterricht unterbrichst, kann ich mich schlechter konzentrieren." Die dritte Komponente beinhaltet ein Gefühl, eine Betroffenheit: „..., ich fühle mich gestört und bin verärgert, dadurch ..."[222]

Ich- und Du-Botschaften sowie aktives Zuhören (damit herausfinden, wer das Problem besitzt) spielen bei der Kommunikation zwischen Lehrkräften und Eltern, Lehrern und Schülern sowie Eltern und Kindern eine wichtige Rolle.

Ich schaff's-Programm

(Ben Fuhrmann - Ich schaff's!)[223]

„Alle Kinder stehen im Laufe ihrer Entwicklung immer wieder einmal vor Herausforderungen. Bei manchen Kindern ist das mit Schwierigkeiten verbunden, sie entwickeln Ängste, Wutanfälle oder Lernschwierigkeiten auf bestimmten Gebieten. Im Normalfall kommen und gehen solche Schwierigkeiten auch wieder. Manchmal aber scheint es so, als würden sie sich festsetzen - und dann fangen die Erwachsenen, die für das Kind sorgen, an, nach Lösungen zu suchen. Und dafür brauchen sie Ideen. Das Ich schaff's-Programm bietet solche Ideen. Es ist eine Methode, mit der Kinder Schwierigkeiten positiv und konstruktiv überwinden können, indem sie neue Fähigkeiten erlernen. ... Das Ich schaff's-Programm besteht aus 15 aufeinanderfolgenden Schritten." Probleme zu Hause oder in der Schule werden in Fähigkeiten verwandelt - „das heißt, dass wir uns von der

Wahrnehmung eines ‚Problems' wegbewegen hin zu einem Bewusstsein der Fähigkeit, die erforderlich ist, um das Problem zu überwinden. ... Wenn wir eine Fähigkeit identifiziert haben, die das Kind erlernen muss, damit sich das Problem auflöst, können wir anfangen, über Fähigkeiten zu sprechen anstatt über Probleme."

Idiotie (Idiotismus)

(Schülerduden)[224]
Idiotie: angeborener oder in frühster Kindheit erworbener Schwachsinn so schweren Grades, dass jede Art von Bildungsfähigkeit ausgeschlossen ist.

(Schülerduden)[225]
Die Begriffe *Idiotie, Imbezillität, Schwachsinn* sind veraltet und werden wegen des diskriminierenden Gebrauchs in der Alltagssprache nicht mehr verwendet. Andere, weniger gebräuchliche Bezeichnungen sind *Debilität* und *Oligophrenie*. Stattdessen unterscheidet man verschiedene Schweregrade der *geistigen Behinderung*.

Intelligenz und Hochbegabung

(Schülerduden Psychologie)[226]
Es gibt keine einheitliche, allgemeingültige Definition für dieses psychische Merkmal. W. Stern z. B. definiert Intelligenz „als Fähigkeit, das Denken auf neue Forderungen einzustellen, bzw. als die allgemeine geistige Anpassungsfähigkeit an neue Aufgaben und Bedingungen des Lebens." Häufig wird durch Schulpsychologen mithilfe von Intelligenztests als Maß für die intellektuelle Leistungsfähigkeit der Intelligenzquotient (IQ, durchschnittlicher Wert ist 100) bestimmt.

Ein Beispiel für Intelligenztests, die auch Förderschullehrer nutzen, ist der Grundintelligenztest Skala 1 - CFT 1 (Weiß/ Osterland). „Der CFT 1 ermöglicht die Bestimmung der Grundintelligenz, d. h. der Fähigkeit des Kindes, in neuartigen Situationen und anhand von sprachfreien, figuralem Material, Denkprobleme zu erfassen, Beziehungen herzustellen, Regeln zu erkennen, Merkmale zu identifizieren und rasch wahrzunehmen. Der Test gibt darüber Aufschluss, bis zu welchem Komplexitätsgrad das Kind bereits in der Lage ist, insbesondere nonverbale (sprachfreie) Problemstellungen zu erfassen und zu lösen." Ein IQ von 67-79 wird mit sehr niedriger Intelligenz bewertet, zwischen 80 und 90 mit niedriger Intelligenz, von 91-109 als durchschnittlich, von 110-120 als hohe Intelligenz, von 121-134 als sehr hohe und über 135 als extrem hohe Intelligenz.[227]

(https://de.wikipedia.org/wiki/Hochbegabung)
Untersuchungen und Studien haben gezeigt, dass der Einfluss des sozialen Umfeldes weitaus größer ist als der von genetischen Faktoren. „Die soziale Herkunft, vor allem der sozioökonomische Status der Eltern, bestimmt die Intelligenzentwicklung des Kindes mehr als alle bisher erfassbaren Risikofaktoren vor und während der Geburt." Ebenso spielen das Sprachumfeld und der Erziehungsstil (warmherziges, demokratisches Erziehungsverhalten bzw. autoritäres und strafendes Erziehungsverhalten) eine bedeutende Rolle.
Das Zustandekommen einer Hochbegabung zeigt das „triadische Interdependenzmodell" nach Mönk[228] (1994): „Er benennt als die wichtigsten Faktoren zur Herausbildung einer Hochbegabung zum einen das soziale Umfeld, insbesondere Familie, Freunde und Schule, zum anderen die persönlichen Eigenschaften Motivation, Kreativität und besondere intellektuelle Fähigkeiten, allgemein als Intelligenz bezeichnet. Erst wenn diese zusammentreffen, wird eine Hochbegabung wahrscheinlich.

Konkret bedeutet dies, dass das soziale Umfeld anregend und ermutigend auf das Kind wirken muss; auch Förderung und Unterstützung sind wichtig. Gleichermaßen muss das Kind den Willen haben, sein Potenzial konsequent auszuschöpfen."

[219] Jamie Walker (Hrsg.) - Mediation in der Schule - Konflikte lösen in der Sekundarstufe I, Cornelsen Verlag Scriptor, Berlin 2001, S. 191/193.

[220] Margit S. Schiwarth-Lochau - Schule ist cool - Maria die Klassenbeste, Stockwärter Verlag Halle, 2021, S. 29-39.

[221] Thomas Gordon - Lehrer-Schüler-Konferenz - Wie man Konflikte in der Schule löst, Hoffmann und Campe Verlag, 3. Auflage, Hamburg 1977.

[222] Thomas Gordon - Lehrer-Schüler-Konferenz - Wie man Konflikte in der Schule löst, Hoffmann und Campe Verlag, 3. Auflage, Hamburg 1977, S. 117ff.

[223] Ben Fuhrmann - Ich schaff's! - Spielerisch und praktisch Lösungen mit Kindern finden - Das 15-Schritte Programm für Eltern, Erzieher und Therapeuten, Carl-Auer-Systeme Verlag, 3. Auflage, Heidelberg 2008, S. 14/15.

[224] Schülerduden Psychologie - Ein Sachlexikon für die Schule, herausgegeben und bearbeitet von der Redaktion Naturwissenschaft und Medizin des Bibliographischen Instituts - Dudenverlag 1981.

[225] Schülerduden Psychologie - Ein Lexikon zum Grundwissen der Psychologie, 3. neu bearbeitete Auflage, herausgegeben und bearbeitet von der Redaktion Schule und Lernen, Dudenverlag 2002.

[226] Schülerduden Psychologie - Ein Sachlexikon für die Schule, herausgegeben und bearbeitet von der Redaktion Naturwissenschaft und Medizin des Bibliographischen Instituts - Dudenverlag 1981.

[227] Weiß/Osterland - CFT 1 - Grundintelligenztest Skala 1, 5. revidierte Auflage, Hogrefe Verlag für Psychologie, Göttingen 1997.

[228] Wikipedia - Hochbegabung, aus der freien Enzyklopädie Wikipedia, 10.04.2013, htpps://de.wikipedia.org/wiki/Hochbegabung.

Jaktation

(Roche - Lexikon Medizin)[229]
Jactatio; rhythmisches Sich-hin-und-her-werfen oder ein entsprechendes „Kopf- oder Gliederwerfen" ... Verhaltensstörung bei Säuglingen und Kleinkindern, indem in der Einschlafphase der Kopf unablässig hin und her gerollt wird, ..., Bewegungsstereotypie, vor allem bei vernachlässigten, in ihren sozialen Beziehungen gestörten und frustrierten Kindern, ..., als Extremform die Jactatio corporis mit Hin-und-her-wälzen, eventuell Anschlagen an die Wand oder beim Sitzen ein entsprechendes Vor- und Rückbeugen des Oberkörpers.

---

[229] Roche Lexikon Medizin, Urban& Schwarzenberg, 3. Auflage 1993.

Körperbehinderung, Förderschwerpunkt körperlich-motorische Entwicklung

(Mein Inklusionsmaterial - Handreichung Grundschule)[230]
„Als körperbehindert wird eine Person bezeichnet, die infolge einer Schädigung des Stütz- und Bewegungssystems, einer anderen organischen Schädigung oder einer chronischen Krankheit so in ihren Verhaltensmöglichkeiten beeinträchtigt ist, dass die Selbstverwirklichung in sozialer Interaktion erschwert ist."

Wie sich ein Kind mit einer Körperbehinderung entwickelt, hängt nicht nur vom Grad der körperlichen und motorischen Beeinträchtigung ab, sondern sehr von den Anregungs- und Entwicklungsbedingungen, unter denen es aufwächst. Die Schädigung muss nicht zwingend zu Veränderungen in anderen Entwicklungsbereichen führen. Unter ungünstigen Voraussetzungen können jedoch Erschwernisse in den Bereichen der sozial-emotionalen, kommunikativen und geistigen (kognitiven) Entwicklung auftreten.

Zu den körperlichen Schädigungen zählen die des Zentralnervensystems (Gehirn, Rückenmark), Schädigungen der Muskulatur und des Skelettsystems sowie chronische Krankheiten und Fehlfunktionen von Organen (Asthma, Neurodermitis, Diabetes, Rheuma, Mukoviszidose, Herz- und Gefäßfehler).

Eine Ursache für die Schädigung der Muskulatur kann die epidemisch auftretende Viruserkrankung **Polio** (Kinderlähmung) sein. Europa gilt, dank Impfungen, seit 20 Jahren als poliofrei. Die Erkrankung führt zu schlaffen Lähmungen eines einzelnen Muskels bis hin zur totalen Lähmung der gesamten Muskulatur, dann mit Todesfolge.

Für die Förderung von Kindern mit körperlich-motorischen Beeinträchtigungen sind die Ressourcenorientierung und Beachtung der gesamten Persönlichkeit unerlässlich. Stabile

Eltern-Kind- und positive pädagogische Beziehungen, Wertschätzung und einfühlsames Verständnis sowie das Einfordern angemessener Leistungen (Vermeidung von Unter- und Überforderung) unterstützen die Entwicklung. Die Maßnahmen zum Nachteilsausgleich wie personell-sächliche Hilfen und räumlich-materielle Bedingungen sowie der Förderort müssen individuell festgelegt werden. (Handreichung zur sonderpädagogischen Förderung)[231]

---

[230] Mein Inklusionsmaterial, Handreichung Grundschule, Ernst Klett Verlag Stuttgart-Leipzig, 1. Auflage 2012, S. 24.
[231] Handreichung zur sonderpädagogischen Förderung in Sachsen-Anhalt, Richtlinien - Grundsätze - Anregungen, Kultusministerium Sachsen-Anhalt, S. 60/61.

Lernbehinderung, Förderschwerpunkt Lernen

(Handreichung zur sonderpädagogischen Förderung in Sachsen-Anhalt)[232]

„In der Schule wird Kindern ein sonderpädagogischer Förderbedarf zugeschrieben, wenn sie in ihrem Lern- und Leistungsvermögen umfassend von der Altersnorm abweichen und es sich um eine intensiv ausgeprägte Lernbeeinträchtigung oder -störung handelt. Diese Kinder benötigen zum erfolgreichen Lernen sonderpädagogischen Förder- und Unterstützungsbedarf mit entsprechenden differenzierten Lernangeboten unterhalb der curricularen Vorgaben der Lehrpläne der Grund- und Sekundarschulen." Beim Förderschwerpunkt Lernen ist die Beziehung zwischen Individuum und Umwelt so erschwert, „dass sie die Ziele und Inhalte der allgemeinen Schule nicht oder nur ansatzweise erreichen können." (KMK 1999)[233]

Die Feststellung des sonderpädagogischen Förderbedarfs mit Schwerpunkt Lernen erfordert umfangreiche Beobachtungen und Analysen, da verschiedene Aspekte Einfluss auf die Entstehung des Förderbedarfs Lernen haben (Handreichung)[234]. Dazu zählen:

Kognition
(Gedächtnisleistungen, produktives und rechnerisches Denken, Flexibilität, Denkoperationen, Denktempo, Transferleistungen)

Wahrnehmung
(visuelle, auditive und phonematische, taktil/kinästhetische Wahrnehmung, Gleichgewichtswahrnehmung)

Emotionalität/Sozialverhalten
(psychische Verfassung, Gefühls- und Stimmungslage, psychosomatische Erscheinungen, Schulangst/Schulunlust, Frustrationstoleranz, Regelverhalten, Konfliktfähigkeit)

374

Kommunikation
(Gesprächsbereitschaft, Sprachfähigkeit, Sprachgedächtnis, Wortschatz und Begriffsverständnis, Instruktionsverständnis, Sprech- und Artikulationsstörungen)

Motorik
(Grobmotorik, Feinmotorik, Handlungsplanung, Raumorientierung, Gehemmtheit, Überaktivität)

Lern- und Arbeitsverhalten
(Lernbereitschaft, Arbeitshaltung, Selbstständigkeit, Teamfähigkeit, Interaktionsfähigkeit, Konzentration, Ausdauer, Belastbarkeit, Annahme und Umsetzen von Hilfen)

Kulturtechniken
(Lernbereich Deutsch - Lesen, Schreiben, Rechtschreibung/ Grammatik, Mathematik - Rechenoperationen, Sachaufgaben, Geometrie, Vorstellungsvermögen, Gesetzmäßigkeiten, Sachunterricht - Orientierung in der Umwelt)

Kind-Umfeld-Analyse
(Eigenanamnese, Familienanamnese, sozioökonomische Situation, kindliche Entwicklung, pädagogische Situation / Situation in der Klasse)

„Kognitive Einflussfaktoren sind relevant für die Entstehung des Förderschwerpunktes Lernen. Deshalb ist es für die Erstellung von Förderangeboten bedeutsam, mögliche kognitive Ursachen von Lernschwierigkeiten exakt zu eruieren. ... Der Einsatz eines Intelligenztests wird empfohlen, um die Abgrenzung zu anderen Förderschwerpunkten und Teilleistungsstörungen zu sichern. Die Ergebnisse sollten sowohl qualitativ als auch quantitativ bewertet werden. Die moderne Lernforschung verweist jedoch darauf, den

Einfluss der Intelligenz auf den Lernerfolg nicht zu überschätzen." (Handreichung)[235]

Schülerinnen und Schüler mit dem sonderpädagogischen Förderbedarf im Bereich Lernen brauchen im Aneignungsprozess von Lerninhalten intensive Hilfe und Unterstützung, mehr Zeit zum Üben und Wiederholen. Sie benötigen entsprechend strukturierte Lernsituationen, teilweise Einzel- und Kleingruppen-Betreuung, individuelle Lernwege, spezielle Lehr- und Lernmittel für das Lernen mit allen Sinnen, differenzierte Hausaufgabenerteilung und Hausaufgabenbetreuung. Die Formen des Nachteilsausgleichs umfassen Angebote zur Lernförderung unterhalb der Vorgaben der Lehrpläne (unterhalb der curricularen Vorgaben) und sind Grundlage für einen individuellen Förderplan. (Handreichung)[236]

Lese-Rechtschreib-Schwäche (LRS), Legasthenie

(Roche - Lexikon Medizin)[237]

Legasthenie: mangelndes Sinnverständnis für Gelesenes; meist als Schwäche im Erlernen des Lesens (bei hinreichender Intelligenz und normal-neurologischem Befund), d. h. Unfähigkeit, Buchstaben zu Silben bzw. Silben zu Wörtern zusammenzufügen; dadurch meist auch Rechtschreibschwierigkeiten mit Reihenfolgenumstellung u. gestaltlicher Buchstabenverwechslung ...

Lese-Rechtschreib-Schwäche oft mit Gestalterfassungs- und Wortgestaltungsstörungen.

Die Lese- und Rechtschreibstörung gehört zu den Teilleistungsschwächen. Es muss eine Abgrenzung zwischen Schwierigkeiten beim Prozess des Erlernens von Lesen und Schreiben und dem Bestehen einer LRS erfolgen. Dazu gibt es in den einzelnen Bundesländern unterschiedliche Erlasse und

Richtlinien. Schulpsychologen können eine LRS feststellen, in der Regel im 2. Schuljahr.

Symptome und Erscheinungsformen können sein (Mein Inklusionsmaterial - Handreichung Grundschule)[238]:
- Störungen in der Analyse- und Synthesefähigkeit
- Schwierigkeiten in der Zuordnung Buchstabenbild-Lautklang (Phonem-Graphem-Zuordnung)
- Rechtschreibfehler mit Auslassen/Hinzufügen von Buchstaben, Reihenfolgeumstellung, Regelfehler in der Groß- und Kleinschreibung u. a.
- stockendes, langsames Lesen, Schwierigkeiten in der Sinnerfassung
- Auslassen oder Vertauschen von Lauten, Wortteilen oder Wörtern, Sinnentstellung

„In Anlehnung an die Empfehlungen der KMK (2007) kann bei Schülern mit besonderen Schwierigkeiten im Lesen und Rechtschreiben ein Nachteilsausgleich zum Einsatz kommen (z. B. Verlängerung der Arbeitszeit bei Klassenarbeiten, didaktische oder technische Hilfsmittel) oder es werden Abweichungen von den allgemeinen Grundsätzen der Leistungsbewertung in Betracht gezogen (z. B. stärkere Gewichtung mündlicher Leistungen oder Aussetzen der Bewertung von Lese- und Rechtschreibleistungen in Deutsch und den anderen Lernbereichen/Fächern).

Die Anerkennung des Förderstatus oder Förderangebote und -maßnahmen sind in den Bundesländern unterschiedlich geregelt. In Sachsen-Anhalt zum Beispiel, werden die Maßnahmen zum Nachteilsausgleich in der Klassenkonferenz beraten und beschlossen."

(Schülerduden Psychologie)[239]

Legasthenie ist (Lindner 1951) eine „spezielle, aus dem Rahmen der übrigen Leistungen fallende Schwäche im Erlernen des Lesens (und indirekt auch des selbstständigen orthographischen Schreibens) bei sonst intakter oder im Verhältnis zur Lesefähigkeit relativ guter Intelligenz".

„Da emotionale Faktoren sowohl als Ursache als auch als Folgen für **legasthenische Störungen** gelten können, muss auch dieser Aspekt in einem ganzheitlichen Förderansatz lese-rechtschreib-schwacher Kinder einbezogen sein."

Ein unqualifizierter Leseunterricht sowie die gesamte schulische Umwelt können legasthene Störungen mit verursachen.

---

[232] Handreichung zur sonderpädagogischen Förderung in Sachsen-Anhalt, Richtlinien - Grundsätze - Anregungen, Kultusministerium Sachsen-Anhalt, S. 23ff.

[233] Kultusministerkonferenz

[234] Handreichung zur sonderpädagogischen Förderung in Sachsen-Anhalt, Richtlinien - Grundsätze - Anregungen, Kultusministerium Sachsen-Anhalt, S. 24-27.

[235] Ebenda, S. 24.

[236] Ebenda, S. 28/29.

[237] Schülerduden Psychologie - Ein Sachlexikon für die Schule, herausgegeben und bearbeitet von der Redaktion Naturwissenschaft und Medizin des Bibliographischen Instituts - Dudenverlag 1981.

[238] Mein Inklusionsmaterial, Handreichung Grundschule, Ernst Klett Verlag Stuttgart-Leipzig, 1. Auflage 2012, S. 26.

[239] Schülerduden Psychologie - Ein Lexikon zum Grundwissen der Psychologie, 3. neu bearbeitete Auflage, herausgegeben und bearbeitet von der Redaktion Schule und Lernen, Dudenverlag 2002.

Motorische Entwicklung

(unsere kinder - Eltern-Ratgeber, BZgA)[240]
Die Entwicklung der Körpermotorik sowie der Hand- und Fingermotorik erfolgt bei Kindern unterschiedlich. „Gleich ist allerdings bei allen Kindern, dass sie ausreichend Bewegung im Freien und möglichst abwechslungsreiche und vielfältige Bewegungserfahrungen brauchen, um ihre motorischen Fähigkeiten auszufeilen und immer mehr Sicherheit zu gewinnen." Spätestens mit 20 Monaten kann sich ein normal entwickeltes Kind frei und sicher gehend bewegen. Ein Kind von 4 Jahren sollte auf einem Bein hüpfen können, kann Zweiradfahren lernen, sollte mit 5 Jahren sicher und ohne sich festzuhalten im Wechselschritt Treppen steigen können. Unterschiede in der kindlichen Entwicklung gibt es auch hinsichtlich der Ausprägung des Zusammenspiels der einzelnen Muskelgruppen und der Sinnesorgane - besonders in der Auge-Hand-Koordination. Mit viel Geduld und wachsender Konzentration, durch ständiges spielerisches Üben, Wiederholen und Variieren vervollkommnen die Kinder ihre Feinmotorik. Bereits mit 3-4 Jahren können die Kleinen sich selbstständig anziehen, basteln und bauen mit kleinen Teilen. Die Beschäftigung mit unterschiedlichsten Materialien und Werkzeugen (Kreide, Knete, Stifte, Schere) fördert die Handgeschicklichkeit.
Laut Vera F. Birkenbihl („Trotz Schule lernen!")[241] gibt es bei Jungen und Mädchen in ihrer motorischen Entwicklung deutliche Unterschiede. „Im Unterricht bedeutet das: Bis zur Pubertät überwiegt bei Jungen das gröbere motorische Talent der Hand-Auge-Koordination, sie können auch besser räumlich wahrnehmen. ... Sie können in der Regel erst in der Pubertät eine gewisse Fertigkeit im Feinmotorischen entwickeln, ..., während Mädchen schon früh feinmotorisch gefordert werden können, und genau das tut das Schulsystem. Für Jungen ist

Schönschreiben eine nicht enden wollende Qual, den Mädchen
macht es Spaß!"

---

[240] unsere kinder, Eltern-Ratgeber zur gesunden kindlichen Entwicklung
von 1-6 Jahren, BzgA, Bundeszentrale für gesundheitliche Aufklärung,
Köln 2008.
[241] Vera F. Birkenbihl - Stichwort Schule: Trotz Schule lernen!, mgv
Verlag München, 19. Auflage 2010, S. 141.

Posttraumatische Belastungsstörung (PTBS), frühkindliche traumatische Erfahrungen

(Hehmsoth)[242]

In Folge von Kriegen und einem erhöhten Bewusstsein für die Wirkung von Terror und Gewalt auf Menschen, begannen ab 1980 in den USA Forschungen zu möglichen *Posttraumatischen Belastungsreaktionen* und differenzierte Behandlungsmethoden für traumatisierte Menschen.

Ende 1990 erschienen im deutschen Sprachraum „erste Übersichtsdarstellungen" der *Psychotraumatologie.* Eine noch unscharfe Beschreibung der *Posttraumatischen Belastungsreaktion* findet sich im ICD-10 (Internationale Klassifikation von Krankheiten). In der entsprechenden amerikanischen Klassifikation DSM-5 wird die *Posttraumatische Belastungsstörung (PTBS) in Kriterien aufgeteilt:*

A   Ursache, auslösendes Ereignis

B   Symptom „Intrusion" (Wiedererleben des Ereignisses zum Beispiel im Traum, dissoziative Reaktionen in Trigger-Situationen)

C   Vermeidung von stressbezogenen Stimuli

D   Veränderungen im Denken und Fühlen

E   Verhaltensänderungen (wie Aggression, Unvorsichtigkeit, extreme Wachsamkeit)

F   Dauer der Störung

G   signifikante soziale Einschränkungen

H   Ausschluss von Suchtkrankheiten

Außerdem werden die Bereiche *Dissoziation* (sich innerlich distanzieren, erstarren, um nicht zu fühlen) und das verzögerte Auftreten von Symptomen einbezogen.

Lehrkräfte, besonders Sonderpädagogen, sollten in die Systeme ICD und DSM Einblick zu Informations- und

Einordnungszwecken erhalten können. „Wenn es keine umfassenden Diagnosen der Mediziner gibt, bekommen Lehrkräfte im Alltag keine Hilfen, wie Integrationshelfer, Nachteilsausgleiche, Förderbedarfe, kann traumasensible Hilfe nicht stärker umrissen werden, wird das gesellschaftliche Verständnis nicht wachsen." (Hehmsoth)[243]

Besonders häufig treten *Posttraumatische Belastungsstörungen* nach bestimmten Ereignissen auf:

o Vergewaltigung (ca. 50%, jeder zweite Betroffene)
o Gewaltverbrechen (ca. 25%)
o Kriegs-, Vertreibungs- und Folteropfer (ca. 50%)
o Verkehrsunfallopfer (10%)
o schwere Organerkrankungen (10%)[244]

Diese Kenntnisse können Pädagogen helfen, verändertes, unverständliches Verhalten bei Kindern als Ausdruck einer Traumatisierung zu sehen und Hilfe durch Experten (Kinder- und Jugendlichen-Psychiatrie/Psychologie) anzuregen.

Frühkindliche traumatische Erfahrungen (siehe auch Weinberg)[245] wie bei Vernachlässigung, seelischer und/oder körperlicher Gewalt, Unfall, schwerer Erkrankung, Verlust einer Bezugsperson, können zu komplexen Entwicklungsstörungen und zu unverständlichen Verhaltensweisen und Reaktionen führen. Bestimmte Situationen im Schulalltag können als **Trigger** (Auslöser) wirken, der Mandelkern im Gehirn wird erregt, die Reaktion (z. B. Flucht, Erstarren, Aggression) wird unwillkürlich, nicht steuerbar ausgelöst. Näheres dazu habe ich im Kapitel *Hintergründe für unverständliche Verhaltensweisen* beschrieben. (Literaturquellen: Hehmsoth[246], „Traumatisierte Kinder in Schule und Unterricht" und Weinberg[247], „Verletzte Kinderseele - Was Eltern traumatisierter Kinder wissen müssen und wie sie richtig reagieren")

Projektion

(Schülerduden)[248]
Externalisation: das Hinausverlagern von Empfindungen, Gefühlen, Wünschen, Interessen oder Erwartungen in die Außenwelt.
In der Psychoanalyse schon von Sigmund Freud verwendete Bezeichnung zur Beschreibung der pathologischen Abwehrmechanismen, bei denen eigene unerträgliche Vorstellungen, Gefühle oder Wünsche (unbewusst) anderen Personen oder Dingen zugeschrieben werden. Nach dieser Auffassung projizieren z. B. Kinder, die unentwegt „petzen", in Wirklichkeit ihren eigenen Wunsch, Verbotenes zu tun, auf andere Kinder.

Psychische Krankheiten

(Schülerduden Psychologie)[249]
Psychische Krankheiten: ist eine Sammelbezeichnung für Störungen bzw. Abweichungen des Erlebens und Verhaltens von der Norm. Die WHO unterscheidet folgende Gruppen: 1. exogene, d. h. körperlich begründbare psychische Störungen; 2. endogene bzw. funktionelle Psychosen, ... 3. psychogene, d. h. durch Umwelteinflüsse und Fehlentwicklungen, die auf besondere Erlebnisse zurückzuführen sind, bedingte Störungen wie Neurosen, abnorme Konfliktreaktionen, Psychopathien, Süchte und sexuelle Abweichungen; 4. Oligophrenien, d. h. Formen von angeborenen bzw. früh erworbenen geistigen Behinderungen. ...

Kinder psychisch kranker Eltern
(Lenz, Kinder psychisch kranker Eltern)[250]
Für Kinder psychisch kranker Eltern bestehen „höhere Entwicklungsrisiken für das Kinder- und Jugendalter und den

weiteren Lebensverlauf". Die Art der elterlichen Erkrankung wirkt sich auf den Umgang mit ihnen und damit auf ihre psychische Entwicklung aus.

Beispielsweise zeigen Kinder von Eltern mit schizophrenen Erkrankungen oft Störungen im sozial-emotionalen Bereich - wie Ängstlichkeit, Zerstreutheit, Depressivität, Zurückgezogenheit. Im Schulalter fallen Defizite in der Aufmerksamkeit und Informationsverarbeitung, in den schulischen Leistungen, leichte Erregbarkeit, Stressübererregbarkeit, geringe Frustrations-toleranz auf.

Bei Kindern depressiv erkrankter Eltern besteht ein hohes Risiko, selbst depressiv zu erkranken oder andere psychische Störungen zu entwickeln. Zu den Störungen und Auffälligkeiten zählen Angststörungen, Phobien, Störungen im Sozialverhalten, Leistungsprobleme in der Schule, Einschränkungen in der Bindungsfähigkeit, Suchtstörungen.

Die Aktivierung sozialer Ressourcen der Kinder sowie der Familie durch soziale Netzwerke (z. B. Verwandte, Freunde, Nachbarn, Schule, soziale Dienste) trägt wesentlich zur Erhaltung und Festigung der körperlichen und seelischen Gesundheit bei, bietet Unterstützung bei der Bewältigung von Problemen und Belastungen. (Lenz)[251] Das setzt allerdings die Bereitschaft voraus, Probleme oder Konflikte nach außen zu tragen, sie „öffentlich" zu machen. Kinder psychisch kranker Eltern können oftmals nicht auf ein hilfreiches soziales Beziehungsgefüge zurückgreifen. Es bestehen starke emotionale Verstrickungen im Familiensystem, eine Tabuisierung („Darüber darfst du nicht sprechen!") sowie Angst vor Stigmatisierung, Abwertung und Zurückweisung. (Lenz)[252]

Diffuse Vorstellungen über die Krankheit des Elternteils lösen Angst, Verunsicherung, Hilflosigkeit und Schuldgefühle beim Kind aus. „Psychisch kranke Eltern signalisieren den Kindern häufig ihre Bedürftigkeit und bürden ihnen Verantwortung für das Wohlbefinden der gesamten Familie auf. Kinder werden dadurch zu Vertrauten und Ratgebern ihrer Eltern, zur primären Quelle von Unterstützung und Trost." (Lenz)[253]

Psychomotorik

(Roche - Lexikon Medizin)[254]
Psychomotorik ist eine Bezeichnung für Bewegungsabläufe (z. B. Mimik, Pantomime), „die die Körpermotorik beeinflussende dynamische Struktur der Psyche ..., im weitesten Sinne das für das Individuum typische Gesamt seiner willkürlichen Bewegungen, das durch psychische Erkrankungen und Hirnschäden weitestgehend gestört werden kann".

(Schülerduden)[255]
Psychomotorische Tests sind „Untersuchungsverfahren zur Erfassung von Koordinationsprozessen, die die Wahrnehmung und den motorischen Vollzug von Handlungen betreffen, z. B. Auge-Hand-Koordination".

Psychosomatik

(Schülerduden)[256]
Psychosomatik: ganzheitlich ausgerichtete Disziplin im Grenzbereich zwischen Medizin und Psychologie, die sich hauptsächlich mit den Wechselwirkungen zwischen Körper und Seele (z. B. bei Stress) befasst. Danach werden psychosomatische Beschwerden und Erkrankungen (z. B. Magen- und Darm- geschwüre, Bronchialasthma, Kreislaufstörungen, Allergien, Herzbeschwerden, Kopfschmerzen) nicht mehr als rein körperliches Geschehen gewertet, sondern auch als Ausdruck unbewusster oder unausgetragener seelischer Konflikte.

[242] Carl Hehmsoth - Traumatisierte Kinder in Schule und Unterricht - Wenn Kinder nicht *wollen* können, Verlag Julius Klinghardt Bad Heilbrunn 2021, S. 40-43.

[243] Ebenda, S. 40.

[244] Ebenda, S. 43.

[245] Dorothea Weinberg - Verletzte Kinderseele - Was Eltern traumatisierter Kinder wissen müssen und wie sie richtig reagieren, Fach-Ratgeber Klett-Cotta, 2015, S. 22ff.

[246] Carl Hehmsoth - Traumatisierte Kinder in Schule und Unterricht - Wenn Kinder nicht *wollen* können, Verlag Julius Klinghardt Bad Heilbrunn 2021.

[247] Dorothea Weinberg - Verletzte Kinderseele - Was Eltern traumatisierter Kinder wissen müssen und wie sie richtig reagieren, Fach-Ratgeber Klett-Cotta, 2015.

[248] Schülerduden Psychologie - Ein Lexikon zum Grundwissen der Psychologie, 3. neu bearbeitete Auflage, herausgegeben und bearbeitet von der Redaktion Schule und Lernen, Dudenverlag 2002.

[249] Schülerduden Psychologie - Ein Sachlexikon für die Schule, herausgegeben und bearbeitet von der Redaktion Naturwissenschaft und Medizin des Bibliographischen Instituts - Dudenverlag 1981.

[250] Albert Lenz - Kinder psychisch kranker Eltern, Hogrefe Verlag Göttingen, 2. Auflage 2014, S. 24-26.

[251] Albert Lenz - Kinder psychisch kranker Eltern, Hogrefe Verlag Göttingen, 2. Auflage 2014, S. 287.

[252] Ebenda, S. 290.

[253] Ebenda, S. 294.

[254] Roche Lexikon Medizin, Urban& Schwarzenberg, 3. Auflage 1993.

[255] Schülerduden Psychologie - Ein Lexikon zum Grundwissen der Psychologie, 3. neu bearbeitete Auflage, herausgegeben und bearbeitet von der Redaktion Schule und Lernen, Dudenverlag 2002.

[256] Ebenda.

Rechenschwäche (Dyskalkulie)

(Mein Inklusionsmaterial - Handreichung Grundschule)[257]
Schwierigkeiten beim Rechnen werden in der Literatur auch mit
den Begriffen **Dyskalkulie**, *Arithmastenie* oder Rechenstörung
bezeichnet. Dabei sind grundlegende Rechenfertigkeiten
beeinträchtigt. Schwierigkeiten können in mehreren
mathematischen Bereichen bestehen:

- Zählen - grundlegende Kompetenz (Unsicherheiten Zuordnung
  Menge - Zahlwort - Zahl, mechanisches Zählen vorwärts,
  rückwärts zählen gelingt nicht, Zahlenaufbau, Stellenwert-
  system unklar)
- Operationen (zählendes Rechnen, Nutzen der Finger, Hilfs-
  und Anschauungsmittel, Grundaufgabenkenntnisse des
  „Einspluseins" und „Einmaleins" sowie der Umkehr-
  operationen sind nicht automatisiert, unsichere Verwendung
  der Rechenzeichen)
- Schriftliche Operationen (Bedeutung der Rechenschritte und
  damit verbundene Begriffe wie Stellenwert, Rest, Merkzahl/
  Übertrag nicht erkannt, Fehler beim Einhalten eines Lösungs-
  Algorithmus - Ablauf und Richtung des rechnerischen
  Vorgehens)
- Textverständnis - Sachrechnen (Schwierigkeiten bei der
  lesetechnischen Bewältigung des Textes, der inhaltlichen
  Erfassung, des Verständnisses von Fachbegriffen, der
  Ableitung notwendiger Rechenoperationen, der Abschätzung
  des Ergebnisses sowie Formulierung einer Antwort)
- Dezimalsystem, Dezimalbruch, Zahlenraum (Bedeutung der
  Stellenwerte unklar, Lesen und Schreiben großer Zahlen
  bereitet Schwierigkeiten, Reihenfolge der Ziffern wird
  vertauscht, Zusammenhänge zwischen Bruch- und
  Dezimalschreibweise wird nicht erkannt, Rechnen mit
  Brüchen oft fehlerhaft)

- Größen und Maßeinheiten (Größenvorstellungen nicht vorhanden, Namen der Einheiten werden verwechselt, Reihenfolge in der Größe der Einheiten wird nicht verstanden, Verwechslung Größe und Einheit bzw. Zuordnung der Einheit zu einer Größe)

Die individuellen Mathematikleistungen können zwei bis vier Jahre unter den erwarteten Leistungen (Lehrplananforderung) liegen. Misserfolgserlebnisse beeinträchtigen das Selbstwertgefühl und können zur Angst vor dem Versagen und zum Motivationsabfall führen. Die Rechenschwäche (Dyskalkulie) zählt zu den Teilleistungsschwächen, wenn die Leistungen in den anderen Fächern ansonsten durchschnittlich sind.

Bei einer (z. B. durch Schulpsychologen) anerkannten Rechenschwäche sind, wie bei einer LRS, Maßnahmen zum Nachteilsausgleich festzulegen.

---

[257] Mein Inklusionsmaterial, Handreichung Grundschule, Ernst Klett Verlag Stuttgart-Leipzig, 1. Auflage 2012.

Schwarze Pädagogik

Die Bücher von Johanna Haarer waren in der NS-Zeit weit verbreitete Erziehungsratgeber, nach denen unzählige Kinder erzogen wurden. In der Einleitung zum Buch „Die deutsche Mutter und ihr letztes Kind"[258] charakterisiert die Herausgeberin Rose Ahlheim den Erziehungsstil: Unzählige Mütter und Väter haben später, erwachsen und selbst Eltern geworden, diese frühen Erfahrungen oft unbewusst an ihre Kinder weitergegeben. Die Autorin, Johanna Haarer, „trug ihre Anweisungen, wie der kindliche Wille mit Festigkeit beherrscht und letztendlich in ‚Lust am Gehorsam' umzuwenden sei, mit unbeirrter Sicherheit als einzig gültig und maßgebend vor, und diese Vorschriften erhielten ihre besondere Wucht durch ihre Verflechtung mit den Mustern von Führen und Folgen, Macht und Unterwerfung, die im nationalsozialistischen Deutschland allgegenwärtig waren."

Auch in der Familie meines Vaters galten unbarmherzige Strenge und Strafen durch den, dennoch als liebevoll beschriebenen, Vater als gängiges Erziehungsmittel.

Der Lehrerverband der Provinz Sachsen widmete das „Büchlein" „Der Elternfreund - Ein guter Begleiter, ein treuer Berater, ein lieber Erzähler für das Jahr 1931"[259] allen Eltern und Freunden der Schule. Auch in diesem Ratgeber finden sich Ansichten aus der „schwarzen Pädagogik".

Zum Beispiel S. 80 unter der Überschrift „Erziehung der Kinder zur Gesundheit" rät Medizinalrat Dr. Richard Weber[260]: „Die Erziehung des Menschen fängt mit seinem ersten Lebenstag an, und zwar handelt es sich hier darum, das Kind zunächst an Regelmäßigkeit und Pünktlichkeit zu gewöhnen. ... Nicht wenn das Kind gerade aufwacht und schreit, soll es seine Nahrung bekommen, sondern zu ganz bestimmten Stunden, an die sich der kleine Säugling bald so gewöhnt, dass er die Zwischenzeit brav durchschläft und zur rechten Zeit aufwacht. ... Wenn der

Säugling älter wird, beginnt die Erziehung zur Reinlichkeit ...
Man gewöhne die Kleinen von vornherein an eine pünktliche
Verrichtung ihrer Geschäfte und lasse sie zu bestimmter Zeit so
lange sitzen, bis sie ihrer Pflicht genügt haben."

Auf S. 78 rät Hans Rohwedder[261] „Nur kein falsches
Mitleid". „Kinder benehmen sich ganz verschieden, wenn sie
gefallen sind oder sich sonst wie wehgetan haben." (Er nennt
Beispiele wie Wehklagen, Trost suchen, langanhaltend schreien.)
„Und was tun die Erwachsenen in derartigen Fällen? Sie
kümmern sich nicht weiter um den Vorfall. Oder sie ermahnen
das Kind, besser aufzupassen und vorsichtiger zu sein. Oder
schelten mit ihnen und geben obendrein noch Schläge."
Rohwedder vertritt die Meinung: „Tatsache ist, dass die
Selbstbeherrschung eine wichtige, vielleicht die wesentlichste
Vorbedingung für die Bildung eines festen Charakters ist.
Selbstbeherrschung üben heißt aber, nicht nur unangenehme
seelische Geschicke, sondern auch körperliche Schmerzen ruhig
zu ertragen. Also müssen wir unsere Kinder von klein an dazu
erziehen. Das können wir, indem wir nicht jedem kleinen Unfall
große Bedeutung beimessen, das Kind verhätscheln und
bemitleiden, oder es gar durch Verabreichung von Süßigkeiten
zum Ertragen trösten wollen. Damit erziehen wir das Kind
nur zur Verweichlichung. Selbst wenn wir hin und wieder
etwas mitleidlos erscheinen sollten, ist das dem Gegenteil
vorzuziehen ..."

Wie viele Ansichten aus der „schwarzen Pädagogik" haben sich
wohl bei einigen Leuten bis heute erhalten? Schließlich haben
sich manche Eltern der Kriegs- und Nachkriegsgeneration, heute
selbst Großeltern, noch an diesen Richtlinien orientiert und
unbewusst an die nächste Generation weitergegeben.

Sprache, Förderschwerpunkt Sprache

(Handreichung zur sonderpädagogischen Förderung in Sachsen-Anhalt)[262]

Die ersten Lebensjahre eines Kindes sind für den Spracherwerb entscheidend. Scheinbar mühelos und selbst-verständlich erlernt es seine Erstsprache in der aktiven Auseinandersetzung mit der Umwelt. Da der Spracherwerb in die frühkindliche Gesamtentwicklung eingebettet ist, wird dieser wechselseitig von verschiedenen Faktoren mit beeinflusst:

- Kognitive Voraussetzungen/Intelligenz (Das Zentralnervensystem muss so ausgereift sein, dass ankommende Sprache verarbeitet und aktives Sprechen angeregt wird.)
- Sensorischer und motorischer Entwicklungsstand (Wahrnehmung mit allen Sinnen gehört zu den basalen Fähigkeiten, auf denen Sprache aufbaut. Die Verbindung zwischen Sinneseindrücken und Handlungserfahrung durch kindliche Eigenaktivitäten wird als Sensomotorik bezeichnet.)
- Sozialer und emotionaler Entwicklungsstand (Aus der Sprechweise des Gesprächspartners - wie z. B. Stimmgebung, Lautstärke, Tempo - werden wichtige, nonverbale Informationen über dessen Persönlichkeitsmerkmale, soziale Bindung oder Schichtzugehörigkeit gewonnen. Ohne Einbindung in eine sprachliche Gemeinschaft kann kein Kind die Lautsprache erlernen, wobei die Qualität des Kontaktes für die soziale-emotionale Entwicklung von Bedeutung ist.)
- Sprachlicher Entwicklungsstand (Ein Kind ist sprachnormal entwickelt, wenn es in seiner Muttersprache alle Laute und Lautverbindungen bilden kann, die Grammatik und der Satzbau fehlerfrei sind, Oberbegriffe verstanden und verwendet werden. Der Wortschatz muss angemessen sein, um sämtliche Verständigungsaufgaben zu erfüllen.)

Ursachen von Sprachstörungen können physiologische Faktoren (z. B. Fehlbildungen, Hörstörungen, gestörte Verarbeitung von Sinnesreizen) und psychosoziale Faktoren (eingeschränkter, kinderunfreundlicher Lebensraum, ungenügende Anregungen und Zuwendung, Perspektivlosigkeit im Elternhaus, passives Fernsehen) sein.

Es gibt eine Vielzahl von Sprachstörungen in den verschiedenen Ebenen von Sprache (die hier nicht näher erklärt werden sollen):

- Störungen der Aussprache (phonetisch-phonologische Ebene)
- Störungen der Grammatik (morphologisch-syntaktische Ebene)
- Störungen des Wortschatzes und Bedeutung (semantisch-lexikalische Ebene)
- Störungen des Sprachhandelns und des Sprachgebrauchs (kommunikativ-pragmatische Ebene)
- Störungen der Rede:
- Stottern (Auftreten von Wiederholungen und Dehnungen, krampfhaftes Verharren in der Artikulationsposition - z. B. „Wwwwweer ...? Ich ma-ma-ma mache ...")
- Poltern (Störung des Redeflusses, hohes Sprechtempo, abgehackte, undeutliche, schwer verständliche Aussprache)
- Mutismus (neurotische Störung, Reaktion auf Konflikte oder traumatische Ereignisse - bei abgeschlossenem Spracherwerb freiwilliges Schweigen bzw. Nichtsprechen)

Weiterhin gibt es Zentrale Sprach- und Sprechstörungen, Myofunktionelle Störungen (gestörtes Gleichgewicht zwischen festen Strukturen wie Kiefer, Gaumen, Zähne und umliegenden Muskelgruppen wie Lippen, Wangen, Zunge) und Störungen der Stimme.

Kinder mit phonetisch-phonologischen Störungen (Lautbildung, Silbenstruktur betroffen) werden zunehmend integrativ an Regelschulen unterrichtet und mehr oder weniger dort gefördert. Allerdings fehlen den Lehrerinnen und Erzieherinnen in der

Regel spezielle Kenntnisse und Zeit, sich mit einem sprachgestörten Kind intensiver zu beschäftigen. Ohne ausreichende fachliche Unterstützung durch Sprachheilpädagogen und/oder eine sprachtherapeutische/logopädische Förderung sind auch Auswirkungen auf den Schriftsprachprozess und die Kommunikationsfähigkeit zu erwarten, was in weiteren Unterrichtsfächern oft zu Lernrückständen und Motivationsverlust führt. Schüler und Schülerinnen mit dem sonderpädagogischen Förderschwerpunkt Sprache benötigen langfristige schulische/außerschulische Angebote zum Sprachverständnis, zur Sprachverwendung und Sprachnutzung als Maßnahmen zum Nachteilsausgleich. (Handreichung)[263]

Soziale Phobie / Phobie

(Roche - Lexikon Medizin)[264]

Phobie: abnorme sich entgegen besserer Einsicht zwanghaft aufdrängende Angst, wobei der Betroffene versucht, die gefürchtete Situation und ähnliches zu meiden. Neben den übersteigerten alltäglichen Ängsten vor Einsamkeit, Krankheit, Tod u. a. gibt es weitere spezielle Phobien.

Ursachen für Störungen im Sozialverhalten sind vielfältig. Nicht zu unterschätzen sind die Erziehungsstile in den Elternhäusern. Es gibt überfürsorgliche, ängstliche Eltern, die die Freiräume für die Entwicklung ihrer Kinder zu stark einschränken, aber auch gleichgültige Eltern, bei denen das Kind nebenbei aufwächst, weder Lob noch Kritik erfährt. Narzisstische Eltern betreiben mit ihren Kindern aufgrund ihres ungesunden Ehrgeizes einen wahrhaften Missbrauch, da sie das Kind als „Aushängeschild" gebrauchen (manchmal auch, um dem getrennten Partner etwas zu beweisen). Ständiges Nörgeln, überzogene Erwartungen, ein autoritärer oder unterdrückender Erziehungsstil begünstigen das Entstehen von Ängsten und fördern eine Vermeidungshaltung, aus Angst vor Strafe oder Entwürdigung sowie vor Liebesentzug.

Die **soziale Phobie** äußert sich in einer mangelnden sozialen Kompetenz durch fehlende Fertigkeiten im Umgang mit Menschen und sozialen Situationen. Sie ist im Gegensatz zur Schüchternheit unangemessen intensiv und führt zum Verlust der Kontrolle über Auftreten und Ausdauer der Angst und verursacht dadurch ein starkes Leiden. Kinder und Jugendliche mit einem ängstlich-gehemmten Verhalten wirken oft traurig, freudlos, leiden an psychosomatischen Störungen, Schlafstörungen, Minderwertigkeitsgefühl. (Wenn Schüchternheit krank macht)[265]

Die Furcht im sozialen Leben (soziale Phobie) und extreme Schüchternheit lassen sich im Allgemeinen durch Selbstsicherheitstraining oder soziales Kompetenztraining und Gruppenpsychotherapie verändern. Eine enge, vertrauensvolle Zusammenarbeit zwischen Elternhaus, Schule und Therapieeinrichtung wirkt dabei unterstützend.

Störungen, psychosomatische

(Schülerduden Psychologie)[266]
Von der Psychosomatik, einer ganzheitlich ausgerichteten Disziplin im Grenzbereich zwischen Medizin und Psychologie, werden hauptsächlich die Wechselwirkungen zwischen Körper und Seele (z. B. beim Phänomen Stress) untersucht. ... Zu den psychosomatischen bzw. psycho-physiologischen Störungen zählen v. a. solche Krankheiten, bei denen emotionale Beeinträchtigungen zu dauerhaften, dem Betroffenen oft nicht bewussten Konflikten führen, die dann über das vegetative Nervensystem körperliche Symptome bei bestimmten Organen oder Organsystemen hervorrufen.

Typische Störungen sind z. B. Magen- und Darmbeschwerden
(Geschwüre), Bronchialasthma, Kreislaufstörungen, Allergien,

394

Herzbeschwerden und Kopfschmerzen. Starke psychische Belastungen, Überforderung, tiefgreifende Ängste und Konflikte wirken als Auslöser.

Stress

(Schülerduden Psychologie)[267]
Stress - als Antwort auf erhöhte Beanspruchung - prägte Selye 1936. Die Beanspruchungsfaktoren (Stressoren) können außer physikalischer oder chemischer Art (z. B. Kälte, Hitze, Lärm, Drogen) auch krankheitsbedingt (z. B. Fieber) oder psychisch bedingt sein (z. B. Hektik, Isolation, Belastungen in der Familie, in der Schule, starke Angst).
(Eltern-Kursbuch)[268]
Wie reagieren Kinder auf Stress?
-   Weinen, Angst
-   Schlafstörungen, Albträume
-   Klassenclownerie, Aggression, Wutausbrüche
    Gedanken oder Worte wie: „Das kann ich nicht." „Das ist zu schwer."
-   Lernverweigerung
-   Rückzug von den Klassenkameraden
-   Konzentrationsprobleme
-   schlechte Noten trotz häufigen Übens

---

[258] Johanna Haarer / Gertrud Haarer - Die deutsche Mutter und ihr letztes Kind - Die Autobiografien der erfolgreichsten NS-Erziehungsexpertin und ihrer Tochter, Offizin-Verlag Hannover 2012.
[259] Der Elternfreund 1931 - Ein guter Begleiter, ein treuer Berater, ein lieber Erzähler für das Jahr 1931, herausgegeben vom Lehrerverband der Provinz Sachsen.

[260] Der Elternfreund 1931 - Ein guter Begleiter, ein treuer Berater, ein lieber Erzähler für das Jahr 1931, herausgegeben vom Lehrerverband der Provinz Sachsen, S. 80.

[261] Ebenda, S. 78.

[262] Handreichung zur sonderpädagogischen Förderung in Sachsen-Anhalt, Richtlinien - Grundsätze - Anregungen, Kultusministerium Sachsen-Anhalt, S. 43ff.

[263] Ebenda, S. 50.

[264] Roche Lexikon Medizin, Urban& Schwarzenberg, 3. Auflage 1993.

[265] Lydia Fehm / Hans-Ulrich Wittchen - Wenn Schüchternheit krank macht - Ein Selbsthilfeprogramm zur Bewältigung Sozialer Phobie, Hogrefe-Verlag Göttingen 2004.

[266] Schülerduden Psychologie - Ein Sachlexikon für die Schule, herausgegeben und bearbeitet von der Redaktion Naturwissenschaft und Medizin des Bibliographischen Instituts - Dudenverlag 1981.

[267] Ebenda.

[268] Eltern-Kursbuch-Grundschule - Kinder fördern, fordern und erziehen, Cornelsen Verlag Scriptor GmbH & Co. KG, Berlin 2007, S. 199.

Underachievement

(Handreichung zur sonderpädagogischen Förderung)[269]
Wenn bei einem Schüler zwischen der aufgrund seiner intellektuellen Kompetenz (z. B. IQ, Grundintelligenz) zu erwartenden Schulleistungen und der zu beobachtenden tatsächlichen Schulleistung (z. B. Noten bei Klassenarbeiten, Zensurendurchschnitt) eine pädagogisch-psychologisch relevante Diskrepanz (Minderleistung) vorliegt, spricht man von Underachievement. Die erbrachten schulischen Leistungen bleiben demnach weit hinter den zu erwartenden Leistungen des Schülers zurück.

Hochbegabte Underachiever kann man u. a. an folgenden Merkmalen erkennen:
- geringe Mitarbeit und Zielstrebigkeit, wenig Ehrgeiz
- Ausdauer und Konzentration sind beeinträchtigt
- Desinteresse an schulrelevanten Fertigkeiten, vermeiden von Schwierigkeiten
- Arbeitsverhalten oft sprunghaft, unorganisiert, planlos, überhastet
- sind wenig oder nur interessenbedingt motivierbar
- wenig Lern- und Anstrengungsbereitschaft, mangelnde Selbstkontrolle, Fehlerignoranz
- oft impulsiv und in ihrer Kreativität beeinträchtigt
- besitzen ein negatives Selbst- und Fremdbild, haben geringes Selbstwertgefühl, fühlen sich unverstanden
- introvertiertes Sozialverhalten, Anpassungsprobleme, Ängste (depressive Stimmungen möglich)

Für eine individuelle Förderung und ein zielgerichtetes Training (z. B. von Lernstrategien, Selbstorganisation, Stressbewältigung) sind eine klare Einzelfallanalyse sowie eine regelmäßige und vertrauensvolle Zusammenarbeit zwischen dem Schüler bzw. der

Schülerin, den Eltern, Lehrkräften, Betreuern und dem behandelndem Arzt oder Psychologen notwendig. Wünschenswerte Bedingungen in der Schule werden in der o. g. Handreichung[270] dargestellt.

---

[269] Handreichung zur sonderpädagogischen Förderung in Sachsen-Anhalt, Richtlinien - Grundsätze - Anregungen, Kultusministerium Sachsen-Anhalt, S. 122.
[270] Ebenda, S. 133/134.

Verhaltensstörungen

(Schülerduden Psychologie)[271]
Verhaltensstörungen: Gruppe funktioneller psychophysischer Störungen, die zu einer mehr oder minder starken Beeinträchtigung im Leistungs- und sozialen Bereich führen. Zu den Verhaltensstörungen rechnet man *Psychosen, Psychopathien, Neurosen* (psychiatrische Erkrankungen) sowie ... Beeinträchtigungen der Intelligenz, auch sozial abweichende Verhaltenseigentümlichkeiten.
(Eltern-Kursbuch - Grundschule)[272]
Behandlungsbedürftige Verhaltensstörungen im Grundschulalter sind: *AD(H)S, schwere Angst, Asperger-Syndrom* und andere *autistische Störungen, Depressionen,* Einkoten, Einnässen, Entwicklungsstörungen, *posttraumatische Belastungsstörungen* (z.B. nach einem schweren Unfall oder Gewalterlebnis mit Todesangst, Missbrauch und seelische Vernachlässigung), Störungen im Sozialverhalten (aggressives Verhalten, Lügen, Stehlen)
Die *Verhaltensstörungen* zählen zum sonderpädagogischen Förderbedarf im Bereich *emotionale soziale Entwicklung* (Tabelle Klassifikation nach Myschker)[273]
　　　Übersicht zu Erscheinungsformen im Schulalltag (Träumer, Zappelphilipp, Störenfried) - siehe Anhang

---

[271] Schülerduden Psychologie - Ein Sachlexikon für die Schule, herausgegeben und bearbeitet von der Redaktion Naturwissenschaft und Medizin des Bibliographischen Instituts - Dudenverlag 1981.
[272] Eltern-Kursbuch-Grundschule - Kinder fördern, fordern und erziehen, Cornelsen Verlag Scriptor GmbH & Co. KG, Berlin 2007, S. 310.
[273] Mein Inklusionsmaterial, Handreichung Grundschule, Ernst Klett Verlag Stuttgart-Leipzig, 1. Auflage 2012, S. 11.

Zwang

(Schülerduden Psychologie)[274]
Als Zwang bezeichnet man jeden äußeren Einfluss, der das Denken und Handeln eines Menschen gegen seinen Willen bestimmt oder beherrscht. In der *Psychopathologie* ist Zwang eine Bezeichnung für das immer wiederkehrende Phänomen, von Vorstellungen (**Zwangsvorstellungen**/Obsessionen), Gedanken, Gefühlen oder Impulsen beherrscht zu werden, um (z. T. ritualisierte) **Zwangshandlungen** (z. B. Waschzwang, Ordnungszwang, Zähl-zwang, Geltungszwang) ausführen zu müssen. Betroffene beurteilen diese Zwänge selbst als unsinnig, fremdartig; es scheint ihnen, als drängten sich die Zwangserscheinungen, die trotz bewusster Bekämpfung auftreten und nicht verdrängt werden können, von innen auf. Als sicher gilt, dass bestimmte Umweltbeeinflussungen wie z. B. extreme Sauberkeitserziehung, willkürliche Bestrafungen, strenge religiöse Erziehung, eine entscheidende Rolle für die Entstehung von Zwängen spielen.

Zweisprachigkeit

(Eltern-Kursbuch - Grundschule)[275]
Kinder, die zweisprachig aufwachsen, werden auch in Deutschland immer häufiger. Sie haben entweder einen Migrationshintergrund (mindestens ein Elternteil stammt nicht aus Deutschland) oder stammen aus Einwandererfamilien. Im Umfeld Schule wird die mögliche Zweisprachigkeit eher als Belastung denn als Chance begriffen. Sie sollte eher gefördert werden. Hinsichtlich der Sprachförderung verdienen der Deutschunterricht und auch der Unterricht in der Muttersprache besondere Sorgfalt. ... Deutschförderstunden (DAZ - Deutsch als Zielsprache) können Schüler erhalten, die weniger als zwei Jahre

in Deutschland leben. Ein großes Problem ist aber, dass auch Kinder (von Migranten, Aussiedlern), die in Deutschland geboren wurden und dort eine KITA besuchten, oft noch eine gezielte Sprachförderung benötigen. Ihre Sprachkenntnisse sind für die Verständigung mit anderen Menschen und in der Familie ausreichend. Allerdings genügen der aktive und passive Wortschatz (Begriffsverständnis, Begriffsfindung) mitunter nicht den Anforderungen des Lehrplans der Grundschule. Erschwerend kommt hinzu, wenn im Elternhaus die Muttersprache gesprochen wird, die die Kinder als Umgangssprache beherrschen, wobei sie aber nicht ausreichend in der Lage sind, sich in Deutsch oder auch in der Erstsprache schriftlich zusammenhängend zu äußern (vor allem, wenn sie gegebenenfalls die kyrillischen oder arabischen Schriftzeichen nicht kennen). Zusätzliche Lehrerstunden zur Sprachförderung sind nicht vorgesehen. Hier könnten eventuell Freiwilligendienste oder Mittel aus dem „Bildungspaket" hilfreich eingesetzt werden, wenn Maßnahmen der präventiven Förderung nicht ausreichen.

Die Problematik des Bedarfs an Sprachförderung wird durch den Lehrermangel und die verstärkte Aufnahme der Kinder von Kriegsflüchtlingen und Migranten in die Grund- und weiterführenden Schulen verschärft. Verwirrend für Eltern sind die unterschiedlichen Schulgesetze und Bezeichnungen von Schulformen in den einzelnen Bundesländern. Der besuchte Schultyp hat Einfluss auf die Zukunftsperspektiven der Kinder und Jugendlichen.

---

[274] Schülerduden Psychologie - Ein Lexikon zum Grundwissen der Psychologie, 3. neu bearbeitete Auflage, herausgegeben und bearbeitet von der Redaktion Schule und Lernen, Dudenverlag 2002.
[275] Eltern-Kursbuch-Grundschule - Kinder fördern, fordern und erziehen, Cornelsen Verlag Scriptor GmbH & Co. KG, Berlin 2007.

Anhang

ADS - „Träumerchen"	ADHS - „Zappelphilipp"	Sozialverhalten – „Störenfried"
- wirkt verträumt, bekommt Instruktionen nicht richtig mit - reagiert auf Ansprache verzögert, ist desorientiert, gibt keine Antwort oder sagt: „Das weiß ich nicht." - schnelle Ermüdung, Aufmerksamkeit driftet ab - vergisst beim Arbeiten was zu tun ist, bringt Aufgabe nicht zu Ende - meldet sich im Unterricht, aber ein anderes Kind kommt zuerst dran – der Träumer vergisst seine Antwort	- leicht abgelenkt, hört nicht richtig zu - zappelt, kippelt, spielt mit Arbeitsmitteln - redet in den Unterricht rein, schwatzt - Chaos am Arbeitsplatz, lässt häufig etwas runterfallen - vergisst rasch was zu tun ist, reagiert auf äußere Reize, ist abgelenkt - unsaubere, fast unleserliche Schrift - hohe Reizbarkeit und Irritierbarkeit - reagiert auf Ermahnungen impulsiv	- fällt durch Lern- und Verhaltensprobleme auf - nimmt keine Kritik an, reagiert mit aggressiver Verweigerung - zerstört Arbeitsmaterial mutwillig, Aggressionen gegen Gegenstände, Personen, Tiere - beschimpft, bedroht Mitschüler, Lehrer - distanzlos, mittelpunktstrebig - reizanfällig, immer wieder in Konflikte verwickelt - wenig anstrengungsbereit

- trotz aufwendiger Vorbereitung auf eine Lernkontrolle Leistungsversagen	- kann mit Kritik nicht umgehen, niedrige Frustrationstoleranz	- konzentrationsschwach
- Orientierungsprobleme beim Umgang mit verschiedenen Arbeitsmitteln	- mangelnde Realitätskontrolle	- keine Hausaufgaben, fehlende Arbeitsmittel
- vergisst häufig etwas oder verschusselt Sportzeug, Kleidung, verlegt etwas	- geringes Einfühlungsvermögen (fühlt sich angegriffen, zu Unrecht getadelt)	- Schulunlust, stundenweises Schwänzen
- ist fein- und graphomotorisch ungeschickt, verlangsamt	- oft in Konflikte und Rangeleien verwickelt	- oft hypermotorisch, kein Gefahrenbewusstsein
- wirkt selbstunsicher, ängstlich, zurückhaltend	- aggressiv, mittelpunktstrebig	- kann sich nicht einordnen
- wird nicht anerkannt, ausgegrenzt	- geringe Anerkennung, sich aufdrängend	- oft bindungsschwach
- oft besteht Rechenschwäche	- fehlende Arbeitshaltung	- hat keine Freunde, wird nicht anerkannt
	- Vermeidungsverhalten bis hin zum Schuleschwänzen	- leicht negativ beeinflussbar
	- Lernprobleme, oft LRS	- manche wirken ungepflegt
	- schlechte schriftliche Leistungen	- haben häusliche Probleme

Epilog

Was brauchen unsere Kinder? Was wirkt sich eher hinderlich aus?

„Eigentlich braucht jedes Kind drei Dinge: Es braucht Aufgaben, an denen es wachsen kann, es braucht Vorbilder, an denen es sich orientieren kann, es braucht Gemeinschaften, in denen es sich aufgehoben fühlt." Dieses Zitat stammt vom Neurobiologen Prof. Dr. Gerald Hüther aus dem Film „Kinder". [276]

Zu den Grundbedürfnissen des Menschen gehört von Anfang an eine stabile, verlässliche und liebevolle Beziehung. Wir müssen unseren Kindern das Gefühl geben, dass wir sie lieben und akzeptieren, so wie sie sind. Sollen sie jedoch die Erwartungen der Eltern erfüllen oder wird ihnen eine Rolle zugeschrieben, die sie nicht erfüllen können, dann kann ihre Seele Schaden nehmen. Schränken wir als Eltern oder Pädagogen den angeborenen Erkundungsdrang, die Eigenaktivität und das Streben nach Selbstständigkeit zu eng ein, schmälern wir damit auch wesentliche Grundlagen für die Entwicklung von Fähigkeiten, Fertigkeiten, Selbstvertrauen und Selbstwertgefühl.

Kinder brauchen Aufgaben, die ihnen Anregungen und Erfolgserlebnisse verschaffen, sie brauchen Menschen, die ihnen Halt geben. Persönlichkeitseigenschaften und wünschenswerte Verhaltensweisen können nicht anerzogen oder vorausgesetzt werden. Kinder verinnerlichen diese bekanntlich durch Beobachten und Nachahmen, was Bezugspersonen wiederum erkennen können, wenn die Mädchen und Jungen beim Spiel ihnen „einen Spiegel vorhalten". Kinder brauchen aber auch klare Regeln und Grenzen, um sich in der Gemeinschaft - Familie, Kindertagesstätte, Schule, Vereine - zurechtzufinden, sich geborgen und zugehörig fühlen zu können. Sie brauchen ein eindeutiges „Ja" oder „Nein". Regeln und Verbote sollen für sie nachvollziehbar und verständlich sein. Es ist vorteilhaft, wenn sich die Bezugspersonen (Mutter, Vater, Großeltern, Lehrer und Erzieher) bei grundsätzlichen Regeln einig sind. Erziehungs-ratgeber gibt es viele. Die Bundeszentrale für gesundheitliche Aufklärung (BZgA) stellt z. B. den Eltern-Ratgeber „unsere kinder" und andere kostenlos zur Verfügung.[277]

Laut neuester Erkenntnisse der Hirnforschung stellen Gerald Hüther und Uli Hauser in ihrem Buch[278] fest: „Jedes Kind ist hoch begabt". Sie begründen diese Aussage folgendermaßen: „Die genetischen Anlagen eines Menschen legen nicht fest, wie sich die Milliarden von Nervenzellen im sich entwickelnden Gehirn miteinander vernetzen sollen. Sie sorgen lediglich dafür, dass zunächst ein Überschuss an Nervenzellen und an Vernetzungen zwischen diesen Nervenzellen bereitgestellt wird. Am Anfang herrscht also in unserem Gehirn ein riesiger Überschuss an Verknüpfungsmöglichkeiten. ... Mit jedem neuen Tag in der Wunderwelt entscheidet sich, welche dieser anfänglich bereitgestellten Nervenzellvernetzungen stabilisiert werden, welche erhalten bleiben und welche verkümmern. Was sich gut entwickelt und was weniger. Dabei kommt es auf Erfahrungen, Anregungen, Ermutigung und Belohnung an, die ein Kind macht, also auf die Signale, die im Gehirn empfangen und ausgewertet werden."
Für die weitere Entwicklung des Gehirns und der kindlichen Persönlichkeit sind wiederum die schon genannten Faktoren maßgeblich, insbesondere die Zugehörigkeit und Bindung in der Gemeinschaft. Stellen wir uns vor: Ein Kind wird geboren, dann jedoch nicht ausreichend versorgt, in einem dunklen Raum abgestellt; womöglich erfährt ein anderes schon im Mutterleib durch Alkohol- oder Drogenkonsum der Mutter Schädigungen - sein Start ins Leben beginnt mit fürchterlichen Entzugs-erscheinungen. Was wird aus den zunächst zur Verfügung

stehenden Nervenzellvernetzungen und der damit angelegten hohen Begabung? Sie werden zum Teil verkümmern. Welche Auswirkungen kann das haben? Mit Sicherheit Entwicklungsstörungen im körperlichen, geistigen, sprachlichen und emotionalen Bereich. Später wird das Kind vielleicht vor dem Fernseher ruhiggestellt. Ein KITA-Platz wird aus Kosten- und Bequemlichkeitsgründen nicht in Anspruch genommen oder steht nicht zur Verfügung. Die Einschulung erfolgt altersgerecht, als ein Kind unter vielen mit seinen individuellen Erfahrungen und Voraussetzungen.

Hüther und Hauser stellen klar fest: „Unser veraltetes Begabungskonzept schadet den Kindern und der Gesellschaft, wir müssen aufhören, schon bei den Jüngsten Druck und Stress aufzubauen. Schließlich kann die Neurowissenschaft längst belegen: Jedes Kind ist hoch begabt, wir müssen es nur erkennen und entsprechend handeln."[279]

Eine spannende Frage ist auch, wie es kommt, dass ein Kind Niederlagen und „Nackenschläge" gut wegstecken kann, ein anderes dagegen am Misserfolg und in Krisensituationen zusammenbricht. Manche gehen aus Krisen sogar gestärkt hervor. Werden Weichen für die seelische Widerstandskraft schon in der frühen Kindheit gelegt? Wie können wir unsere Kinder stark machen, dass sie Lebensbelastungen erfolgreich bewältigen? Antworten und Anregungen liefern z. B. die beiden erfahrenen amerikanischen Kindertherapeuten Robert Brooks und Sam Goldstein in ihrem „Resilienz-Buch".[280]

Unser gegliedertes Schulsystem definiert Begabung über Schulnoten und ist überwiegend auf Wissensvermittlung und Leistung ausgerichtet. Über Jahrzehnte gängige Praxis ist, dass nach der Grundschulzeit aussortiert wird. Der weitere Weg führt zum Gymnasium, zur Haupt- und Realschule und für einige dann doch noch in die Förderschule, als letzten Ausweg. Das Augenmerk wird weniger auf Stärken und Begabungen eines Kindes gerichtet, sondern eher auf Defizite, die diagnostiziert werden müssen. Mit einer entsprechenden Bestätigung hat der Schüler oder die Schülerin Anspruch auf einen Nachteilsausgleich, der Leistungsdruck kann dadurch vermindert werden. Wenn im Unterricht Lern- oder Verhaltensprobleme auftreten, suchen Eltern, Lehrer und Lehrerinnen nach möglichen Ursachen. Manchmal ist es ratsam einen Psychologen oder Kinderpsychiater zu Rate zu ziehen.

Da Kinder in unterschiedlichen Familienformen und Gemeinschaften aufwachsen, unterschiedlich viel Anregung und Zuwendung erfahren, ist die Ausprägung ihrer Gehirnentwicklung ebenso verschieden. Nicht jedes Kind eines Jahrgangs erreicht zum selben Zeitpunkt das gleiche Niveau in seiner geistigen, sprachlichen und sozial-emotionalen Entwicklung.

Christine Born[281] stellt fest: „Für Schüler, die oft die sozialen Strukturen noch nicht durchschauen, werden Lehrer zu Gegnern, denn sie verteilen die Noten und entscheiden damit, wer ins Gymnasium kommt und wer nicht. **Die Selektionsfunktion von Schule und die offensichtlichen strukturellen Mängel der Schule werden den Lehrern persönlich angelastet.** Lehrer werden also von ihren Schülern (aber auch von manchen Eltern) für die Ungerechtigkeit des Schulsystems, seine ungenügende Ausstattung, den zunehmenden Leistungs-druck öffentlich abgewatscht."

In unserem Schulsystem ist ein radikales Umdenken nötig, damit alle Kinder, auch die mit körperlichen, gesundheitlichen oder geistigen Beeinträchtigungen, ihre Möglichkeiten ganz entfalten können. Wenn in der Politik und in der Bevölkerung die UN-Behindertenrechts-konvention ernst genommen und ein Inklusives Schulsystem aufgebaut wird, könnte das für viele Betroffene eine Chance sein. Ebenso besteht bei überstürzten Inklusionsversuchen die Gefahr, dass infolge zu großer Klassen, eines hohen Anteils an individuell zu fördernden Schülern mit

Lern- und/oder Verhaltensstörungen und zu wenig Personal sich Kinder im Gemeinsamen Unterricht nicht entsprechend ihres Lernvermögens entwickeln können und sich dadurch ausgegrenzt fühlen.

Ein Hemmnis für die inhaltliche, materielle und personelle Ausstattung der Schulen ist der konkurrenzbasierte Föderalismus und damit das bestehende Kooperations- verbot in der Bildung. Die GEW Sachsen-Anhalt kritisiert und fordert: „Wir brauchen ein bundesweit einheitliches Rahmenkonzept für Lehrerbildung. 16 verschiedene Schulsysteme in Deutschland mit 16 verschiedenen schulspezifischen Ausbildungssystemen können weder Flexibilität noch Mobilität gewährleisten. ... **Ländervergleiche hatten bislang keine spürbaren Konsequenzen für den schulischen Alltag, in dem Sinn, dass die Lern- und Arbeitsbedingungen dort verbessert worden wären, wo die Ergebnisse den Erwartungen nicht entsprachen. ... Sie wären nur dann sinnvoll, wenn notwendige Konsequenzen folgen, also eine bessere Ausstattung von Problemregionen mit Lehrkräften, Gebäuden und Lernmaterialien sowie spezifischen Fortbildungen.“** (EuW Sachsen-Anhalt 2/2013, S. 6)

An dieser Situation hat sich bis heute (2023) nichts geändert; im Gegenteil, sie hat sich durch den Sparzwang im Bildungsbereich und dem damit verbundenen Lehrkräftemangel noch verschärft.

Der PISA-Kritiker Dr. V. Hagemeister antwortete in einem Interview[282] auf die Frage: Was bringen diese groß angelegten nationalen und internationalen Tests Schülern und Lehrern in Deutschland? „Hektik, Verunsicherung, überstürzte Reformen, Verschärfung der Bedingungen und mehr Ungerechtigkeit im Bildungssystem. Schüler mit Defiziten haben durch Schulzeitverkürzung und frühere Einschulung bei gleichen oder höheren Stoffanforderungen, zum Beispiel in Mathematik und Physik, noch mehr Probleme. **Durch den PISA-Schock wurde**

und wird vermittelt, unsere Schüler müssten mehr lernen, aber die ergriffenen Maßnahmen stehen dazu im Widerspruch. Sie verschärfen die Auslese, also die Selektion. Faktisch bewegen wir uns in Richtung einer Bildungsbeschränkung. Der überall proklamierten Absicht, dass man Schüler aus bildungsfernen Elternhäusern besonders fördern will, stehen Maßnahmen gegenüber, die das Gegenteil bewirken."

Wie sollte Schule sein? Hüther und Hauser[283] meinen: „Lernen muss so schön sein, dass Kinder weinen, wenn sie Ferien haben. Und Kindheit muss so schön sein, dass man ein Leben lang davon zehrt."

Ich empfand Schule schön und meine Arbeit gelungen, wenn Kinder mit strahlenden Augen die Förderstunde verließen oder am Ende des Unterrichts feststellen: „Was, die Stunde ist schon zu Ende?" Leider kann das nicht immer gelingen.

Grundschul- und Förderschullehrkräfte stehen unter einem enormen Druck. Sie müssen Stoff vermitteln, das Lernen lehren, die Schüler auf Vergleichsarbeiten, auf den Übergang in weiterführende Schulen vorbereiten, jedem Kind in einer heterogenen Lerngruppe individuelle Förderung zuteilwerden lassen. Und nicht zuletzt sind sie gefordert, ihnen bei psychosozialen und Beziehungskonflikten vermittelnd zu helfen.

In jeder Klasse kann es auch demotivierte, aggressiv verhaltensgestörte, vernachlässigte, überforderte und verwöhnte Schüler geben. Die Verlagerung von Erziehungsaufgaben auf die Schule, zunehmende sozial-pädagogische Aufgabenzuweisungen, Erwartungen der Eltern einerseits oder andererseits auch Desinteresse, ebenso bürokratische Forderungen von verschiedenen Ämtern und Institutionen, mangelnde Anerkennung sowie gesundheitliche Beeinträchtigungen belasten zusätzlich.

Zwei Jahre pandemiebedingte Maßnahmen wie phasenweise Schulschließungen, Distanzunterricht, Wechselunterricht, Corona-Tests und Maskenpflicht, bedeuteten für Lehrkräfte und Erzieherinnen und Erzieher einen Spagat zwischen Gesundheitsschutz und Bildungsauftrag. Schülerinnen und Schüler mit Lernschwächen oder ungünstigen Bedingungen im Elternhaus (keinen ruhigen Arbeitsplatz, keinen eigenen Laptop, kein schnelles Internet, Betreuung jüngerer Geschwister, Eltern, die nicht in der Lage sind zu helfen) fühlten sich verloren und hoffnungslos, das Zurückbleiben verfestigte sich. Einige blieben auf der Strecke, verweigerten den weiteren Schulbesuch.

Schule ist „doof" für die Kinder und Jugendlichen, die dort zu wenig Verständnis, Zuwendung und Achtung erfahren, denen Erfolgserlebnisse und Bestätigung weitestgehend versagt bleiben, die sich ausgegrenzt, herabgesetzt und nicht zugehörig fühlen.

Margit S. Schiwarth-Lochau

---

[276] DVD „Kinder", Buch und Regie: Reinhard Kahl, Produzent: Archiv der Zukunft 2007.

[277] unsere kinder, Eltern-Ratgeber zur gesunden kindlichen Entwicklung von 1-6 Jahren, BzgA, Bundeszentrale für gesundheitliche Aufklärung, Köln 2008.

[278] Gerald Hüther, Uli Hauser - Jedes Kind ist hoch begabt - Die angeborenen Talente unserer Kinder und was wir aus ihnen machen, Albrecht Knaus Verlag, München 2012.

[279] Ebenda, Rückcover.

[280] Robert Brooks, Sam Goldstein - Das Resilienz-Buch - Wie Eltern ihre Kinder fürs Leben stärken, Klett-Cotta, 4. Auflage 2011.

[281] Christine Born - Neues Kraftpaket für Lehrer/-innen, AOL-Verlag, 3. Auflage 2012, S. 95.

[282] Ebenda, S.122.

[283] Gerald Hüther, Uli Hauser - Jedes Kind ist hoch begabt - Die angeborenen Talente unserer Kinder und was wir aus ihnen machen, Albrecht Knaus Verlag, München 2012.

Quellen- und Literaturverzeichnis

Autorengruppe, Eltern-Kursbuch Schule - Kinder fördern, fordern und erziehen - Cornelsen Verlag Scriptor GmbH & Co. KG, Berlin 2007, S. 41, 174-179, 199, 252, 310, 314.

Birkenbihl, Vera F. - Stichwort Schule - Trotz Schule lernen!, mgv Verlag München, 19. Auflage 2010, S. 141.

Bischof, Dr. K. / Baier, J. - Kursbuch-Eltern: Elternratgeber Schule - Der richtige Umgang mit Schule, Verwaltung und Lehrern, Originalausgabe 1994, Wilhelm Heine Verlag GmbH & Co. KG, München, S. 17-20, 144, 154, 166.

Born, Christine - Neues Kraftpaket für Lehrer/-innen, AOL Verlag, 3. Auflage 2012, S. 105-107, 112-114, 117, 122.

Brooks, Robert / Goldstein, Sam - Das Resilienz-Buch - Wie Eltern ihre Kinder fürs Leben stärken, Klett-Cotta, 4. Auflage 2011, S. 16, 19, 331, 332.

Bullerjahn, Jens / Renzsch, Wolfgang / Wagner, Ringo (Hrsg.) - Deutschland - Ländersache?! - 30 Jahre Deutsche Einheit und Föderalismus, Friedrich-Ebert-Stiftung, Landesbüro Sachsen-Anhalt, 2020, S. 62, 69, 71, 82, 100, 102.

Butterwegge, Christoph - Die Pandemie. Deutschland nach Corona, Verlag Beltz Juventa 2022

BzgA - unsere kinder - Elternratgeber zur gesunden kindlichen Entwicklung von 1-6 Jahren, Bundeszentrale für gesundheitliche Aufklärung, Köln 2008, S. 59, 60.

Cerny, Sabine - Was wir unseren Kindern in der Schule antun ...
und wie wir das ändern können, Südwest-Verlag München, 2010,
S. 363, 366, 367, 370, Cover.

DIE ZEIT Nr. 28, 6. Juli 2017 - ZEIT ZUM ENTDECKEN -
Joscha Röder, Leserzuschrift zum Thema Inklusion - Ich bin
Joscha, weiblich, 13 Jahre alt, **Autistin**. Und das habe ich zu
sagen, S. 49, 50.

Dräger, Jörg, mit einer politischen Gebrauchsanleitung von Klaus
von Dohnanyi - Dichter, Denker, Schulversager - Gute Schulen
sind machbar - Wege aus der Bildungskrise, Deutsche
Verlagsanstalt München 2011, S. 13, 15, 16.

DVD „Kinder", Buch und Regie: Kahl, Reinhard, Produzent:
Archiv der Zukunft 2007.

E&W - Erziehung & Wissenschaft, Zeitschrift der
Bildungsgewerkschaft GEW
E&W 12/2011, S. 17;
E&W 04/2012, S. 29;
E&W 10/2012, S. 20/21;
E&W 11/2012, S. 21;
E&W 01/2013, S.28;
E&W 03/2013, S. 30/31;
E&W 04/2013, S. 12;
E&W 11/2013, S. 31;
E&W 03/2014, S. 30/31;
E&W 04/2014, S. 12;
E&W 05/2014, S. 31;
E&W 06/2014, S. 28;
E&W 09/2014, S. 38/39;
E&W 10/2014, S. 24/35;
E&W 11/2014, S. 26/27;

E&W 12/2014, S. 30/31;
E&W 01/2015, S. 30/31;
E&W 02/2015, S. 2, S. 38/39;
E&W extra 02/2015, S. 2, 38;
E&W 11/2017, S. 5-8, S. 18/19;
E&W 12/2017, S. 32-34;
E&W 02/2018, S. 28-31;
E&W 04/2018, S. 30/31;
E&W 09/2018, S. 24/25;
E&W 10/2018, S. 40-42;
E&W 11/2018, S. 20/21, 22-24, 29;
E&W 12/2018, S. 22-24;
E&W 01/2019, S. 30/31;
E&W 09/2019, S. 30/31;
E&W 10/2019, S. 30/31;
E&W 10/2020, S. 28/29;
E&W 11/2020, S. 22;
E&W 01/2021, S. 22/23;
E&W 06/2021, S. 10/11, 14;
E&W 01/2022, S. 28-30;
E&W 05/2022, S. 34/35;
E&W 09/2022, S. 26;
E&W 10/2022, S. 28/29;
E&W 02/2023, S. 4, 5, 27-29;
E&W 03/2023, S. 32/33;
E&W 04/2023, S. 22, 27;
E&W 05/2023, S. 36-38.

Erziehung und Wissenschaft, Gewerkschaft Erziehung und
Wissenschaft Sachsen-Anhalt
EuW 2/2013, S. 6;
EuW 12/1019, S. 3;
EuW 10/2021, S. 2;
EuW 3/2022, S. 3, 6, 11/12;

EuW 4/2022, S. 8;
EuW 7 und 8/2022, S. 7/8;
EuW 9/2022, S. 4;
EuW 2/2023, S. 5;
EuW 3/2023, S.2, 4, 10/11.

Fehm, Lydia / Wittchen, Hans-Ulrich - Wenn Schüchternheit
krank macht - Ein Selbsthilfeprogramm zur Bewältigung sozialer
Phobie, Hogrefe-Verlag Göttingen 2004, S. 26-31.

Felten, Michael - Die Inklusionsfalle - Wie eine gut gemeinte Idee
unser Bildungssystem ruiniert, Gütersloher Verlagshaus,
Gütersloh 2017, S. 10, 11, 16-18.

Fuhrmann, Ben - Ich schaff's! - Spielerisch und praktisch
Lösungen mit Kindern finden - Das 15-Schritte-Programm für
Eltern, Erzieher und Therapeuten, Carl-Auer-Systeme Verlag, 3.
Auflage, Heidelberg 2008, S. 14, 15.

Gordon, Thomas - Lehrer-Schüler-Konferenz - Wie man Konflikte
in der Schule löst, Hoffmann und Campe Verlag, 3. Auflage,
Hamburg 1977, S. 117 ff.

Götzinger, Martina / Kirsch, Dieter - Grundschulkinder werden
Streitschlichter - Ein Ausbildungsprogramm mit vielen
Kopiervorlagen, Verlag an der Ruhr 2004.

Haarer, Johanna / Haarer Gertrud - Die deutsche Mutter und ihr
letztes Kind - Die Autobiografien der erfolgreichsten NS-
Erziehungsexpertin und ihrer Tochter, Offizin-Verlag Hannover
2012.

Hax-Schoppenhorst, Thomas - Rempler, Mobber, Steinewerfer -
Gewalt an Schulen und Möglichkeiten der Überwindung,
Neukirchener Verlagshaus 2008.

Hehmsoth, Carl - Traumatisierte Kinder in Schule und Unterricht
- Wenn Kinder nicht *wollen* können, Verlag Julius Klinghardt
Bad Heilbrunn 2021, S. 12, 13, 40-43, 94, 147, 148, 151-153, 174,
175.

Heinz, Andreas / Kluge, Ulrike (Hrsg.) - Einwanderung -
Bedrohung oder Zukunft? Mythen und Fakten zur Integration,
Campus Verlag GmbH Frankfurt/New York, Frankfurt am Main
2012, S. 126-128, 282, 283, 291.

Hubrig, Christa / Herrmann, Peter - Lösungen in der Schule -
Systemisches Denken in Unterricht, Beratung und
Schulentwicklung, Carl-Auer-Systeme Verlag Heidelberg, 3.
Auflage 2010.

Hüther, Gerald - Was wir sind und was wir sein könnten,
S. Fischer Verlag GmbH, Frankfurt am Main 2011, S. 150, 151.

Hüther, Gerald / Hauser, Uli - Jedes Kind ist hoch begabt- Die
angeborenen Talente unserer Kinder und was wir aus ihnen
machen, Albrecht Knaus Verlag, München 2012, S. 26-29, 31, 46,
72, 73, 99, 101, 133, 134, 152, 153, 174, 175.

Klett, Autorengruppe - Mein Inklusionsmaterial - Handreichung
Grundschule, Ernst Klett Verlag Stuttgart-Leipzig, 1. Auflage
2012, S. 6, 7, 9, 10, 11, 13, 18, 20, 24-26, 30, 31, 39, 68, 71, 72.

Kultusministerium Sachsen-Anhalt - Handreichung zur sonderpädagogischen Förderung in Sachsen-Anhalt - Richtlinien - Grundsätze - Anregungen, S. 23-29, 33, 43-50, 52, 54, 60, 61, 122, 133, 134.

Lehrerverband der Provinz Sachsen - Der Elternfreund 1931 - Ein guter Begleiter, ein treuer Berater, ein lieber Erzähler für das Jahr 1931, S. 78, S. 80.

Lenz, Albert - Kinder psychisch kranker Eltern, Hogrefe Verlag Göttingen, 2. Auflage 2014, S. 24-26, 287, 290, 294.

Mitteldeutsche Zeitung Halle/Saalekreis - UNABHÄNGIG & ÜBERPARTEILICH
MZ 14. August 2012, S. 1;
MZ 18. Februar 2013, S. 1;
MZ 09./10. Februar 2013, S. 3;
MZ 08. Mai 2019, S. 23;
MZ 9. September 2021, S. 3;
MZ 11. Februar 2022 - Corona stresst Kinder;
MZ 24. August 2022, S.1;
MZ 27./28. August 2022;
MZ 07. März 2023, S. 1, 5.

Möller, Philipp - iSCH GEH SCHULHOF - Unerhörtes aus dem Alltag eines Grundschullehrers, Bastei Lübbe GmbH & Co. KG, Köln 2012, S. 17, 354.

nd DIE WOCHE Nr. 36, Sonnabend/Sonntag, 11./12. Februar 2023, Begegnungen - Warum brennt die Schule? S. 12/13, Manifest für eine andere Bildung, S. 13.

Roche Lexikon Medizin, Urban & Schwarzenberg, 3. Auflage 1993.

Schiwarth-Lochau, Margit - Schule ist cool - Maria die Klassenbeste, Stockwärter Verlag Halle, 2021, S. 29-39.

Speck, Otto - Schulische Inklusion aus heilpädagogischer Sicht, Rhetorik und Realität, 2. Auflage , Ernst Reinhard, GmbH & Co. KG, Verlag München 2011, S. 8, 9, 17, 18, 20, 21, 30, 31, 46-48, 74, 75, 81, 89-91, 119.

Schülerduden Die Psychologie - Ein Sachlexikon für die Schule, herausgegeben und bearbeitet von der Redaktion Naturwissenschaft und Medien des Bibliographischen Instituts, Dudenverlag 1981.

Schülerduden Psychologie - Ein Lexikon zum Grundwissen der Psychologie, 3. neu bearbeitete Auflage, herausgegeben und bearbeitet von der Redaktion Schule und Lernen, Dudenverlag 2002.

Schulte-Markwort, Michael - BOURNOUTKIDS - Wie das Prinzip Leistung unsere Kinder überfordert, Pattloch Verlag GmbH & Co. KG, München 2015, S. 13, 21-70, 89, 90, Cover.

Schwerhoerigenforum.de für Eltern und Betroffene, Silvia Müller 2007.

SZ Digital-App der Süddeutschen Zeitung, 22.10.2014, Artikel von Otto Speck - Inklusive Missverständnisse Debatte.

Walker, Jamie (Hrsg.) - Mediation in der Schule - Konflikte lösen in der Sekundarstufe I, Cornelsen Verlag Scriptor, Berlin 2001, S. 11-14, 191-193.

Weinberg, Dorothea - Verletzte Kinderseele - Was Eltern
traumatisierter Kinder wissen müssen und wie sie richtig
reagieren, Fach-Ratgeber Clett-Cotta, 2015,
S. 15-17, 22-27, 52, 66.

Weiß/Osterland - CFT 1 - Grundintelligenztest Skala 1, 5.
revidierte Auflage, Hogrefe Verlag für Psychologie,
Göttingen 1997.

WELT AM SONNTAG / NR. 2/12. Januar 2020 - WISSEN -
Celine Lauer - So ein TOLLPATSCH, S. 54.

Werning, Rolf / Balgo, Rolf / Palmowski, Winfried / Sassenroth,
Martin - Sonderpädagogik, Oldenburg Verlag München,
2. Auflage 2012, S. 10, 308, 311.

Wikipedia - Hochbegabung, aus der freien Enzyklopädie
Wikipedia, 10.04.2013,
htpps://de.wikipedia.org/wiki/Hochbegabung.

Wilczek, Brit - Schulbegleitung für Schülerinnen und Schüler mit
Asperger-Syndrom, Herausgeber: **autismus** Deutschland e. V.,
Bundesverband zur Förderung von Menschen mit Autismus,
10. Auflage September 2016, S. 7.

Zeitschrift PÄDAGOGIK, 12/2014 - Annedore Prengel -
Anerkennung ermöglicht Lernen, Verletzung verhindert es,
S. 29-31.

Danksagung

Ich danke meinen ehemaligen Kolleginnen und Kollegen, die mir trotz anfänglichen Unbehagens und einer gewissen Verunsicherung, was den Einsatz einer Förderschullehrkraft in der Grundschule betrifft, ihr Vertrauen geschenkt und eine sehr gute Zusammenarbeit ermöglicht haben. Sie gestatteten mir umfassende Einblicke in die anspruchsvolle und verantwortungsbewusste Arbeit der Grundschullehrkräfte und Pädagogischen Mitarbeiterinnen.

Dank gilt auch den Schulleiterinnen / dem Schulleiter der Förder- sowie Grundschule, die mich bei meinen Weiterbildungsbemühungen und der Arbeit als Beratungs- und Förderlehrerin stets unterstützt haben.

Danke sage ich meiner Familie, die mir Hilfe, Kraft und Zuversicht gibt. Meine Enkelin Milena zeigte viel Interesse für die Schulgeschichten und berichtete mir aus ihrer eigenen Grundschulzeit.

Ich danke meiner Schwester Dr. Ingrid Stockmann dafür, dass sie mich mit ihrem Fachwissen über psychodynamische Zusammenhänge bei der Arbeit an diesem Buch unterstützt hat sowie Tippfehler aufspürte und Ideen beisteuerte.

Bei Bernd Stockmann bedanke ich mich für die Gestaltung der erweiterten Neuauflage meines Buches sowie die Herausgabe in seinem Stockwärter Verlag.

Ein herzliches Dankeschön möchte ich ebenso den ehemaligen Schülerinnen und Schülern, Förderkindern und Eltern sagen, die kooperativ und vertrauensvoll mit mir und den Klassenlehrerinnen zusammengearbeitet haben. Die Schwierigkeiten, mit denen manches Kind in der Schule fertig werden muss, haben mich angeregt, dieses Buch zu schreiben, denn Schule ist doof für diejenigen, denen Lernerfolg, Verständnis und Anerkennung weitestgehend versagt bleiben.

Dank der informativen und kritischen Beiträge in den Zeitschriften der Bildungsgewerkschaft GEW kann ich auch im Ruhestand mit Interesse die weitere Entwicklung des Bildungswesens in der Bundesrepublik Deutschland verfolgen.

Margit S. Schiwarth-Lochau

Inhaltsverzeichnis